율법(law)과 율법주의(legalism)는 구분되어야 한다. 율법은 출애굽의 구원 이후 주어진 하나님의 '찐 사랑'의 발현이다. 그래서 율법은 구원을 위한 '구원법'(救援法)이 아니라 구원 이후 하나님의 거룩한 백성으로 살아가도록 이끌어 주는 '성민법'(聖民法)이다. 율법주의는 정신은 사라지고 형식만 남은 기형이다. 율법은 좋은 것이고, 율법주의는 나쁜 것이다. 그래서 모든 '주의'(-ism)는 모두 '주의'(注意)해야 한다. '주의'가 되면, 본뜻은 사라진다. 저자는 "구약의 율법은 하나님의 창조를 보존하고, 인권을 말한다"고 말하며, "태초에 인권이 있었다"고 과감하게 주장한다. 이 명제가 옳다면, '율법 망각'이 '하나님 망각'이듯이, '인권 망각'도 '하나님 망각'이라 할 수 있다. 이 책은 한국에서 율법과 인권이라는 주제를 묶어서 연구한 최초의 대중학술서다. 대중학술서로 칭함은 분명히 연구서임에도 불구하고 일반 대중도 부담 없이 수월하게 읽을 수 있기 때문이다. 저자는 성실하고 치밀한 성서학자답게 인권 관련 본문을 정밀하게 주석하고, 그 본문의 현대적 의미와 메시지를 추출한다. 율법에서 인권의 메시지를 발굴하고 그 중요성과 의의를 조명한 저자의 노고가 독자의 손에 닿아 더욱 빛을 발하기를 바란다. 율법과 인권을 함께 들여다보는 최초의 저서에 최초의 독자가 되고 싶지 않은가?

차준희
한세대학교 구약학 교수, 한국구약학연구소 소장

저자의 글을 읽다 보면 "태초에 인권이 있었다" 말하는 자못 호기로워 보이는 명제가 결코 과언이 아님을 알게 된다. 전통적으로 '신권' 중심으로만 이해되어 온 '율법'이 도리어 '인권'에 대한 보고(寶庫)로서 우리에게 주어졌다는 사실을 여지없이 확인하게 될 것이다. 하나님이 태초부터 인간의 존엄과 가치에 얼마나 지대한 관심을 품으셨는지 확인하고 싶은가? 그렇다면 이 책을 당장 펼쳐 읽어 보라.

김관성
울산낮은담교회 담임목사, 『낮은 데로 가라』 저자

저자로부터 이 책에 대한 아이디어를 듣는 순간부터 나는 흥분했다. 이 책은 구약과 신약을 연결하는 또 하나의 다리를 놓는 신선한 시도이고, 시대를 거슬러 하나님 나라의 풍부한 실체를 드러내는 작업이다. 또한 하나님 나라 윤리의 적실성과 급진성을 증명하여 제사장 나라로서 그 백성의 '거룩'과 '사랑'이 구약에서부터 실생활에서 어떻게 구현되었는지를 보여 주는 노작이다. 이 책은 하나님의 하나님다움을 인간을 주체와 타자로 인정하시고 그들의 일상에서 인간다움을 구현하시는 하나님의 진지한 노력에서 찾고 있다. 한 편 한 편의 글이 한 권의 책으로 묶이니 보기에 얼마나 좋은지 모른다. 거북하고 불편했던 구약의 윤리가 거룩하고 실제적인 지침으로 다가올 것이다.

박대영
광주소명교회 책임목사, 「묵상과 설교」 편집장

태초에 법이 있었다. 하나님이 태초에 아담 그리고 모세에게 주신 법이다. 이웃을 사랑하고 더불어 살아가는 모든 일이 법 속에 들어 있다. 그런데 언제부터인지 기독교 신앙에 믿음과 율법을 대립시키면서 법률, 즉 율법의 의미를 격하하는 해석이 발흥했다. 그 결과로 법을 무시하는 교회, 법과 인권을 배척하며 이웃을 미워하는 무정하고 무도한 그리스도인들이 생겨났다. 신앙과 법 간의 진실하고 깊은 이해를 위해서 노력하는 기독법률가회에 속한 사람으로서, 『태초에 인권이 있었다』는 참으로 반갑고 즐겁고 유쾌한 책이다. 성서신학자가 성서 속 인권과 노동, 사회적 약자 보호, 형법과 재판 제도에 이르기까지 신앙과 법의 관계에 대해 신학적 관점에서 치열하고 상세하게 연구한 저서이기 때문이다. 저자의 연구 성과가 압축된 이 책을 통해, 하나님을 사랑하고 자기 자신만큼 이웃을 사랑하기 위해 신앙과 법과 인권의 통합적 이해를 도모하는 진지한 그리스도인 시민과 법률가, 신학자 들의 활발하고 치열한 협력과 토론이 일어나기를 기대한다.

이병주
변호사, 기독법률가회(CLF) 대표, 평신도신앙실천운동 대표

'왜'라는 질문에 익숙한 성서학자인 저자가 '무엇을'과 '어떻게'라는 질문에 답하려고 펜을 들었다. 저자는 기독교가 과연 '인간'에 대해 얼마나 관심이 있는지, 인간의 권리에 대해 얼마나 이야기하는지에 관한 질문으로 시작한다. 1부 인권과 자유, 2부 인권과 인애, 3부 인권과 정의로 구성된 이 책은 실로 인권 사각지대의

다양한 문제점을 세밀히 다루면서 성경(text)과 우리의 상황(context)을 연결하여 고찰한다. 일터 신학과 의료 윤리가 주 관심사인 의료인으로 이 책이 참으로 반갑다. 일터 신학은 신앙과 삶의 일치를 지향하지만, 일상에서는 돈과 사람을 대하는 방식으로 표현된다. 의료 윤리 또한 저자의 표현대로 성서의 '헤세드'라는 단어로 요약되는 '인간이 인간에게 취해야 할 태도', 다시 말해 '인간 존엄'의 문제로 귀착된다. 이 책은 이러한 문제에 성경적 근거를 차분히 제시해 준다.

알버트 월터스는 『창조 타락 구속』에서 창조를 '창조주의 주권적 행위와 창조 질서의 상호관계'라고 정의하며 하나님의 권능, 법도, 규례 등이 상호관계에 해당한다고 말한다. 그의 주장대로 창조를 '법과 우주의 상호관계'로 이해한다면 하나님의 규례는 사회 구조와 예술 세계는 물론, 사업과 상업에까지 미쳐 인간 삶의 어떤 부분도 창조 질서에 속하지 않을 수 없다. 이런 의미에서 이 책은 '경작하며 지키라'라는 최초 인간에게 주어진 사명을 일깨워 일그러진 창조 질서를 회복하고 하나님 나라를 건설하려는 신실한 노력이며, 나아가 '신학은 영원히 축복받으며 살아가는 삶에 관한 학문'이라는 윌리엄 퍼킨스의 정의에 부합하는 신학의 본령(本領)을 지키는 순종이다. 이 책에 담긴 하나님과 이웃을 사랑하는 열정이 한국 교회가 이 땅의 신음에 더욱 귀 기울이고 다가가는 데 밑거름이 되고 기독교의 지력을 높여 가시밭에서 옥토로 회복되는 데 기여하기를 소망한다.

이철규
이철규이대경치과 원장, 『오늘을 그날처럼』 저자

'오직 성경'(sola scriptura)을 외치며 성경에서 하나님을 찾으려는 노력을 넘어, 저자는 '모든 성경'(tota scriptura)으로부터 인간에 대한 하나님의 지대한 관심을 '인권'의 측면에서 성서신학적으로 세심히 다루어 사회적 행위, 곧 공공선에 대한 기여가 종교적 의로움과 분리될 수 없음을 밝힌다. 성경은 분명 윤리적 문제를 신학적으로 다루었다. 이제 우리는 오늘의 문제에 답하기 위해 다시 윤리적 문제로 환원할 필요가 있다. 현대인의 삶에 구조적으로 얽혀드는 악의 문제를 파악하고 실천적 해결책을 성경 속에서 찾기 원하는 모든 이에게 이 책을 강력히 권한다.

임시영
신수동교회 담임목사, 『공간의 해석학』 저자

태초에 인권이 있었다

IVP(InterVarsity Press)는
캠퍼스와 세상 속의 하나님 나라 운동을 지향하는
IVF(InterVarsity Christian Fellowship)의 출판부로
생각하는 그리스도인을 위한 문서 운동을 실천합니다.

태초에
인권이
있었다

구약 율법에 나타난 인간 권리 선언

민경구

lvp

* * *

자식의 권리를 보호하시려
자신의 권리를 양보하신
부모님(민형기 장로님, 신복영 권사님)께
이 책을 헌정합니다.

차례

용어 및 기호 설명   12
서론: 성서와 인권   15

1부   인권과 자유

1 태초에 인권이 있었다 창 1:26-28	**인간 창조**	**28**
2 반드시 형벌을 받으리라 출 21:20	**자유와 생명**	**46**
3 일곱째 날에는 중단하라 출 23:10-12	**노동과 쉼**	**62**
4 너같이 안식하게 할지니라 신 5:12-15	**안식일과 평등**	**80**
5 품삯을 해가 지기 전에 주라 신 24:14-15	**임금 체불 금지**	**96**
6 야웨 앞에서 의로움과 죄 신 24:10-17	**채무 관계에서의 책임**	**112**

2부   인권과 인애

7 헤세드를 받은 자로서 행하라 호세아서	**율법의 근본 원리**	**128**
8 경계표를 옮기지 말라 신 27:17	**거주권 보장**	**146**
9 객과 고아와 과부를 위하여 남겨 두라 신 24:17-22	**사회적 약자의 권리**	**162**

10	그의 주인에게 돌려주지 말라 신 23:15-16	도망한 종의 권리	182
11	종 되었던 일을 기억하라 창 12:10; 47:4	이방인의 권리	200
12	십일조를 성읍에 내라 신 14:22-29; 26:12-13	인권 보호 기금	218

3부 인권과 정의

13	하나님의 형상대로 남자와 여자를 창조하시고 창 1:27	여성 인권	238
14	평생에 그를 버리지 못하리라 신 22:29	결혼 제도와 여성	256
15	정의를 굽게 하지 말라 출 23:1-8	공정한 재판	270
16	성읍으로 도피하게 하라 출 21:12-17; 신 19:1-13	무죄 추정의 원칙	294
17	도둑질하지 말라 출 20:15; 21:16; 신 24:7	납치, 유인 금지	312
18	눈에는 눈, 이에는 이? 출 21:26-27; 신 25:1-3	폭력 금지	330

결론: 인간의 얼굴을 한 율법   343

약어   349

주   351

성서 찾아보기   384

용어 및 기호 설명

【용어】

BHS (Biblia Hebraica Stuttgartensia) 오늘날 보편적으로 사용되는 히브리어 성서를 가리킨다. 독일 슈투트가르트 지역에서 출판되었다.

70인역 (LXX/Septuaginta) 히브리어 성서를 헬라어로 번역한 것으로, 일반적으로 주전 3세기경에 이집트의 알렉산드리아에서 번역된 것을 가리킨다. 처음에는 오경만 번역되었고, 다른 것들은 후대에 추가되었다. 히브리어 성서를 번역한 것이므로 신약성서는 수록되지 않았다. 소위 '외경'이라 불리는 것이 포함되며(마카베오, 유딧, 토비트, 집회서, 솔로몬의 지혜서, 바룩 등), 성서 배열도 히브리어 구약성서와 차이가 있다.

불가타역 (Vulgata) 교부인 히에로니무스(Hieronymus, Jerome은 영어식 이름이다)가 주후 4세기 말에 번역한 라틴어 성서를 가리킨다. 그가 번역한 성서는 이후 아주 오랫동안 교회에서 거의 유일하게 사용되었다.

동의어 반복 (Figura Etymologica) 동일한 어근을 갖는 표현을 2회 연속 반복하여 의미를 강조하는 히브리어 문법 규칙이다. 한국어 성서에서는 '반드시…하다'라는 의미로 번역된다. 예: נָקֹם יִנָּקֵם(나콤 이나켐), מוֹת יוּמָת(모트 유마트).

사경 (Tetrateuch)	창세기부터 민수기까지의 네 권을 가리킨다. 이후의 신명기부터 열왕기하까지를 소위 '신명기 역사서'라 한다. 신명기는 역사서를 이끄는 근간이 되므로 역사서의 일부로 편입된다. 이 경우에 창세기에서 시작한 이야기는 민수기에서 종결되므로, 사경이라는 신학적 개념이 등장하게 되었다.
오경 (Pentateuch)	창세기부터 신명기까지의 다섯 권을 가리킨다. 이는 모세의 권위(authority/Autorität)에 소급되는 것으로서, 이 책에서는 오경이라 칭할 것이다.
육경 (Hexateuch)	창세기부터 여호수아기까지의 여섯 권을 가리킨다. 오경은 신명기에서 마무리되므로, 땅 점유가 미완성인 채 종결된다. 육경은 이를 보완한 것이며, '땅 점유'를 서술의 중심 주제로 본 것이다.
언약법전	출애굽기 20:22-23:19 또는 23:33까지를 지칭한다. 이 책에서는 언약법전을 출애굽기 20:22-23:19을 중심으로 본다.
원신명기 (Ur-Deuteronomium)	요시야왕 시대에 발견된 율법의 핵심층이었을 것으로 추정되는 본문으로(왕하 22:8) 신명기 12-26장을 가리킨다.
원역사 (Urgeschichte)	창세기 1-11장을 가리키며, 역사 이전의 기록을 보여 준다.
전역사/족장사 (Vorgeschichte)	창세기 12-36장을 가리킨다. 하나님의 약속을 받은 아브라함, 이삭, 야곱에 대한 기록을 담고 있는 본문을 의미한다. 넓은 의미에서 창세기 12-50장을 가리키기도 한다.
절대법 (Apodiktisches Recht)	십계명처럼 조건문이 나오지 않으며, '…하라/하지 말라'는 명령 형태로 된 법을 가리킨다. '정언법/필연법'이라고도 한다.

조건법 (Kasuistisches Recht)	'만약…하면, …하라'와 같이 조건문을 포함하는 법을 가리킨다.
타나크 (TaNaK)	Tora(오경), Nebiim(예언서), Ketubim(성문서)의 첫 알파벳을 가져온 것으로서, 구약성서 전체를 가리킨다.
탈리온법 (Lex Talionis)	동태복수법(同態復讐法), 동해복수법(同害復讐法)이라고도 한다. "눈에는 눈, 이에는 이"라는 규정으로 잘 알려져 있다.
하나님/신	한국어에서 '하나님'과 '신'은 서로 다른 개념처럼 이해되기도 한다. 그러나 영어는 동일하게 'God'으로 표현하고, 히브리어도 אֱלֹהִים(엘로힘)으로 표현하므로, 이 책에서는 '신'이라는 용어를 중립적으로 사용한다.

【기호】

[ ]	히브리어 성서의 장절 구분은 한국어 성서와 대체로 일치하지만, 일치하지 않는 부분도 상당하다. 이 책에서는 한국어 성서를 중심으로 서술하되 히브리어 성서와 장절이 다른 경우에는 필요에 따라 대괄호 [ ] 안에 히브리어 성서 구절을 추가로 기입했다. 예: 출애굽기 22:4[3].
*	성서 구절에 붙은 해당 표시는 구절의 일부를 가리킨다. 예: 창세기 29:18*.

✻ 한국어 성서 인용은 개역개정을 기본으로 하며, 다른 역본을 사용한 경우에만 표시하였습니다.
✻ 이것은 이 책에 자주 등장하는 용어와 기호에 대한 간략한 설명으로『다시 읽는 창세기』(민경구, 이레서원)에서 일부 내용을 가져온 것입니다.

서론 | # 성서와 인권

'인권'(人權)이란 "인간으로서 당연히 가지는 기본적 권리"[1]다. 인간의 권리는 피부색, 성별, 나이, 종교 그리고 재산의 많고 적음 등에 좌우되지 않으며, 모든 인간이 태어나면서부터 동등하게 갖는다. 우리 인간은 '신'을 찾기 위해 성서를 펴고, 신학은 '신'에 대한 질문에서 시작하지만, 동시에 우리가 성서에서 발견하는 것은 '인간'에 대한 하나님의 지대한 관심이다. 그것은 인간을 위해 독생자인 예수를 십자가에 못 박은 사건에서 절정을 이루었다! 그런데 성서의 하나님을 따르는 기독교는 '인간'에 대해 얼마나 관심을 갖고 있는가? '인간의 권리'에 대해 얼마나 이야기하는가? 이 책은 이와 같은 질문에서 시작되었다.

율법, 과소평가되다

율법은 유대교에서 대단히 중요한 의미를 갖는다. 특히 바빌론 포로에서 돌아온 이스라엘 백성 공동체에게 '율법'(토라)은 '성전'과 함께 정체성을 형성하는 중요한 토대가 되었다. 예루살렘에 성전을 재건하는 모습은 예언서에서도 어렵지 않게 관찰할 수 있다(학 1장; 슥 4장; 6장). 성전은 그들에게 '세계의 배꼽'(Nabel der Welt)으로 이해되었고,[2] 유대 공동체의 정치, 경제, 사회, 종교의 중심이 되었다.[3] 이와 함께 포로 귀환 공동체에게 중요한 위치를 차지한 다른 하나는 '토라'다. 이것은 보통 '율법'으로 번역되지만, 율법보다 훨씬 더 다양한 의미를 담고 있다. '토라'는 본래 '가르침'이라는 의미이며, 토라에는 율법만이 아니라 창세기와 같은 내러티브도 존재한다. 즉 토라는 '율법'과 '내러티브'를 모두 포함하므로, 그것을 '율법'으로 번역하는 것은 본래 의미를 협소하게 이해하는 것이다.

 율법이 기독교에서 갖는 의미는 무엇인가? 율법은 "율법을 행해야 구원을 얻을 수 있는가?"라는 질문처럼 종종 '구원'과 연결되어 의문시되곤 한다. 율법으로 삶을 옭아매는 율법주의는 하나님과 성서의 율법에 대한 오해를 불러왔고, 그러다 보니 기독교 역사에서 율법은 더 이상 필요하지 않은 것으로 치부되기도 했다. 하지만 우리는 이러한 질문에 의문을 가져야 한다. 그리스도인은 구원과 직결된 성서의 부분만 읽고 행하며, 구원과 무관한 것은 아무것도 하지 않아야 하는가? 물론 그렇지 않다. 우리는 '오직 성서'(sola scriptura)뿐만 아니라, '모든 성서'(tota scriptura)를 함께 생각해야 한다.

 시대의 변화 또한 율법에 대한 오해를 야기하는 하나의 이유다. 구약의 율법에는 신분 제도나 제사법과 같은 당시의 사회상이 반영되어 있다. 하지만 오늘날 우리는 동물 제사를 드리지 않으며, 예수의 십자가 사건이 제물 제사를 대체하는 것으로 해석하기 때문에, 제사 규정은 불필요한 것으로 간주되기도 한다. 더 나아가 현대 사회는 대부분 신분 사회가 아니므로 우리는 '종'에 대한 율법을 언급할 필요가 없다고 생각한다. 이러한 요인들은 오늘날 율법을 언급할 필요가 없는 것으로 만들었다. 그 결과 우리는 율법이 갖는 본래 의미마저 잊게 되었다. '목욕물 버리려다 목욕통 안의 아이까지 버리는' 모습이다. 그렇다면 우리가 율법을 다시 보아야 하는 이유는 무엇일까?

율법, 성서를 이해하는 열쇠

나는 여기서 몇 가지 질문으로 시작하려 한다. 첫째, 우리는 정치와 이념을 떠나 '성서'의 목소리에 귀 기울인 적이 있는가? 루터는 성서와 동떨어진 제도를 개혁하기 위해 성서를 폈고, 그것을 기준으로 삼아 종교개혁을 단행했다. 하지만 아이러니하게도 오늘날 한국 개신교의 모습은 종교개혁 이전의 관점으로 회귀한 상황이 아닌가? 이제 우리는 성서가 말하는 바를 살펴야 한다. 둘째, 율법은 필요한가? 오경의 율법에는 '기록하다'(כתב, 카타브)라는 동사와 '야웨'라는 주어의 연결이 상당히 관찰된다 (출 31:18; 32:15; 34:1; 신 5:22; 10장).[4] 이것은 성서를 하나님의 말씀으로 받아들이는 중요한 이유이기도 하다.

율법을 보아야 하는 이유는 무엇인가? 첫째, 율법은 구약을 이해하는 데 가장 중요한 단락이다. 구약의 구조는 그것을 명확하게 보여 준다. 현대어 성서가 구약을 오경, 역사서, 성문서 그리고 예언서로 나누어 배열하는 것과 달리 히브리어 성서는 구약을 오경(Tora), 예언서(Nebiim), 성문서(Ketubim)로 나눈다. 우선 오경의 핵심이 율법이라는 것은 어렵지 않게 확인된다. 언약법전(출 20:22-23:19), 신명기 법(신 12-26장*) 그리고 성결법전(레 17-26장)은 오경에서 많은 분량을 차지할 뿐만 아니라, 가장 중요한 곳에 위치한다. 예언서 연구자들은 예언서가 각각 연결되어 있을 뿐만 아니라, 예언자가 '율법의 해석자' 또는 '율법 교사'(Schriftgelehrte)로 등장하고 있음을 보여 주었다. 즉, 예언서는 토라를 각 시대에 맞게 재해석하므로,[5] 율법 이해는 예언서를 해석하는 데 필수적이다.[6] 마지막으로 성문서의 대표라 할 수 있는 시편은 1편에 시편 전체의 서문이 담겨 있다. 이것은 '토라시'로 분류되며[7] '율법 순종'을 주제로 삼고 있다. 따라서 율법은 구약성서를 이해하는 열쇠가 된다. 이를 다음과 같은 도표로 정리할 수 있다.[8]

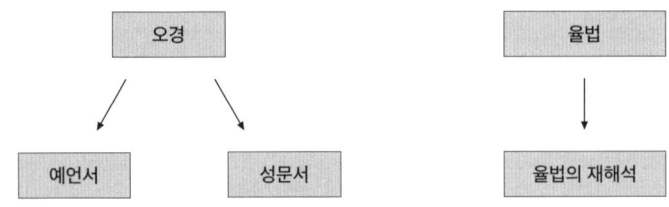

게다가 율법은 신약을 이해하는 데도 중요한 위치를 차지한다. 무엇보다 예수의 산상수훈은 율법과 적잖게 연결되어 있다. 복음서에서 예수는 율법의 진의를 설명하지, 그것을 폐하지 않으신다!(마 5:17) 예수는 "율법의 일점일획"도 없어지지 않는다고 말씀하실 뿐 아니라(마 5:18), 율법의 어떤 것이든 불필요한 것이라 생각하여 삭제하는 자 그리고 없애도 된다고 가르치는 자를 책망하신다(마 5:19). 예수의 말씀은 율법이 왜곡되어 있는 현상에 대한 일침이다. 이에 우리는 율법에 대해 어떻게 이해하고 가르치고 있는가를 스스로 질문해야 한다.

율법, 창조를 보존하다

창세기에 출애굽 관련 모티브가 빈번하게 관찰된다는 것은 오래전부터 인정되어 왔다(창 12장; 15장; 19장; 31장; 49장 등).[9] 이와 달리 더럼(J. Durham)은 출애굽기의 중심에 대해 "출애굽기는 사실상 성서의 첫 번째 책이라고 할 수 있다"[10]라는 문구로 주석을 시작한다. 덧붙여 그는 출애굽기에는 '믿음의 시작이 창세기에서보다 더 많이 발견된다'고 피력한다. 그렇다면 출애굽기는 어떻게 창조 이야기와 연결되는가?

아기 모세가 갈대 '상자'(תֵּבָה, 테바)에 담긴 이야기는 노아의 '방주'(תֵּבָה, 테바)와 연결된다. 이스라엘이 출애굽을 하며 지킨 유월절은 새로운 출발을 알리는 신호였고, 이 유월절을 기점으로 이스라엘은 새로운 '달'을 시작한다(출 12:2). 창세기가 창조 이야기를 서술한다면, 출애굽기는 새로운 창조를 묘사하며, 새로운 창조의 결과는 바로 이스라엘이다.[11] 이스라엘은 출애굽하여 시내산에 도착한 이후에 하나님과의 만남을 준비한다. 그 이유는 율법을 받기 위함이었다.

그런데 율법의 필요는 창세기부터 등장한다. 창세기는 인간을 창조하시면서 인간에게 '정복하라' 그리고 '다스리라'고 명령하시는 하나님에 대해 서술한다. 인간에게 주어진 통치권은 브레이크가 없는 것처럼 보이지만, 율법은 여기에서 중요한 역할을 한다. 왜냐하면 율법은 '정복하라'는 명령을 균형 있게 만들기 때문이다. 프레타임(T. E. Fretheim)에 따르면 율법은 '무차별하게 진행될 수 있는 정복을 질서정연한 창조의 방식으로 인도'한다.[12] 환언하면 율법은 하나님의 창조를 유지하고 보존하는 방식을 서술한다.

이런 점에서 율법은 하나님 나라와 연결된다. 하나님의 나라는 '개인'

이 아니다. 그것은 '개인'을 포함한 '공동체'를 가리킨다. 하나님은 이스라엘을 출애굽시키시며, 그들에게 가장 먼저 율법을 부여하신다. 만약 율법이 주어지지 않았다면, 이스라엘은 가나안 땅에 들어가서 이집트에서의 생활을 반복했을 것이다. '하나님 나라에서 공동체가 어떻게 살아가야 하는가'를 명확하게 보여 주는 것이 바로 율법이다. 율법은 개인의 삶을 넘어서 공동체를 지향한다. 다시 말해, 율법에는 '하나님의 사람'으로서 개인이 '하나님의 나라'인 공동체를 조화롭게 이루어 가는 것에 대한 관심이 반영되었다. 율법은 출애굽한 이스라엘이 이집트 그리고 고대 근동과 구별되는 삶을 살아갈 것을 요구한다. 그런 이유로 율법에는 '하라'는 명령과 '하지 말라'는 금지 명령이 존재한다. 율법에서 눈에 띄는 것은 사람에 대한 지대한 관심이 반영되었다는 점이다. 그런 점에서 성서의 율법은 '인권적'이라 할 수 있다. 이 책에서는 율법에 반영된 '사람의 권리'를 구체적으로 살핌으로써 율법에 대한 이해를 도울 것이다.

율법, 인권을 말하다

최근 몇 권[13]의 책을 통해 간접적으로 기독교[14]와 인권의 관계에 관한 기록을 접할 기회가 있었다. 그중 한 법학자는 기독교가 지배하던 시기에 '신적 권위'가 강조되며 인간 '개인'이 상실되어 왔다고 서술한다. 따라서 인간이 스스로를 찾아 가려는 노력은 르네상스[15] 이후로 점철되는데, 인간성의 해방과 인간의 재발견 그리고 합리적 사유가 이를 보여 주며, 이러한 이해는 오늘날 상당히 발전한 상황이라고 이야기한다.

    최근 구약 율법을 전공하는 학자들은 구약 율법이 인권에 상당한 관심을 갖고 있음을 피력해 왔으며, 율법과 인권에 관한 해외 논문도 적잖게 출판되고 있다.[16] 브라울릭(G. Braulik)은 유엔(UN)이 1948년에 채택한 세계인권선언의 30개 조항 가운데 22개 조항이 신명기와 연결되어 있다고 밝혔다.[17] 이를 통해 브라울릭은 성서가 오늘날 시대에 맞게 적용되며 재해석되고 있음을 보여 주었다. 케슬러(R. Kessler)는 사회 계층이 심하게 분열된 주전 8-7세기에 율법이 가난한 자와 약자를 보호하는 역할을 요구한다고 묘사한다.[18] 율법은 종(출 21:2-11), 이자 금지와 전당물(출 22:24-26), 빚 면제(신 15:1-11), 사회 기금(신 14:22-29) 등에 대해 언급하며[19] 사회적 약자의 권리를 문서화하여 보장하고 있다. 그런데 이러한 해외 흐름과 달리 한국에서는 아쉽게도 율법과 인권에 관한 연구가 거의 전무하다. 이러한 상황에서 나는 구약학 전공자로서 율법을 소개해야 할 책임감을 느끼며, 교회에 율법의 정신을 풀어 설명해야 할 과제를 안고 있다.

율법, 오늘에 적용하다

우리는 인권 개념을 넘어서 인권의 범주에 대해서도 질문할 수 있다. 인권의 범주에 포함되는 것은 시대의 변화에 따라 상이하다. 박찬운은 '인권의 대전환'을 요약하며,[20] 인권의 범주에 포함되는 것이 몇 차례에 걸쳐 변화했음을 보여 주었다. 그러면서 그는 시대별로 인권의 내용이 달라졌음을 다음과 같이 서술한다.

> 인류는 18세기 이후 국가로부터 자유(권)를 얻기 위해 투쟁했고(1세대 인권), 19세기엔 사회주의 운동과 더불어 평등(권)을 요구했으며(2세대

인권), 20세기엔 두 번의 세계대전을 경험하면서 평화와 연대의 권리 (3세대 인권)를 추구했다.[21]

근대적 인권 개념은 '국가의 간섭'으로부터 자유로운 것을 의미했지만,[22] 현대적 인권 개념은 '경제적 기회, 정치적 기회 그리고 기본 교육을 국가로부터 제공받을 권리'를 포함한다. 이것은 개인이 자신의 역량을 발휘할 수 있도록 사회가 돕는 것을 의미한다. 환언하면 전자는 국가의 소극적 의무이고, 후자는 국가의 적극적 의무다.[23] 그러나 후자의 경우는 국가가 적극적 의무를 빙자하여 개인의 권리를 침해할 우려가 있다. 만약 국가의 적극적 의무가 개인의 자유와 민주주의라는 원칙을 침해한다면, 그것은 결코 정당화될 수 없다.

이와 같은 인권 개념의 변화는 성서 연구의 한계를 보여 준다. 우리는 현대적 인권 개념을 구약에 적용할 수는 없다. 역으로 성서는 당시 시대의 인권 개념을 반영하기 때문에, 성서의 인권 개념을 오늘날 시대에 직접 적용할 수 없는 것도 있다. 그렇다면 구약의 율법을 인권과 관련지어 보는 것이 우리에게 어떤 의미가 있을까? 우리는 인권의 기초가 되는 자유권과 평등권 등 다양한 인권 개념에 대해 관찰할 수 있을 것이다. 성서의 배경이 되는 사회는 신분제 사회이지만, 그 안에서 종의 자유와 주인과 종의 평등에 대해 곳곳에서 서술하기 때문이다. 고대 사회를 현대 사회와 단순 비교하고, 오늘날의 사회적 잣대를 기준으로 고대 사회를 폄하하는 것은 무지의 소치다. 다만 우리는 율법을 살핌으로써 고대 사회의 인권 개념에 접근할 수 있을 것이며, 율법이 추구하는 정신에 접근할 수 있다. 이를 통해 다음과 같은 것을 살필 수 있다. 첫째로는 율법에 대한 적절한 이해이고, 둘째로는 성서가 기준으로 삼는 인권의 정도이며, 셋째로는 한국 사회를 바라보는 다양한 시각이다.

　이 책에서는 성서에서 인권을 서술하는 본문에 집중하여 관찰하고자 한다. 오경은 성서의 근간을 형성하며, 율법적 형태를 담고 있으므로 특히 중요하다. 구약성서의 토라(율법)는 인권을 보여 주는 중요 본문이다. 언약법전(출 20:22-23:19)은 사회법적 내용을 보여 주며, 신명기(12-26장)는 그것의 확장이다. 그러므로 언약법전과 신명기는 이 책에서 주요 본문으로 다루어질 것이고, 본문의 특성에 따라 다양한 방법이 활용될 것이다. 이 책에서는 첫째로 본문의 의미를 밝히는 데 1차적 관심을 둘 것이다. 이것은 성서를 연구하는 기본 방법이다. 둘째로 우리는 필요한 경우에 성서의 율법을 고대 근동의 율법과 비교할 수 있다. 율법은 이스라엘에만 존재하는 것은 아니며, 살인이나 도둑질을 금지하는 율법은 어디에나 존재하는 기본법이기 때문이다. 셋째로 출애굽기 율법과 신명기 율법은 내용상 연결되기도 하므로, 관련 본문을 비교함으로써 율법의 의미를 부각시킬 수 있다.

윤리와 인권

흔히 윤리와 인권은 비슷한 개념으로 이해되지만 동일하지 않다. 윤리(倫理)는 사전적으로 '사람으로서 마땅히 행하거나 지켜야 할 도리'를, 인권은 '인간으로서 당연히 가지는 기본적 권리'를 의미한다. 윤리는 주로 부자가 가난한 자를, 강자가 약자를 대하는 태도와 관련되어 있다. 이런 이유로 윤리는 내면적 도덕과 무관하지 않다. 약자에 대한 강자의 태도가 옳지 않다면 그는 윤리적 비난을 받을 뿐이다. 윤리는 강자의 윤리의

식에 의존하여 행동을 '기대'한다. 윤리의 테두리에서 약자는 강자에게 윤리의식을 요구할 아무런 권리도 없다.

윤리와 인권을 구별하는 중요한 요소는 약자의 권리다. 인권은 강자의 시각이 아니라, 약자의 시각에서 권리를 서술하고 보장한다. 그러한 권리는 단순히 '약자'의 권리로만 치부되어서는 안 되며, 사람으로서 마땅히 가져야 할 권리를 가리킨다. 약자의 '권리'(מִשְׁפָּט, 미쉬파트)가 침해당하는 것은 단순한 윤리적 문제가 아니라 사회의 '정의'(מִשְׁפָּט, 미쉬파트)가 훼손되었음을 나타낸다. 한 사회에서 인권이 보호받는가의 척도는 강자의 인권 보호를 기준으로 하지 않고, 약자의 인권 보호를 기준으로 한다.

지금까지 인권에 대한 연구는 인문학 영역에서 주로 다루어졌다. 성서는 '신적 권위'를 중시하는 것으로서 '인권'과는 무관한 것처럼 인식되었기 때문이다. 성서를 중심으로 '인권'을 이야기한다는 것이 난센스인 것처럼 간주되었고, 이 때문에 한국에서 성서를 기반으로 하는 인권 연구는 거의 전무한 상황이다. 이러한 환경에서 '성서와 인권'을 연구한다는 것은 모험적이라고도 할 수 있겠다.

더욱이 자본이 모든 것에 우선하는 것처럼 보이는 이 자본주의 사회에서 인권을 살피는 것이 의미가 있을까? 성서에는 자본에 인권이 짓밟히는 것을 고발하는 예언자의 목소리가 등장한다(암 2:6-7). 이 책에서는 성서에 나타난 인권을 관찰하고, 이를 통해 그리스도인의 삶이란 무엇인가를 제시하려 한다. 자본을 최고의 가치로 두는 현대 사회에서 그리스도인은 사람을 어떻게 대해야 하는가에 대한 답을 율법에서 찾을 것이다. 그리스도인이라면 당연히 성서를 기준으로 자신의 삶을 돌아보아야 한다. 성서는 우리가 도달하지 못한다는 이유로 폐기되어서는 안 된다. '개혁된 교회는 항상 개혁되어야 한다'(ecclesia reformata semper reformanda *est*)라는 기치에서 그 기준은 항상 '성서'여야 한다.

성서 율법과 인권의 만남

한국에 기독교가 전파된 지 100년이 훌쩍 지났음에도 불구하고, 성서 율법은 여전히 충실히 연구되지 못하고 있으며, 율법과 인권의 관련성 역시 거의 논의되지 못하고 있다. 이에 이 책은 구약의 율법이 서술하는 '인권'에 주목하였다. 현대 사회에 적용하기 어려운 것들도 있지만, 고대 율법에 기록된 인권을 관찰함으로써 과거를 살았던 그들의 고민을 엿볼 수 있을 것이다.

『태초에 인권이 있었다』가 첫발을 내디딘 것은 오랜 친구이자 법학자인 정선균 박사와 함께 월간지 「디 브뤼케」(*Die Brücke*)를 창간한 2017년도로 거슬러 올라간다. 이 책은 정선균 박사의 헌신이 없었다면 오늘에 이르지 못했을 것이므로, 친구에게 무한한 감사를 표한다. 아울러 글을 집필하는 과정에서 법률 조언을 해 주신 최정규 변호사님에게도 감사를 드린다. 이 월간지를 통해 수많은 목회자와 만날 수 있었고, 특히 경기 북서지역 목회자들과 독서모임을 통해 많은 의견을 나눌 수 있었다. 이 과정을 함께해 준 디 브뤼케 모임 목사님들에게 감사를 전한다. 또한 이 책이 출간되기까지 격려해 준 많은 분께 감사드리며, 초기 원고를 「묵상과 설교」에 연재할 수 있도록 지면을 마련해 준 박대영 목사님에게 감사드린다. 이 책에 관심을 기울이고 투박한 원고를 매끄럽게 다듬어 준 IVP 출판사에도 감사드린다.

두 딸(시은, 시야)과 아내 이선민에게 감사를 전하는 것은 아빠와 남편으로서 마땅한 일이다. 아내는 원고를 쓰고 모임을 가질 때마다 한마디 불평 없이 격려해 주었다. 마지막으로 구약 율법에 대한 이해에 한 걸음 더 나아가려 시도하며, 더 성숙한 한국 교회의 모습을 위해 이 책을 펼치는 독자에게 감사를 전한다.

우리는 이제 성서를 펴고 그동안 주목받지 못했던 율법을 살필 것이다. 이 여정을 통해 성서를 향해서는 눈을 열고, 이웃을 향해서는 마음을 열게 되기를 기도한다.

에스라 연구실에서

민경구

# 1부 인권과 자유

- 인간 창조
- 자유와 생명
- 노동과 쉼
- 안식일과 평등
- 임금 체불 금지
- 채무 관계에서의 책임

창세기의 창조 이야기는 '인간'의 창조를 이야기한다. 고대 근동에서 왕/통치자는 '신의 형상'을 닮은 자로 해석되었고, 이것은 왕의 지배적 우월권을 보여 줌으로써 그의 통치를 정당화했다. 하지만 창세기는 '인간'이 신의 모양과 형상을 닮았음을 선언하며 고대 근동에 편만해 있던 왕에 대한 이해를 상대화시킨다. 모든 인간이 신의 모양과 형상으로 만들어졌다는 성서의 서술은 독특한 인간 이해를 보여 주며, 만민 평등을 피력할 뿐 아니라, 모든 인간이 신 앞에서 동등한 권리가 있음을 명시한다. 즉 창세기는 '인권이 태초부터' 주어졌음을 선언한다.

1. 태초에 인권이 있었다

인간 창조
창 1:26-28

인류 역사에서 인권은 언제부터 생겨났을까? 이 책에서는 인권에 대해 본격적으로 논하기 전에 먼저 인간에 대한 기록이 언제 생겨났는가, 또는 인간은 언제 창조되었는가를 짚어 보려 한다. 왜냐하면 시대에 따른 논쟁에도 불구하고 그것은 인권의 출발점이 될 수 있는 가능성을 제공하기 때문이다. 즉, 우리는 '인권'을 논하기 위해 '창조 기사'를 살펴볼 것이다.

인간 창조에 대한 성서의 기록

인간 창조에 대한 기록을 성서에서 찾으려 한다면, 가장 먼저 창세기를 생각할 것이다. 창세기는 '아담'을 온 인류의 조상으로 묘사한다. 그런데 여기서 한 가지 흥미로운 점이 있다. 오늘날 한국에서 통용되는 성서는 크게 네 가지다. 개역개정은 개신교에서 가장 보편적으로 사용하며, 새번역[1]은 개역개정의 문어체를 현대어로 쉽게 표현한 한국어 역본이다. 그밖에 개신교와 가톨릭이 공동으로 작업한 공동번역성서 개정판[2]과 2005년 가톨릭이 독자적으로 번역한 『성경』이 있다. 우리가 주목해야 할 것은 이 역본들이 동일하게 히브리어 성서를 번역하고 있음에도 불구하고, '아담'이라는 이름이 처음 등장하는 구절은 서로 다르다는 사실이다.

창 2:19		여호와 하나님이 흙으로 각종 들짐승과 공중의 각종 새를 지으시고 **아담**이 무엇이라고 부르나 보시려고 그것들을 그에게로 이끌어 가시니 아담이 각 생물을 부르는 것이 곧 그 이름이 되었더라.
창 3:20	(새번역)	**아담**은 자기 아내의 이름을 하와라고 하였다. 그가 생명이 있는 모든 것의 어머니이기 때문이다.
창 2:15	(공동번역 개정판)	야훼 하느님께서 **아담**을 데려다가 에덴에 있는 이 동산을 돌보게 하시며.
창 4:25	(성경)	**아담**이 다시 자기 아내와 잠자리를 같이하니, 그 여자가 아들을 낳고는, "카인이 아벨을 죽여 버려, 하느님께서 그 대신 다른 자식 하나를 나에게 세워 주셨구나." 하면서 그 이름을 셋이라 하였다.

이와 같은 차이점 때문에 우리는 '아담' 자체에 대한 문제에 직면하게 된다.[3] 아담이라는 용어가 실제로 성서에서 처음 등장하는 곳은 어디인가? 한국어 성서에서는 '아담'이라는 용어가 동일한 곳에 나타나지 않기 때문에 히브리어 원문을 살펴볼 필요가 있다.

성서에서 인간 창조가 언급되는 본문은 창세기 1:26-28 그리고 2:7이다. 여기에서 두 본문을 언급하는 이유는, 창세기 1:26-28에서 사람이 창조되었다고 기록되었음에도 불구하고 창세기 2:5은 '사람이 없었다'라고 진술하기 때문이다.

> 창 2:5   여호와 하나님이 땅에 비를 내리지 아니하셨고 땅을 갈 **사람도 없었으므로** 들에는 초목이 아직 없었고 밭에는 채소가 나지 아니하였으며.

창세기 2:7과 달리 창세기 1:26-28은 조직적 창조를 제시한다. 게다가 공시적(共時的) 관점에서 본다면 창세기 1:26-28은 2:7보다 먼저 인간 창조를 보여 주기 때문에, 우리는 창세기 1장을 중심으로 관찰할 필요가 있다. 특히 인간의 창조 장면을 보여 주는 1:27에 주목해 보자.

> 창 1:27   하나님이 자기 형상 곧 하나님의 형상대로 사람을 **창조하시되** 남자와 여자를 **창조하시고**.

한국어 성서에는 '창조하다'라는 동사가 2회 등장한다. 이와 달리 히브리어 성서에는 '창조하다'(ברא, 바라)라는 단어가 3회 사용되었다. 이것을 중심으로 1:27을 번역하면 다음과 같다.[4]

> ⓐ 하나님이 자신의 형상대로 사람(הָאָדָם, 하아담)을 **창조했다**(בָּרָא).
> ⓑ 하나님의 모양대로 그는 그를 **창조했다**(בָּרָא).
> ⓒ 남자와 여자로 그는 그들을 **창조했다**(בָּרָא).

본문은 인간이 신의 형상(צֶלֶם, 첼렘)대로 창조되었다고 진술한다. 27a절의 '사람'은 히브리어 '아담'(אָדָם)을 번역한 것이기 때문에, 일반명사(사람) 혹은 고유명사(아담)로 해석될 수 있다. 하지만 고유명사에는 정관사가 사용되지 않는다는 점을 고려해야 한다. 게다가 27a절의 히브리어 '아담'이 27c절에는 '그들'(אתם, 오탐)과 평행하기 때문에, 단수가 아닌 복수의 개념으로 이해될 가능성이 열려 있다.[5] 즉, '아담'이라는 명사는 다양한 방식으로 해석될 수 있다. 무엇보다 27c절은 '남자와 여자'가 모두 신의 형상대로 피조되었다고 선언한다. 이처럼 '신의 형상'대로 인간이 창조되었다는 것은 26절의 "우리의 형상을 따라, 우리의 모양대로"라는 서술에 상응한다. 역사적으로 확인할 수 있는지 여부를 떠나서 성서는 창세기 1:27을 기점으로 인간 창조를 제시하므로, 우리는 여기에서부터 인권의 시작을 논할 수 있다.

고대 근동의 창조 기사

창세기 1장을 자세히 들여다보기에 앞서서 고대 근동의 기록을 살펴보려 한다. 고대 근동에서도 창조에 관한 기록이 관찰되기 때문이다. 이스라엘은 지리적으로 여러 대륙이 만나는 지점에 위치해 있다. 남쪽으로는 아프리카, 북서쪽으로는 유럽 그리고 동쪽으로는 아시아와 만난다. 이러한 지리적 여건으로 인해 이스라엘은 제국을 형성하고자 했던 나라들의 각축장이 되고 말았다. 주변 국가들로 둘러싸여 있었기 때문에, 이스라엘은 그들의 종교적 영향으로부터 결코 자유롭지 못했다. 그것은 바알 신앙과 대적하는 엘리야와 같은 예언자의 모습에도 고스란히 반영되었다(왕상 18장). 따라서 고대 근동 국가의 창조 이야기를 살피고 비교해 보면, 창세기의 독특성도 자연스럽게 드러날 수 있다.

고대 근동의 설화 가운데 흔히 창세기와 비교되는 유명한 이야기는 바빌론 창조 기사인 "에누마 엘리쉬"(Enuma-Elish)다. 일곱 개의 토판으로 구성된 이 이야기는 '위에 하늘이 있기 전'에 대한 언급으로 시작하며, 이것은 곧 이 책의 제목이 되었다.[6] 오늘날에는 '(바빌론) 세계창조설화'(Weltschöpfungsepos)라는 명칭으로 불리기도 한다.[7] 일곱 개의 토판 가운데 우리가 주목할 것은 여섯 번째 토판이다. 여기에 다음과 같은 기록이 나타난다.[8]

> 마르둑이 신들의 이야기를 들었을 때, 그는 지극히 정교한 것을 만들고 싶어 했다. 그는 마음에 숙고한 후에 에아(Ea)에게 다음과 같이 말했다. "피를 모으고 뼈를 만들어야겠다. 룰루(Lullu)[9]에게 생명을 불어넣고 그 이름을 '인간'이라 하겠다. 나는 룰루-인간들(Lullu-Menschen)을 창조하여 신들의 수고를 대신 짊어지게 할 것이며, 그 결과 신들은 평안해질 것이다…." (1-9절)

> "킹구(Kingu)는 이번 전쟁을 선동했고, 티아맛(Tiamat)의 반란을 부추겨 전쟁을 일으킨 자다." 신들은 그를 결박하여 에아(Ea) 앞으로 끌고 갔다. 신들은 그에게 유죄를 선언하고 그를 처형했다. 그는 킹구의 피로 인류(Menschheit)를 창조했고, 그 인류를 신을 위한 봉사자로 삼아 신들을 자유롭게 해 주었다. (29-34절)

이것은 고대 근동이 보여 주는 인간 창조의 한 단면이다. 이것은 어렵지 않게 창세기 1장을 연상시킨다.[10] 우리가 주목해야 할 것은 이 인용문이 인간 창조 이야기를 보여 줄 뿐만 아니라, 인간 창조의 목적을 제시한다

왼쪽에서부터 아문 신, 람세스 2세, 무트 여신(주전 1279-1213년).

는 사실이다. 곧 '신들의 수고를 대신 짊어지게 하기 위한 것'이다. 인간을 창조하려는 의도는 신에게 봉사하도록 하기 위함이다.[11] 따라서 이스라엘 주변 국가의 창조 기사에는 인권에 대한 이해가 대단히 희박하다고 평가할 수 있다.

그밖에도 고대에는 왕을 보통의 인간과 다른 존재로 이해했다. 고대 근동을 다스렸던 많은 왕들의 이름은 곧 왕이 어떠한 존재인가에 대한 이해를 나타낸다. 예를 들어 이집트의 파라오 가운데 람세스(Ramessess II)는 '라(Ra)에 의해 태어났다' 또는 '라(Ra)가 낳았다'라는 의미로, 그가 고대 이집트의 태양신 '라'(Ra)의 아들이라는 뜻을 내포한다. 즉, 이집트의 파라오는 신에 의해 점지된 자로서 지상에 현현한 신의 대리자였고, 신의 통치를 구현하는 자였다.

이와 유사한 왕권 사상은 이집트 이외에서도 관찰된다. 고대 페르시아 통치자였던 다리우스(Darius)는 다음과 같이 선언한다.[12]

> 다리우스왕은 선언한다: 아후라 마즈다의 뜻에 따라 나는 왕이 되었다. 아후라 마즈다는 나에게 왕권을 이양했다.

이처럼 고대에서 왕은 신탁을 받아 통치하는 자로 여겨졌다. 따라서 그는 신의 아들 혹은 신의 신탁을 받은 자로서 현세에 대한 신의 통치를 대리한다. 그런 이유로 왕은 숭배의 대상이 되기도 했다.

성서의 창조 기사

창세기 1:26에는 하나님이 자신의 '모양과 형상'대로 인간을 만들겠다는 선언이 기록되어 있다. 다른 피조물을 창조할 때와는 달리 '창조 의지'가 표명되었기에 인간 창조의 모습은 아주 독특하다.

> 창 1:26   하나님이 이르시되 우리의 형상을 따라 우리의 모양대로 우리가 사람을 만들고 그들로 바다의 물고기와 하늘의 새와 가축과 온 땅과 땅에 기는 모든 것을 다스리게 하자 하시고.

그런데 이때 '형상'과 '모양'은 무엇을 의미하는지, 신이 '우리'라고 지칭하는 것은 무엇을 의미하는지에 대해서 적지 않은 논쟁이 있어 왔다.

'우리'의 의미

"'우리'라는 복수형을 어떻게 해석할 것인가?"라는 문제에 대해 베스터만(C. Westermann)과 웬함(G. Wenham)은 지금까지 해석의 방향을 잘 정리해 주었다.[13] 첫째로, '우리'는 '하나님과 천상 존재의 대화'를 전제하는 복수라는 해석이 있다. 성서 곳곳에서 관찰되는 하나님과 천사들의 대화가 그러한 상황을 보여 준다(예. 사 6:8). 원역사와 고대 근동 문서의 유사성이 어렵지 않게 확인되므로 '우리'라는 표현에 다신론적 이해가 반영되었다는 주장이 제기되기도 한다. 오늘날에는 원역사가 근동 문서에 무조건 의존한다는 것에 대해서는 대체로 회의적이지만, 많은 학자들은 '우리'라는 표현이 하나님과 천상 존재 사이의 대화를 보여 준다는 주장을 유지하고 있다. 둘째로, 이미 교부 시대부터 있었던 전통적 해석으로, '우리'는

'삼위일체에 대한 표현'이라는 해석이 있다. 물론 이것에 대한 비판도 적지 않다. 셋째로, '우리'라는 표현은 '신적 왕권'을 표현한다는 해석이 있었지만, 이 해석은 지지를 받지 못하고 있다.[14] 넷째로, '우리'는 '심사숙고적 복수'(pluralis deliberationis)[15]를 나타낸다는 주장이 있다.

신적 '우리'라는 표현은 창세기 11:7에서도 나타나는데, 바로 다음 절인 8절에서 야웨의 행동은 단수로 서술된다.

> 창 11:7-8   자, 우리가 내려가서 거기서 그들의 언어를 혼잡하게 하여 그들이 서로 알아듣지 못하게 하자 하시고 **여호와**께서 거기서 그들을 온 지면에 흩으셨으므로 그들이 그 도시를 건설하기를 그쳤더라.

창세기 1:26과 11:7의 동사들은 모두 '청유형'(Kohortativ)으로 기록되었는데, 게제니우스(W. Gesenius)에 따르면 이것은 특별히 '자신을 독려하는 표현'이다.[16] 따라서 창세기 1:26의 복수 형태는 신적 의지를 반영하며, 그것이 대단히 심사숙고하여 내린 결정임을 보여 준다. 즉, 다른 피조물과 비교할 때 인간 창조의 순간에 그러한 숙고가 반영됨으로써, 인간 창조의 중요성을 강조하는 것이다.

남자와 여자의 평등

창세기 1:27은 하나님이 사람을 창조했다고 보도한다.[17] 사람은 '아담'(אָדָם)이라는 히브리어를 번역한 것이다. 이 단어는 27b절[18]에서 '그'(אֹתוֹ, 오토)라는 인칭대명사로 그리고 27c절에서는 '그들'(אֹתָם, 오탐)이라는 복수 인칭대명사로 대체되었다. 주목할 만한 것은 이러한 복수 인칭대명사를 구

미켈란젤로, 바티칸 시스티나 성당 천장화 "이브의 창조" 부분(1508-1512년경).

몬레알레 대성당 모자이크 "이브의 창조" 부분(1174년경).

체적으로 설명하는 '남자와 여자'(זָכָר וּנְקֵבָה, 자카르 우네케바)가 함께 서술되었다는 점이다. 환언하면, 창세기 1:27 본문은 하나님이 '남자와 여자'를 함께 창조하셨다는 것을 제시한다.

    이러한 이해는 인간 창조에 대한 일반적인 인식과 상충된다. 왜냐하면 신이 남자를 먼저 창조하고, 이후에 그 갈빗대를 취하여 여자를 창조했다는 것이 기독교 내에서 오랫동안 통용되어 온 인식이었기 때문이다.[19] 이러한 관점은 현대에 생성된 것이 아니라 중세 시대에도 존재했다. 게다가 이것은 하나의 해석을 넘어서 고린도전서 14:34 그리고 에베소서 5:22-24와 함께 남성 우월주의를 표방하는 근거로 곡해되기도 했다.

    칼뱅(J. Calvin)이나 츠빙글리(U. Zwingli) 같은 종교개혁가의 글에서도 그러한 이해를 관찰할 수 있다. 츠빙글리는 '여성은 하나님의 형상이 아니다'라고 생각했다. 그와 달리 칼뱅은 처음에는 '남성과 여성이 모두 하나님의 형상대로 피조되었다'고 여겼지만,[20] 타락 이후 본문을 근거로 여성이 남성에게 예속되었다고 주장하거나 혹은 여성의 보조적 역할을 강조한다.[21] 따라서 종교개혁가들도 남성과 여성의 차별을 전제했음을 확인할 수 있다. 그러나 우리는 인간 창조가 창세기 1:26-27에서 먼저 기록되었다는 것을 인지해야 한다. 이 본문은 남성과 여성이 순차적으로 피조되지 않고 동시에 창조되었음을 선언한다.

> 창 1:28   하나님이 그들에게 복을 주시며 하나님이 그들에게 이르시되 생육하고 번성하여 땅에 충만하라, 땅을 정복하라, 바다의 물고기와 하늘의 새와 땅에 움직이는 모든 생물을 다스리라 하시니라.

    우리는 특히 창세기 1:28을 주목할 필요가 있다. 이 구절의 "정복하라"(כבשׁ, 카바쉬)와 "다스리라"(רדה, 라다)는 모두 복수 명령형으로 기록되었는데, 이것은 창세기 1:27c과 두 번에 걸쳐 언급된 28절의 복수 형태 '그들에게'(אֹתָם, 오탐/לָהֶם, 라헴)를 가리킨다. 따라서 이 명령은 남자에게만 제한된 것이 아니라, 남자와 여자 모두에게 동등한 권리와 책임을 부여하는 것이다.[22] 인류사는 오랫동안 남성을 중심으로 해석되어 왔고, 그것은 여성을 상대적으로 폄하하는 결과를 가져오기도 했다. 그러나 창세기 1장은 남자와 여자의 상하관계를 이야기하지 않으며, 오히려 이 둘이 동등한 위치에 있음을 피력한다. 이에 상응하게 월튼(J. Walton)은 성서가 "여성을 남성의 동반자로 본다는 점은 고대 근동과는 근본적으로 다르다"[23]고 설명한다.

신의 모양과 형상

창세기 1:26은 인간이 하나님의 "형상을 따라…모양대로"(בְּצַלְמֵנוּ כִּדְמוּתֵנוּ, 베짤메누 키데무테누) 피조되었다고 서술한다. 대개 인간이 부여받은 하나님 형상은 원죄로 인해 파괴되었다고 주장되곤 한다. 그러나 원역사의 기록을 보면 그러한 주장에 의문을 던지게 되는데, 타락 이후에도 '모양과 형상'이 유지되는 듯한 모습이 보이는 창세기 5:3과 9:6 등이 그러한 주장에 제동을 거는 본문으로 해석되기 때문이다.

> 창 5:3   아담은 백삼십 세에 **자기의 모양 곧 자기의 형상**과 같은 아들을 낳아 이름을 셋이라 하였고.
>
> 창 9:6   다른 사람의 피를 흘리면 그 사람의 피도 흘릴 것이니 이는 **하나님이 자기 형상대로** 사람을 지으셨음이니라.

두 본문은 모두 창세기 1장과 연결된다. 어떤 이들은 창세기 5:3에 언급된 "자기의 모양 곧 자기의 형상과 같은"(בִּדְמוּתוֹ כְּצַלְמוֹ, 비데무토 케짤모)을 '아담'과 연결시키려 하기도 한다. 그러나 창세기 5:1은 하나님이 아담을 "하나님의 모양대로"(בִּדְמוּת אֱלֹהִים, 비데무트 엘로힘) 창조하셨다고 명시하기 때문에, 저자는 동일한 용어를 사용하여 하나님이 아담에게 부여한 '모양과 형상'이 3절에서도 이어지고 있음을 묘사하는 것이다. 아담은 자기의 모양과 형상을 닮은 아이를 낳았는데, 그것은 아담이 하나님의 '모양과 형상'을 닮았다는 것과 같은 표현이다. 게다가 창세기 9:6은 다른 사람의 피를 흘려서는 안 된다고 선언하는데, 그 이유는 '하나님의 형상이 사람에게 유지'되기 때문이다. 따라서 타락 이후에도 하나님의 형상이 유지되고 있음은 분명하다.

신의 모양과 형상을 가진 자의 책무는 '정복'(כבשׁ, 카바쉬)과 '다스림'(רדה, 라다)이다. '정복하다'라는 용어는 '땅'(אֶרֶץ, 에레쯔)과 함께 종종 등장하여(민 32:22, 29; 수 18:1), 가나안 땅 점령을 가리키는 데 사용되었다. 게다가 이 용어는 땅을 정복한 이후에 사람을 복종시키는 것을 의미하므로, 군사 행위와 무력으로 상대방을 제압하는 듯한 인상을 준다.[24] 이와 달리 '다스리다'라는 용어는 종에 대한 주인의 치리(레 25:43, 46, 53), 왕의 통치 행위(왕상 5:4; 시 72:8)를 가리킨다. 따라서 창세기 1:26-28은 왕정 이데올로기와의 모종의 관련성을 내비친다.[25] 고대 사회에서 왕은 '신의 형상'을 담지한 자로 해석되어 왔기 때문이다.

왕은 신의 형상을 가진 자로서 현세를 통치한다. 그는 신의 대리자로 간주되었으며, 그의 통치는 곧 신의 통치와 동일시되었다. 그것은 보통의 인간들에게 왕에 대한 복종을 요구했다. 지배자와 피지배자 사이에는 결코 극복될 수 없는 이데올로기가 존재했다. 신의 형상을 가진 왕이 인간을 통치하는 것은 마땅하게 여겨졌다. 게다가 고대는 왕의 말을 절대적인 것으로 받아들이는 시대였다. 신적 대리자로서 왕의 명령은 거역할 수 없는 규범이었고, 왕의 말은 율법적 권위를 지녔다(Rex Lex, "왕이 곧 법이다"). 그런 점에서 창세기 1장의 인간 창조 이야기는 고대 근동의 통치자 이해와 구별된다.

창세기 1:26-28은 하나님의 형상을 '인간'에게 부여한다. 고대의 개념과 비교한다면 창세기 1장은 왕정 이데올로기를 상대화시킨다. 신의 형상은 왕에게 국한되지 않고, 확대되어 모든 인간에게 주어졌기 때문이다. 창세기의 인간 창조 이야기는 신 앞에서 지배자와 피지배자가 동등하다고 선언한다. 그러므로 '인간이 신의 형상대로 창조되었다'는 서술은 모든 인간이 신 앞에 동등하다는 '만민평등사상'[26]을 보여 준다. 이는 신분의 차이가 있다 하더라도 "인간으로서 당연히 가지는 기본적 권리"[27] 곧 인권이 평등하다는 선언이다. 이것은 원역사가 제시하는 인간 이해의 중요한 부분이기도 하다.

우리가 여기에서 좀 더 주목해야 할 것은 성서의 평등사상이 왕과 백성이라는 신분을 넘어, 남성과 여성이라는 성별 또한 아우른다는 점이다. 창세기 1:27c에 따르면 '남자와 여자'가 신의 형상대로 피조되었다. 즉, '인간'은 남성에 제한되지 않고 여성에게로도 확대되므로, 우리는 창세기 1:26-28에서 양성평등 사상을 추론할 수 있다(이것은 이 책의 3부에서 다시 언급할 것이다).

'여자는 남자와 동등한 존재인가?'라는 질문은 아주 오래전부터 제기되었다. 창세기 2장에 나타나는 인간 창조 순서의 선후(先後)에 대한 기록은 많은 사람에게 각인됐으며, 남성의 우월성을 주장하기 위한 근거로 오용되어 왔다. 그러나 인간 창조를 최초로 진술하는 창세기 1장은 하나님이 인간을 '남자와 여자'로 창조했음을 선언하는 동시에, 창조 순서에 대한 언급은 전혀 없다. 인간 창조가 창세기 1장과 2장에서 두 차례 다르게 나타나는데, 1장이 2장보다 앞서 배열되어 있다는 점이 중요하다. 창세기 1장은 신이 남자와 여자를 만드는 순서를 기술하지 않음으로써 그들이 동일하게 창조되었음을 보여 준다.

⚷

인권에 대해 논하기 위해, 우리는 여기에서 인간 창조를 보여 주는 성서의 기록을 관찰했다. 이것을 고대 근동의 창조 기사 혹은 통치자에 대한 이해와 비교해 보면 차이점이 부각된다. 고대 근동의 일반적인 믿음에 따르면 신은 '신을 위한 봉사자'로 인간을 창조했다. 인간은 신의 수고를 대신 짊어지는 자들로서 마치 신의 노예처럼 묘사되었다. 다시 말해 고대 근동에서는 인권이 대단히 경시되고 있었음을 알 수 있다. 그와 비교되는 것이 창세기의 인간 창조 기록이다.

 창세기에서 '아담'이라는 히브리어가 처음 기록된 본문은 창세기 1:26-27이다. 인간은 신의 '모양과 형상'대로 피조되었다(창 1:26-28). 고대 근동에서 왕/통치자는 '신의 형상'을 닮은 자로 해석되었고, 이것은 왕의 지배적 우월권을 보여 줌으로써 그의 통치를 정당화했다. 하지만 성서는 '인간'(אָדָם, 아담)이 '신의 모양과 형상'으로 피조되었다고 선언한다. 게다가 인간이 신의 형상을 담지한다는 사상은 이후로도 계속 '모든 인간'에게 유지되었고, 살인 금지 규정의 근거로 활용되었다(창 9:6). 따라서 창세기 1장은 왕의 우월성을 제거하고 모든 인간이 신 앞에 동등함을 선언한다. 환언하면, '인간은 평등하다.' 이것은 인간 창조와 동시에 선언된 성서의 인권 이해이며, 따라서 우리는 성서를 기반으로 다음과 같이 말할 수 있다. "태초에 인권이 있었다."

그러나 성서를 따르는 기독교, 더욱 구체적으로 한국 기독교의 모습은 어떠한가? 최근 몇 년간 한국 사회를 떠들썩하게 만든 사건 중 피의자가 기독교 지도층이거나, 관련된 일을 하고 있던 경우들이 있다. 대표적으로 16개월 된 영아를 입양한 후 학대하여 사망에 이르게 한 잔혹한 사건, 중학생 딸을 폭행하여 숨지게 한 후 시신을 11개월 동안이나 방치한 사건 등이다. 세상의 윤리적 기준을 뛰어넘는 성서를 가졌음에도 세상의 윤리적 기준에도 미치지 못하는 '성도'는 역설이 아닐 수 없다. 교회는 무엇을 성도에게 가르쳐야 할 것인가?

토의를 위한 질문

1. 고대 근동의 창조 기사를 보면, 인간은 어떤 존재로 여겨졌는가?

2. 고대 근동에서 '신의 형상'을 닮은 존재는 본래 누구를 가리키는가?

3. 인간이 '신의 모양과 형상'(창 1:27)대로 창조되었다는 창세기의 창조 기사는 왕에게 국한되는가?

4. 창세기 1:26-28을 볼 때, 하나님의 형상을 닮지 않은 사람은 누구인가?

5. 고대 이스라엘이 신분 사회임을 고려한다면, 인간이 '신의 모양과 형상'을 담지했다는 창세기의 서술은 무엇을 의미하는가?

6. 신분 사회 시대에 '평등'을 이야기한다는 것은 어떤 의미일까?

고대 사회는 신분 사회였고, 주인과 종이라는 구별이 명백하게 존재했다. 고대 사회에서 종은 스스로 자신의 권리를 주장할 수 없었지만, 성서는 '하나님의 율법'을 통해 그들의 권리를 보호한다. 종은 물리적 자유를 부분적으로 박탈당했지만, 시간이 지나면 자유를 되찾을 수 있었다. 이로써 성서는 그들이 종신토록 종으로 전락하는 것을 방지한다. 덧붙여 비록 어떤 사람이 '종'의 신분으로 전락했을지라도, 주인이 종의 생명을 함부로 해쳐서는 안 된다고 선언한다. '종'도 하나님의 형상이기 때문이다(창 9:6).

2. 반드시 형벌을 받으리라

자유와 생명
출 21:20

현대 사회는 신분 사회가 아니다. 그럼에도 불구하고 현대 사회에 신분 차이가 존재한다는 것은 사람들 사이에 통용되는 표현을 보면 알 수 있다. '갑을관계'(甲乙關係)로 인간관계를 표현하거나, 심지어는 '금수저, 흙수저'처럼 '수저'에 빗대어 아예 태어나면서부터 정해지는 신분을 논하기도 한다. 세태를 반영하는 이런 표현은 보이지 않는 우리 사회의 높은 벽을 상상하게 만든다. 즉, 눈에 보이는 신분은 없지만, 보이지 않는 신분의 벽이 엄연히 존재하는 사회다.

오늘날과 달리 성서의 시대는 명백한 신분 사회다. 노예제도는 고대로부터 존재했으며 이스라엘과 주변국에서 모두 관찰된다. 고대 근동 사전에 따르면 '노예'는 내국인이 아닌 외국인으로서 일반적으로 '전쟁 포로'로 이해된다.[1] 헤르만-오토(E. Herrmann-Otto)는 호메로스(Homeros)의 글을 인용하여, 전쟁에서 승리한 자들이 적국의 남성은 모두 죽였지만 여성과 아이는 노예로 삼아 매매했음을 보여 준다.[2]

성서는 부유한 가정에서 노예를 부리는 것과 그들을 매매하는 장면을 묘사한다(참조. 창 37:28; 암 1:9). 본래 '종'과 '노예'는 구분되어야 하지만, 법적·사회적 개념에서 종과 노예를 구분하기란 대단히 어렵다.[3] 이러한 하층민 집단을 통칭하는 가장 일반적인 히브리어는 '에베드'(עֶבֶד)다. 이것은 신분이 낮은 '노예'(창 39:17)뿐만 아니라, 고위직 종사자인 '왕의 시종'(왕하 22:12, עֶבֶד־הַמֶּלֶךְ, 에베드-하멜렉)을 가리키기도 했으며, 혹은 인간이 신 앞에서 자신을 낮추어 부르는 표현(창 32:10[11])으로도 활용되었다. 이런 이유로 용어상의 구분 또한 용이하지 않다.[4]

구약성서는 '종' 혹은 '노예'가 매매되는 경우를 종종 보여 주며, 그들이 주인의 결정에 예속된 자들로서 법적 권리를 보장받지 못하고 있음을 암시한다.[5] 이러한 일반적 인식을 바탕으로, 이 장에서는 법적 효력을 갖는 '종의―노예를 포함한―인권은 언제부터 나타나는가?'에 대해 성서를 기반으로 답하며 그 특징을 제시하고자 한다. 이를 위해서 가장 오래된 법 문서를 살펴볼 필요가 있다.

고대 법 문서로서 성서

구약에서 법은 아주 다양하게 관찰된다. 그중에서 우리에게 가장 잘 알려진 본문은 십계명이다. 이것은 흔히 성서에서 두 군데에 기록되었다고 알려지지만, 실제로는 더 다양한 형태로 기록되었다(출 20장; 34장; 신 5장; 27장). 우리에게 익숙한 십계명은 출애굽기 20장이다. 이것은 성서에서 가장 먼저 언급되는 법 문서이지만, 가장 오래된 형태는 아닐뿐더러,[6] 윤리(Ethos)적인 측면이 강하다.[7]

십계명 이후에 곧바로 등장하는 것은 언약법전(Bundesbuch)이다. 이 명칭은 출애굽기 24:7에서 유래했으며, 출애굽기 20:22-23:19[8] 본문을 가리킨다.

> 출 24:7 　언약서(סֵפֶר הַבְּרִית, 세페르 하베리트)를 가져다가 백성에게 낭독하여 듣게 하니 그들이 이르되 여호와의 모든 말씀을 우리가 준행하리이다.

이 언약법전은 신명기를 형성하는 데 큰 영향을 끼쳤다. 특히 신명기적(dtn) 신명기[9]는 언약법전을 모태로 작성되었기 때문에, 이 법전이 신명기 형성에 직접적인 영향을 끼쳤다는 점은 보편적으로 수용되고 있다.[10] 다만 언약법전의 작성 연대에 대해서는 이론(異論)이 있다. 여기서는 언약법전의 연대에 대한 논의는 하지 않을 것이다. 다만 그것이 구약성서에서 가장 오래된 법이라는 것에는 학자들 사이에 합의가 있으므로, 언약법전을 중심으로 구약의 법을 다룰 것이다.[11]

언약법전에 나타난 '종'의 권리: 자유권

언약법전은 다양한 법적 진술을 보여 준다. 일반적으로는 '만약…하면/이면, …할지니라'라는 형태를 보여 주는 '조건법'(kasuistisches Recht, 출 21:18-22:16)과 '…하라/하지 말라'는 형태를 띠고 있는 '절대법'(apodiktisches Recht)이 있다.[12] 조금 독특한 형태지만 '반드시 죽이라'(מוֹת יוּמָת, 모트 유마트)는 문구가 전형적으로 나타나는 사형법도 절대법으로 분류된다(출 21:12-17).

출 21:12	사람을 쳐 죽인 자는 **반드시 죽일 것이나**.	
출 21:15	자기 아버지나 어머니를 치는 자는 **반드시 죽일지니라**.	
출 21:16	사람을 납치한 자가 그 사람을 팔았든지 자기 수하에 두었든지 그를 **반드시 죽일지니라**.	
출 21:17	자기의 아버지나 어머니를 저주하는 자는 **반드시 죽일지니라**.	

언약법전의 범주에서 우리는 '종'(עֶבֶד, 에베드)에 대한 기록을 보게 된다.[13] 출애굽기 21:2-11은 남녀가 종으로 팔려 가는 경우를 가리킨다. 그럴 경우에 그는 6년 동안 종이 되어 주인을 섬기지만, 7년째가 되는 해에 자유의 몸이 될 수 있었다. 이와 유사한 것이 고대 함무라비 법전에서도 나타난다. 이 법전에서 이들은 매매가 가능한 '노예'(Slave)로 묘사되며, 출애굽기 21:2이하 규정과 유사한 것이 등장한다. 또한 출애굽기 21:2의 '히브리'라는 용어는 후대에 민족적 개념으로 널리 사용되긴 했지만, 본래는 사회적 하층민을 가리키는 개념이었다(출 2:6).

출 21:2	네가 히브리(עִבְרִי, 이브리) 종을 사면 그는 여섯 해 동안 섬길 것이요 일곱째 해에는 몸값을 물지 않고 나가 자유인이 될 것이며.
함무라비 법전[14] §117	만일 한 자유인의 부채가 상환 기한이 되어 그가 자신의 아내나 아들이나 딸을 팔거나 채무노예의 신분으로 넘겨주었다면, 그들은 그들의 구매자나 채권자의 집에서 3년 동안 노역할 것이고, 4년째에 그들의 해방이 이루어질 것이다.
§118	만약 그가 남자 노예나 여자 노예를 채무 노예의 신분으로 넘겨주었다면, 그 상인은 노역 기간을 (3년보다)

연장할 수 있고, 그 노예를 팔 수 있고, 그 노예에 대하여 반환 요구는 이루어질 수 없다.

팔려 온 자가 종의 신분으로 6년을 지낸 후에, 그는 완전한 자유인으로 돌아갈 수 있다. 만약 그가 종이 될 때 아내를 데리고 왔다면, 그에게는 자신의 가족을 데리고 나갈 권리가 있다(출 21:2-3). 이러한 규정은 한 사람이 무기한으로 종살이를 하며 비인간적 대우를 받는 폐해를 방지하려는 장치였다.[15]

우리는 성서에서 이 규정을 근거로 주전 7-6세기 사회를 비판하는 예언자를 만날 수 있다.[16] 그는 주전 626/609년부터 582년까지, 즉 남유다가 멸망하고 바빌론 포로로 끌려간 직후에까지 예언자로 활동한 예레미야다.

렘 34:14 **너희 형제 히브리 사람이 네게 팔려 왔거든 너희는 칠 년 되는 해에 그를 놓아줄 것이니라, 그가 육 년 동안 너를 섬겼은즉 그를 놓아 자유롭게 할지니라** 하였으나 너희 선조가 내게 순종하지 아니하며 귀를 기울이지도 아니하였느니라.

렘 34:16 너희가 돌이켜 내 이름을 더럽히고 각기 놓아 그들의 마음대로 **자유롭게 하였던 노비를 끌어다가 다시 너희에게 복종시켜 너희의 노비로 삼았도다.**

렘 34:17 그러므로 여호와께서 이와 같이 말씀하시니라. 너희가 나에게 순종하지 아니하고 **각기 형제와 이웃에게 자유를 선포한 것을 실행하지 아니하였은즉**….

예레미야서는 일면 출애굽기 21:2이하가 준수되지 못하는 것을 지적한다.[17] 예레미야 34:17에 가장 먼저 기록된 '그러므로'(לָכֵן, 라켄)는 앞선 서술과의 인과관계를 보여 준다. 자유롭게 된 자를 다시 종으로 전락시킴으로써 그들의 자유를 파괴하는 행위는 심판의 근거가 되었다. 예레미야 34:17은 그러한 남유다의 행위를 '하나님에 대한 불순종'(לֹא־שְׁמַעְתֶּם אֵלַי, 로-쉐마템 엘라이)[18]으로 규정한다. 남유다 백성이 형제와 이웃에게 자유를 주지 않았기 때문에, 야웨가 유다 백성을 칼, 전염병, 기근에 자유롭게 넘겨주시겠다는 심판 선언이다. 환언하면, '종'의 권리를 무시한 행위로 인해 유다 백성들은 '자신'의 권리를 박탈당한다.

이를 보면, 종의 자유권은 적어도 주전 8세기부터 상당한 관심사였음을 알 수 있다. 종의 자유권을 보호하기 위한 법적 장치가 마련되어 있었고, 하나님의 사람으로 이해되었던 예언자는 종의 자유권이 보장되지 못하던 사회에 신적 메시지를 전했다. 종의 자유권을 보장하지 않은 자신의 백성에게 하나님은 칼, 전염병, 기근으로 인한 고통을 보장할 뿐이었다. **종의 자유권을 보장하지 않는 자유인에게 자유는 보장되지 않는다.** 따라서 종의 자유권과 자유인의 자유권 사이에 근본적인 차이는 없다.

언약법전에 나타난 '종'의 권리: 생명권

언약법전에 나타난 '종'의 개념에서 우리가 주목해야 할 본문은 출애굽기 21:20이다.

> 출 21:20　사람이 매로 그 남종이나 여종을 쳐서 당장에 죽으면 반드시 형벌을 받으려니와.

이 본문은 "그 남종이나 여종"이라고 하며 남종과 여종을 각각 서술한다. 히브리어 원문을 살펴보면 '남종'(עַבְדּוֹ, 아브도)과 '여종'(אֲמָתוֹ, 아마토)에 각각 3인칭 남성 단수 소유 대명접미어(그의)가 결합되어 있으므로 '그의 남종이나 그의 여종'으로 해석하는 것이 더욱 정확하다. 그렇다면 출애굽기 21:20의 주어가 되는 '사람'은 남종과 여종을 소유한 개인, 즉 자유인이다.

종을 때리는 수단으로 사용된 '매'(שֵׁבֶט, 쉐베트)는 분노가 일어났을 경우에 들어서 치는 '채찍'(사 10:5), 야생동물로부터 양 떼를 보호하기 위해 목자가 사용했던 '몽둥이'(시 23:4), 혹은 통치자가 손에 들던 '지팡이'(창 49:10) 같은 것이다. 잠언은 종의 부정적 습성에 대해 설명하면서, 주인이 막대기를 가지고 정당하게 채근하는 데 사용하는 경우가 있음을 암시하기도 했다.[19]

> 잠 29:19 종은 말로만 하면 고치지 아니하나니 이는 그가 알고도 따르지 아니함이니라.

하지만 출애굽기 21:20처럼 자유인이 '종'을 때려 사망에 이르게 했다면, 이것은 일상적인 사건으로 볼 수 없다. 이성을 상실한 주인이 종을 '몽둥이'로 쳐서 사망에 이르게 한 것이기 때문이다.

출애굽기 21:20을 해석하는 데 문제가 되는 것은 '당장에'라는 문구다. '당장'이라는 개념을 우리는 어떻게 해석할 것인가? 히브리어 원문에는 '당장'이라는 시기에 대한 언급은 없으며, 단지 '그의 손에 의해 죽으면'(וּמֵת תַּחַת יָדוֹ, 우메트 타하트 야도)이라는 문구만 나타난다. 무엇보다 21절에서는 그 종이 '하루나 이틀'을 생존하는 경우를 언급하기 때문에,[20] '그의 손에 의해'(20절)는 종이 현장에서 사망하는 경우를 가리킨다.[21] 더 나아가 이것은 주인의 구타가 죽음에 이르는 직접적 원인이 되는 경우도 포함하는 것으로 보인다.[22]

20b절에는 종이 현장에서 사망하는 경우에 주인은 '반드시 형벌을 받는다'(נָקֹם יִנָּקֵם, 나콤 이나켐)고 규정되었다. 여기에는 동의어 반복[23]이 나타나서 형벌의 의미를 강조한다. 개역개정은 이것을 표현하기 위해 '반드시'라는 부사를 활용하였다. 이 같은 부사의 사용은 처벌이 엄중해야 함을 가리킨다. 하지만 종이 주인의 재산으로 간주되었다면,[24] 20b절의 '형벌'은 무엇을 가리키는가?

'반드시 형벌을 받는다'를 살펴보면, '형벌'(נָקַם, 나캄)은 본래 '복수하다/복수를 당하다'를 의미한다. 유대인 학자인 야코프(B. Jacob)는 유대인이 이것을 '참수형'(Hinrichtung durch Enthauptung)으로 이해해 왔음을 설명하는데,[25] 왜냐하면 '복수하다'는 레위기 26:25의 '복수의 칼'(חֶרֶב נֹקֶמֶת, 헤레브 노케메트)과 연결되기 때문이다.[26]

또한 출애굽기 21:20은 언약법전이므로, 우리는 내부 규정을 살펴볼 필요가 있다. 사람을 죽인 경우를 제시하는 구절 가운데 눈에 띄는 것은 출애굽기 21:12이다.

> 출 21:12   사람을 쳐 죽인 자는 반드시 죽일 것이나.

이 문구는 '반드시 죽이라'(מוֹת יוּמָת, 모트 유마트)는 형태의 법문이다. 여기에는 피해자의 신분 같은 조건이 서술되지 않았다. 따라서 고대 사회에서 종이 비록 주인의 재산으로 취급되었다 하더라도 주인이 종을 때려 죽음에 이르게 한다면(출 21:20), 주인은 그에 상응하는 대가로 자신의 목숨을 내놓아야 했다.[27] 덧붙여 오경의 가장 오래된 필사본인 사마리아 오경[28]은 출애굽기 21:20의 '반드시 형벌을 받으리라'를 '반드시 죽이라'(מות יומת, 모트 유마트)로 읽고 있다. 이처럼 성서는 '종'이라 할지라도 생명이 존중되어야 함과 주인의 폭력으로부터 보호받아야 함을 피력한다.[29] 그러므로 우리는 이스라엘의 가장 오래된 언약법전에서 생명 존중 사상이 나타나고 있음을 알 수 있다.

고대 근동의 법

우리는 언약법전에 나타난 종의 권한을 몇 가지로 살펴보았다. 특별히 출애굽기 21:20은 고대 근동의 법과 비교하면 그 독특성이 더욱 강조된다. 그중 '탈리온법'으로 잘 알려진 동태복수법(同態復讐法)은 고대 근동, 구약(출 21:23-25) 심지어는 신약(마 5:29)에서도 중요하게 묘사되었다. 고대 근동에서 가장 잘 알려진 법전 가운데 하나인 함무라비 법전 §§ 196-214를 보면 전형적인 탈리온법을 확인할 수 있는데, 여기에는 '상해 및 치사'에 관한 기록이 주요하게 언급되었다.[30]

§ 196   만약 한 자유인이 귀족의 눈을 멀게 하였다면, 그들은 그의 눈을 멀게 할 것이다.

§ 197   그가 다른 자유인의 뼈를 부러뜨렸다면, 그들은 그의 뼈를 부러뜨릴 것이다.

§ 198   만약 그가 평민의 눈을 멀게 하였거나 평민의 뼈를 부러뜨렸다면, 그는 은 1마나를 달아 줄 것이다.

함무라비 법전.[31]

§ 199　만약 그가 자유인의 노예의 눈을 멀게 하였거나 자유인의 노예의 뼈를 부러뜨렸다면, 그는 그 노예의 가격의 2분의 1을 달아 줄 것이다.

§ 200　만약 한 자유인이 다른 자유인의 이를 부러뜨렸다면, 그들은 그의 이를 부러뜨릴 것이다.

§ 201　만약 그가 평민의 이를 부러뜨렸다면, 그는 은 3분의 1마나를 달아 줄 것이다.

§ 202 만약 한 자유인이 자신보다 높은 신분의 자유인의 뺨을 때렸다면, 그는 의회 앞에서 황소가죽 채찍으로 60대를 맞을 것이다.

§ 203 만약 한 자유인이 자신과 신분이 동등한 다른 자유인의 뺨을 때렸다면, 그는 은 1마나를 달아 줄 것이다.

§ 204 한 평민이 다른 평민의 뺨을 때렸다면, 그는 은 10세겔을 달아 줄 것이다.

§ 205 만약 한 자유인의 노예가 자유인의 뺨을 때렸다면, 그들은 그의 귀를 잘라 낼 것이다.

§ 206 만약 한 자유인이 논쟁 중에 다른 자유인을 때려서 그에게 상해를 입혔다면, 가해한 자유인은 "나는 고의적으로 때리지 않았다"라고 맹세할 것이고, 그는 의사에게 지불할 것이다.

§ 207 만약 그의 폭행으로 인해 사람이 사망하였다면, 그는 맹세할 것이고 만약 사망자가 자유인 계급에 속한 사람이라면, 그는 은 2분의 1마나를 달아 줄 것이다.

§ 208 만약 사망자가 평민이라면, 그는 은 3분의 1마나를 달아 줄 것이다.

§ 209 만약 한 자유인이 다른 자유인의 딸을 구타하여 그녀로 하여금 태아를 유산하게 하였다면, 그는 그 태아에 대하여 은 10세겔을 달아 줄 것이다.

§ 210 만약 그 여자가 사망하였다면, 그들은 그의 딸을 사형에 처할 것이다.

§ 211 만약 그가 구타로 평민의 딸로 하여금 태아를 유산하게 하였다면, 그는 은 5세겔을 달아 줄 것이다.

§ 212 만약 그 여자가 죽었다면, 은 2분의 1마나를 달아 줄 것이다.

§ 213 만약 그가 자유인의 여자 노예를 구타하여 그녀로 하여금 태아를 유산하게 하였다면, 그는 은 2세겔을 달아 줄 것이다.

§ 214 만약 그 여자 노예가 죽었다면, 그는 은 3분의 1마나를 달아 줄 것이다.

함무라비 법전은 언약법전보다 오래된 것이다. 함무라비 법전을 언약법전과 단순 비교하는 것은 어려울 수 있지만, 함무라비 법전이 고대의 법 규정을 엿볼 수 있는 중요한 자료임에는 의심의 여지가 없다. 여기에는 자유인이 '남종' 혹은 '여종'을 쳐서 사망한 경우를 언급하고 있지만(§§ 213-214), 자유인은 벌금을 지불하면 그만이었다. 게다가 함무라비 법전에는 주인이 종을 쳐서 사망하게 되는 경우가 언급되지 않을 뿐만 아니라, 그에 대한 어떠한 처벌 조항도 표명되지 않는다. 따라서 종의 생명을 보호하려는 성서의 조항(출 21:20)은 고대 근동 국가의 법 조항에서는 찾아보기 어려운 규정으로서,[32] 성서의 독특성을 보여 준다. 성서는 자유인의 기본 권리를 넘어서 종에게도 기본권이 보호되어야 함을 피력하고 있는 것이다.

⚰

지금까지 우리는 성서가 인간의 생명을 보장하고 있음을 살펴보았다. 이것은 인간의 기본권 가운데 가장 기초적인 것이다. 고대 사회에서 자유인의 생명을 보호하는 것은 보편적 사상이었다. 하지만 우리가 성서를 주목해야 하는 이유는 자유인뿐 아니라 '종'의 생명도 보호한다는 사상이 관찰되기 때문이다. 성서에서 가장 오래된 언약법전은 그에 관한 중요한 통찰을 제시한다.

출애굽기 21:2은 종에게 자유를 보장해야 함을 명시한다. 그가 비록 종으로 팔려 왔지만, 일정 기간이 지나면 주인은 그를 자유인으로 풀어 주어야 한다. 주전 7-6세기에 활동한 예언자 예레미야는 종의 자유권을 박탈한 사회에 신의 심판을 선포한다(렘 34:16-17). 따라서 '종의 자유권'

은 시대를 초월하여 보장되어야 했다.

출애굽기 21:20은 종의 새로운 권리를 제시한다. 고대 사회에서 종은 주인의 소유물에 지나지 않았기 때문에 그의 생명은 보장되지 못했다. 고대 근동에서 종의 생명을 보호하려는 조치가 전혀 없다는 사실도 이 것을 알려 준다. 이와 달리 성서는 이스라엘 종을 위해서 주인의 폭력으로부터 생명을 보호받을 수 있는 최소한의 제도적 장치를 마련하며, 주인이 종의 생명을 해칠 경우 사형에 해당하는 벌을 받아야 한다고 명시한다(출 21:20). 신분은 '종'일지라도 그의 '생명'은 보호되어야 한다. 그러므로 우리는 성서에서 인권 중시 사상을 찾아볼 수 있다.

오늘날 우리는 언약법전으로부터 대략 3,000년 떨어진 시대를 살고 있다. 이렇게 오래된 성서를 지금 우리가 보아야 하는 이유는 무엇일까? 성서를 살피고 당시 시대를 조명하는 과정에서 우리는 우리가 살고 있는 현재를 과거와 비교하게 된다. '종'이라는 신분은 오늘날 많은 사회에서 사라지고 있지만, 일부 사회에서는 여전히 존재한다. 그 가운데는 경제적 이유로 가족과 스스로를 팔아야 했던 이들이 적지 않다. 성서에도 이런 이들의 목소리가 담겨 있다.

> 느 5:2-5   어떤 사람은 말하기를 우리와 우리 자녀가 많으니 양식을 얻어먹고 살아야 하겠다 하고 어떤 사람은 말하기를 우리가 밭과 포도원과 집이라도 저당 잡히고 이 흉년에 곡식을 얻자 하고 어떤 사람은 말하기를 우리는 밭과 포도원으로 돈을 빚내서 왕에게 세금을 바쳤도다, 우리 육체도 우리 형제의 육체와 같고 우리 자녀도 그들의 자녀와 같거늘 이제 **우리 자녀를 종으로 파는도다, 우리 딸 중에 벌써 종 된 자가 있고** 우리의 밭과 포도원이 이미 남의 것이 되었으나 우리에게는 아무런 힘이 없도다 하더라.

'종'이라는 개념은 좁게 보면 신분적으로 누군가에게 예속된 이들만을 가리킬 수 있지만, 광의적으로 보면 경제적으로 독립되지 못하고 누군가에게 예속되어 있는 자들을 포함할 수 있다. 예컨대 우리는 자신의 경제권을 틀어쥔 사람에게 보이지 않게 속박되어 있을 수 있다. 그러한 상황에서 고용의 안전은 피고용자의 생존권을 지키기 위해 대단히 중요한 것이다. 인간이 자신의 기본권을 지키려는 것은 자연스러운 일이며, 국가는 그러한 인간의 권리를 보호해 주어야 할 의무가 있다.

> 헌법 제10조　모든 국민은 인간으로서의 존엄과 가치를 가지며, 행복을 추구할 권리를 가진다. 국가는 개인이 가지는 불가침의 기본적 인권을 확인하고 이를 보장할 의무를 진다.

이처럼 헌법에 인간의 자기 권리가 보장되어 있음에도 불구하고, 오늘날 사회의 모습은 적지 않게 왜곡되어 있다. 우리 사회에서 각 계층의 인권은 존중되고 있는가? 사회적 계층의 차이가 존재했던 이스라엘은 가장 계층이 낮은 '종'의 인권을 보호하기 위해서도 법 조항을 마련하였다. 그런데 계층 간의 구분이 명시적으로 존재하지 않는 현대 사회에서는 과연 '모든' 이들의 인권이 존중되고 있는가? 어쩌면 현대 사회에서 우리는 모두 평등하다고 간주되기에, 사각지대의 인권은 더 매몰되고 있는 듯하다.

토의를 위한 질문

1. 출애굽기 21:20 그리고 12절을 비교하라. 성서는 '종'의 어떠한 권리를 명시하는가?

2. 이스라엘에서 종을 죽인 주인은 어떠한 처벌을 받았는가? 일반적인 고대 사회에서는 어떠했는가?

3. 미국에 존재했던 노예제도, 조선 시대에 존재했던 사회 계층을 생각했을 때, 종이 사망하면 주인은 어떤 처벌을 받았을까?

4. 기독교 국가에서도 성서가 보장하는 종의 권리가 보장받지 못한 이유는 무엇일까? 성서의 율법 해석이 망각되었던 역사와 종의 권리가 보장받지 못했던 역사에는 어떤 연관성이 있을까?

5. 오늘날은 신분 사회가 아니지만, 인권의 사각지대에 있는 이들이 존재한다(예: 이주 노동자 등). 그들의 인권은 어떻게 보호받을 수 있을까?

출애굽기 23:10-12에 기록된 멈춤은 땅을 소유한 자에게 명령하는 것으로서 노동으로 지친 가축, 종 그리고 나그네가 쉬며 숨을 돌리기 위한 것을 목적으로 한다. 즉, 일주일에 하루를 쉬라는 계명은 약자의 권리를 보호하라는 하나님의 명령이었다. 또한 출애굽기 21:2에 나타나는 면제년 제도는 종에서 놓인 자가 다시 종으로 전락하지 않도록 보호하려는 의도를 갖는다. 성서의 율법은 '사람의 권리'를 보호하려는 하나님의 명령이다.

3. 일곱째 날에는 중단하라

노동과 쉼
출 23:10-12

'저녁이 있는 삶.' 이것은 많은 직장인들이 간절하게 바라는 삶이기도 하다. 한국에서 2004년부터 실시된 주 5일제가 확대 적용되면서 요즈음에는 주말에 가족끼리 나들이하는 모습을 흔히 볼 수 있지만, 긴 노동 시간으로 인해 주중에는 가족이 함께 저녁 시간을 보내기 어려운 것이 현실이다. 일부 단적인 예로 치부할 수도 있지만, 우리는 쉼을 충분히 보장받지 못하는 사회에 살아간다. 쉼을 위해 노동하지만, 노동을 위해서도 쉼이 필요하다.

"안식일(יוֹם הַשַּׁבָּת, 욤 하샤바트)을 기억하여 거룩하게 지키라"(출 20:8). 십계명의 제4계명이다. 이것은 대체로 창세기 1-2장을 기반으로 한다고 알려져 있다. 창세기의 창조 기사에 따르면 하나님은 6일 동안 세상을 만들고, 제7일에 안식함으로써 창조를 완성하셨다. 이에 따라 기독교는 하나님을 닮은 인간도 안식해야 한다고 가르쳐 왔다(출 20:11). 이로 인해 안식은 종교라는 제한된 개념으로 이해되기도 했다.

그러나 '안식/쉼'은 종교적 개념으로 정착되기 이전부터 사회적 개념으로 사용되어 왔다. 성서의 가장 오래된 법이자 사회 제도로 잘 알려진 언약법전에는 안식일 개념이 등장하지 않는다. 다만 안식일 개념과 유사하게 보이는 제7일의 '쉼'(נוח, 누아흐)을 요구할 뿐이다(출 23:12). 이 장에서 우리는 고대 성서에 나타난 법의 정신사적 측면을 고찰할 것이다.

언약법전에 나타난 안식

출애굽기 20:8은 안식일 계명을 언급하며 사람의 안식일과 하나님의 안식일(출 20:10)을 평행하게 서술한다. 6일 동안 행해야 하는 인간의 노동(עשה, 아사)은 6일 동안 이루어진 하나님의 창조 노동(עשה, 아사)과 일치한다. 이처럼 십계명의 안식일은 창조 사건을 기반으로 한다.

- 출 20:8　　안식일(יום השבת, 욤 하샤바트)을 기억하여 거룩하게 지키라.
- 출 20:9　　**엿새 동안은** 힘써 네 **모든 일을 행할**(עשה, 아사) 것이나
- 출 20:10　일곱째 날은 네 하나님 여호와의 안식일(שבת, 샤바트)인즉
- 출 20:11a　이는 **엿새 동안에** 나 여호와가 하늘과 땅과 바다와 그 가운데 **모든 것을 만들고**(עשה, 아사) 일곱째 날에 쉬었음이라 (נוח, 누아흐).

계속해서 출애굽기 20:11은 하나님이 행하셨지만 인간은 준수하지 않는 '쉼'을 서술하며, 하나님이 행하신 것을 인간도 지켜야 함을 엄숙히 요구한다. 즉, 출애굽기 20장의 안식일 준수 계명을 이해하기 위해서는 창세기 1-2장에 관한 이해가 필요하다. 안식일 개념은 두 본문 모두에 전제되

어 있다. 먼저 여기에서 기록된 '쉼'(שבת, 샤뱌트)과 '안식'(נוח, 누아흐)의 의미를 살펴보고자 한다.

'안식' 개념에 대한 이해

안식일 개념은 히브리어 표현에서 단순하게 '주일'을 의미하지 않으며, 그 의미가 복합적이다. '안식'은 동사인 '샤바트'(שבת)와 동일한 어근을 갖는 명사 '샤바트'(שַׁבָּת)를 번역한 것이다.[1] 이 동사는 출애굽기 34:21에서 번역된 것처럼 '쉬다'라는 뜻도 내포하지만, '멈추다, 중단하다, 끝나다'라는 뜻이 본래 의미에 더 가깝다(창 8:22; 수 5:12).[2] 이것은 창세기 2:2-3에서도 사용되었는데, 이를 '쉬다'라는 의미로 보는 것도 가능하지만 창조의 완성을 보여 주는 '종결'로 보는 것이 더욱 적합하다.[3] 이 같은 다양한 의미로 인해 여러 성서 역본은 이 명사를 'Sabbath'라는 히브리어 음가를 살려 표기한다.[4]

'제의 십계명'이라고도 불리는 출애굽기 34장은 7일 동안 거행되는 무교절 축제에 대해 설명하며(34:18), 제7일에 쉬어야 한다고 선언한다(출 34:21).

> 출 34:21 너는 엿새 동안 일하고(עבד, 아바드) 일곱째 날에는 쉴지니(שבת, 샤뱌트) 밭 갈 때에나 거둘 때에도 쉴지며(שבת, 샤뱌트).

여기에는 안식일에 대한 언급이 없고, 제7일이 무엇을 의미하는지 불명확하다. 다만 '샤뱌트'(שבת) 동사를 사용하여 '쉬라'고 명령할 뿐이다. 이 동사가 본래 '멈추다'를 의미하는 것처럼, 출애굽기 34:21의 '쉬다'는 '노동 행위'(עבד, 아바드)의 중단을 가리킨다. 즉, 안식일(Sabbath)이라는 개념과 무관하게 제7일에 '쉬라'고 요구하므로, 제7일과 안식일은 본래 구별되는 개념이었을 것으로 본다.[5]

'Sabbath' 외에도 '쉬다'를 의미하는 중요한 단어는 '누아흐'(נוח)다. '노아'(נח)라는 이름은 이 동사에서 파생했으며,[6] 이것은 (방주가) '머무르다, 정착하다'를 표현하기 위해서도 사용되었다(창 8:4).

> 창 8:4 　일곱째 달 곧 그달 열이렛날에 방주가 아라랏산에 머물렀으며(נוח, 누아흐).

'샤바트'(שבת)와 '누아흐'(נוח)는 의미가 유사하기 때문에 혼동되기도 한다. '누아흐'는 가장 오래된 법인 언약법전에서 단 1회 관찰되며(출 23:12), '샤바트'와 함께 사용되었다. 따라서 우리는 이것을 '안식'에 대한 이해의 출발점으로 삼을 수 있다.

제7일에는 노동을 중단하라 (출 23:12)

제7일에 '중단하라'(שבת)는 요구는 언약법전[7]에서 관찰된다(출 23:12). 여기에서 서술된 '중단하라'는 십계명처럼 조직화되지는 않았다. 한국어 성서에는 '쉬라'는 요구가 2회 등장하지만, 히브리어 성서에는 다른 용어가 사용되었으므로, 각각의 의도도 구별되어야 한다.

> 출 23:12 　너는 엿새 동안에 네 일을 하고 일곱째 날에는 쉬라(שבת, 샤바트). 네 소와 나귀가 쉴 것이며(נוח, 누아흐) 네 여종의 자식과 나그네가 숨을 돌리리라.

출애굽기 23:12에는 2회에 걸쳐서 '쉬라'는 언급이 등장하지만, 일곱째 날의 '쉬라'와 '쉴 것이며'에는 내용상 차이가 있다. 전자의 요구는 '샤바트' 동사의 2인칭 미완료로서 명령형의 의미가 있다. 이것은 후자와 구별되어 '너는…중단하라'로 번역되는 것이 적절하다. 그러나 후자의 요구는 '누아흐' 동사를 활용한 3인칭 미완료로서 '그가/그것이 쉴 것이다'로 번역된다.

12a절과 12b절 사이에는 두 동사의 관계를 명확하게 밝혀 주는 하나의 단어(לְמַעַן, 레마안)가 삽입되었지만, 한국어 성서에는 이 단어가 누락되었다. 이것은 행동의 목적을 가리키는 것으로서 '…을 위해'로 번역할 수 있으며, 12b절 전체에 영향을 끼친다. 우리는 이 단어를 고려하여 출애굽기 23:12b을 다음과 같이 번역할 수 있다. "일곱째 날에는 네 소와 나귀가 쉬고 네 여종의 자식과 나그네가 숨을 돌리기 위해 너는 중단하라."

출애굽기 23:12a에는 "너는 엿새 동안에 네 일을 하고 일곱째 날에는 쉬라"고 기록되었다. 본문의 '쉬라'는 앞에 언급한 것처럼 '중단하라'로 번역된다. 히브리어 원문에 따르면 출애굽기 23:12a은 12aα절과 12aβ절로 나눌 수 있다.

출 23:12a (저자 사역)	
α	너는 엿새 동안에 네 일을 하고
β	너는 일곱째 날에는 중단하라.

한국어 성서는 12aα절과 12aβ절을 '그리고'라는 접속사로 연결했다. 그러나 여기에는 '일을 하라'(עשׂה, 아사)와 '중단하라'(שׁבת, 샤바트)는 상반된 내용이 기록되었기 때문에, 사용된 접속사는 '그러나'로 번역되어야 한

다. 따라서 우리는 출애굽기 23:12을 다음과 같이 번역할 수 있다.

> **출 23:12**
> (저자 사역)
> 너는 엿새 동안에 네 일을 하라. 그러나 일곱째 날에는 네 소와 나귀가 쉬고 네 여종의 자식과 나그네가 숨을 돌리기 위해 너는 중단하라.

출애굽기 23:12의 청자는 누구인가? 여기에서 '너'는 소, 나귀, 여종을 소유한 자다. '너'는 '그들'(여종의 자식, 나그네)과 동일한 입장에 있는 인물이 아니며, 자유인 신분으로서 그들의 주인이다. 본문은 그 주인에게 노동을 '중단하라'고 명령한다! 12b절은 자유인이 노동을 '중단해야' 혹은 '쉬어야' 하는 이유를 구체적으로 제시한다. 바로 '소, 나귀, 여종의 자식, 나그네'를 위해서다. '소유물에게 쉼을 주기 위해서'라는 목적에 우리는 시선을 고정할 필요가 있다.

이 본문에 언급된 '여종의 자식'에 대해서는 출애굽기 21:2-4을 보면 이해할 수 있다. 주인이 자신이 산 남종에게 여종을 아내로 주었고 둘 사이에서 자녀가 출생한 경우, 6년이 지나면 남종은 자유의 몸이 될 수 있었지만 여종과 그의 자녀는 계속 주인의 소유로 남아 있어야 했다.

> **출 21:2-4**
> 네가 히브리 종을 사면 그는 여섯 해 동안 섬길 것이요 일곱째 해에는 몸값을 물지 않고 나가 자유인이 될 것이며 만일 그가 단신으로 왔으면 단신으로 나갈 것이요 장가들었으면 그의 아내도 그와 함께 나가려니와 **만일 상전이 그에게 아내를 주어 그의 아내가 아들이나 딸을 낳았으면 그의 아내와 그의 자식들은 상전에게 속할 것이요** 그는 단신으로 나갈 것이로되.

가축에게는 쉼을 주고 종에게는 숨을 돌리게 하기 위해서, 주인은 잠시 하던 일을 멈추어야 했다. 출애굽기 23:12 문맥에서 '쉼'(נוח, 누아흐)과 '숨 돌림, 여유'(נפשׁ, 나파쉬)는 평행하게 쓰였다. 이곳에서 인간에게 사용된 '여유'는 하나님의 창조와 쉼을 표현하는 특별한 용어이기도 하다(출 31:17; 참조. 창 2:7).[8] 베노 야코프는 이 의미를 "세상과 혼합될 수 없는 자신의 본연으로 회복되는 것"으로 적절하게 해석한다.[9]

> 출 31:17　이는 나와 이스라엘 자손 사이에 영원한 표징이며 나 여호와가 엿새 동안에 천지를 창조하고 일곱째 날에 일을 마치고 쉬었음이니라(שָׁבַת וַיִּנָּפַשׁ, 샤바트 봐이나파쉬).

이 본문에는 여종의 자식과 함께 '나그네'도 나열되었다. 나그네는 성서 곳곳에서 돌봄의 대상으로 묘사되는데, 그 근거는 이스라엘이 이집트에서 나그네의 삶을 경험했기 때문이다(출 22:21[20]).

> 출 22:21[20]　너는 이방 나그네(גֵּר, 게르)를 압제하지 말며 그들을 학대하지 말라. 너희도 애굽 땅에서 나그네(גֵּרִים, 게림)였음이라.

이스라엘은 나그네로 살았던 자신의 과거를 알고, 현재에 나그네로 사는 자들을 대접해야 한다.

출애굽기 23:12은 사회적 약자를 위하여 제7일을 휴일로 준수해야 함을 제시한다. 이 본문의 '중단하라'는 명령에서 주목해야 할 것은 그 목적이다. 본문은 주인이 쉬는 것을 위해 멈추라고 하지 않는다. 오히려 종과 나그네가 숨을 돌리기 위해서 주인에게 쉬라고 명령한다. 종에게 여유를 주라는 것이 법전에 명시됨으로써, 제7일마다 노동을 쉬는 것은 종이 누릴 수 있는 기본 권리였음을 알 수 있다. 우리는 이것이 신의 명령으로 기록됨으로써 후대 이스라엘에서는 절대적인 것으로 간주되었다는 점을 간과해서는 안 된다.

제7년에는 경작하지 말라(출 23:10-11)

출애굽기 23:12과 함께 관찰되어야 할 것은 출애굽기 23:10-11이다. 이것은 출애굽기 23:12과 유사한 구조를 갖는다. 가장 먼저 '여섯 해 동안 파종하라'는 언급 이후에 '일곱째 해에는 묵혀 두라'는 명령이 나오는데, 이것은 '엿새 동안 네 일을 하라'와 '일곱째 날에는 쉬어야 한다'는 명령과 일치하기 때문이다. 또한 '파종하라'와 '묵혀 두라'는 상반된 내용이므로, 출애굽기 23:11의 접속사는 12절과 마찬가지로 '그러나'로 번역되어야 한다.

출 23:10-11* (저자 사역)	너는 **여섯 해 동안** 너의 땅에 파종하라. (그러나) **일곱째 해에는 갈지 말고 묵혀 두라.**
출 23:12* (저자 사역)	너는 **엿새 동안에** 네 일을 하라. **그러나 일곱째 날에는 너는 중단하라.**

출애굽기 23:11은 단순 미완료 형태 이후에 완료 연속법이 온다. 이것은 히브리어 구문상 출애굽기 23:12의 '목적절'을 대신한다.[10] '네 백성의 가난한 자들이 먹게 하라'는 땅을 묵혀 두어야 하는 목적이 된다. 이러한 이해를 기반으로 우리는 출애굽기 23:10-11을 다음과 같이 번역할 수 있다.

> **출 23:10-11**
> (저자 사역)
>
> 너는 여섯 해 동안은 너의 땅에 파종하여 그 소산을 거두라. 그러나 일곱째 해에는 네 백성의 가난한 자들이 **먹을 수** 있도록 갈지 말고 묵혀 두라. 그리고 그 남은 것을 들짐승이 먹을 것이다. 네 포도원과 감람원도 그리하라.

출애굽기 23:10-11은 제7일을 휴일로 삼아야 한다는 규정을 넘어서, 제7년에 씨를 뿌리지도 말아야 한다고 선언한다. 11절의 '갈지 말고 묵혀 두라'는 서로 유사한 의미일 뿐만 아니라,[11] 일부 자음을 빼고는 교차배열 구조로 되어 있다.[12] 이러한 표현은 땅을 경작해서는 안 된다는 점을 강조한다. 이외에도 교차배열 구조는 11-12절에서도 나타난다. 11절에서는 사람-동물 순서이지만, 12절에서는 동물-사람 순서이기 때문이다.[13]

출애굽기 23장은 안식년을 명시적으로 언급하지 않는다. 그러나 '갈지 말고'(שׁמט, 샤마트)는 매 7년 끝에 선포되는 '빚을 면제하라'(שׁמט, 샤마트)는 요구와 동일한 용어다(신 15:1-2).

> **신 15:1-2**
>
> 매 칠년 끝에는 면제하라(שְׁמִטָּה, 쉐미타). 면제의 규례(הַשְּׁמִטָּה שָׁמוֹט, 하쉐미타 샤모트)는 이러하니라. 그의 이웃에게 꾸어 준 모든 채주는 그것을 면제하고 그의 이웃에게나 그 형제에게 독촉하지 말지니 이는 여호와를 위하여 면제(שְׁמִטָּה, 쉐미타)를 선포하였음이라.

이것은 히브리 종으로 팔려 온 자가 6년 동안 주인을 위해 종살이하고 제7년에는 자유인으로 돌아간다는 사상과 연결된다(출 21:2). 이 히브리 사람은 왜 종으로 팔려 왔는가? 그는 먹을 것을 구하기 위해 가진 모든 것을 팔아야 했으며, 채무를 갚지 못하고 결국에는 스스로를 종으로 팔아야 하는 처지가 되었다. 종으로 있을 때는 주인이 먹을 것을 주지만, 종에서 풀려나 자유인이 된다면 누가 그에게 먹을 것을 주겠는가? 그는 어쩌면 스스로를 다시 종으로 팔아야 하는 상황에 내몰릴 가능성이 높다. 이때 그가 다시 종으로 전락하는 것을 막아 주는 장치 중 하나가 바로 '면제년' 제도다.

> 출 21:2   네가 히브리 종을 사면 그는 여섯 해 동안 섬길 것이요 일곱째 해에는 몸값을 물지 않고 나가 자유인이 될 것이며.

노트(M. Noth)는 이것을 '원 상태로 회복'(restitutio in integrum)이라는 표현으로 설명한다.[14] 이러한 개념은 이후에 '희년'에 적용되어 발전했다(레 25:10). 벨하우젠(J. Wellhausen)은 '샤마트'(שמט)라는 용어에 대해서, '경작하되 추수하지 말라'는 의미임을 주장하기도 한다.[15] 이렇듯 제7년에 땅에서 나오는 생산물이 자유인이 아닌 가난한 자와 들짐승에게 주어졌다는 점은 가난한 자의 자유권 회복을 추구했던 이념과 연결된다. 우리는 여기에서 고대 사회가 사회적 약자를 위하여 어떠한 경제적 조치를 취했는지 관찰할 수 있다.

    제7년에는 생산되는 땅의 소산을 주인이 취해서는 안 되었다. 물론 이러한 규정이 모든 땅에 일괄적으로 적용되는 것인지 혹은 경작지마다 개별적으로 적용되는 것인지는 불분명하다.[16] 제7년째에 땅을 묵혀 두고 씨를 뿌리지 않았음에도 불구하고, 그곳에는 소산물이 자연적으로 발생했다. 그것은 사람의 노력으로 된 것이 아니라 오직 신의 선물이었다. 따라서 이러한 산물은 땅의 주인에게 귀속되는 것이 아니라, 일차적으로는 경작지를 갖지 않은 가난한 자에게 돌아갔고, 남은 것은 들짐승에게 돌아갔다.[17] 환언하면 사회적 약자를 위한 경제적 조치가 취해진 것이다. 이것은 아마도 사회적 약자가 경제적 이유로 타인의 종으로 전락하는 것을 방지하려는 조치였을 것이다. 이러한 경제적 조치는 고대로부터 가난한 자를 위한 가진 자의 책무였다(레 19:9-10; 룻 2:16-17).

출애굽기 23:10-11은 제7년에 쉬어야 하는 이유를 명확히 서술한다. 일곱째 해에 생산되는 것들에는 사람의 노력이 가미되지 않았다. 땅의 주인은 그것을 가난한 자와 들짐승의 것으로 돌려야 했다. 그들은 돌봄을 받지 못하는 그룹으로서 소외된 자 혹은 무리였다. 본문은 마치 신이 그들을 위해 식량을 준 것처럼 서술한다. 소외된 자는 돌봄의 대상이었다.

6년 동안 경작하고 제7년에 묵혀 두라는 신의 명령은(출 23:11) 땅의 소유권이 소유주에게 있지 않음을 암시한다. 소유권은 오직 신에게 귀속될 뿐이며, 사람에게는 그것을 경작할 권리만이 주어졌다. 이러한 사상은 이후에도 지속적으로 유지 및 발전되었다(레 25:23). 이스라엘 땅은 이스라엘 백성에게 잠시 임대된 것일 뿐이다.[18] 따라서 그들은 본래 소유주의 요구에 순종해야 한다. 땅은 신의 '선물'이다.[19] 땅에 대한 권리를 누리기 위해서는 신과 올바른 관계를 맺을 것이 요구되며, 관계가 단절되면 그 선물은 박탈된다. 따라서 땅을 소유한 자가 제7년째에 자연적 생산물을 사회적 약자에게 돌리는 것은 신의 명령에 대한 순종으로써 신과 관계를 유지하는 하나의 방편이었다(신 15:6).

노동 금지 규정의 독특성

언약법전은 왜 자유인에게 '제7일에 노동을 중단하라'고 요구하는가? 그것은 결코 자유인 자신을 위한 것이 아니라, 종, 나그네 그리고 가축이 쉴 수 있도록 위한 조치였다. 종을 소유한 자유인이 스스로 노동을 했을까?

그리고 종이 날을 정하여 스스로 쉼을 누릴 수 있었을까? 이러한 질문의 답을 우리는 쉽게 추측할 수 있다. 대부분의 경우 긍정적 대답을 하기는 쉽지 않을 것이다. 이러한 상황에서 제7일에 노동을 중단하라는 요구는 대단히 중요하다. 자유인은 '신의 명령'으로 인해, 스스로 쉼을 선택할 수 없는 자가 쉴 수 있도록 시간을 주어야 했다. 이러한 조치는 종에게는 혜택이었지만, 자유인에게는 불편을 감수하라는 요구였다.

일례로 만약 특정한 날에 노동이 정기적으로 금지됐다면, 상인의 경우에는 적지 않은 경제적 타격을 입을 것이 명확했다. 우리는 이러한 서술을 성서에서 어렵지 않게 발견할 수 있다(암 8:5; 렘 17:21-22). 따라서 정기적으로 노동을 금지하는 규정은 고대 사회에서 아주 독특한 경우에 해당한다(느 13:19).

렘 17:21-22		여호와께서 이와 같이 말씀하시되 너희는 스스로 삼가서 **안식일에 짐을 지고 예루살렘 문으로 들어오지 말며 안식일에 너희 집에서 짐을 내지 말며** 어떤 일이라도 하지 말고 내가 너희 조상들에게 명령함같이 안식일을 거룩히 할지어다.
암 8:5		너희가 이르기를 월삭이 언제 지나서 우리가 곡식을 팔며 **안식일이 언제 지나서 우리가 밀을 내게 할꼬**? 에바를 작게 하고 세겔을 크게 하여 거짓 저울로 속이며.
느 13:19		안식일 전에 예루살렘 성문이 어두워 갈 때에 내가 성문을 닫고 안식일이 지나기 전에는 열지 말라 하고 나를 따르는 종자 몇을 성문마다 세워 **안식일에는 아무 짐도 들어오지 못하게 하였으므로**.

경제적 불이익에도 불구하고 '제7일에 노동을 중단하라' 그리고 '제7년

에 경작하지 말라'는 명령은 '상생'(相生) 의식을 기반으로 한다. 프레타임(T. E. Fretheim)은 언약법전에 묘사된 하나님은 사회 정의에 관심을 갖는 분이라고 설명한다. 이 같은 거룩함과 사회 정의 사이에서 이스라엘은 '어떻게 거룩한 백성이 되는가?(become)' 그리고 '일상생활 속에서 어떻게 거룩한 백성으로 존재할(be) 수 있는가?'[20]를 숙고해야 했다.

이후에 이스라엘은—제7일 개념이 발전한 의미로서—안식일 규정을 강화했고, 그것을 준수하지 않은 자를 처형하도록 했다(출 31:15). 왜냐하면 안식일 준수는 이스라엘의 독특성을 보여 주는 것으로 해석되었고, 그것을 준수하지 않는 자는 더 이상 이스라엘 백성으로 인정되지 못했기 때문이다. 이러한 배경은 신약성서에서 바리새인과 성전 지도자가 예수를 고발하게 되는 이유를 제공한다(마 12:2-12).

성서와 오늘날의 쉼

세계인권선언 제24조에는 "모든 사람은 노동 시간의 합리적인 제한과 정기적 유급휴가를 포함하여, 휴식할 권리와 여가를 즐길 권리가 있다"고 명시한다. 브라울릭은 이 인권 조항이 신명기 5:14에 상응함을 설명하는데,[21] 우리가 이제까지 살펴보았던 것처럼 이러한 내용은 이미 출애굽기 23:12에서도 찾을 수 있다.

성서에서 보장하는 이와 같은 인권 보호 조항을 오늘날 현행법에서도 확인할 수 있다. 근로기준법 제54조 1항은 하루 노동 중에 쉼을 보장해 주어야 한다고 고시한다. 또한 근로기준법 제55조 1항은 '휴일'에 대해 명시한다. 이에 따르면 사용자는 1주에 평균 1회 이상의 휴일을 근로

자에게 보장해야 한다.

근로기준법 제54조 (휴게)	❶ 사용자는 근로시간이 4시간인 경우에는 30분 이상, 8시간인 경우에는 1시간 이상의 휴게시간을 근로시간 도중에 주어야 한다. ❷ 휴게시간은 근로자가 자유롭게 이용할 수 있다.
근로기준법 제55조 (휴일)	❶ 사용자는 근로자에게 1주에 평균 1회 이상의 유급휴일을 보장하여야 한다.

따라서 우리는 성서의 기록이 현행법의 규정과 유사함을 확인할 수 있으며, 이를 근거로 '성서의 언약법전은 인권을 보장한다'고 확언할 수 있다.

오늘날 한국 사회의 노동자에게 가장 위협적인 용어는 '과로'(overwork)일 것이다. 과로란 '피로가 누적해서 생기는 생리적 상태'를 의미하며, 이는 제대로 쉬지 못하는 것과 무관하지 않다. 한 설문 조사에 따르면 '일하다 죽을 수도 있다고 생각해 본' 직장인이 전체 응답자의 68퍼센트에 이르며,[22] 특정 직업군에 종사하는 직장인 중 '과로사'의 두려움을 느낀다는 비율은 무려 79.5퍼센트에 달한다. 이 같은 상황을 고려할 때, 쉼/안식에 대한 논의에서 우리는 하루를 쉬는 개념을 넘어서 주간 노동 시간까지도 고려할 필요가 있다.

근로기준법 제50조 (근로시간)	❶ 1주간의 근로시간은 휴게시간을 제외하고 40시간을 초과할 수 없다. ❷ 1일의 근로시간은 휴게시간을 제외하고 8시간을 초과할 수 없다.
근로기준법 제53조 (연장 근로의 제한)	❶ 당사자 간에 합의하면 1주간에 12시간을 한도로 제50조의 근로시간을 연장할 수 있다.

지금까지 오늘날 안식/안식일이라는 용어로 통용되는 개념의 출발에 대해 관찰했다. 출애굽기의 언약법전을 살펴보면 안식일 율법 이전에 그것과 유사한 '제7일'에 대한 규정이 있었음을 확인할 수 있다. 그러면 제7일 휴일은 누구를 향한 명령이며, 그것의 목적은 무엇인가? '제7일에 노동을 중단하라'는 명령은 '종'이 아니라, '자유인'에게 요구된 것이었다. 자유인이 언제든지 쉴 수 있는 위치에 있었던 것과 달리 종은 결코 자율적으로 쉼을 누리지 못하는 위치였다. '자유인이 노동을 중단'해야만 종은 비로소 쉼을 얻을 수 있었다. 그런 이유로 출애굽기 23:12이 진술하는 '노동 중단'의 목적은 중요하다. **"일곱째 날에는 네 소와 나귀가 쉬고 네 여종의 자식과 나그네가 숨을 돌리기 위해."** 따라서 제7일에 정기적으로 노동을 쉬는 것은 종이 누려야 할 기본 권리였다.

출애굽기 23:10-11은 제7년째 해에 대해 서술한다. 이 본문은 그 구조만이 아니라 내용에 있어서도 출애굽기 23:12과 유사하다. 땅의 소유주는 6년 동안 경작하고 그 결과물을 거둘 수 있지만, 제7년에는 땅의 소산을 취해서는 안 되었다. 왜냐하면 제7년째 해에 맺어지는 결실은 '가난한 자'와 심지어는 '들짐승'에게 속한 것이기 때문이었다. 땅의 소산을 거두지 말라는 것은 신의 명령이다. 이러한 진술은 땅의 소유권이 그 소유주에게 있지 않음을 보여 준다. 땅의 소유권은 오직 신에게 있으며, 인간에게는 그것을 경작할 권리만이 주어졌다. 땅은 그들에게 일시적으로 임대되었을 뿐이다. 신의 시각에서 땅을 소유한 자와 가난한 자 사이에는 아무런 차이도 존재하지 않는다. 오히려 땅을 소유한 자는 땅을 잘 가꾸어야 하며, 제7년에는 가난한 자들에게 주어야 할 책임을 갖는다(noblesse oblige). 이것은 사회적 약자가 삶을 영위하기 위해 마련된 경제적 조치였다.

언약법전은 약자라 하더라도 쉼과 생활이 보호받아야 한다고 선언한다. 그것은 그들의 최소한의 권리였지만, 스스로는 그것을 지킬 수 없었다. 상대적 강자에게 예속되어 있었기 때문이다. 이와 같은 환경 속에서, 성서는 신의 명령을 알림으로써 자유인에게 정기적 노동 금지를 명령한다. 그로 인해 사회적 약자도 쉼이 있는 삶을 누릴 수 있게 되었다.

또한 약자의 경제적 독립을 위해 성서는 제7년째 되는 해에 열리는 땅의 소산이 약자에게 돌아가야 함을 명시한다. 이것은 사회적 약자를 위해서 실질적인 경제적 지원이 있어야 함을 피력한다. 약자에게 쉴 시간과 더불어 경제적 뒷받침을 마련함으로써, 그들이 경제적 이유로 타인에게 이용되는 것을 방지하는 것이다. 올바른 쉼을 위해서는 경제적 토대가 요구된다. 그런데 고대 사회에서도 행해진 이러한 조치를 더 문명화된 사회라고 자부하는 오늘의 한국 사회와 비교해 보라. 오늘날도 우리는 경제적 이유로 약자의 인권이 강자에게 휘둘리는 것을 어렵지 않게 목격할 수 있지 않은가?

눈을 돌려 우리의 주변을 둘러보아야 할 때다. 성서는 결코 개인적인 성화만을 이야기하지 않는다. 성서가 말하는 '구원'은 언뜻 사회 정의와 무관한 듯 보이지만, 우리가 계속 들여다본바 하나님 백성의 삶은 '사회 정의'와 결코 무관하지 않다. 거룩한 백성(성도)은 어떻게 행동해야 할까? 그 해답은 성서에서 찾을 수 있다.

토의를 위한 질문

1. '안식하다'라는 말의 본래 의미는 무엇인가?

2. '멈추라'는 명령의 대상은 누구이며, 멈춤의 목적은 누구를 위한 것인가?

3. 출애굽기 23:12은 '휴일'을 규정하는 근로기준법 제55조와 어떠한 연결성이 있는가?

4. 안식년/면제년의 목적은 무엇인가? 한국 기독교는 이것을 어떻게 실천할 수 있을까?

5. '쉼/여유'에는 '창조된 본연의 모습으로의 회복'이라는 의미가 담겨 있다. 나의 '쉼'은 어떠한지 돌아보라.

6. 주 5일 근무가 대체로 자리를 잡았고, 주 4일 근무에 대한 논의가 이루어지고 있는 오늘날 한국 사회 상황에서 안식에 대한 성서의 법은 어떻게 확장되거나 재해석될 수 있을까?

'안식'에 관한 계명은 과거뿐 아니라 현재도 중요한 위치를 갖는다. '안식'이라는 개념은 '중단'을 의미하지만, 출애굽기 20장과 신명기 5장에서 강조하는 바는 각각 상이하다. 안식이 출애굽기에서 하나님의 '창조 사건'(창 1장)과 연결된다면, 신명기에서는 이스라엘의 '출애굽 사건'과 연결되기 때문이다. 우리는 신명기의 안식일 계명을 관찰함으로써, 그것이 '대인(對人)계명'으로 해석되며, 더 나아가 인권 보호를 함의한다는 것을 확인할 수 있다.

4. 너같이 안식하게 할지니라

안식일과 평등
신 5:12-15

십계명은 교회에 다니지 않는 사람도 그 이름을 알고 있을 정도로 잘 알려져 있다. 십계명은 또한 매우 중요하기 때문에 교리문답에서도 거의 빠지지 않고 등장하며, 특히 웨스트민스터 요리문답에서 적지 않은 비중을 차지하고 있다.

우리가 잘 알고 있는 십계명은 출애굽기 20장과 신명기 5장에 기록되었다.[1] 각각의 계명들은 암기하기 쉽도록 아주 간단하게 요약되었다. 그러나 성서를 자세히 들여다보면, 예컨대 '안식일을 기억하여 거룩히 지키라'로 요약된 제4계명의 후반부에 적지 않은 표현들이 기록되어 있음을 발견할 수 있을 것이다.

이 장에서 주목해서 볼 것은 십계명 가운데 제4계명, 즉 안식일 계명이다. '안식'이라는 개념을 시작으로, 출애굽기 계명과 신명기 계명의 차이점과 신명기에서 나타나는 안식일의 독특성을 고찰할 것이다. 마지막으로 신명기의 안식일 계명으로 인해 제기되는 신명기의 신학적 관점을 제시함으로써, 안식일 계명에 나타난 인권 사상을 피력하고자 한다.

안식이란 무엇인가

'안식'(安息)은 '편히 쉬는 것'을 의미한다. 성서에 나타나는 '안식'이라는 표현은 히브리어의 '샤바트'(שָׁבַת) 혹은 '누아흐'(נוח)를 번역한 것이다. 하지만 본래 전자는 '중단하다'를 후자는 '쉬다'를 의미하여 의미상 차이가 있으며, 두 용어는 언약법전에서 각각 1회씩만 언급된다. 출애굽기 23:12을 보면 '샤바트'는 주인에게 적용되며, '누아흐'는 주인의 소유물에 사용되었다.

> 출 23:12 너는 엿새 동안에 네 일을 하라. 그러나 일곱째 날에는 네 소
> (저자 사역) 와 나귀가 **쉬고**(יָנוּחַ, 야누아흐) 네 여종의 자식과 나그네가
>   숨을 돌리기 위해 너는 **중단하라**(תִּשְׁבֹּת, 티쉬보트).

성서에 기록된 안식일 명령은 대단히 중요하다. 안식일 명령에서는 유독 '거룩'이라는 용어가 함께 사용되고 있기 때문이다(출 20:8; 31:14; 신 5:12). 그럼에도 불구하고 원(原)신명기(신 12-26장)에서 안식일 규정은 언급되지 않았으며, 오히려 이것이 신명기의 테두리를 형성하는 신명기 5장에서만 유일하게 관찰될 뿐이다.

창세기를 제외하고 출애굽기에서 — '안식일'(יוֹם הַשַּׁבָּת, 욤 하샤바트)과 구별되는 — '안식'(שַׁבָּת, 샤바트)에 대해 처음 언급하는 본문은 십계명(출 20장)이 아니다. 그보다 앞서 출애굽기 16장의 만나 이야기에 '거룩한 안식'(שַׁבַּת־קֹדֶשׁ, 샤바트-코데쉬, 16:23) 혹은 '야웨의 안식'(שַׁבָּת הַיּוֹם לַיהוָה, 샤바트

하욤 라야웨, 16:25)에 하나님이 만나를 주지 않는다고 서술되었다(출 16:26, 29-30). 하지만 여기에는 '안식'이라는 용어가 사용되었을 뿐이며 '안식일'이라는 문구는 나타나지 않는다. '야웨를 위한 거룩한 안식'(출 16:23)은 출애굽기 31:14-15에서 다시 등장한다. 이 본문에 따르면 '안식일'을 어기는 자는 죽음으로 갚아야 한다(출 31:15).

유사해 보이는 두 본문(출 16장; 31장)에서 우리는 몇 가지 중요한 차이를 관찰할 수 있다. 첫째, 출애굽기 16장은 '안식'(שַׁבָּת, 샤바트) 혹은 '일곱째 날'(יוֹם הַשְּׁבִיעִי, 욤 하쉐비이)에 대해서는 서술하지만, '안식일'(יוֹם הַשַּׁבָּת, 욤 하샤바트)을 가리키는 문구는 관찰되지 않는다.[2] 이러한 문구는 출애굽기 31장에서 비로소 명시적으로 언급되었다. 둘째, 출애굽기 16장은 '안식'을 어기는 것에 대해 비난하지만, 출애굽기 31장은 그러한 행위에 사형을 선언한다. 따라서 출애굽기 31장은 명시적으로 '안식일'을 표현하며 그것을 어겼을 경우 엄격한 처벌을 요구하므로, 출애굽기 31장과 16장 사이에는 상당한 균열이 존재한다고 볼 수 있다.[3]

'안식일'이 명시적으로 처음 나타나는 본문은 출애굽기 20:8이다. 성서의 현재 배열 순서에 따르면, 출애굽기 20장에 처음으로 명문화된 계명이 등장한다. 바로 우리에게 '십계명'으로 잘 알려진 본문이며, 이와 거의 동일한 것이 신명기 5장에서 재차 관찰된다. 두 본문은 많은 부분에서 내용을 공유하지만 완전히 동일하지는 않은데, 특히 안식에 대해 서술하는 제4계명에서는 적지 않은 차이가 발견된다. 두 곳에서 관찰되는 제4계명은 다음과 같은 유사성과 차이점이 있다.[4]

출 20:8-11	신 5:12-15
⁸ 안식일을 기억하여 거룩하게 지키라.	¹² 네 하나님 여호와가 네게 명령한 대로 안식일을 지켜 거룩하게 하라.
⁹ 엿새 동안은 힘써 네 모든 일을 행할 것이나	¹³ 엿새 동안은 힘써 네 모든 일을 행할 것이나
¹⁰ 일곱째 날은 네 하나님 여호와의 안식일인즉 너나 네 아들이나 네 딸이나 네 남종이나 네 여종이나 네 가축이나 네 문안에 머무는 객이라도 아무 일도 하지 말라.	¹⁴ 일곱째 날은 네 하나님 여호와의 안식일인즉 너나 네 아들이나 네 딸이나 네 남종이나 네 여종이나 **네 소나 네 나귀나** 네 모든 가축이나 네 문 안에 유하는 객이라도 아무 일도 하지 못하게 하고
	네 남종이나 네 여종에게 너같이 안식하게 할지니라.
¹¹ 이는 엿새 동안에 나 여호와가 하늘과 땅과 바다와 그 가운데 모든 것을 만들고 일곱째 날에 쉬었음이라. 그러므로 나 여호와가 안식일을 복되게 하여 그 날을 거룩하게 하였느니라.	
	¹⁵ 너는 기억하라. 네가 애굽 땅에서 종이 되었더니 네 하나님 여호와가 강한 손과 편 팔로 거기서 너를 인도하여 내었나니 그러므로 네 하나님 여호와가 네게 명령하여 안식일을 지키라 하느니라.

출애굽기의 안식일과 신명기의 안식일

출애굽기 십계명의 안식 개념(출 20:8-11)

한국어 성서는 출애굽기 20:8을 "기억하여…지키라"고 번역하지만, 히브리어 본문에는 '기억하라'(זָכוֹר, 자코르)라는 용어가 사용되었을 뿐이다. 8절은 부정사 절대형(Inf. abs.)을 보여 주는데, 이것은 법적 형태에서 강한 명령으로 해석된다.[5] 그것의 목적어는 '안식일'(יוֹם הַשַּׁבָּת, 욤 하샤바트)이며, '안식일'이라는 표현은 여기에서 처음으로 사용되었다. 게다가 10절은 '일곱째 날'(יוֹם הַשְּׁבִיעִי, 욤 하쉐비이)을 '야웨의 Sabbat'라 서술하고 있어, 10절에서는 안식일이라는 용어가 관찰되지 않음에도 불구하고 '일곱째 날'이 '안식일'과 동일시된다.

출애굽기 20:9은 창세기 2:2과 연결된다. 두 본문은 모두 '네 모든 일을 하라'는 동일한 문구(וְעָשִׂיתָ כָּל־מְלַאכְתֶּךָ, 베아시타 콜-멜라케테카)를 사용하며, 주어에 있어서 차이를 보일 뿐이다. 창세기 2:2의 주어가 하나님인 반면, 출애굽기 20:9의 주어는 이스라엘 백성이기 때문이다. 이러한 주어의 변화를 통하여 본문은 인간의 행위(출 20:9)가 신적 행위(창 2:2)를 닮아 갈 것을 요구한다.

출 20:9 (저자 사역)	שֵׁשֶׁת יָמִים תַּעֲבֹד וְעָשִׂיתָ כָּל־מְלַאכְתֶּךָ 엿새 동안 일하고 네 **모든 일을 하라**.
창 2:2 (저자 사역)	וַיְכַל אֱלֹהִים בַּיּוֹם הַשְּׁבִיעִי מְלַאכְתּוֹ אֲשֶׁר עָשָׂה וַיִּשְׁבֹּת בַּיּוֹם הַשְּׁבִיעִי מִכָּל־מְלַאכְתּוֹ אֲשֶׁר עָשָׂה 하나님은 일곱째 날에 **하던 모든 일을** 완성했다. 그리고 일곱째 날에 하던 모든 일을 중단했다.

출애굽기 20:10a	וְיוֹם֙ הַשְּׁבִיעִ֔י שַׁבָּ֖ת ׀ לַיהוָ֣ה אֱלֹהֶ֑יךָ
(저자 사역)	לֹֽא־תַעֲשֶׂ֣ה כָל־מְלָאכָ֡ה

그러나 **일곱째 날**은 네 하나님 야웨의 *Sabbat* 이다.
너는 어떤 일도 해서는 안 된다.

유사한 표현이 10절에서 다시 한번 기술되었다. 하지만 9절과 달리 10절에는 금지 명령(תַעֲשֶׂה לֹא, 로-타아세)이 기록됨으로써 모든 일을 중단할 것을 강하게 요구한다. 더 나아가 '일곱째 날은 Sabbat이다'(출 20:10)는 '그가 일곱째 날에 중단(sabbat)했다'(창 2:2)는 표현과 상응한다. 따라서 출애굽기 20:9은 창세기 2:2을 근거로 하여 안식일 준수를 명령한다.

출애굽기 20:10b은 '일곱째 날'을 준수해야 하는 대상을 서술한다. "너나 네 아들이나 네 딸이나 네 남종이나 네 여종이나 네 가축이나 네 문안에 머무는 객." 우리는 남종과 여종뿐만 아니라 가축까지도 아무런 일도 해서는 안 된다는 규정에 주목할 필요가 있다. 왜냐하면 이것은 마치 모든 인간이 동등하게 쉬어야 할 뿐 아니라 심지어는 동물의 노동도 중단되어야 함을 피력하기 때문이다. 이처럼 모든 것이 중단되어야 하는 근거는 무엇인가?

출애굽기 20:11은 '왜냐하면'(כִּי, 키)이라는 문구로 시작하여 10절의 근거를 제시한다. 본문은 6일 동안 이뤄진 하나님의 천지창조와 제7일에 있었던 하나님의 휴식을 묘사한다. 이러한 근거는 전적으로 창세기 1:1-2:4a을 기반으로 하는데,[6] 이것은 출애굽기 20:9이 창세기 2:2과 결부되었다는 것과 일치한다. 그러므로 출애굽기 20:11은 제7일 창조에 근거하여 휴일 준수를 요구하며, 그것을 안식일과 동일시하고 있다.[7] 이러한 이해를 발전시켜 11b절은 제7일을 '안식일'(יוֹם הַשַׁבָּת, 욤 하샤바트)과 동일하게 취급하며, '복되게 하다' 그리고 '거룩하게 하다'라는 용어로 강조하여 서술한다.

8절은 이러한 안식일에 대해 '기억하라'고 명령한다. 한국어 성서에는 '지키라'는 명령도 함께 나타난다. 물론 히브리어 성서에서는 '지키라'는 용어가 사용되지 않았지만, 이러한 한국어 번역은 적절하다. 왜냐하면 '거룩하다'를 표현하는 히브리어가 피엘(Piel)[8] 형태로 서술되었기 때문이다. 그와 달리 출애굽기 20장과 유사한 신명기 5장의 십계명에는 '지키라'는 명령이 나타난다.

신명기 십계명의 안식 계명(신 5:12-15)

출애굽기 20장과 신명기 5장에 수록된 십계명은 흔히 동일하게 인식되지만, 앞의 도표가 설명하는 것처럼 안식일 계명을 비롯하여 일부 계명에서는 적지 않은 차이가 관찰된다. 크리스텐센(D. L. Christensen)은 신명기 십계명의 구조를 설명하며, 1-3계명만을 하나님-인간의 관계에 대한 것으로 그리고 5-10계명을 인간과 인간의 관계에 대한 것으로 제시한다.[9]

출애굽기와 신명기의 두 십계명에서 가장 먼저 관찰되는 차이점은 출애굽기 20:8의 '기억하라'다. 신명기 5:12는 '지키라'(שׁמר, 샤모르)는 명령을 사용하는데, 이것은 행동 지침을 요구하는 신명기 정신과 일맥상통한다.[10]

	신 5:14 (저자 사역)
a	일곱째 날은 네 하나님 여호와의 안식일이다.
bα	너나 네 아들이나 네 딸이나 네 남종이나 네 여종이나 네 소나 네 나귀나 네 모든 가축이나 네 문 안에 유하는 객이라도 아무 일도 하지 말라.
bβ	네 남종이나 네 여종이 너같이 안식하기 위해서다.

신명기 5:14은 제7일에 노동을 해서는 안 되는 대상을 구체적으로 열거한다. 이것은 대체로 출애굽기 20:10과 유사하지만, 신명기는 '소와 나귀'를 추가적으로 언급함으로써 신명기 5:21과 일치시킨다. '소와 나귀'에게도 안식을 요구하는 이유는 그것이 짐을 운반하거나(출 23:5; 신 22:4) 농사일(신 22:10)에 중요한 역할을 하는 가축이었으므로, 소와 나귀의 안식이 '노동 중단'과 직결되었기 때문이다.

우리는 이러한 신명기 표현에서 출애굽기와 구별되는 또 다른 문구에 직면한다. 왜냐하면 신명기 5:14bβ에는 '네 남종이나 네 여종이 너같이 안식하기 위해서다'(לְמַעַן יָנוּחַ עַבְדְּךָ וַאֲמָתְךָ כָּמוֹךָ, 레마안 야누아흐 아브데카 봐아마트카 카모카)라는 진술이 추가되었기 때문이다. '네 남종과 네 여종'은 신명기 5:14bα에서 이미 한 차례 서술되었음에도 불구하고 이곳에서 재차 기술됨으로써 그 의미를 강조한다. 한국어 성서에서 이 부분은 "네 남종이나 네 여종에게 너같이 안식하게 할지니라"라는 명령형으로 번역되었다. 그러나 히브리어 표현에는 목적절을 이끄는 '레마안'(לְמַעַן)이라는 접속사가 나타나므로,[11] 이것은 '…하기 위해서'라는 의미로 번역되어야 한다. 환언하면, 신명기 5:14bβ은 그들이 안식일을 준수해야 하는 목적을 다음과 같이 제시한다. '네 남종이나 네 여종이 너같이 안식하기 위해서.' 본문에서 '너'는 남종과 여종의 주인이다. 주인이 쉬어야 하는 이유는 종에게 쉼을 주기 위해서다. 이것은 종들이 쉬지 못하고 있는 상태를 전제한다. 따라서 신명기 5:14은 '남종과 여종'을 추가로 기록하여 강조할 뿐 아니라, 그들의 쉼을 안식일 제정의 목적으로 제시한다(비교. 출 23:12).[12]

우리가 주목해야 하는 다른 하나는 '너같이'(כָּמוֹךָ, 카모카)라는 문구다. 이는 주인과 종을 동등하게 취급하는 표현이다.[13] 주인이 쉬는 것처럼 종도 쉬어야 한다. 따라서 신분이 나누어진 사회에서 안식일은 신분을 초

월하여 모든 인간이 평등하게 쉼을 누릴 수 있는 평등의 날을 지향한다.[14]

이어서 출애굽기 십계명은 창조를 근거로 안식일 준수를 이야기한다(출 20:11). 그와 달리 신명기 5장에는 이것이 완전히 누락되었고, 그 대신 신명기 5:15은 새로운 것을 제시한다. 여기에는 출애굽기 안식일 계명에 사용된 '기억하라'(זכר, 자카르)는 문구가 등장한다. 이스라엘 백성은 자신들이 이집트에서 종살이했음을 기억해야 한다. 기억해야 할 또 다른 하나는 하나님이 그들을 '출애굽'시켰다는 사실이다. 여기에는 '이끌어 내다'(יצא, 야짜)와 전치사(מִן, 민)의 결합이 보여 주는 것처럼, 전형적인 출애굽 양식이 나타난다(창 15:7).

신 5:15 (저자 사역)	
aα	기억하라, 네가 애굽 땅에서 종이었음을.
aβ	네 하나님 야웨가 강한 손과 편 팔로 너를 그곳에서 이끌어 냈다는 것을.
bα	그러므로 네 하나님 야웨가 너에게 명령했다.
bβ	안식일을 행하라.

15a절이 기억해야 할 사실에 대해 설명한다면, 15b절은 그러한 사실과 함께 하나님의 명령을 서술한다. 두 구절은 '그러므로'(עַל־כֵּן, 알-켄)라는 접속어로 연결되어 인과관계의 형태를 갖추었다. 따라서 출애굽 사건은 안식일을 행해야 하는 근거가 된다. 환언하면, 이스라엘 백성은 이집트에서 종살이했던 자신의 경험을 기억하며 안식일을 행해야 한다.

어떤 이유로 이스라엘은 자신들이 종살이(עֶבֶד, 에베드)했던 것을 기억해야 하는가? '종'에 대한 언급은 이미 14절에서 관찰된다. 그들은 쉴 새 없이 노동해야 하는 계층인데, 신명기는 그들에 대해 정기적 휴일을 제공한다. 이로써 본문은 과거 이스라엘의 처지와 현재 종들의 처지에 공감대를 제공한다.[15] **야웨가 종이었던 이스라엘을 구원하셨듯이 이스라엘은 종을 회복시켜 주어야 하며, 그로 인해 비로소 이스라엘은 하나님의 행위를 닮은 백성이 된다.**

신명기 5:15은 야웨의 구원 사건과 명령을 순차적으로 기술하는 과정에서 구원 사건을 '명령'의 근거로 제시한다. 인과관계의 표현을 제외한다면, 이것은 십계명 서언에 상응한다(신 5:6; 출 20:2).

신 5:6b הוֹצֵאתִיךָ מֵאֶרֶץ מִצְרַיִם מִבֵּית עֲבָדִים
(저자 사역) 나는 너를 종 되었던 애굽 땅에서 인도하여 내었다.

신 5:15a* עֶבֶד הָיִיתָ בְּאֶרֶץ מִצְרַיִם וַיֹּצִאֲךָ יְהוָה אֱלֹהֶיךָ מִשָּׁם
(저자 사역) 네가 애굽 땅에서 종이었고 네 하나님 야웨가 너를 그곳에서 이끌어 냈다는 것을.

십계명 수여에 앞서서 서언은 '출애굽'을 선언하여, '구원 이후 율법'이라는 도식을 각인시킨다. 구원을 받은 하나님의 백성으로서 이스라엘이 계명을 준수해야 하는 것과 유사하게, 안식일은 '하나님의 구원' 사건과 결부된 명령이다.[16] 그들은 구원받은 자로서 안식일에 종에게 쉼을 주어야 한다. 안식은 종에게 마치 구원 사건과 같다. 포로기 이후에 안식일 준수는 전체 십계명 준수와 동일한 의미를 갖는다(사 56:4).

'대인계명'인 신명기 제4계명

출애굽기와 신명기의 십계명은 안식일에 대한 명령이라는 공통점을 보이지만, 그 밖의 진술에서는 적지 않은 차이가 확인된다. 하나님의 창조를 근거로 안식일을 기억할 것을 요구하는 출애굽기와 달리 신명기는 사회적 조치를 근거로 안식일 준수를 요구한다. 그러한 신명기 명령은 '이집트에서의 종살이'라는 역사적 사실에 근거한다.

일반적으로 십계명이 두 돌판으로 되어 있다는 것과 관련하여(출 34:1), 십계명을 '대신관계'(對神關係)에 관한 계명(제 1-4계명)과 '대인관계'(對人關係)에 대한 계명(제 5-10계명)으로 분류하는 방식이 보편화되어 있다. 그 둘 사이에 제5계명, 즉 부모 공경이 놓인다. 물론 제5계명이 정말 '대인'에 관한 것인지에 대해서 논란도 적지 않았다.[17] 왜냐하면 제5계명은 땅에 대한 약속과 결부되어 종교적으로도 해석될 수 있으며(신 5:33; 11:9), 여러 본문에서 이방 신 숭배는 땅으로부터의 추방과 연결되었기 때문이다(예. 신 30:17-18). 그런 이유로 부모 공경은 대신관계와 대인관계의 가교 역할을 하는 계명으로 간주되어 왔다.

신 5:33	너희 하나님 여호와께서 너희에게 명령하신 모든 도를 행하라. 그리하면 너희가 살 것이요 복이 너희에게 있을 것이며 너희가 **차지한 땅에서 너희의 날이 길리라**.
신 11:9	또 여호와께서 너희의 조상들에게 맹세하여 그들과 그들의 후손에게 주리라고 하신 땅 곧 **젖과 꿀이 흐르는 땅에서 너희의 날이 장구하리라**.
신 30:17-18	그러나 네가 만일 마음을 돌이켜 듣지 아니하고 유혹을 받아 다른 신들에게 절하고 그를 섬기면 내가 오늘 너희에게 선언하노니 너희가 반드시 망할 것이라. 너희가 요단을 건너가서 **차지할 땅에서 너희의 날이 길지 못할 것이니라**.

안식일에 관한 신명기 규정은 부분적으로 출애굽기 규정과 동일하다. 하지만 신명기 규정은 출애굽기의 안식일 근거 규정(출 20:11)과 더 이상 동일하지 않다. 오히려 신명기는 창조 근거를 대신하여 이집트에서의 종살이라는 독자적 근거를 제시함으로써 출애굽기 규정과는 상이한 입장을 취한다. 이것은 안식일 계명 해석에 대한 중요한 변화를 야기한다.

우리는 본문을 통해서 신명기의 제4계명이 정말로 '대신관계'에 관한 계명인가에 대해 질문해야 한다.[18] 신명기의 제4계명은 '일곱째 날은 야웨의 안식일'이라고 서술한다는 점에서 부분적으로 '대신관계'를 서술하는 것처럼 보인다. 이어지는 12-14a절이 야웨의 창조 사건을 제시하기 때문이다. 하지만 14bβ절은 14a절에 기록된 '네 남종과 네 여종'을 반복함으로써 안식일의 취지를 설명하므로, 이것은 신명기의 안식일 규정을 '대인관계'로 규정짓는 중요한 문구로 간주된다. '네 남종이나 네 여종이 너같이 안식하기 위해서다.' 이것은 종에게 정기적 안식이 있어야 한다는 요구를 넘어서, 주인과 종의 관계가 평등해야 함을 피력한다. 따라서 신명기의 안식일 규정은 '대신관계'를 위한 규정이라기보다는 오히려 '대인관계'를 위한 계명으로 이해되어야 한다. 이것을 다음과 같이 정리할 수 있다.

	출애굽기 십계명	신명기 십계명
대신(對神)계명	제1-4계명	제1-3계명
대인(對人)계명	제5-10계명	제4-10계명

이처럼 신명기 십계명은 대인관계에 대단히 치중해 있다. 이러한 이해는 신명기가 사회법적 성격을 갖는 언약법전의 확장이라는 것과 맥을 같이한다.[19]

오늘날의 노동에 대하여

안식일/휴일에 대해 논의하며 우리가 함께 고민해야 할 것은 오늘날의 휴일 개념이다. 한 주의 제7일을 휴일로 정하여 노동을 쉬어야 한다는 규정은 오늘날 노동자에게도 적용되고 있다. 한국은 1998년부터 주 5일 근무를 추진하기 시작했고, 2004년부터 주 5일 근무를 제도적으로 실행하기 시작했다. 현재는 특수 직종을 제외한 대부분의 근로자들이 주 5일 근무제를 적용받고 있다.

그런데 교회에서 일하는 이들은 어떠한가? 목회자나 교회 직원들은 화요일부터 일요일까지 근무하며, 월요일 하루만 휴일로 쉰다. 즉 주 6일 근무를 하고 있는 셈이다. 한국은 2014년부터 대체공휴일 제도를 적용하고 있다. 이것은 "공휴일이 토요일이나 일요일, 다른 공휴일과 겹칠 경우에는 대체공휴일로 지정하여 운영"[20]하는 제도를 가리키며, 대부분 월요일로 지정되는 경우가 많다. 그런 점에서 목회자의 경우에는 '이미' 월요일이 휴일로 지정되어 있다는 점을 지적하고 싶다. 그렇다면 우리는 교회의 경우 대체공휴일 제도가 실행되고 있는가를 질문해야 하며, 교회가 개별적으로 다른 요일을 대체공휴일로 지정해서 준행할 필요가 있다.

우리는 성서의 안식일 규정을 해석하는 것을 넘어서, 오늘날 법적 테두리에서 성서 규정을 어떻게 적용할 수 있는가를 고민해야 한다. 또한 교회 안에서 성서의 규정이 제대로 지켜지고 있는지를 확인하고, 이를 준행할 필요가 있다.

신명기의 십계명은 대체로 출애굽기의 십계명을 반복하는 것으로만 인식되어 그 중요성이 부각되지 못했다. 그런 이유로 신명기 십계명을 살펴보고 그 특징을 관찰하는 것은 의미 있다. 우리는 그중에서도 신명기 십계명의 제4계명, 곧 안식일 규정에 나타난 인권에 대해 주목해 보았다.

'안식'을 의미하는 '샤바트'(שבת)는 본래 '멈추다, 중단하다'의 의미이며, '안식일'(יוֹם הַשַּׁבָּת, 욤 하샤바트)이라는 문구는 출애굽기 20장에서 처음으로 나타난다. 그동안의 안식일 규정은 대체로 출애굽기 20장을 근거로 설명되어 왔으나, 여기서 신명기를 중점적으로 살펴봄으로써 우리는 제4계명이 출애굽기와 신명기에서 각각 다르게 기록되었음을 관찰할 수 있었다. 특별히 제4계명에서 요구하는 사항인 '안식일을 지키라/기억하라'는 유사하지만, 그것을 준수해야 하는 근거에는 차이가 있었다. 출애굽기 본문이 창조 사건을 근거로 '안식일'을 요구한다면, 신명기 본문은 출애굽기와 구별되는 근거를 추가로 제시하며, 그것은 '종살이'를 주제로 한다.

신명기 안식일 계명의 특징은 다음과 같이 두 가지로 설명할 수 있다. 첫째, 신명기 5:14은 종이 안식을 누리기 위해 주인이 노동을 중단해야 함을 서술한다. 신명기는 '종의 쉼'과 '주인의 쉼'을 동등하게 취급함으로써 안식일을 '평등의 날'로 선언한다. 둘째, 신명기 5:15은 '이집트에서의 종살이'를 근거로 안식일 준수를 요구한다. 이스라엘 백성은 이집트에서 종살이를 했으므로, 이스라엘 내에 존재하는 종을 배려해야 한다. 야웨가 이스라엘을 종살이에서 구원하셨듯이, 이스라엘은 종에게 쉼을 제공해야 한다. 그것은 이스라엘이 야웨를 닮아 가는 과정이다. 정리하면, 신명기 십계명의 제4계명은 종과 주인이 평등하다는 것과 종의 인권도 존중되어야 함을 피력하고 있다.

토의를 위한 질문

1. 안식의 본래 의미는 무엇인가?

2. 신명기 십계명에서 '중단하라'고 요구받는 대상은 누구이며, '쉼'을 누려야 하는 대상은 누구인가?

3. 안식일 계명의 취지는 무엇인가?

4. 안식일 계명과 한국의 근로기준법 제55조는 어떻게 연결될 수 있을까?

5. 오늘날 주간 노동 시간이라는 제도에서 '안식'을 생각해야 하는 이유는 무엇인가?

6. 일반 기업과 교회에서 일하는 것 사이의 차이는 무엇인가? 교회가 안식일 계명을 따른다면 바뀌어야 할 지점이 있는가?

창조 이야기(창 1-2장)는 노동하는 삶을 긍정적으로 묘사한다. 하지만 노동의 적절한 대가가 적절한 시기에 지급되지 않을 때, 우리는 노동 자체에 대해 부정적 인식을 갖게 되기도 한다. 성서는 '품꾼의 삯'을 지급하라고 말하는데, 특별히 신명기 24장은 삯을 지급해야 하는 시기도 언급한다. 그것을 제때 행하지 않으면, 품꾼에게 죄를 짓는 것을 넘어서 하나님께 죄가 된다. 임금 체불은 과거만이 아니라 오늘날에도 여전히 발생하는 문제다. 성서가 서술하는 하나님 나라의 정신을 살펴보고, 우리의 현실을 반추해 보자.

5. 품삯을 해가 지기 전에 주라

임금 체불 금지
신 24:14-15

일용직 노동자는 성서의 시대에도 존재했다. 일용직에 대한 언급은 구약(신 24:15)에서도 관찰되며, 복음서에서 포도원 품꾼 비유를 통하여 복음을 설명할 정도로 일용직 노동자의 삶은 일상적이었다(마 20장). 특히 일용직 노동자에 대한 야고보서의 언급은 신명기 율법과 좀 더 근접해 있다(약 5:4). 특히 야고보서의 진술에서 눈여겨보아야 할 것은, '삯의 소리'가 만군의 주의 귀에 들렸다는 서술이다. 왜냐하면 이것은 '핏소리'가 야웨께 호소한다는 창세기의 서술을 연상시키기 때문이다(창 4:10). 즉, 품꾼에게 '삯'은 '피'와도 같다.

> 약 5:4 　보라. 너희 밭에서 추수한 품꾼에게 주지 아니한 삯이 소리 지르며 그 추수한 자의 우는 소리가 만군의 주의 귀에 들렸느니라.

성서가 '약자'에게 큰 관심을 갖고 있다는 것은 주지의 사실이다. '고아, 과부, 나그네'가 이 그룹에 속하는 자로 알려져 있으며, 간혹 레위인이 포함되기도 한다(신 14:29). 이에 더하여 오경의 일부 본문은 '품꾼'에 대해 묘사하며, 고용주가 그들에게 취해야 할 조치를 율법의 형태로 표현한다.

우리는 그러한 율법을 레위기 19:13과 신명기 24:14-15에서 만날 수 있다. 두 본문은 동일하게 품꾼에게 억울한 상황을 만들지 말라고 명령한다. 이 장에서는 레위기 19장을 잠시 살펴본 후, 신명기 24:14-15을 중심으로 '임금 체불'에 관한 규정을 다룰 것이다.

레위기 19:13의 임금 제도

레위기 19장은 아주 독특한 본문이다. 이곳에는 부모를 경외하라는 명령과 안식일 준수에 대한 내용이 계명으로 등장하는데(레 19:3), 이것은 너무도 잘 알려진 십계명의 일부다. 그 외에도 신상 제작 금지에 대한 계명(4절)을 비롯하여 도둑질(11절), 거짓 증언과 거짓 맹세(12절)에 대한 진술이 관찰되어 십계명을 연상시킨다. 따라서 우리는 체계적이지는 않지만 십계명이 레위기 19장에서 다시 설명되고 있음을 알 수 있다. 환언하면 레위기 19:13은 십계명과 동일한 무게감을 내포하고 있다.

레위기 19장 내에서 차이점도 관찰된다. 레위기 19:12에는 명령이 2인칭 복수에서 단수로 변하고 있고, 이것은 레위기 19:13 이후에도 영향을 끼친다. 이러한 2인칭 단수는 14절 이후에도 지속되며, 15절에서 '불의를 행하지 말라'(לא־תעשׂו, 로 타아수)를 표현하기 위해 잠시 복수 형태가 기록되었다. 즉, 레위기 19:12-15에는 단수와 복수 명령이 혼용되고 있다.

레 19:12* (저자 사역)	너희는 맹세하지 말라(וְלֹא־תִשָּׁבְעוּ). 너는 욕되게 하지 말라(וְחִלַּלְתָּ).
레 19:13* (저자 사역)	너는 억압하지 말라(לֹא־תַעֲשֹׁק). 너는 착취하지 말라(וְלֹא תִגְזֹל). 너는 가지고 있어서는 안 된다(לֹא־תָלִין).
레 19:15* (저자 사역)	너희는 불의를 행하지 말라(לֹא־תַעֲשׂוּ). 너는 (가난한 자의) 편을 들지 말라(לֹא־תִשָּׂא). 너는 (부유한 자를) 두둔하지 말라(לֹא תֶהְדַּר).

더 나아가 레위기 19:14이하는 사회법을 세분화하여 재판관에 대한 율법(레 19:15) 그리고 '이웃과의 관계'를 반복하여 진술한다(레 19:16-17). 이러한 이웃에 관한 규정의 마지막에는 신약에도 인용된 "네 이웃 사랑하기를 네 자신과 같이 사랑하라"는 문구가 등장한다(레 19:18).

레위기 19:13에는 몇 개의 금지 명령 형태가 등장한다. 첫째 명령은 '너는 억압하지 말라'는 명령이며, 이것은 신명기 24:14과 일치한다. 둘째 명령은 '너는 착취하지 말라'다. 이것은 뒤이어 서술되는 '너는 가지고 있어서는 안 된다'와 연결되는데, 두 이야기는 서로 상호 작용함으로써 강자가 약자의 것을 착취하여 자신의 소유로 삼는 현실 모습을 보여준다. 레위기 19:13에 서술되는 금지 명령이 두 가지인지 세 가지인지에 대해서는 논란이 있는데, 왜냐하면 '너는 가지고 있어서는 안 된다'는 금지 명령은 접속어(ו, 베) 없이 바로 둘째 금지 명령과 연결되었기 때문이다. 그로 인해 '가지고 있어서는 안 된다'는 것은 둘째 금령의 세부 서술로 간주되기도 한다.[1] 이러한 해석을 수용한다면, 레위기 19:13은 품꾼에게 삯을 지불하지 않고 미루는 것을 '착취'의 개념으로 해석하고 있다고 볼 수 있다.

레위기 19:13과 신명기 24:14-15은 어떻게 서로 연결될 수 있을까? 두 본문은 모두 '억압하지 말라'는 금지 명령과 '품꾼'이라는 명사를 공유한다는 점에서 유사한 주제를 서술하는 것처럼 보인다.

레 19:13		너는 네 이웃을 **억압하지 말며** 착취하지 말며 **품꾼**의 삯을 아침까지 밤새도록 네게 두지 말며.
신 24:14	(저자 사역)	너는 가난하고 빈곤한 **품꾼**을 **억압하지 말라**! 네 형제(들) 중에서 또는 네 땅과 성읍에 있는 나그네 중에서.[2]

그러나 우리는 이미 브라울릭이 설명한 것처럼, 레위기 19장과 신명기 24장의 차이를 어렵지 않게 관찰할 수 있다.[3] 곧 레위기 19:13이 '이웃'(רֵעַ, 레아)에 대한 태도를 서술한다면, 신명기 24:14-15은 대상을 '형제'(אָח, 아흐)와 '나그네'(גֵּר, 게르)로 나누어 구체적으로 기술한다.[4]

신명기 24:14-15의 임금 제도

신명기 24장은 다양한 율법이 모여 있는 복합체다. 신명기 법은 폰 라트(G. von Rad)가 적절하게 지적했듯이 언약법전을 확장한 것이다.[5] 게다가 신명기 24:14-15은 사용되는 일부 용어 또는 표현에 있어서 언약법전과 관련되어 있지만(출 22:27[26]),[6] 본문의 주요 모티브인 '품꾼에게 삯을 지불'하는 규정은 언약법전에 등장하지 않는다는 점에서 독특하다. 이와 달리 브라울릭은 신명기 24장이 레위기 19장을 의존하고 있음을 피력하기도 했다.[7]

신명기 24장은 사회적 조치를 중요하게 언급한다. 신명기 24:6은 약자의 생계 수단을 전당 잡는 것에 대해 서술하는데(חבל, 하발), 유사한 주제가 17절 이하에 다시 관찰된다. 10-13절에는 다른 용어가 사용되었지만, 약자의 '담보물'(עבוט, 아보트)을 취하는 행위에 대한 조치가 서술되었다. 그 안에 기술된 14-15절은 '가난한 자의 품삯'을 다루고 있으며, '해 질 녘에는 품삯을 지불해야 한다'는 서술은 전당물을 해 질 녘까지 돌려주라고 명령하는 6, 10-13, 17절에 상응한다. 따라서 14-15절은 내용적으로 사회적 조치를 다루는 신명기 24장에 잘 부합한다.

> 신 24:13 **해 질 때에** 그 전당물을 반드시 그에게 돌려줄 것이라. 그리하면 그가 그 옷을 입고 자며 너를 위하여 축복하리니 그 일이 네 하나님 여호와 앞에서 네 공의로움이 되리라.
>
> 신 24:15 그 품삯을 당일에 주고 **해 진 후까지 미루지 말라**. 이는 그가 가난하므로 그 품삯을 간절히 바람이라. 그가 너를 여호와께 호소하지 않게 하라. 그렇지 않으면 그것이 네게 죄가 될 것임이라.

더불어 신명기 24:14-15은 독립된 규정으로 간주되기도 한다. 14절은 '억압하지 말라'(לא־תעשק, 로-타아쇼크)는 2인칭 금지 명령으로 시작하며, 15절에서도 '주라'(תתן, 티텐)는 2인칭 명령형이 기록되었다. 이러한 양식은 십계명과 같은 본문에서 주로 찾아볼 수 있는 것으로,[8] 조건문으로 시작하는 이전 계명들과는 구별된다(신 24:12, 10).[9] 게다가 신명기 24:16은 연대 책임으로 인해 처벌받는 것을 거부하고 개인 책임을 강조하므로, 사회법과는 구별되는 재판에 관한 규정을 다루고 있다. 따라서 신명기 24:14-15은 독립된 율법이다.

히브리어 원문 번역

본문을 분석하기에 앞서, 신명기 본문은 히브리어 원문을 기초로 번역되어야 함을 강조하고 싶다. 왜냐하면 히브리어가 한국어와 어순이 다를 뿐 아니라, 이 본문에는 동사 문장과 명사 문장이 나뉘어서 나타나기 때문이다. 이를 시각적으로 나누어 비교해 보면 우리는 본문이 강조하는 바를 수월하게 깨달을 수 있다. 게다가 이 본문의 일부는 여러 번역의 가능성을 내포하고 있기 때문에, 이 책에서는 다음의 사역(私譯)을 기반으로 논지를 전개할 것이다.

동사 구문	명사 구문	
14a		너는 가난하고 빈곤한 품꾼을 억압하지 말라![10]
	14b	네 형제(들) 중에서 또는 네 땅과 성읍에 있는 나그네 중에서
15aα1		'그날에' 너는 그의 품삯을 주어라!
15aα2		해가 지기 전에!
	15aα3	왜냐하면 그는 가난하기 때문이다.
	15aβ	그는 자신의 생명을 위해 그것을 갈망하기 때문이다.[11]
15bα		그리하여 그가 야웨에게 너에 대하여 호소하지 않도록 하라.
15bβ		(그렇지 않으면) 그것이 너에게 죄가 될 것이다.

억압하지 말라

신명기 24:14-15 본문의 주제가 되는 '품삯'(שָׂכָר, 사카르, 신 24:15)은 '고용된 자'(שָׂכִיר, 사키르, 신 24:14)와 결합하여 '일일 노동자의 임금'(der Lohn eines Tageslöhners)¹²을 의미한다(비교. 신 15:18).

신명기 24:14-15은 가장 먼저 '억압하지 말라'는 금지 명령을 서술한다. 우리는 14절을 다양하게 해석할 수 있다. 첫째, '억압'을 뜻하는 히브리어 '아샥'(עשׁק)은 상대방의 소유물을 무력으로 빼앗는 행위를 가리킨다. 이 용어는 이후에 신명기 28장에서 다시 관찰되는데, 여기에서 이 동사는 이방 나라의 포로로 끌려간 자들이 '노략당하는'(גזל, 가잘) 또는 '학대받는'(רצץ, 라짜쯔) 것과 평행하게 사용되어(신 28:29, 33) 폭력적 행위를 내포한다. 즉, 본문은 품꾼이 고용주에게 경제적으로 예속되었으며, 고용주의 포로가 되어 있는 이미지를 보여 준다. 14절은 '학대하다'라는 동사를 통하여 품꾼을 능동적으로 학대하는 고용주의 모습을 비판한다.

> 신 28:29 맹인이 어두운 데에서 더듬는 것과 같이 네가 백주에도 더듬고 네 길이 형통하지 못하여 항상 **압제와 노략**을 당할 뿐이리니 너를 구원할 자가 없을 것이며.
>
> 신 28:33 네 토지 소산과 네 수고로 얻은 것을 네가 알지 못하는 민족이 먹겠고 너는 항상 **압제와 학대**를 받을 뿐이리니.

둘째, 이와 구별되게 루터 성서(Lutherbibel, LUT)와 독일 가톨릭 성서(Einheitsübersetzung, EIN)는 '억압하지 말라'는 문구를 '보류하다'(vorenthalten/zurückhalten)는 의미로 번역하였다. 이것의 직접 목적어는 '사키르'(שָׂכִיר)인데, 다른 성서에서는 '품꾼'으로 번역되었지만, 루터 성서와 가톨릭 성서에서는 '품삯'(Lohn)으로 번역되었다. 그리고 '품꾼'을 수식하는 '가난하고 빈곤한'은 명사로 이해되어 '가난한 자와 빈곤한 자'(Dürftigen und Armen)로 번역되었다.¹³ 이러한 해석은 70인역을 수용한 것이다.¹⁴

크레이기(P. C. Craigie) 역시 이러한 해석을 받아들여 다음과 같이 번역한다. "너는 가난한 자와 빈곤한 자에게 품삯 주기를 보류해서는 안 된다."[15] 이에 따르면 본문은 고용주가 '가난한 자와 빈곤한 자'를 능동적으로 압제하는 모습을 묘사하지는 않지만, 고용인이 그들에게 필요한 것을 억류함으로써 간접적으로 가난한 자를 위기로 몰아넣는 행위를 금지한다.

그것의 대상은 '품꾼' 또는 '가난하고 빈곤한 자'라는 수식어를 통해 제한되었다. 이것은 종종 명사로도 사용되어 '가난한 자와 궁핍한 자'를 가리키기도 하며, 대개 사회적 약자를 의미하는 숙어적 표현으로 등장한다(욥 24:14; 시 35:10; 37:14; 72:4; 렘 22:16). 이들은 '고용된' 자로, 자신을 '고용한' 자의 행위에 대해 결코 독립된 목소리를 낼 수 없는 자다. 왜냐하면 그들은 '가난한 자'일 뿐만 아니라, 하루 노동하여 하루를 살아가는 '일용직 노동자'이기 때문이다. 즉, 다음 날에 일을 하지 않으면 그들의 내일은 보장되지 않으므로, 노동자는 자신의 권리를 고용주에게 요구할 수 없는 처지다. 동시에 우리는 피고용인이 착취될 위험에 처해 있음도 고려해야 한다.[16]

14b절은 품꾼 또는 가난한 자의 신분에 대해 이야기한다. 품꾼이 형제든 나그네(גֵּר, 게르)든 그것은 전혀 중요하지 않다. 이스라엘 땅에 거주하며 성안에서 거주하는[17] 자는 나그네라 할지라도 이스라엘인과 동등한 대우를 받아야 한다. 이것은 나그네/객을 '불쌍한 사람'(personae miserae)으로 이해하는 신명기 본문에 상응하지만(신 14:29; 16:11; 24:17), 그럼에도 불구하고 나그네/객을 형제 규율에 포함하여 서술한다는 점은 독특하다(신 24:7).[18] 즉, 고용인은 임금을 지불함에 있어 '형제'와 '나그네' 사이에 차별을 두어서는 안 된다. 나그네는 종종 '외국인'을 가리키기도 하므로(창 12:10), 이것은 이방인도 내포한다.

해가 지기 전에

15절은 14절과 유사하게 '주라'(תִּתֵּן, 티텐)는 2인칭 단수 명령의 의미를 포함한다. 차이가 있다면 여기에는 명령형에 앞서 시간을 나타내는 '그날에'(בְּיוֹמוֹ, 베요모)라는 문구가 서술되었다는 점이다. 시간을 나타내는 문구가 명령보다 앞서 기록되었다는 것은 삯을 주어야 하는 '시점'을 강조하는 것인데, 이것은 '전당물을 해 질 때에 돌려주라'고 명령하는 신명기 24:13과 일치한다. 환언하면 단순히 품삯을 '주는 것'이 본문의 주제가 아니라, 노동을 한 '당일에 품삯을 주는 것'이 본문의 강조점이다. 이것은 '해가 지기 전에'라는 다음 문장과 의미상으로 연결된다. 품꾼은 그것이 있어야 가족을 보살필 수 있을 것이기 때문이다.[19]

15aα3절은 '왜냐하면'(כִּי, 키)이라는 접속사를 통해 앞서 명령된 것이 이행되어야 하는 근거를 제시한다. 많은 역본들은 이 접속사가 15aβ절에까지 영향을 끼치는 것으로 번역했다. 이처럼 품삯을 해가 지기 전에 지불해야 하는 근거가 되는 두 문장(15aα3, 15aβ절)은 전체가 명사 구문으로 되어 있어 아주 독특하다. 품삯을 당일에 지불해야 하는 이유는 품꾼이 '가난'하기 때문이다. 이 용어는 이미 14절에서 언급되었다. 여기에 덧붙여서 분사를 포함하는 명사절은 가난한 자의 행위가 아니라 '상태'를 서술한다. 15aβ절의 문자적 의미는 가난한 자의 생명이 '품삯'을 받느냐 받지 못하느냐에 달려 있음을 보여 준다. 70인역은 이것의 의미를 풀어서 '그것(품삯)에 그는 희망을 걸고 있다'(ἐν αὐτῷ ἔχει τὴν ἐλπίδα)라고 적절하게 번역하였다. 그에게 품삯은 '생존'과 같기에, 당일의 품삯 받기를 갈망한다.

15bα절(וְלֹא־יִקְרָא, 베로-이크라)은 미완료에 부정사가 연결되어 15aα2절(וְלֹא־תָבוֹא, 베로-타보)과 유사한 형태를 취하고 있다. "해가 지기 전에"가 품

꾼에게 있어서 품삯이 필요한 시간적 하한선을 서술한다면(15aα2절), "그가 야웨에게 너에 대하여 호소하지 않도록 하라"는 시간적 하한선을 넘김으로써 품꾼에게 생존의 위협이 밀려오는 상태를 가리킨다.

생존의 위협에 직면했을 때 품꾼이 할 수 있는 일은 하나님께 호소하는 것뿐이었다. 억울함을 당한 그는 하나님께 도움을 간청하기 전에 고용주에 대하여 불평을 할 것이다. 우리는 이것을 시편의 탄원시에서 유추할 수 있는데, 개인 탄원시는 '부름–불평–도움 요청–신뢰 확신–찬양'으로 마무리된다(예. 시 13편).[20] 저자는 하나님께 도움을 요청하고, 그의 불평 대상은 하나님의 대적자가 된다(시 109:31). 따라서 고용주는 "그가 야웨에게 호소하지 않도록" 노력해야 한다. 그러기 위해서 고용주는 자신의 의무를 다해야 한다. 이것은 그에게 또 다른 의무를 요구하는 것이 결코 아니며, 앞서 언급된 것처럼 해가 지기 전에 품꾼에게 품삯을 지불하는 것이다.

마지막 단락은 그들이 호소하게 될 결과를 묘사한다. "그것이 너에게 죄가 될 것이다"(וְהָיָה בְךָ חֵטְא, 웨하야 베카 헤테). 우리는 신명기 24:15b과 문자적으로 동일한 것을 면제년을 다루고 있는 신명기 15:9b에서 관찰할 수 있다.[21] 하나의 차이가 있다면 신명기 24:15에서는 부정사(לֹא, 로)가 사용되었을 뿐이다. 이러한 '죄 공식'(Sündenformel)[22]은 품삯 지불 규정과 면제년 규례의 관련성을 제시한다.

신 24:15b (저자 사역)	그리하여 그가 야웨에게 너에 대하여 호소하지 않도록 하라. (그렇지 않으면) **그것이 너에게 죄가 될 것이다**.
신 15:9b (저자 사역)	그가 야웨에게 너에 대하여 호소하리니 **그것이 네게 죄가 되리라**.

신명기 24:14은 '형제 윤리'를 상기시키며 시작한다. 하지만 고용주가 품꾼에게 삯을 지불하지 않는다면 품꾼은 야웨에게 호소할 것이고, 그로 인해 고용주는 야웨에게 범죄한 것으로 간주될 것이다(15b절). 따라서 신명기 24:14-15은 '형제 윤리'라는 윤리적 과오를 야웨 앞에서의 '죄', 즉 종교-신학적 테두리에서 해석하는 본문이다. 이는 곧 품꾼에게 삯을 적절하게 그리고 적시에 지불해야 할 것에 대한 신학적 근거를 제시함으로써 품꾼의 인권을 보호하는 율법이다.

오늘날의 임금 체불

한국의 근로기준법은 임금 제도에 대해 규정하고 있다. 특히 근로기준법 제43조에 따르면 임금은 반드시 정해진 날짜에 지급되어야 하므로, 예정된 날짜에 임금이 지급되지 않으면 임금 체불이 된다.

근로기준법 제43조	❷ 임금은 매월 1회 이상 일정한 날짜를 정하여 지급하여야 한다….

비록 노동자의 임금이 법으로 보호되고 있음에도, 임금 체불 사건은 계속해서 일어나고 있다. 2019년 뉴스에 따르면, 약 3개월간 노동법률지원센터와 노동복지센터에 접수된 상담 2천여 건 중 21.5퍼센트가 직장에서의 임금 체불 문제를 호소하는 내용이었다.[23] 2020년의 조사에 따르면 지난 5년간 신고된 임금 체불액은 무려 7조원 이상이었다.[24]

내국인 노동자보다 더 취약한 형편에 있는 외국인 노동자의 경우는 어떠할까? 많은 외국인 노동자가 불법체류인 점을 악용해, 임금 체불이 비일비재하게 발생한다는 것은 잘 알려진 사실이다. 특히 전체 임금 체불 사건 가운데 외국인 노동자가 차지하는 비중이 점차 상승하고 있다.[25] 이는 우리 사회 전체의 문제라 할 수 있으므로, 교회 역시 이를 묵과해서는 안 된다.

최저 임금과 생활 임금

덧붙여, 우리는 '임금 체불 금지'와 함께 '최저 임금 제도'를 고민해 볼 수 있다. 이것은 개별 사업자가 노동자의 최저 임금을 정하는 것이 아니라, 국가가 임금의 최저 수준을 정하여 사용자에게 이 수준 이상의 임금을 지급하도록 강제함으로써 저임금 노동자를 보호하는 제도를 가리킨다.[26] 즉, 최저 임금 제도는 사람이 기본 생활 수준을 유지하기 위해서는 최소한의 비용이 보장되어야 함을 말한다. 우리는 '임금 체불 금지'를 넘어서 사람의 권리와 삶이 불가분의 관계임을 생각해야 한다.

여기서 더 나아가 우리는 '생활 임금'에 대해서도 인식할 필요가 있다. 최저 임금 제도를 통해 저임금 노동자가 이전보다 보호를 받게 된 것은 사실이다. 그러나 최저 임금 제도는 생활 여건을 고려하지 않은 상황에서 제정되었다는 비판을 받고 있다. 따라서 최저 임금을 현실성 있고 합리적인 수준에서 보완하기 위해 '생활 임금'이 도입되었고, 현재 일부 지자체나 공공기관에서 시행되고 있다. 생활 임금은 "노동자의 최저 생활의 보장을 전제로 하여 주는 기본임금"[27] 수준을 의미하며 최저 임금보다 높게 책정되고 있다. 율법이 반복해서 보여 주는 하나님 나라는 타인의 삶에 무관심한 상태를 의미하지 않는다. 타자에 대해 관심을 기울이고 서로 삶의 보조를 맞추어 가는 하나님의 공동체를 추구한다. 생활 임금에 대한 고려는 이러한 하나님 나라 정신에 가까운 실천일 수 있다.

⚲

성서가 제시하는 이스라엘 사회의 모습은 다양한 분기점을 갖는다. 가장 먼저는 국가 형성 이전과 이후로 나뉠 수 있는데, 왕의 출현은 이스라엘 사회를 조직화하며 세분하는 계기가 되었다. 이후에 앗시리아 제국의 등장은 고대 근동 지역에 엄청난 변화를 가져왔다. 군소 국가의 멸망을 가속화시켰고, 포로가 대거 발생했다. 무엇보다 큰 변화는 가족 형태에서 발견된다. 가족 구성원이 이방 나라로 끌려감으로써 가족이 해체되기도 했으며, 삶의 터전을 상실한 이주민이 대거 나타났고, 그들이 이동한 지역에서는 그것이 사회 문제로 대두되었다(신 14:27).

국가가 앗시리아에 의해 정복되지 않은 지역에도 적지 않은 변화가 있었다. 평화를 보장받는 대신에 패권 국가에 엄청난 조공을 바쳐야 했으며, 이로 인해 사람들의 삶이 궁핍해졌다. 평민 중에는 땅을 팔고 종국에는 노예로 전락하는 자가 속출했으며, 사회에 극심한 양극화가 진행되었다. 문제는 주전 8세기에 앗시리아가 등장한 이후로 근동에는 패권 국가가 항상 존재했다는 점이다. 즉, 이스라엘 사회가 회복될 기미가 보이지 않았다.

패권 국가의 영향을 받고 있는 이와 같은 상황을 토대로 신명기 24장을 이해할 필요가 있다. 이스라엘에는 삶의 터전을 상실하고 품꾼으로 살아갈 수밖에 없는 처지에 놓인 자들이 적지 않았고, 그들은 하루하루를 근근이 살아갔다. 이런 상황에서 품꾼에게 삯을 지불하는 것은 대단히 중요했다. 더군다나 삯은 '그날에' 지불되어야 함을 성서는 강조한다. 품꾼은 그날 받을 삯에 '희망'을 걸었기 때문이다.

노동자에게 적절한 임금을 제때 지불하는 것은 사회적 윤리로 출발했지만, 그것에 제한되지 않는다. 품삯을 받지 못한 자는 하나님 앞에 호소할 수 있다. 그럴 경우 고용인은 품꾼과의 관계를 넘어 하나님과의 관계에 직면한다. 이는 윤리적 문제가 신학적 문제로 변화하여, 삶과 신앙이 분리되지 않음을 보여 준다.

성서는 시대에 상응하게 재해석되어야 한다. 노동자에게 임금을 지불하는 문제는 결코 과거에 국한되지 않는다. 근로기준법 제42조 제2항은 성서의 '임금 체불' 금지 율법에 상응한다. 따라서 우리는 신명기 본문을 관찰하며 당면한 현실과 직결된 몇 가지를 생각해 볼 수 있다.

첫째, 우리는 '고용'의 문제를 염두에 두어야 한다. 일용직 노동자에게 내일의 일거리가 없다면, 그의 가족은 삶의 위기에 내몰렸다. 위기에서 벗어나기 위해 그는 일거리를 '매일' 얻어야만 했다. 즉 고용의 안정은 노동자의 인권 추락을 방지하기 위해 보장되어야 한다.

둘째, 인간이 인간답게 살 수 있는 최저 수준 이상의 임금을 '제때' 지불하는 것은 신학적으로도 중요하므로, 우리는 임금 체불이 벌어지는 현실에 대해 경각심을 가져야 한다. 이와 함께 상습적으로 임금 체불을 당하는 위치에 놓이곤 하는 이주 노동자의 인권에 대해서도 고려해야 한다. 그리스도인 기업가라면 더더욱 스스로를 잘 돌아볼 필요가 있다.

토의를 위한 질문

1. 구약과 신약에서 반복하여 품삯에 대해 이야기하는 이유는 무엇인가?

2. 레위기 19:13과 신명기 24:15에서 품삯을 당일에 주고 해 진 후까지 미루지 말라고 강조하는 이유는 무엇인가?

3. 여러 번역본에서 신명기 24:14의 '학대하지 말라'는 어떤 의미로 번역되고 있나?

4. 품꾼에게 행한 잘못이 하나님 앞에 죄가 된다고 언급한 이유는 무엇인가?

5. 성서의 임금 체불 금지 명령은 오늘날 우리의 삶과는 무관한가? 뉴스 보도나 주변에서 임금 체불 사건을 접한 적이 있다면 이야기해 보라.

6. 오늘날 우리는 성서가 가르치는 '임금 체불 금지'를 어떻게 실천할 수 있는가?

기독교란 무엇인가? 신명기 24장은 야웨를 믿는 것에 대하여 근본적인 질문을 던진다. 야웨를 믿는 것과 사람을 대하는 것은 어떤 관계가 있는가? '전당물, 노동, 품삯 지불'은 일상에서 일어나는 활동이다. 신명기는 이러한 행위를 '야웨 앞에서 의로움과 죄'와 결부시킴으로써 일상과 신앙을 연결한다. 이 장에서는 특히 채무 관계에 주목한다. 채무자가 빚을 갚지 못하고 사망한다면, 채권자는 유가족에게 채무를 갚도록 독촉할 것이다. 이에 신명기 24:16은 채무의 '개인 책임'을 강조함으로써, 유가족이 나락으로 떨어지는 것을 방지한다.

6. 야웨 앞에서 의로움과 죄

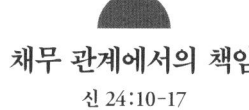

채무 관계에서의 책임
신 24:10-17

신명기 24장은 다양한 율법이 수록된 복합체다. 다시 말해, 신명기 24장에서는 통일성이 관찰되지 않는다. 이곳에 있는 율법들은 가장 먼저 형태에서 차이를 보인다. 10-13절은 조건문으로 시작하는 조건법이지만, 14-17절은 조건이 없는 절대법이다. 게다가 10-17절은 내용적으로 일치하지 않는다. 10-15절은 '전당물'과 '품삯'을 서술함으로써 내용상 사회법에 속하지만, 16절은 사회법에 포함되지 않는다.[1] 이처럼 다양한 율법은 본래 각각 독립된 기능이 있었을 것이다.

이같이 서로 조화를 이루기 어려운 율법이 나란히 서술되어 있으므로, 우리는 신명기 24장의 배열에 대해서도 논의해야 한다. 신명기 24:10-13은 전당물에 관한 것으로서 출애굽기 22:26[25]에 상응한다. 이와 달리 신명기 24:14-15은 품삯 지불에 대한 명령인데, 이는 출애굽기에는 나오지 않으며, 레위기 19:13과 비교할 수 있다. 게다가 신명기 24:16은 출애굽기와 레위기에서 전혀 찾아볼 수 없는 '개인 책임'에 관한 율법이다. 즉, 10-17절의 율법들은 각각의 출처와 시기가 다를 수 있다.

신 24:12-13		그가 가난한 자이면 너는 **그의 전당물을 가지고 자지 말고** 해 질 때에 그 전당물을 반드시 그에게 돌려줄 것이라. 그리하면 **그가 그 옷을 입고 자며** 너를 위하여 축복하리니 그 일이 네 하나님 여호와 앞에서 네 공의로움이 되리라.
출 22:26[25]		네가 만일 **이웃의 옷을 전당 잡거든 해가 지기 전에 그에게 돌려보내라.**
신 24:15		**그 품삯을 당일에 주고 해 진 후까지 미루지 말라.** 이는 그가 가난하므로 그 품삯을 간절히 바람이라. 그가 너를 여호와께 호소하지 않게 하라. 그렇지 않으면 그것이 네게 죄가 될 것임이라.
레 19:13		너는 네 이웃을 억압하지 말며 착취하지 말며 **품꾼의 삯을 아침까지 밤새도록 네게 두지 말며.**

이처럼 신명기에는 상이한 율법이 나란히 배열되어 있다. 언약법전을 알고 있는 신명기 저자가 이처럼 배열한 이유는 무엇일까? 특히 '개인 책임'을 언급하는 신명기 24:16은 신명기의 그 밖의 내용과 적지 않게 충돌하는데, 그것은 왜 여기에 배열되었을까? 우리는 본문 분석을 통해 저자의 의도를 파악할 수 있다.

다양한 율법의 복합체(신 24:10-17)

폰 라트가 적절하게 지적했듯이, 신명기 법은 언약법전을 확장한 것이다.[2] 그것은 신명기 법이 다양한 사회적 조치를 담고 있음을 의미한다. 신명기 24장은 다양한 율법이 모여 있는 복합체로서 사회적 조치를 중요하게 언급한다. 6절은 약자의 생계 수단을 전당 잡는 것에 관해 서술하며(חבל, 하발), 이와 동일한 용어는 17절에서 다시 관찰된다. 10-13절에는 다른 용어가 사용되었지만, 약자의 담보물(עבט, 아보트)을 취하는 행위에 대한 조치가 나오므로 주제 면에서 서로 연결된다. 그 사이에 기술된 14-15절은 '가난한 자의 품삯'을 다루고 있어 10-13절과 차이를 보인다.

신명기 24:14-15은 일부 용어와 표현에 있어서 언약법전과 관련되어 있지만,[3] 본문의 중요 모티브인 '품꾼에게 삯을 지불'하는 규정은 언약법전에 등장하지 않는다. 브라울릭은 신명기 24장이 오히려 레위기 19장을 의존하고 있다는 견해를 피력하기도 했다.[4] 하지만 '전당물을 해 질 녘까지 돌려주라'(10-13절)는 명령과 '해 질 녘에는 품삯을 지불해야 한다'(14-15절)는 명령은 개별적인 두 규정의 접합점을 형성하기 때문에, 10-13절과 14-15절이 전혀 무관하다고 볼 수는 없을 것이다. 즉, 우리는 신명기 24장이 품꾼의 '품삯'과 가난한 자의 '전당물'을 동일 선상에서 이해하고 있음을 관찰할 수 있다.

신 24:13* **해 질 때에**(כְּבֹא הַשֶּׁמֶשׁ, 케보 하쉐메쉬) 그 전당물을 반드시 그에게 돌려줄 것이라.

신 24:15* 그 품삯을 당일에 주고 **해 진 후까지 미루지 말라**(וְלֹא־תָבוֹא עָלָיו הַשֶּׁמֶשׁ, 붸로-타보 알라이브 하쉐메쉬).

신명기 24:10-17에서 다른 부분과 가장 어울리지 않는 본문은 16절이다. 16절은 두 가지 점에서 전후 문맥과 어울리지 않는다. 첫째, 16절은

'개인 책임'을 서술한다. 이러한 개인 책임은 "너희 때문에 내게 진노…" 또는 "죄를…삼사 대까지"라는 신명기의 '연대 책임' 사고와 상응하지 않는다(신 3:26; 5:9). 둘째, 10-17절의 문맥 구절은 2인칭 '단수' 미완료 형태를 취하기 때문에 명령조로 해석될 수 있다. 하지만 16절은 3인칭 남성 '복수' 미완료 형태로 나온다(לֹא־יוּמְתוּ, 로-유메투). 이처럼 신명기 24:16이 전후 문맥과 내용 및 형식상으로 불일치함에도 불구하고 여기에 배열되었다면, 우리는 16절이 삽입된 이유를 질문해야 한다. 이에 대해서는 뒤에서 다루도록 하겠다.

히브리어 원문 분석

이 장에서는 히브리어 원문을 기반으로 이 단락을 분석하려 한다. 히브리어는 한국어와 어순이 다르기도 하고, 한국어 성서에서 히브리어 성서의 문장 형태가 적절히 표현되지 못하는 경우도 있기 때문이다. 히브리어 원문에 따라 문장 형태를 나누어 분석해 보면 본문이 강조하는 바를 더 수월하게 깨달을 수 있을 것이다. 게다가 여기서 다룰 본문의 일부는 여러 번역의 가능성을 내포하고 있으므로, 이곳에서는 다음의 사역(私譯)을 기반으로 논지를 전개할 것이다.

히브리어 원문을 따라 신명기 24:10-17을 번역하면 다음과 같다.

명령문		
	10a	만약 네가 네 이웃에게 무엇을 꾸어 준다면
10b		너는 전당물을 취하기 위해 그의 집에 들어가서는 절대로 안 된다.
11a		너는 밖에서 서 있어야 한다.

	11b	너에게 꾸는 자, 그가 집에서 들고 나와서 너에게 전당물을 줄 것이다.
	12a	만약 그가 가난한 자이면
12b		너는 그의 전당물을 가지고 누워서는 안 된다.
13aα1		너는 그 전당물을 그에게 반드시 돌려주어야 한다.
	13aα2	해가 질 때에!
	13aβ	그 결과 그는 자신의 옷을 덮고 자며, 너를 축복할 것이다.
	13b	이것이 네 하나님 야웨 앞에서 바로 너에게 의가 될 것이다.
14a		너는 가난하고 빈곤한 품꾼을 억압하지 말라!
	14b	네 형제(들) 중에서 또는 네 땅과 성읍에 있는 나그네 중에서
15aα1		'그날에' 너는 그의 품삯을 주어라!
	15aα2	해가 지기 전에!
	15aα3	왜냐하면 그는 가난하기 때문이다.
	15aβ	그는 자신의 생명을 위해 그것을 갈망하기 때문이다.[5]
15bα		그리하여 그가 야웨에게 너에 대하여 호소하지 않도록 하라.
	15bβ	(그렇지 않으면) 그것이 너에게 죄가 될 것이다.
16aα		아들 때문에 아버지가 죽임당해서는 안 된다.
16aβ		또한 아버지 때문에 아들이 죽임당해서는 안 된다.
16b		사람마다 자신의 죄로 죽임당해야 한다.
17a		객과 고아의 권리를 굽게 해서는 안 된다.
17b		과부의 옷을 전당 잡지 말라.

전당물(신 24:10-13)

신명기 24:10-13에는 각 절마다 '전당물'(עֲבוֹט, 아보트)이라는 단어가 나온다. 이와 동일한 주제가 6절과 17절에서도 나오는데, 여기에는 용어가 '하발'(חֲבֹל)로 묘사되었다는 차이를 보일 뿐이다. 10절과 12절은 각각 조건문 형태(כִּי, 키/אִם, 임)로 시작하여, 채무 관계로 인해 발생할 수 있는 경우를 법적으로 규정하고 있다.

10-13절은 두 가지 서로 다른 상황을 서술하는 듯 보인다. 먼저 10-11절은 채무자에 대한 구체적인 언급이 없으므로 일반적인 채무 관계를 보여 준다. 10-11절에 따르면 채권자는 채무자의 집에 들어가서 전당물을 가져올 수 없다. 오직 채무자가 채권자에게 스스로 전당물을 건넬 수 있다. 채무자의 집에 어떤 물건이 있는지 채권자는 알 수 없으며, 채무자가 건네는 것만을 전당물로 받을 수 있다. 그런 점에서 채권자는 채무자를 신뢰해야 한다. 성서는 채무 관계로 인해 채무자의 '집/가정'까지 침해되어서는 안 됨을 명시한다. 즉, 채무자에게도 최소한의 것을 보호할 권리가 있다.

그와 달리 12-13절은 채무자를 '가난한 자'로 언급하여 부자와 가난한 자 사이의 채무 관계를 서술한다. 채권자는 무언가를 빌려준 대가로 가난한 채무자로부터 '옷'(שַׂלְמָה, 살마)을 받은 것처럼 보인다. 채무자가 겉옷을 주었다는 것은 그가 대단히 열악한 상황에 처했음을 암시한다. 이 옷이 밤에는 이불과 같은 기능을 한다는 서술로 보아(출 22:26), 가난한 자를 추위로부터 보호하여 생명을 지키는 겉옷을 의미한다. 채무자가 자신의 겉옷을 전당물로 맡겼다면, 채무자가 아직 빌린 것을 갚지 못했다 하더라도 채권자는 해가 지기 전에 그 옷을 채무자에게 돌려주어야 했다. 13aβ절은 명령문 이후에 '완료1(waw) 형태'[6]가 오고 있으므로 결과절로 해석된다. 즉, 채권자가 돌려주어야만 채무자는 옷을 덮고 잘 수 있는 상황이다.

13절에서 또한 주목할 것은 채권자가 가난한 채무자에게 겉옷을 돌려주는 것에 대해 성서가 '이것이 네 하나님 야웨 앞에서 바로 너에게 의가 될 것이다'(לְךָ תִּהְיֶה צְדָקָה לִפְנֵי יְהוָה אֱלֹהֶיךָ, 레카 티흐예 쩨다카 리프네 야웨 엘로헤카)라고 명시한다는 점이다. 히브리어 원문은 동사 '…이 되다'(תִּהְיֶה, 티흐예) 앞에 인칭대명사 '너에게'(לְךָ, 레카)를 배열함으로써 '너'를 강조한다. 즉 가난한 채무자에게 겉옷을 돌려준 채권자의 행위는 '바로 채권자 자신을 위한' 의로운 행위가 된다.

13절에서 부각되는 문구는 '네 하나님 야웨 앞에서'다. 채무자를 배려한 채권자의 행위는 사람에 대해 행해진 사회적 행위다. 그러나 성서는 그와 같은 행동을 한 채권자를 향해 '네 하나님 야웨 앞에서 의(צְדָקָה, 쩨다카)'라고 말하며 종교적 의로움을 선언한다. 이와 같이 신명기는 약자를 배려하는 채권자의 행위가 '야웨 앞에서' 이루어진 행위라고 설명함으로써 사회적 행위를 종교적 의/공의와 연결시키고 구체화시킨다. 다시 말해, 신명기는 '종교적 의'와 '사람에 대한 태도'가 보조를 맞춰야 한다고 본다.

품삯(신 24:14-15)[7]

신명기 24:14-15 본문의 주제가 되는 '품삯'(שָׂכָר, 사카르, 신 24:15)은 '고용된 자'(שָׂכִיר, 사키르, 신 24:14)와 결합하여 '일일 노동자의 임금'(der Lohn eines Tageslöhners)⁸을 의미한다(비교. 신 15:18). 14-15절은 품삯이라는 개별 규정을 다루지만, 내용적으로 사회적 조치를 다루는 신명기 24장에 잘 부합하므로, 신명기 24:10-17 맥락에서 이해할 수 있다.⁹

앞서 5장에서 서술했듯이, 신명기 24:14은 '형제 윤리'를 상기시키며 시작한다. 하지만 고용주가 품꾼에게 삯을 지불하지 않는다면 품꾼은 야웨에게 호소할 것이고, 그로 인해 고용주는 야웨에게 범죄한 것으로 간주될 것이다(15b절). 따라서 14-15절은 '형제 윤리'라는 윤리적 과오를 야웨 앞에서의 '죄', 즉 종교-신학적 테두리에서 해석하고 있다. 이는 곧 품꾼에게 삯을 적절하게 그리고 적시에 지불해야 할 것에 대한 신학적 근거를 제시함으로써 품꾼의 인권을 보호하는 율법이며, 10-13절과 일맥상통한다. 10-13절이 사회적으로 의로운 행위를 야웨 앞에서 '의'(צְדָקָה, 쩨다카)로 서술한다면, 14-15절은 사회적 불의를 야웨에 대한 '범죄'(חֵטְא, 헤테)라고 묘사하는 것이다.

개인 책임(신 24:16)

이어지는 신명기 24:16은 갑작스럽게 '아버지는 그 자식으로 인해 죽임 당하지 않을 것이다'라고 선언한다. '개인 책임'을 서술하는 이러한 명령은 10-15절에서 전당물과 품삯이라는 주제가 서술되는 것과 전혀 상응하지 않기 때문에 전체 흐름을 대단히 난해하게 만든다. 성서에서 개인 책임에 관한 구절은 신명기를 제외한다면 극히 드물게 나타나며(왕하 14:6), 예레미야 31:29-30과 에스겔 18:20에서 중요하게 나타나는 개인 책임 사상은 포로기 혹은 포로기 이후에 더욱 부각되었다는 것이 신학자들의 일반적 이해다. 문맥과 전혀 무관해 보이는 신명기 24:16이 여기 배열된 이유는 무엇인가?

렘 31:29-30		그때에 그들이 말하기를 다시는 아버지가 신 포도를 먹었으므로 아들들의 이가 시다 하지 아니하겠고 신 포도를 먹는 자마다 그 이가 신 것같이 누구나 자기의 죄악으로 말미암아 죽으리라.
겔 18:20		범죄하는 그 영혼은 죽을지라. 아들은 아버지의 죄악을 담당하지 아니할 것이요 아버지는 아들의 죄악을 담당하지 아니하리니 의인의 공의도 자기에게로 돌아가고 악인의 악도 자기에게로 돌아가리라.

신명기 24:10은 이웃에게 무엇을 꾸어 주는 경우를 서술하는데, 여기에는 '빚'을 의미하는 '마샤아'(מַשָּׁאת)라는 용어가 사용되어 이것이 금전적 채무 관계임을 보여 준다. 그런데 우리는 여기에서 한 가지 질문을 할 수 있다. 모든 채무자가 채권자에게 빚을 갚지는 못했을 텐데, 만약 채무자가 빚을 갚지 못하고 생을 마감했다면, 채권자는 누구에게서 그 빚을 받으려 했을까? 성서의 다른 곳에서는 연대 책임이 강조되고 있다(신 3:26; 5:9; 수 7:24).[10]

신 3:26	여호와께서 **너희 때문에**(לְמַעַנְכֶם, 레마안켐) 내게 진노하사 내 말을 듣지 아니하시고 내게 이르시기를 그만해도 족하니 이 일로 다시 내게 말하지 말라.
신 5:9*	나 네 하나님 여호와는 질투하는 하나님인즉 나를 미워하는 자의 죄를 갚되 아버지로부터 아들에게로 **삼사 대까지** 이르게 하거니와.

만약 한 남자가 자신의 채무를 해결하지 못하고 생을 마감한다면, 연대 책임을 근거로 채무자의 자녀는 아버지의 채무를 대신 져야 했다.[11] 우리는 이러한 상황을 엘리사 이야기에서 어렵지 않게 볼 수 있는데, 이 이야기는 자녀가 채권자에게 종으로 팔려 갈 위기에 처했음을 서술한다(왕하 4:1-7).

연대 책임에 대한 이와 같은 배경과 함께 신명기 24:16을 관찰한다면, 이 본문은 우리에게 새로운 통찰을 제공한다. 신명기 24:16은 '아버지는 자식으로 말미암아, 자식은 그 아버지로 말미암아 죽임을 당하지 않을 것이다'라는 문구를 통하여 연대 책임을 거부하며, 이는 채무 관계에도 적용될 수 있다. 따라서 신명기 편집자는 아버지의 채무로 인해 아들의 삶이 종으로 전락하는 것을 방지한다. 다시 말해, 16절의 연대 책임 거부는 예레미야서와 에스겔서와 달리 가족을 보호하기 위한 사회 시스템으로 기능한다. 이는 '객, 고아의 권리를 굽게 해서는 안 되며 과부의 옷을 전당 잡지 말라'는 17절의 명령과 상응한다.

신명기 24장에는 다양한 법적 요소가 복합되어 있다. 이 장에서는 그중 10-17절에 기록된 규정들을 특히 채무 관계를 중심으로 살펴보았다. 이 본문은 전당물과 품삯에 대한 율법을 담고 있는데, 전당물은 특별히 금전적 채무 관계를 보여 준다. 전당물에 관한 규정은 채권자라 할지라도 채무자의 집안에 들어가서 함부로 전당물을 가지고 나올 수 없다고 규정한다. 즉, 집은 채무자에게 보호되어야 할 최소한의 공간이다. 우리는 이와 유사한 규정을 세계인권선언 제12조에서 찾을 수 있다.

세계인권선언 제12조	어느 누구도 그의 사생활, 가정, 주거 또는 통신에 대하여 자의적인 간섭을 받거나 또는 그의 명예와 명성에 대한 비난을 받지 아니한다. 모든 사람은 이러한 간섭이나 비난에 대하여 법의 보호를 받을 권리를 가진다.[12]

신명기 24:12-13은 '가난한 자'의 채무 관계를 보여 준다. 다른 맡길 것이 없는 가난한 자는 밤에 추위로부터 자신을 보호해 주는 겉옷까지 전당물로 맡겼다. 그런데 비록 채무자가 빌린 돈을 아직 갚지 못했더라도, 채권자는 해가 지기 전에 가난한 주인에게 그것을 돌려주어야 했다. 주목할 것은 이처럼 사회적 약자를 돌보는 행위를 성서가 '야웨 앞에서 의'라고 묘사하여, 사회적 의와 종교적 의를 연결한다는 점이다. 즉, 야웨 앞에서 의는 사회적 의와 밀접한 관계를 맺고 있다.

품삯에 대해 서술하는 신명기 24:14-15은 전당물에 대해 언급하는 12-13절과 유사하다. 품삯을 해 질 때까지 지불하지 않는 것은 마치 전당물을 해가 질 때까지 붙잡고 있는 것과 같다. 그것은 '그날에' 지불되어야 한다. 품꾼은 그날 받을 삯에 희망을 걸었기 때문이다. 15절은 품삯을 지불하지 않는 행위를 종교적 '죄'와 연결시키며, 12-13절과 동일하게 사회적 행위와 종교적 행위를 구분하지 않는다.

신명기 24:16은 문맥과 어울리지 않게 포로기 혹은 포로기 이후에 강조될 '개인 책임'을 서술한다. 그러나 이것은 앞뒤 문맥과 연결되어 해석되어야 한다. 당시 사회에서는 금전적 채무를 갚지 못한 채 채무자가 사망했을 경우, 채무자의 자녀가 그 채무를 보상하는 것이 당연하게 여겨졌을 것이다. 그러나 신명기 24:16은 이와 같은 연대 책임을 거부하며, 채무 관계를 채무자와 채권자, 즉 당사자에게만 국한시킨다. 이러한 목적은 채무의 연대 책임으로 인해 그 자손들에게 과도한 짐을 지우는 것을 방지하고, 채무자의 가정이 파괴되는 것을 막으려는 목적을 담고 있다.

우리는 지금까지 신명기 24:10-17에서 다양한 인권 보호 장치를 확인했다. 이 본문에서는 서로 조화를 이루기 어려운 율법이 모여, 야웨를 믿는 각 사람이 형제의 삶을 보호할 것을 강하게 요구한다. 신명기는 야웨 앞에서 의로움을 타인의 인권을 보호하는 것과 연결시킴으로써 삶과 종교를 일치시킨다.

토의를 위한 질문

1. 신명기 24:13은 채권자가 채무자에게 겉옷을 돌려주는 행위가 '네 하나님 야웨 앞에서 너에게 의가 될 것이다'라고 서술한다. 사회적 행위가 종교적 의로움이 되는 이유는 무엇인가?

2. 고용인이 피고용인을 직접 '억압하는' 행위와 품삯 지불을 '보류하여' 간접적으로 고통받게 하는 것에는 어떤 차이가 있는가? 성서의 정신은 무엇인가?

3. 신명기 24:15은 고용주가 피고용인에게 품삯 지불을 미루는 행위에 대해 '야웨에게 호소하지 않도록 하라. 그것이 너에게 죄가 될 것이다'라고 서술한다. 사회적 불의가 야웨 앞에 '죄'가 되는 이유는 무엇인가?

4. 신명기 24:10-15은 '전당물'에 대해 언급한다. 한 가장이 돈을 빌렸다가 갚지 못하고 사망했다면, 채권자는 자신이 빌려준 돈을 누구에게 청구하려 했을까? 그러면 채무자의 가족은 어떻게 될까?

5. 가족의 의무가 서로에게 전가되지 않는다는 것은 무엇을 보호하려는 의도인가?

6. 구약이 가리키는 '의로움'은 '행위'를 배제한다고 생각하는가?

2부　　　　　　　　　　인권과 인애

　　　　　　　　　　　　　　　　　　　　　　율법의 근본 원리

　　　　　　　　　　　　　　　　　　　거주권 보장

　　　　　　　　　　　　　　사회적 약자의 권리

　　　　　　　　　　이방인의 권리

　　　　　　도망한 종의 원리

　　인권 보호 기금

성서에서 '은혜' 또는 '은총'으로 번역되는 '헤세드'(חֶסֶד)는 인간관계에서 지녀야 할 태도, 즉 '인애'를 표현한다. 호세아서는 반복적으로 '헤세드'에 대해 선포하는 본문이다. 예언자는 야웨에게 '헤세드'(은혜)를 구하는 자들을 향해, 우선적으로 사람 사이에 '헤세드'(인애)가 있어야 함을 피력한다. 예언자는 '인애가 부재한 곳은 어디인가?' 질문한다. '하나님께 회개한다'는 것은 사람 사이의 '인애'를 회복하는 것이다. 인애는 지도층뿐만 아니라, 사회적으로 소외된 자들에게 있어야 한다(호 10:12).

7. 헤세드를 받은 자로서 행하라

율법의 근본 원리
호세아서

'헤세드'(חֶסֶד). '은혜' 또는 '은총'으로 번역되는 이 용어만큼이나 중요한 또 다른 개념을 성서에서 찾기란 쉽지 않을 것이다. 조직신학은 '은혜와 구원'이라는 도식을 통해 '은혜/은총'의 중요성을 더욱 강조한다. 이 장에서는 일반적으로 '은혜'로 해석되는 성서의 '헤세드'에 대해 호세아서를 중심으로 관찰하고자 한다.

호세아서에서 '헤세드'는 6회 나온다.[1] 첫 용례는 2:21[19]로, 그 주어는 하나님이다. 호세아와 그의 아내를 비유로 하여 이스라엘과 하나님의 관계를 묘사한다. 우리가 주목할 것은 그 외의 다섯 가지 용례인데, 이 용례들에서 '헤세드'는 '은혜'가 아니라 모두 '인애'(仁愛)로 번역되었다. 또한 이때 '헤세드'의 주어는 하나님이 아니라 인간이다. 이 같은 주어의 변화는 '헤세드'가 '은혜'로만 해석될 수 없음을 보여 준다. 다시 말해, 성서의 '헤세드'는 인간이 인간에게 취해야 할 태도에 관한 용어이며, 신적 '은혜'만이 아니라 인간의 '인애'로도 이해할 수 있다.

앞에서도 살펴본 바와 같이, 성서의 율법은 특히 자신의 인권을 스스로 보호할 수 없는 사회적 약자를 보호할 것을 명령한다. 따라서 성서의 율법과 인권을 한데 묶어 살펴보는 이 책의 주제와 연결한다면, 인간이 인간에게 가져야 할 이 '인애'란 과연 무엇인가에 대해 주목해 보는 편이 합당할 것이다.

호세아 4:1

"이스라엘 자손들아, 여호와의 말씀을 들으라"(שִׁמְעוּ דְבַר־יְהוָה בְּנֵי יִשְׂרָאֵל, 쉬므우 데바르-야웨 베네 이스라엘)는 문구로 시작하는 호세아 4:1은 심판의 말을 담고 있다. 이것은 신명기 6:4 그리고 열왕기하 18:28(שִׁמְעוּ דְבַר־הַמֶּלֶךְ, 쉬므우 데바르-하멜렉)과 유사하다. '들으라'는 명령 이후에 법정 논쟁을 암시하는 용어(רִיב, 리브)가 서술되어, 야웨와 이스라엘이 논쟁을 벌이는 두 주체로 등장한다. 즉, 야웨와 이스라엘은 법정에서 마주 서 있다. 야웨가 이스라엘을 고발하시는 이유는 그들 안에 '진실, 인애, 지식'이 없고, 오히려 '저주, 속임, 살인, 도둑질, 간음, 포악'이 가득하기 때문이다.

> 호 4:1-2*   여호와께서 이 땅 주민과 논쟁하시나니 이 땅에는 **진실**(אֱמֶת, 에메트)**도 없고 인애**(חֶסֶד, 헤세드)**도 없고 하나님을 아는 지식**(דַּעַת, 다아트)**도 없고** 오직 저주와 속임과 살인과 도둑질과 간음뿐이요 포악하여 피가 피를 뒤이음이라.

이스라엘 백성은 그 땅의 '거주민'일 뿐이며, 결코 주인이 아니다. 이스라엘은 '야웨의 땅'(בְּאֶרֶץ יְהוָה, 베에레쯔 야웨)이기 때문에, '진실, 인애, 지식'

이라는 야웨의 기준에 부합하지 않는 자는 결코 거주할 수 없다(호 9:3). 이 기준과 관련된 용어는 모두 호세아 2:19-20[21-22]에서 나온다.[2] 호세아 2장이 깨어진 언약 관계를 야웨가 회복하시는 것에 대해 서술하고 '은총과 진실함'으로 야웨의 속성을 묘사한다면, 호세아 4장은 그 용어를 다르게 사용한다.

호세아 4:1은 '이스라엘 땅의 거주민'(יֹשְׁבֵי הָאָרֶץ, 요쉐베 하아레쯔)에게 가장 먼저 '에메트'(אֱמֶת)가 없음을 서술한다. 이것은 말(왕상 10:6)과 행위(삼상 12:24)에서 '성실, 신뢰'[3]를 보여 주는 것을 의미하는데(출 18:21), 김필회는 '기분이나 상황이나 이해관계에 영향을 받지 않고 공동체의 각 구성원을 단단히 묶어 주는 보이지 않는 끈'[4]으로 구체화한다. 호세아는 이스라엘의 인간관계에서 그러한 진실이 없음을 외친다.

다음으로 이스라엘에 '헤세드'(חֶסֶד) 곧 인애가 없음이 고발된다. 본문은 땅의 거주자와 쟁변하는 야웨를 보여 주므로, '헤세드'의 주어는 야웨가 아니라 이스라엘 백성이다. 따라서 여기에서 사용된 '헤세드'는 하나님과 인간의 관계에서 사용되던 신의 '은혜/은총'과는 거리가 있다. 게다가 제사 문서에서 이 용어가 희박하게 나온다는 점은 이것이 본래 인간관계에서 사용되던 표현임을 고려하게 한다.[5]

'헤세드'는 성서에서 세속적 개념으로 다양하게 사용된다. 초벨(H.-J. Zobel)은 구약신학사전에서 '헤세드'가 세속적으로 사용된 용례를 다음과 같이 정리했다.[6] 첫째, 친족 관계(창 20:13). 둘째, 집주인과 손님의 관계(수 2:12, 14). 셋째, 친구 사이(삼상 20:8, 14). 넷째, 강자와 약자의 관계(삼하 2:5). 더 나아가 그는 '헤세드'가 죽임당하지 않는 것(왕상 20:31), 이스라엘 조상이 이방 땅에서 거주하도록 허락받는 것(창 21:23), 고인(故人)을 매장하여 주는 것(삼하 2:5), 재산을 본래 주인에게 돌려주는 것(삼하 9:7)에 사용되고 있음을 환기시킨다.⁷ 다시 말해, '헤세드'는 약자를 보호하고 그의 소유권을 찾아 주는 행위를 포함하며, 그것은 인간관계를 규정하는 것으로서 공동체 유지를 위한 사회적 관계성에 가까울 것이다. 바이저(A. Weiser)는 이것을 '형제 사랑'으로 표현한다.⁸ '에메트'가 공동체 관계 유지를 위한 불변성을 의미한다면, '헤세드'는 관계 유지를 위한 정도(程度)를 가리키는 것으로 보인다.⁹

불변의 '에메트'와 정도의 '헤세드'를 알기 위해서는 '하나님을 아는 지식'(דַּעַת אֱלֹהִים, 다아트 엘로힘)¹⁰이 필요하다. 이 '지식'(דַּעַת, 다아트)은 '에메트'와 '헤세드'의 근간이 된다. 이를 기반으로 하지 않는 '에메트'와 '헤세드'는 자의적일 뿐이며, 호세아는 그것을 '아침 안개' 그리고 '덧없이 사라지는 이슬'에 비유한다.¹¹ 이 지식은 호세아 4:6에서 수사적으로 다시 언급되었고, 특히 '토라'(תּוֹרָה)와 평행하게 사용되었으므로¹² 보편적 인식으로서의 지식을 의미하지는 않는다. 6절을 세부적으로 나누어 살펴보면 다음과 같다.

a 내 백성이 지식이 없으므로 망하는도다.

bα 네가 **지식을 버렸으니**
　　나도 너를 버려 내 제사장이 되지 못하게 할 것이요

bβ 네가 네 하나님의 **율법을 잊었으니**
　　나도 네 자녀들을 **잊어버리리라**.

환언하면, 호세아 4:6은 '하나님을 아는 지식'을 '토라에 대한 지식'으로 구체화시켰다.¹³ 우리는 '에메트'와 '헤세드'를 사회적 범주로 그리고 '하나님을 아는 지식'(다아트)을 신학적 범주로 이해할 수 있는데,¹⁴ 호세아는 인간에 대한 범죄를 하나님에 대한 죄와 동일시함으로써[15] 사회법을 신적 율법에 포함시키고 있다.

이스라엘에서 '진실, 인애, 지식'을 찾아볼 수 없고, 오히려 '저주, 속임, 살인, 도둑질, 간음, 포악'만이 가득하다. 이 가운데 '살인, 도둑질, 간음'은 십계명에서 금지하는 것과 일치한다.[16] 이를 통해 예언자는 이스라엘이 금지 명령을 어기고 있음을 고발한다. 이것은 하나님을 아는 지식을 근간으로 하는 '진실과 인애'가 없다면, '저주, 속임, 살인'이 이스라엘에 가득할 것을 보여 준다. 호세아가 활동했던 시대는 여로보암 2세가 통치하는 풍요의 시대였는데(호 1:1; 주전 787-747년), 이와 동시대에 활동했던 예언자 아모스는 북이스라엘에서 자행되던 속임, 도둑질, 간음, 포악을 다음과 같이 고발한다.

> 암 2:6-7* 이스라엘의 서너 가지 죄로 말미암아 내가 그 벌을 돌이키지 아니하리니 이는 그들이 은을 받고 의인을 팔며 신 한 켤레를 받고 가난한 자를 팔며 힘없는 자의 머리를 티끌 먼지 속에 발로 밟고 연약한 자의 길을 굽게 하며 아버지와 아들이 한 젊은 여인에게 다녀서 내 거룩한 이름을 더럽히며.

'도둑질'은 인권 유린을 표현하는 데도 사용되며(출 21:16; 신 24:7),[17] '포악'은 소유주의 권리를 헐고 짓밟는 것을 가리키기도 한다(사 5:5). 호세아는 '진실과 인애'가 없음으로 인해 인권이 유린되는 상황을 묘사한다. 즉 '헤세드'(חֶסֶד)는 인간의 '권리'에 대한 개념을 포함한다.[18]

호세아 6:1-6

호세아 6:1-6에는 '헤세드'(חֶסֶד)가 2회 나온다(호 6:4, 6). 4절에서 이 용어는 2인칭 남성 복수 접미어 '너희'와 연결되었고, 6절에서 야웨는 이스라엘 백성에게 '헤세드'를 요구하신다. 즉, '헤세드'의 행위자는 모두 '이스라엘 백성'이다. 호세아 4장과 비교하면 '진실'(אֱמֶת, 에메트)이라는 단어가 나오지 않지만, 이것은 '인애' 그리고 '하나님을 아는 지식'과 의미를 공유하기도 한다.[19]

호세아 6:1-3에는 '우리'라는 복수 주어가 나오는데, 이는 전후 본문에 나오는 '나'라는 단수와 구별된다.[20] 1절의 '우리'는 호세아 5:15의 '그들이 나를 간절히 구했다'(יְשַׁחֲרֻנְנִי, 예샤하룬니)는 서술과 연결되어 5장 마지막의 3인칭 남성 복수를 가리킨다. "오라, 우리가…돌아가자"(וְנָשׁוּבָה, 베나슈바)는 표현이 청유형(ה-cohortativ)으로 나와서 회개를 결심하는 것처럼 보인다. 3절 역시 1절과 유사한 형태를 사용하여 "우리가 여호와를 알자"(וְנֵדְעָה, 베네드아)고 강조한다. 게다가 1절의 용어들은 ['돌아가다'(שׁוּב, 슈브), '찢다'(טרף, 타라프), '낫게 하다'(רפא, 라파)] 이스라엘이 어려움에 처했음을 보여 주는 호세아 5:13-15의 용어를 차용한 것이다.[21] 이스라엘 백성은 난관에 봉착한 상황을 전환하기 위해 '야웨에게 돌아가자'고 제안한다. 그들의 제안은 대단히 긍정적으로 비치지만, 본문의 흐름은 이러한 이해에 의문을 제기한다. 오히려 호세아 6장의 저자는 5장에 사용된 핵심 용어를 차용하여 이스라엘을 비판한다.

> 호 5:13-15 에브라임이 자기의 병을 깨달으며 유다가 자기의 상처를 깨달았고 에브라임은 앗수르로 가서 야렙 왕에게 사람을

보내었으나 그가 능히 너희를 고치지 못하겠고 너희 상처를 **낫게 하지**(לִרְפֹּא, 리르포) 못하리라.

　내가 에브라임에게는 사자 같고 유다 족속에게는 젊은 사자 같으니 바로 내가 **움켜 갈지라**(אֶטְרֹף, 엣로프). 내가 탈취하여 갈지라도 건져 낼 자가 없으리라.

　그들이 그 죄를 뉘우치고 내 얼굴을 구하기까지 내가 내 곳으로 **돌아가리라**(אָשׁוּבָה, 아슈바). 그들이 고난받을 때에 나를 간절히 구하리라.

호 6:1　오라, 우리가 여호와께로 **돌아가자**(וְנָשׁוּבָה, 베나슈바). 여호와께서 우리를 **찢으셨으나**(טָרָף, 타라프) 도로 **낫게 하실**(וְיִרְפָּאֵנוּ, 베이르파에누) 것이요 우리를 치셨으나 싸매어 주실 것임이라.

　4절은 다시 야웨를 주어로 하여 '내가 네게 어떻게 할까?'(מָה אֶעֱשֶׂה־לְּךָ, 마 에에세-레카)라는 수사적 의문문을 2회 서술한다. 더 나아가 4절은 이스라엘을 두 가지, 즉 '아침 안개'(עֲנַן־בֹּקֶר, 아난-보케르) 그리고 '덧없이 사라지는 이슬'(טַל מַשְׁכִּים הֹלֵךְ, 탈 마쉬킴 홀렉)에 비유하여 이스라엘 백성의 회개를 비판적으로 묘사한다. 동일한 비유가 호세아 13:3에도 관찰되는데, 여기에는 덧붙여서 '쭉정이, 연기'가 나와서 '안개, 이슬'이 결코 긍정적인 의미가 아님을 보여 준다. 백성의 회개에 대한 비판적인 인식은 이미 호세아 5:6에서도 나온다. 제사를 드리기 위해 양과 소를 끌고 야웨를 찾으러 갔지만, 야웨는 이미 이스라엘을 떠나셨다. 따라서 호세아 6:1-3에 나타난 이스라엘의 회개는 긍정적으로 해석되기 어렵다.[22]

호 13:3　이러므로 그들은 아침 구름 같으며 쉬 사라지는 이슬 같으며 타작마당에서 광풍에 날리는 쭉정이 같으며 굴뚝에서 나가

호 5:6	는 연기 같으리라. 그들이 양 떼와 소 떼를 끌고 여호와를 찾으러 갈지라도 만나지 못할 것은 이미 그들에게서 떠나셨음이라.

수사적 질문에 뒤이어 4절은 '인애'(חֶסֶד, 헤세드)가 '안개, 이슬'과 같다고 서술한다. 여기에서 '헤세드'는 2인칭 남성 복수 접미어와 함께 사용되어 '너희의' 헤세드가 되며, '너희'는 여기에서 의심할 여지 없이 이스라엘을 가리킨다. 그렇다면 본문은 이스라엘 백성이 야웨와의 관계에서, 즉 이스라엘이 야웨를 향하여 '헤세드'가 없는 것을 비판하고 있는가?[23] 이 헤세드는 종종 'Love'로 번역되었고(ESV, NRSV, LUT, EIN), 야웨에 대한 인간의 변덕스러운 태도를 비판적으로 서술하는 것으로 간주된다.[24] 이와 달리 루드니히-첼트(S. Rudnig-Zelt)는 호세아 6:4과 5:1이 평행함을 지적하고, 두 본문이 사회 비판을 서술하고 있으므로 6:4의 '헤세드'를 '형제 윤리'를 기반으로 하는 형제간의 '연대 의식'(Solidarität)으로 해석한다.[25]

호세아 6:6에는 '헤세드'가 다시 한번 나온다. 야웨가 백성에게 '헤세드'를 기대하며 '헤세드'는 제사를 대치하므로 여기서 '헤세드'의 주체는 이스라엘이다. 호세아 6:6의 '헤세드'는 '야웨를 향한 이스라엘의 헤세드'를 의미하는가?[26] 여기에서 '헤세드'는 '하나님을 아는 것'과 평행하다(호 4:1). 이것은 야웨가 구하는 것으로 나오는데, 유사한 맥락에서 사용된 '헤세드'가 미가 6장에서 다시 관찰된다.

호 6:6	**나는 인애**(חֶסֶד, 헤세드)**를 원하고** 제사를 원하지 아니하며 번제보다 하나님을 아는 것을 원하노라.

미 6:8	사람아, 주께서 선한 것이 무엇임을 네게 보이셨나니 **여호와께서 네게 구하시는 것은** 오직 정의를 행하며 **인자**(חֶסֶד, 헤세드)**를 사랑하며** 겸손하게 네 하나님과 함께 행하는 것이 아니냐?

미가 6:6이하는 제사에 대한 비판을 담고 있다. 미가는 최상의 제물을 야웨에게 바치는 것뿐만 아니라, 셀 수 없을 정도로 많은 제물을 바치는 것도 비판한다. 그리고 뒤이어 8절에서 하나님이 기뻐하시며 원하시는 것이 바로 '헤세드'임을 서술한다. 이것은 호세아 6:6의 '헤세드를 원하고 제사를 원하지 아니하며'에 상응한다. 따라서 호세아 6:6이 제시하는 '헤세드'는 윤리적 실천을 강조한다.[27] 이 실천이란 야웨에게 제물을 가져오는 행위를 말하는 것이 아니라, 오히려 '인간 윤리'[28]를 가리킨다. 여기에는 의심할 여지 없이 공동체 관계에서 이웃을 향한 실천, '이웃의 기본권 존중'이 포함되어 있다.

호세아 10:12

호세아 10:9이하는 '기브아 시대'부터 시작된 이스라엘의 범죄를 언급하며, 그 결과로 이스라엘에 임할 징계를 기술한다(10-11절). 기브아는 베냐민 지파가 이스라엘에서 사라질 뻔한 끔찍한 사건이 발생한 곳이며(삿 19-20장), 베냐민 지파인 '사울의 집'(삼상 10:26)이 여기에 있었다(호 5:8). 본문은 이스라엘이 '여전히 그곳에 서 있다'(שָׁם עָמְדוּ, 샴 아마두)고 비판함으로써 이스라엘의 죄를 사울 혹은 사사 시대와 연결시키고, 기브아 사건으로 베냐민이 파멸했던 것처럼 이스라엘도 파멸할 것을 암시한다.[29]

동시에 이러한 서술은 본문의 저자가 역사를 통찰할 수 있는 위치에 있었음을 암시한다.

호세아 10:12에서 보이는 '심다, 거두다, 경작하다'라는 단어는 모두 농경 문화를 배경으로 한다. 이는 '곡식, 멍에, 밭'을 언급하며 북이스라엘을 비판하는 11절과도 잘 연결된다. 하지만 12절은 9-11절과는 다른 분위기를 보인다. 각 단어가 '심으라'(זִרְעוּ, 지르우), '거두라'(קִצְרוּ, 키쯔루), '경작하라'(נִירוּ, 니루)와 같이 명령형으로 기록되었기 때문이다.[30] 북이스라엘에는 '이스르엘'(יִזְרְעֶאל, '신이 씨 뿌리다')과 같은 비옥한 지대가 속해 있었는데, 이 지명은 '심다'(זרע, 자라)와 어근을 공유한다. 북이스라엘 청중은 이러한 농경 문화의 어휘를 누구보다 잘 이해했을 것이다. 북이스라엘이 심어야 할 것은 '공의'(公義, צְדָקָה, 쩨다카)이며, 그것의 소산은 '인애'(חֶסֶד, 헤세드)다.[31] '공의'는 재판과 같은 실질적인 삶의 영역을 반영한다는 점에서 종교적 개념에 국한되지 않는다(신 25:1; 창 38:26).[32] 그리고 '인애'는 그것의 열매로 서술되었다. 본문은 '파종과 추수'라는 일련의 과정에서 관찰되는 자연의 순환 주기, 다시 말해 하나의 질서 또는 순리를 보여 준다. 그것은 삶의 질서, 인간 상호 간에 있어야 할 사회적·윤리적 행동을 가리킨다.[33]

12절은 이어서 "묵은 땅을 기경하라"고 명령한다. 묵은 땅은 오랫동안 손길이 닿지 않은 땅을 가리키므로, 이러한 땅을 개간하는 일은 적지 않은 수고를 요구한다. 이스라엘은 더 많은 씨를 '뿌리고' 열매를 '거두기' 위해 버려지고 소외된 땅을 농경지로 개간해야 한다. 12절은 이와 함께 '공의와 인애'를 언급하고 있으므로, 묵은 땅을 기경하라는 명령은 곧 '공의와 인애'로부터 소외되는 이스라엘 지역이 없어야 함을 보여 준다. 고대 사회는 신분 사회였으므로 '묵은 땅'은 지리적 의미를 넘어 계층적 의미를 내포한다. 북이스라엘에 '공의'가 미치지 않는 지역이 있는가? 윤리가 소외된 공동체가 있는가? 고대 사회에서 이런 일은 빈번히 일어났다. 호세아와 동시대에 활동했던 이사야가 언어유희를 사용하여 남유다에 '공의'가 없음을 고발했던 것처럼 말이다(사 5:7b).

> 사 5:7b 그들에게 정의(מִשְׁפָּט, 미쉬파트)를 바라셨더니 도리어 포학(מִשְׂפָּח, 미쉬파흐)이요 그들에게 공의(צְדָקָה, 쩨다카)를 바라셨더니 도리어 부르짖음(צְעָקָה, 쩨아카)이었도다.

사회적 계층에 대한 고려를 넘어서, 우리는 또한 '공의와 인애'가 민족적 한계까지 초월한다는 점도 고려해야 한다. 이방인은 '공의와 인애'에서 배제되어야 할 대상이 아니다. 우리는 자국민과 마찬가지로 이방인에게도 동등하게 '공의와 인애'로 대우해야 한다(신 1:16).

> 신 1:16 내가 그때에 너희의 재판장들에게 명하여 이르기를 너희가 너희의 형제 중에서 송사를 들을 때에 쌍방 간에 **공정히**(צֶדֶק, 쩨덱) 판결할 것이며 그들 중에 있는 **타국인에게도 그리할 것이라.**

호세아 12:6[7]

호세아 12장은 에브라임에 대한 심판을 보도한다. 호세아 12:1에는 '목자'를 가리키는 '라아'(רעה)의 분사 형태가 나온다. 한국어 성서는 이것을 '바람을 먹는다'라고 번역하지만, 본래 의미는 '바람을 먹이며' 또는 '바람을 기쁘게 하며'로 이해된다.[34] 1절은 '바람'(רוח, 루아흐)에 대한 언급과 함께 '동쪽'(קָדִים, 카딤)이라는 지리적 위치를 가리킨다. 동풍은 광야에서 불어오는 것으로 생명을 앗아 가는 건조한 바람이다(창 41:6, 23; 출 14:21; 호 13:15). 에브라임은 아무도 따라가지 않는 동풍을 따라가는데, 이것은 지리적으로 앗시리아와 연관될 수도 있다. 예언자는 국가 위기를 정치적 동맹으로 해결하려는 행태를 비판한다.[35] 에브라임이 의지하려는 것은 바람과 같으며, 건조한 동풍처럼 오히려 생명을 앗아 갈 것이다. 2[3]절은 에브라임이 '그 행실대로' 징계받을 것이라 서술한다. 뒤이어 3-5[4-6]절에 기록된 이야기는 창세기에 나오는 야곱과 그의 전승을 수용한 것이다.

> 호 12:6[7]   그런즉 너의 하나님께로 돌아와서 인애와 정의를 지키며 항상 너의 하나님을 바랄지니라.

6[7]절에 에브라임에게 '인애와 정의'(חֶסֶד וּמִשְׁפָּט, 헤세드 우미쉬파트)를 준수하라(שְׁמֹר, 쉐모르)는 명령이 나온다(참조. 호 2:19[21]; 6:4-5). 그보다 앞서서는 '돌아오라'(תָּשׁוּב, 타슈브)는 지시형이 나오며, 뒤이어 '하나님을 고대하는'(קַוֵּה, 쾌카베)이라는 표현이 서술되었다. '돌아오라'는 명령 이후에 나오는 '인애와 정의를 지키는 것'과 '하나님을 고대하는 것'은 대등한 관계로 보인다.[36] 환언하면, 인애와 정의를 실천한다는 구체적 개념은 하나님을 바란다는 추상적 개념과 상응한다. 호세아는 그것이 '항상'(תָּמִיד, 타미드) 있어야 함을 요구한다. 김필회는 이 단어에 '흔들림 없이 언제나 변함없는 마음'과 '모든 일에서' 하나님을 바라보는 행동을 가리키는 이중적 의미가 있다고 해석한다.[37]

6[7]절이 서술하는 '정의'(מִשְׁפָּט, 미쉬파트)는 본문 맥락에서 나오는 '거짓과 포학'(호 12:1[2]) 그리고 '거짓 저울'(호 12:7[8])과는 상반된 개념이다.[38] 이러한 거짓과 포학은 대인관계에서 나타나는 것으로, 타인의 권

리를 속이거나 강압적으로 빼앗는 행위다. 다시 말해, 6[7]절은 이웃의 권리를 침해하는 행동을 고발하며, 인간을 향한 윤리적 행동을 요구한다. 정의를 실천해야 하는 자는 때로 '헤세드'를 기반으로 해야 한다(슥 7:9-12).[39]

> 슥 7:9-12 만군의 여호와가 이같이 말하여 이르시기를 **너희는 진실한 재판을 행하며 서로 인애와 긍휼을 베풀며 과부와 고아와 나그네와 궁핍한 자를 압제하지 말며 서로 해하려고 마음에 도모하지 말라** 하였으나 그들이 듣기를 싫어하여 등을 돌리며 듣지 아니하려고 귀를 막으며 그 마음을 금강석 같게 하여 율법과 만군의 여호와가 그의 영으로 옛 선지자들을 통하여 전한 말을 듣지 아니하므로 큰 진노가 만군의 여호와께로부터 나왔도다.

성서, 특히 성서의 율법은 오랫동안 인간보다는 신권(神權)을 중심으로 서술한다고 이해되어 왔다. 하지만 우리는 호세아서에서 '인애'와 '정의'라는 사회 윤리적 개념이 '하나님에 대한 소망'이라는 신학적 개념과 연결되는 것을 관찰할 수 있다. 알베르츠(R. Albertz)는 윤리적 세속법이 신학적 개념으로 발전한 시기를 이스라엘이 사회-정치적으로 위기에 처했던 주전 8세기 상황과 연결시켰는데,[40] 이 시기는 호세아가 북이스라엘에서 예언자로 활동했던 시기와 맞물려 있다. 이는 '헤세드'라는 용어가 본래 인간관계에서 적용되던 것임을 보여 주며, 그것이 점차 신학적 개념으로 발전해 갔음을 추정하게 한다.

'헤세드'는 우리에게 무척 친숙하며 신학적으로도 중요한 용어다. 이는 하나님을 주어로 하는 '은혜'로 번역되기도 하지만, 지금까지 우리는 이 용어가 인간을 주어로 하는 '인애'로 번역될 수 있음을 살펴보았다.

'인애'는 사람들 사이의 다양한 관계에 적용될 수 있는 태도로, 약자를 보호하고 그의 권리를 지켜 준다는 의미를 내포한다(삼하 9:7). 호세아서에서 이것은 사회적 불의를 가리키는 '거짓, 속임, 살인, 도둑질'과 반대되는 개념으로 나온다(호 4:1-2). '도둑질'은 인권 유린을(출 21:16; 신 24:7), '포악'은 소유주의 권리를 헐고 약자의 권리를 박탈한다는 뜻을 내포하므로(사 5:5), 그와 상반되는 '인애'는 인간의 권리를 보호한다는 의미를 함유한다. 더 나아가 호세아 6장에서 '헤세드'는 제사를 대체하는 것으로 사용되어, 윤리적 실천을 가리키기도 한다. 이를 근거로 우리는 헤세드가 공동체 안에서 이웃을 향한 사랑의 실천으로서 '이웃의 기본권 존중'을 의미함을 알 수 있었다.

호세아 10장은 '심고 거두는' 농경 이미지에서 인애를 활용한다. 종교적 영역이 아니라, 실질적인 삶의 영역을 반영하는 '공의'(צְדָקָה, 쩨다카)는 '인애'(חֶסֶד, 헤세드)를 가져오는 씨앗과 같다. '파종과 추수'라는 자연 질서는 인간 상호 간에 요구되는 사회 윤리적 질서를 가리킨다. 더 나아가 본문은 사람의 손길이 닿지 않은 '묵은 땅'을 기경하라고 요구하며, '공의와 인애'가 소외되는 곳이 없어야 함을 요구한다. 따라서 '인애'의 실천은 사회적 계층과 민족적 개념마저 초월하여 적용되어야 한다.

마지막으로 호세아 12장에서 '인애'는 '정의'와 평행하게 사용되었다. 본문의 맥락에서 이 단어는 이웃의 권리를 침해하는 행위에 대해 경고하며 인간의 윤리적 행동을 요구한다. 헤세드는 '정의'를 근간으로 한 이웃과의 관계를 규정하며, 인간의 권리 보호를 요구한다.

호세아서에 나타난 '헤세드'(חֶסֶד)는 '공의와 정의'를 기반으로 이해되며, 우리는 헤세드가 대인관계를 중심으로 하는 '인간 윤리'를 가리키고 있음을 확인할 수 있었다. 더 나아가 인간관계에 적용되는 '헤세드'가 '하나님을 바라는 것'과 평행하여 사용된다는 점은 세속법이 신적 율법으로 발전하는 모습을 보여 준다. 야웨는 이스라엘 백성에게 '헤세드'를 요구하신다. 인간은 하나님으로부터 '헤세드'를 받은 자로서, 다른 사람과의 관계에서 '헤세드'를 실천해야 한다. 인간관계에서 '헤세드'(인애)를 행하지 않는 자는 하나님의 '헤세드'(은혜)를 구할 수 없다.

토의를 위한 질문

1. '헤세드'의 주어가 하나님일 때와 사람일 때, 그 의미는 각각 어떻게 달라지는가?

2. 구약신학사전에 따르면, '헤세드'가 세속적으로 사용된 용례에는 어떤 것들이 있는가?

3. 호세아 6:1-6에서 '헤세드'는 이스라엘의 어떠한 점을 비판하는 데 사용되었는가?

4. 호세아 10:12은 '묵은 땅'을 기경하라고 명령하는데, 이는 지리적, 계층적, 민족적으로 각각 어떻게 확장하여 적용될 수 있는가?

5. 호세아 12:6에서 지키라고 명령하는 '인애와 정의'는 대인관계에서 어떻게 나타나야 하는가?

6. 호세아서는 우리가 하나님으로부터 '헤세드'를 받은 자로서, 다른 사람과의 관계에서 '헤세드'를 행해야 한다고 명령한다. 우리의 삶에서 이를 어떻게 구체적으로 실천할 수 있을까?

'고아, 과부 그리고 소작농'은 한때 '땅/집'의 주인이었다. 하지만 경제 활동을 하기 어려웠던 그들은 자신의 것을 지키기 어려웠고, 결국 생존을 위해 조상으로부터 받은 '땅/집'을 지도층에게 넘길 수밖에 없었다. 율법을 공정하게 심판해야 하는 자들도 약자의 것을 빼앗는 데 가세하여 왜곡된 사회상을 보여 준다. 유대 지도층은 자신들의 행위가 '공정하다는 착각'에 빠져 있는 자들이다! 예언자는 '고아, 과부, 소작농'의 경계표가 옮겨지는 불의한 현상을 좌시하지 않는다. 더 나아가 신명기는 '경계표를 옮기지 말라'는 명령을 통해 사회적 약자의 생존권이 보장되어야 함을 명시하며, 사회적 약자와의 '공존'을 요구한다.

8. 경계표를 옮기지 말라

거주권 보장
신 27:17

'경계표를 옮기지 말라.' 이 명령은 성서의 다양한 곳에 나오지만, 자주 관찰되지는 않는다. 경계표에 대한 언급은 지혜문학(예. 잠 22:28)이나 주전 8세기 예언자의 선포(예. 호 5:10) 등에서 관찰되므로, 우리는 지혜문학, 예언서, 율법서에 기록된 것을 모두 살펴야 한다.

지혜문학과 신명기 율법에는 중요한 어감의 차이가 관찰된다. 지혜문학과 달리 신명기의 히브리어 표현은 '경계표를 옮기지 말라'는 명령이 엄중히 준수되어야 함을 말한다. 특히 신명기 27장에서는 십계명의 틀에서 '경계표'에 대한 서술을 풀어 간다는 점이 눈에 띈다. 십계명은 교리문답에서도 거의 빠지지 않고 등장하며, 특히 웨스트민스터 요리문답(39-84번)에서 적지 않은 비중을 차지할 정도로 중요하다. 그런데 우리가 알고 있는 십계명은 대체로 출애굽기 본문만을 근거로 한다.[1]

예언자는 유대 지도자를 가리켜 "경계표를 옮기는 자"로 비유하며(호 5:10), 경계표를 옮기는 것에 대한 당시 인식을 보여 준다. 본문을 하나하나 살피는 것도 중요하지만, 그보다는 '경계표를 옮기지 말라'는 명령이 무엇을 추구하는지 그리고 그것은 오늘날 어떠한 가치와 연결될 수 있는지 질문해야 한다. 경계표라는 것이 존재하지 않는 오늘날, 그것은 무엇을 가리키며, 우리는 무엇을 고민해야 하는가?

경계표란 무엇인가

신명기 27:17은 이웃의 '경계표'에 대해 언급한다.

> 신 27:17   그의 이웃의 경계표를 옮기는 자는 저주를 받을 것이라 할 것이요 모든 백성은 아멘 할지니라.

'경계표'(גְּבוּל, 게불)는 개인에 대해 언급되기보다는 국가의 영토를 가리키거나(출 10:14; 민 20:23; 21:15), 지파의 경계를 가리키는 용어(수 16:5; 삼상 10:2; 겔 48:2), 또는 도시의 경계를 가리키는 협소한 의미로 관찰되기도 한다(민 35:26이하).[2] 이와 달리 신명기 27장에서 이 용어는 개인의 사유지를 가리킨다는 점에서 차이를 보인다. 신명기 27:17은 이 사유지가 '고대로부터' 규정되었다는 것을 배경으로 하며(잠 22:28), 동시에 땅을 하나님의 선물로 이해하는 사상을 담고 있다.[3] 이스라엘은 땅을 선물로 받았으므로 그것을 임의로 처리할 수 없다.

경계표는 이스라엘뿐만 아니라 고대 근동 지역에서 종종 관찰되는 것으로, 아마도 쿠두루(Kudurru)와 유사할 것으로 추측된다.[4] 이것은 고대 바빌론에서 주전 20세기 중반부터 주전 10세기까지 신전에 보관되거나

쿠두루(주전 약 1099-1082)

들판에 세워져 있던 돌이다.[5] 여기에는 재산권 협정을 포함하여 땅의 소유권자가 소지한 문서의 법적 효력에 대한 내용 등이 기록되었다.[6] 그런 점에서 고대 근동의 경계표는 재산권 보호를 목적으로 하며, 그것을 옮기는 행위는 상대의 재산권을 침탈하는 행위로 여겨졌다.[7]

경계표에 대한 지혜문학의 언급

경계표는 일반적으로 국가 혹은 지역 간의 영토를 나누는 표식이지만, 신명기 본문에서는 그렇지 않다. 공적인 개념에서 사용된 것이 아니라 사적인 경계표를 가리키기 때문이다. 우리는 이와 같은 표식을 지혜문학에서 찾을 수 있다. 잠언은 경계표에 대해 다음과 같이 말한다.

잠 15:25   여호와는 교만한 자의 집을 허시며 과부의 지계를 정하시느니라.

잠 22:28   네 선조가 세운 옛 지계석을 옮기지 말지니라.

잠 23:10   옛 지계석을 옮기지 말며 고아들의 밭을 침범하지 말지어다.

잠언은 '경계표'와 관련하여 적지 않게 언급한다. 그중에서 잠언 22:28 그리고 23:10은 '옛 지계석을 옮기지 말라'(אַל־תַּסֵּג גְּבוּל עוֹלָם, 알-타세그 게불 올람)고 동일하게 표현하는데, 이것은 신명기 19:14의 문구와 대단히 유사하다(לֹא תַסִּיג גְּבוּל, 로 타시그 게불). 눈에 띄는 차이점은 부정어가 '알'(אַל)과 '로'(לֹא)로 다르다는 점인데, 잠언의 형식이 완곡한 부정을 표현한다면 신명기의 형식은 부정어(לֹא, 로)와 미완료(תַסִּיג, 타시그)가 결합하여 훨씬 엄격한 명령을 표현한다.[8] 신명기 양식은 십계명과 같은 절대법에서 자주 관찰된다(신 5:17-21).[9] 개역개정 등 일부 현대어 성서에는 반영되지 못했지만, 신명기 형식은 '결코 …해서는 안 된다'는 '무조건적 금지 명령'(unconditional Prohibition)을 피력한다.[10]

잠언은 경계표가 '오래전부터'(עוֹלָם, 올람) 있었음을 묘사하고, 특별히 22:28은 '네 선조가 세웠던' 경계표임을 설명하지만, 그 시기를 특정하지 않는다. 주목할 것은 잠언 23:10이 '(경계표를) 옮기지 말라'(אַל־תַּסֵּג, 알-타세그)를 '(밭을) 침범하지 말라'(אַל־תָּבֹא, 알-타보)와 평행하게 서술함으로써 경계표를 옮기는 행위를 다른 사람의 밭을 침범하는 행위로 평가한다는 점이다. 이것은 경계표를 옮기는 것을 단순한 행위로 묘사하지 않고, 죄로 규정한다.

본문은 경계표의 소유자를 명시한다. 경계표의 주인은 각각 '과부'(잠 15:25) 또는 '고아'(잠 23:10)다. 구약성서는 이들을 '불쌍한 사람'으로 언급하며, 특별히 신명기는 '나그네, 고아, 과부'를 돌봄의 대상으로 명시한다(신 14:29; 16:11, 14). 그들은 누군가가 자신의 경계표를 이동시켜도 아무런 저항도 할 수 없는 자들처럼 보인다. 그렇다면 '경계표'를 옮기는 자들은 누구인가?

경계표를 옮기는 것

예언자의 메시지

우리는 '경계표를 옮기는 자'와 관련하여 주전 8세기에 활동한 예언자의 메시지에 귀 기울일 필요가 있다. 열두 소예언서 중에 가장 앞에 위치한 호세아는 다음과 같이 선포한다. "유다 지도자들은 경계표를 옮기는 자 같으니 내가 나의 진노를 그들에게 물같이 부으리라"(호 5:10). 본문은 주전 733-732년에 발발한 시리아-에브라임 전쟁을 배경으로 하지만, 시리아-에브라임의 남유다 침공을 비판하는 제한적 의미로만[11] 해석되어서는 안 된다. '경계표를 옮기는 자'(מַסִּיגֵי גְּבוּל, 마시게 게불)는 분사 형태로 나오며, 그것은 유다 지도자를 비유적으로 비판하는 선포에 사용되었다. 이것은 당시에 경계표를 옮기는 행위가 대단히 부정적으로 인식되었음을 보여 준다.

본문은 전쟁으로 인해 먹을 식량이 없는 소작농 또는 소농가가 유대 지도층에게 식량을 빌리기 위해 부채를 지고 있는 상황을 전제로 한다. 소농가는 과도한 부채로 인해 자신이 기업으로 받은 땅을 유대 지도자에게 넘길 수밖에 없었다.[12] "부유한 자는 가난한 자를 착취함으로써 부를 더욱 축적하며, 가난한 자는 부유한 자에게 착취당하기 때문에 더욱 가난하게"[13] 된다. 호세아는 작은 땅을 소유했던 자가 그것마저 빼앗기는 모습을 비판적으로 서술한다.

이러한 모습은 호세아서에서만 관찰되는 것이 아니다. 호세아보다 조금 더 이른 시기에 활동한 아모스도 '은'(돈)을 받고 의인이, 그리고 '신 한 켤레'에 가난한 자가 매매되는 모습을 비판한다(암 2:6). 호세아 그리고 아모스와 유사하게 주전 8세기에 활동한 미가의 선포는 '부녀와 어린 자녀'가 부채의 희생양이 되고 있음을 비판한다. "내 백성의 부녀들을 그들의 즐거운 집에서 쫓아내고 그들의 어린 자녀에게서 나의 영광을 영원히 빼앗는도다"(미 2:9). 그들은 그들의 경계표가 옮겨지는 것을 넘어서 거주하던 집에서도 쫓겨나 살 터전을 상실해 버렸다. 그러자 하나님은 그러한 땅이 '더러워졌다'고 선포하신다(미 2:10).

사 5:8		가옥에 가옥을 이으며 전토에 전토를 더하여 빈틈이 없도록 하고 이 땅 가운데에서 홀로 거주하려 하는 자들은 화 있을진저.
사 10:2		가난한 자를 불공평하게 판결하여 가난한 내 백성의 권리를 박탈하며 과부에게 토색하고 고아의 것을 약탈하는 자는 화 있을진저.

마지막으로 이사야는 '경계표 이동'을 '가옥에 가옥을 이으며 전토에 전토를 더하다'로 표현한다. 가옥에 가옥을 이음으로 인해 벽을 사이에 놓고 지내던 이웃은 거주 공간을 상실하게 되었다. 그뿐 아니라 그들이 소유했고 지금까지 그들에게 식량을 제공한 토지는 부자의 소유로 넘어갔다. 소작농은 자신들이 물려받은 유산과 삶의 터전마저 상실하고 말았다. 이사야는 그것을 빼앗은 사람에 대해 '땅에서 홀로 거주하려 하는 자'라고 말하여 대지주가 등장함을 보여 준다. 곧 집을 이어 더 넓은 집을 만들고, 남들보다 웅장하고 잘 장식된 집에 거주하려는 모습을 가리킨다.

이사야 10장은 5장과 긴밀하게 연결되어 있다.[14] 가옥과 토지를 상실한 자는 '고아와 과부'다. 여기서 주목할 것은 '불공평한 판결'이 내려지는 모습이다. 즉, 대지주의 등장에 법정은 중요한 역할을 한다. 일례로 나봇이 포도원을 빼앗긴 사건은 한 사람이 법정의 판결로 인해 자신의 땅을 빼앗기는 과정을 노골적으로 묘사한다(왕상 21:7-16). 백성의 상당수가 문맹이었음을 고려한다면, 그들은 법정의 판결이 불공정했음을 처음부터 인지할 수는 없었다. 사람들은 사건 이후에야 자신이 당한 일이 불공정했음을 깨닫게 되었을 가능성이 적지 않다. 예언자 역시 하나님의 말씀이 아니었다면 깨닫지 못했을 것이다. 그들은 하나님으로부터 심판의 말씀을 받은 이후에 현실을 새롭게 바라보는 자들이 되었다(암 3:8).

케슬러는 예언서에서 관찰되는 이러한 현상에 대해 "법체계가 약자를 보호하기 위하여 사용되는 것이 아니라, 오히려 강자의 권력 수단으로 전락"[15]하고 있음을 설명한다. 다시 말해, '가옥과 토지'를 차지한 자들은 자신들이 '적법한 절차'를 밟아 그것을 차지했다고 착각한다는 것이다. **그들은 자신들의 행위가 '공정하다는 착각'에 빠져 있는 자들이다!**

가옥과 토지를 상실한 자는 어디로 가야 한단 말인가? 사무엘상 2:8은

"가난한 자를 진토에서 일으키시며 빈궁한 자를 거름 더미에서 올리[는]" 하나님을 기록한다. 마찬가지로 시편 113:7도 "가난한 자를 먼지 더미에서 일으키시며 궁핍한 자를 거름 더미에서 들어 세워"라고 말한다. 이것은 "부자에게서 떨어지는 쓰레기를 뒤지며 살아가는 사람이 존재"[16]했음을 보여 준다. 크지 않더라도 조상으로부터 물려받은 땅을 소유했던 소작농과 고아와 과부는 이제 쓰레기를 뒤지는 자로 전락했다.

잠언은 경계표를 옮기지 말라고 지혜의 가르침으로 말한다. 이것은 부분적으로 율법의 형식을 취하지만, 엄격한 율법의 형태로는 아직 나오지 않는다. 과부와 고아는 자신의 경계표가 이동하는 것을 막을 수 없는 입장이었다. 그들은 자신의 생존을 위해 아버지 또는 남편으로부터 물려받은 것을 팔아야만 하는 상황이다. 그와 달리 '유다의 지도자'는 재력과 권력을 가진 자로서 경계표를 옮길 수 있는 사람이다. 주전 8세기의 예언자는 잠언의 격언에서 더 나아가 '경계표를 옮기는' 지도층의 행위를 비판하고, 그들의 부유함이 가난한 자를 착취한 것임을 선포한다. 예언자는 그들의 행위를 드러내며 신랄하게 비난한다! 그는 선포한다. 공존(共存)을 밀어내고 독존(獨存)하려는 자는 화 있을진저!

율법서의 언급

율법서는 '경계표 이동'에 대해 두 차례 언급한다(신 19:14; 27:17). 신명기 19장에서 이 명령은 2인칭 미완료와 부정어(לֹא תַסִּיג, 로 타시그) 형태로 기록되어 '무조건적 금지 명령'을 보여 준다. 신명기 19장은 금지 명령을 통해 법적 양식으로 서술하지만, '경계표를 옮긴 자'에 대해 어떠한 처벌도 명시하지 않는다.

| 신 19:14 | 네 하나님 여호와께서 네게 주어 차지하게 하시는 땅 곧 네 소유가 된 기업의 땅에서 조상이 정한 **네 이웃의 경계표를 옮기지 말지니라.** |

신명기 19:14은 경계표의 주인을 '고아와 과부'가 아니라, '이웃'(רֵעַ, 레아)이라 명시한다. '이웃'이라는 용어는 성서 율법에서 종종 등장하는데(출 20:16, 17; 신 5:20, 21), 그들은 한 공동체를 구성하는 자들이며, 친구 또는 동료 등 다양한 뜻을 갖는다(신 13:7; 슥 3:8). 지혜문학 및 예언서가 '경계표'를 소유한 약자를 언급했다면, 신명기 19:14은 그들의 계층이나 신분을 언급하지 않고, 오히려 그들을 동료로 규정한다. 다시 말해, 율법은 그들이 '너의 동료'라는 점을 부각시키며, 그들을 동료로 받아들여야 한다고 말한다.

신 19:14*	לֹא תַסִּיג גְּבוּל רֵעֲךָ אֲשֶׁר גָּבְלוּ רִאשֹׁנִים
	조상이 정한 네 이웃의 경계표를 옮기지 말지니라.
잠 22:28	אַל־תַּסֵּג גְּבוּל עוֹלָם אֲשֶׁר עָשׂוּ אֲבוֹתֶיךָ
	네 선조가 세운 옛 지계석을 옮기지 말지니라.

신명기 율법은 잠언 22:28과 비교될 수 있다. 앞서 신명기 율법이 '무조건적 금지 명령'을 표현한다는 것을 설명했다. 잠언은 '오래전부터' 있었던 지계석을 말하며, 그것을 '네 선조가 세운'(עָשׂוּ אֲבוֹתֶיךָ, 아수 아보테카) 것이라고 설명한다. 그와 구별되게 신명기는 '조상이 정한'(גָּבְלוּ רִאשֹׁנִים, 가블루 리쇼님) 것을 추가로 언급한다. 신명기에는 '경계를 설정하다'(גבל, 가발)라는 용어가 사용되었는데, 이것은 '경계표'(גְּבוּל, 게불)라는 용어와 동

일한 어근이다. 즉, 신명기는 '경계표'라는 용어의 어근을 2회 사용하여 의미를 강조한다. 게다가 잠언은 '네 선조'(אֲבוֹתֶיךָ, 아보테카)라는 표현을 사용한다면, 신명기는 '리쇼님'(ראשׁנִים)이라는 용어를 활용한다. 개역개정성서는 이것을 '조상'으로 번역했지만, 이 용어는 경계표가 설정되는 처음 순간을 가리킨다는 점에서 '선조'(잠 22:28)보다 더 고대로 소급된다. 다시 말해 신명기 율법은 경계표가 확정되는 첫 시점을 가리킴으로써 율법이 엄격하게 준수되어야 함을 보여 주는 것이다.

마지막으로 신명기 27:17을 살펴보겠다. 오경에는 출애굽기 본문 이외에도 적지 않은 십계명이 소개되고 있는데, 때로는 미세한 차이를 보이기도 하지만(신 5장), 때로는 전혀 다른 내용이 담겨 있기도 하다(출 34장; 신 27장). 신명기 27:17은 15-26절에 속한 본문으로 여기에는 '…한 자는 저주를 받을 것이라 할 것이요'[אָרוּר(아루르)+분사], '모든 백성은 아멘 할지니라'(כָּל־הָעָם אָמֵן, 콜-하암 아멘)라는 문구가 공통적으로 나온다. 그것이 열 가지(16-25절) 또는 열두 가지(15-26절)의 저주 문구로 되어 있어 '저주 십계명 또는 저주 십이계명'이라 부른다.[17] 여기에는 '부모, 이웃, 맹인, 객-고아-과부'(16-19절)를 언급할 뿐 아니라 '성적인 행위'(20절 이하)를 다루고 있기 때문에, 새로운 것을 명령한다고 이해하기보다는 기존의 것을 '저주 십(이)계명'의 틀로 종합하고 있다고 보는 편이 타당하다.[18]

'경계표를 옮기는 자'는 '부모, 이웃, 맹인, 객-고아-과부'(16-19절)를 언급하는 사회적 율법의 틀에서 관찰되기 때문에, '경계표를 옮기는' 행위는 사회적 규율을 범하는 것으로 간주된다. '경계표를 옮기는 자'는 십계명에 언급될 정도로 중요하지만, 이것은 구약성서 안에서 상대적으로 근소하게 관찰될 뿐이다.

'저주 십계명'의 형태로 구성된 신명기 27장에는 '저주'를 선언하는 표현(אָרוּר, 아루르) 이후에 '…하는 자'라는 분사 능동 형태 그리고 목적어가 전형적으로 관찰된다.[19] 경계표와 관련해서는 그것을 '옮기는 자'(מַסִּיג, 마시그)가 분사 형태로 언급되었고, 뒤이어 '그 이웃의 경계표'가 목적어로 나온다. 따라서 이것은 한 사람이 이웃에게 죄를 짓는 행동을 묘사한다. 신명기 27:17은 '저주로다'(אָרוּר)라는 문구를 통해 '경계표를 옮긴 자'를 향해 저주를 기원하고, 백성은 '아멘'을 말한다. 이것은 '경계표를 옮긴 자'에게 대단히 위협적이 될 수밖에 없다. 유대 공동체는 '저주 선언'에 '아멘'으로 대답하면서 '경계표를 옮긴 자'를 저주받은 자로 낙인찍을 뿐만 아니라, 공동체에서 배척하기로 결의하기 때문이다.[20]

지혜문학이 서술하는 '경계표'의 소유자는 '과부나 고아' 즉 사회적 약자이며, 그것은 예언서에서도 유사하다. 이와 달리 신명기 율법은 옮기지 말아야 할 것을 불쌍한 자의 경계표로만 한정하지 않는다. 오히려 '네 동료의 경계표'를 언급함으로써 모든 경계표 이동을 금지한다. 환언하면 신명기 율법은 경계표 소유자를 일반화한다.

덧붙여 은밀히 진행된 범죄 행위 또는 합법적 테두리에서 진행된 부당한 행위가 법정에서 처벌받지 않는 경우들이 발생했을 것이다.[21] 이사야의 선포가 보여 주듯이 부자와 고아/과부 사이에 '불공평한 판결'이 종종 내려지기도 했다(사 10:2; 왕상 21:7-16). 이 경우에 백성은 신적 저주를 호소한다. 그러한 점에서 신명기의 저주는 '종교적 영역'의 틀에서 이해될 수 있다. 따라서 '경계표를 옮기지 말라'는 명령은 한편으로 법적 형태로(신 19:14), 다른 한편으로는 종교적 영역에서 기술되었다(신 27:17).

경계표와 부동산

거주권은 한 사람이 가옥에 거주할 수 있는 권리를 의미한다. 성서는 단순히 '경계표를 옮기지 말라'고 말하는 것이 아니다. '밭의 경계표'는 한 사람의 '생존권'을 보장하는 것과 연결되며, '가옥의 경계표'는 한 사람의 '거주권'을 보호하는 것을 의미한다. 의심할 여지 없이 '거주권' 보호는 인간의 기본권인 행복 추구권을 위한 기본적 요소다. 즉, '경계표를 옮기지 말라'는 성서의 명령은 아무리 가난한 자라 하더라도 그의 생존권, 삶의 터전이 보존되어야 한다는 것을 피력한다. 아무리 권력이 있고 부자라 하더라도, 자기와 이웃하는 자, 그들이 고아든 과부든 관계없이 그들을 내몰아서는 안 된다.

혹자는 '내 재산을 내가 사용하는데, 무슨 상관이 있느냐!' 하고 말할 수 있다. 하지만 성서는 그것을 용납하지 않는다. 한 사람이 여러 가옥을 소유함으로써 주거 가능한 공간을 많이 차지한다면, 다른 사람이 살 수 있는 공간은 협소해질 수밖에 없고 경제력이 취약한 계층은 당연히 더 외곽으로 밀려날 것이다. 따라서 '경계표를 옮기지 말라'는 명령은 주거 공간을 '경제 논리'로 해석하는 것을 금지하고, 한 사회 공동체에서 가난한 자가 생존할 수 있도록 최소한의 보호 장치가 있어야 함을 명시한다.

현재는 존재하지 않는 '경계표'를 이야기하는 것이 어떤 의미가 있을까? 우리는 '경계표를 옮기는 일'이 오늘날 일어나지 않는다고 생각할 수 있다. 하지만 경계표라는 단어에 초점을 맞추기보다 사회적 약자의 '거주권'과 '생존권'에 초점을 맞추어 본다면, 오늘날 한국 사회 문제의 거대한 한 축을 담당하는 부동산을 떠올릴 수 있을 것이다.

1242, 1053, 989, 908채. 이는 2022년 한 뉴스에서 보도한, 수도권에

서 빌라를 가장 많이 소유한 소위 '빌라왕' 1위부터 4위까지의 소유 빌라 수다.[22] 심지어 100채 이상을 가진 31명의 집을 합산하면 10,770채나 된다고 한다. 이 모든 것의 출발은 어디일까? 경계표를 옮기지 말라는 명령의 뿌리에는 '탐심 금지'가 자리 잡고 있다. 아무리 권력과 부를 가진다 하여도 그것으로 다른 사람의 것을 탐해서는 안 된다는 규정이다. 그러나 '조물주 위에 건물주'라는 우스갯소리가 통용되는 현대 사회에서 이같은 사회 현상을 묵인해 온 교회가 과연 책임을 다했다고 볼 수 있을까?

'경계표를 옮기지 말라'는 요구는 율법서, 예언서 그리고 지혜문학에서 관찰된다. 지혜문학과 율법서는 의미상 차이를 보인다. 지혜문학에서 경계표의 주인은 사회적 약자로, 지혜문학은 '고아와 과부'의 경계표를 옮기지 말라고 경고한다. 지혜문학은 이스라엘 이외의 주변 국가에서도 이와 유사한 규정이 있었음을 추측하게 하며, 고고학 발굴물인 '쿠두루'는 그것을 확인시켜 준다.

예언서에서 예언자도 '고아와 과부'의 경계표가 옮겨지는 것에 대해 비판한다. 예언자는 그것을 옮기는 주체를 '유대 지도층'이라 말하며, 지도층이 '고아와 과부'를 내몰고 있는 현실을 경계표의 이동으로 표현한다. 이 과정에서 법정은 강자의 폭력을 합법화하는 데 이용되고 있다. 그들은 합법적 테두리에서 행동하는 듯하지만, 예언자는 강자의 권력 수단으로 전락해 버린 불공정한 재판을 비판한다(사 10:2).

신명기 법은 지혜문학보다 더 엄격한 표현을 사용하여 '경계표를 이동하는 행동'을 금지시킨다. 게다가 신명기 법에 따르면 경계표의 주인은 더 이상 '고아와 과부'만이 아니다. 이로써 이 규정은 일반화되었다. 재산의 많고 적음, 권력의 유무는 중요하지 않다. 성서는 모든 이스라엘 백성이 하나님의 땅에 거주할 권리가 있다고 명시한다. 또한 성서는 오래전부터 율법을 다루는 자가 권력의 시녀가 되어서는 안 된다는 점을 피력한다. 오히려 그들은 불쌍한 자의 권리를 보호해야 한다. 성서는 하나님의 백성이 되려는 자에게 요구한다. 독존(獨存)을 멀리하고, 공존(共存)을 위해 노력하라!

토의를 위한 질문

1. 지혜문학에서 '경계표' 규정은 어떻게 기록되어 있는가?(잠 22:28) 지혜문학의 규정과 신명기(19:14)의 규정은 어떤 점에서 다른가?

2. 지혜문학과 예언서에서 '경계표'의 주인은 누구인가? 그들의 '경계표를 옮기지 말라'는 규정의 목적은 무엇인가?

3. 경계표가 이동하는 과정은 불법적이었는가? 법을 판결하는 자는 어떤 역할을 했는가?

4. 신명기에서 경계표의 주인은 누구라고 언급되었는가? 그렇게 언급한 의미는 무엇인가?

5. 이스라엘 공동체가 '경계표를 옮기지 말라'는 규정에 '아멘'으로 대답한 것은 무엇을 의미하는가?

6. '경계표를 옮기지 말라'는 규정은 오늘날 어떤 의미가 있을까?

구약, 그중에서도 율법은 왜 '객, 고아, 과부'를 돌보라는 규정을 반복적으로 이야기하는가? 한국 교회에서 '율법'은 대단히 부정적으로 인식되어 왔기 때문에 거의 설교되지 않고 있다. 게다가 '객, 고아, 과부'를 돌보라는 실천은 윤리적 측면에서만 제한적으로 언급될 뿐이다. 하지만 율법은 그들의 '권리'(משפט, 미쉬파트)를 명시한다. 이 장에서 우리는 객, 고아, 과부의 '권리'가 무엇인가를 살핌으로써, 가진 자가 선행을 베풀어야 함을 말하는 것을 넘어서, 사회적 약자의 권리가 '침해'되고 있지는 않은지를 고민해야 한다.

9. 객과 고아와 과부를 위하여 남겨 두라

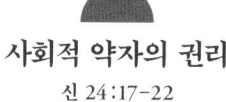

사회적 약자의 권리
신 24:17-22

현대 사회와 구약 시대의 사회. 두 사회의 시간적 배경과 공간적 배경이 동일하지 않다는 것을 굳이 설명할 필요는 없다. 그러나 성서는 번역 과정에서 번역되는 당시 사회의 옷으로 갈아입는다. 그래서 '번역된 성서'는 부분적으로 시대적·문화적 산물이기도 하다. 이로 인해 현대의 독자는 자의든 타의든 현대의 이해라는 잣대를 가지고 고대 사회를 추정하게 된다. 단적인 예로 지금 우리는 신분이 평등해진 시대를 살아가지만, 구약이 쓰인 고대 사회는 계급 사회였으므로 우리는 성서를 읽을 때 이 지점을 고려해야 한다.

이와 같은 차이점도 있지만, 두 사회에서 여전히 나타나는 공통점이 있다. 그중에서도 이 장에서 우리가 주목하여 살펴볼 것은, 강력한 왕권국가였던 고대든 민주주의 시대인 오늘날이든 사회적 약자는 항상 존재했다는 것이다. 그들은 사회의 구성원으로서 과거, 현재 그리고 미래에도 존재할 것이다.

구약성서에서 사회적 약자로 등장하는 대표적인 이들은 '고아, 과부, 객'이다. 구약성서의 최초 율법서인 언약법전과 그것의 확장으로 이해되는 신명기 법에는 '고아, 과부, 객' 즉, '불쌍한 사람들'이 관찰된다. 우리는 율법에 기록된 이 '불쌍한 사람들'을 관찰함으로써 성서가 그들의 권익을 어떠한 방식으로 보장하는지 알 수 있으며, 더 나아가 이들을 보호하는 주체의 변화를 확인할 수 있다. 우리는 그들에 대해 서술하는 성서 본문을 연구함으로써, 성서의 정신을 오늘날 사회에 적용할 수 있을 것이다.

언약법전의 '불쌍한 사람들'

성서에서 '불쌍한 사람들'로 대표되는 계층이 있다. 그들은 성서에서 함께 묶여서 거론되며, 가장 오래된 율법서인 언약법전에서도 사회적 약자로 등장한다(출 22:21-22[20-21]). 언약법전은 대체로 조건법 형태로 기록되었지만, 출애굽기 22:21-22에서는 부정사 '로'(לֹא)와 2인칭 남성 단수가 연결되어 금지 명령이라는 절대법으로 표현되었다.

출 22:21[20]　　וְגֵר לֹא־תוֹנֶה וְלֹא תִלְחָצֶנּוּ
　　　　　　　　כִּי־גֵרִים הֱיִיתֶם בְּאֶרֶץ מִצְרָיִם
　　　　　　　　너는 이방 나그네를 압제하지 말며 그들을 학대하지 말라.
　　　　　　　　너희도 애굽 땅에서 나그네였음이라.

출 22:22[21]　　כָּל־אַלְמָנָה וְיָתוֹם לֹא תְעַנּוּן
　　　　　　　　너는 과부나 고아를 해롭게 하지 말라.

출애굽기 22:21은 나그네(גֵר, 게르) 압제 금지에 대한 이유를 '너희가 애굽 땅에서 나그네였다'라고 설명한다. 이 용어는 400년(창 15:13), 혹은 430년(출 12:40-41) 동안 이스라엘이 이집트에서 생활했던 시기를 가리킨다. 그러나 400년 넘도록 이집트에 머물렀다면 그러한 세월을 '나그네'로 규정할 수 있는가? 그러한 의문이 생길 수 있지만, 그것을 여기에서 다루지는 않겠다.

출애굽기 22:21은 '나그네를 압제하지도 학대하지도 말라'고 명령한다. 두 용어는 평행 문구로 사용되어 유사한 의미를 보여 준다. 그 가운데 '학대하다'(לחץ, 라하쯔)라는 용어는 이스라엘이 이집트 사람에게 괴롭힘 당했던 것을 서술한다(출 3:9).

> 출 3:9 이제 가라. 이스라엘 자손의 부르짖음이 내게 달하고 애굽 사람이 그들을 괴롭히는(לחצים, 로하찜) 학대(הלחץ, 하라하쯔)도 내가 보았으니.

뒤이어 출애굽기 22:22은 과부(אלמנה, 알마나)와 고아(יתום, 야톰)에 대해 언급한다. 여기에서는 '아나'(ענה)라는 다른 동사를 사용하여 그들을 해롭게 하지 말라고 명령한다. 이 동사도 '나그네'와 함께 창세기 15:13에서 나타나므로 이집트에서의 삶을 묘사하는 용어로 이해된다. '나그네를 압제하지 말라'와 '과부와 고아를 해롭게 하지 말라'는 명령은 모두 이스라엘이 '이집트에서 종살이했다'는 사실을 기반으로 한다.

> 출 22:22-23 너는 과부나 고아를 해롭게 하지 말라. 네가 만일 그들을 해롭게 하므로 그들이 내게 부르짖으면 내가 반드시 그 부르짖음을 들으리라.

23절의 '그들'은 앞의 21-22절 전체를 포함한다. 이 본문이 주목되는 이유는 짧은 한 구절에 동의어 반복이 3회나 나타나기 때문이다(ענה, 아나/צעק, 짜아크/שמע, 샤마). 이것은 출애굽 이전에 관찰되는 이집트-이스라엘 상황과 유사하다. 이집트는 이스라엘을 학대했고(출 1:12), 그로 인해 이스라엘은 하나님께 부르짖었다. 하나님은 그들의 부르짖음을 들으셨고, 이스라엘을 이집트에서 탈출시켜 주셨다.

출 22:23[22]　　אִם־עַנֵּה תְעַנֶּה אֹתוֹ
　　　　　　　　כִּי אִם־צָעֹק יִצְעַק אֵלַי
　　　　　　　　שָׁמֹעַ אֶשְׁמַע צַעֲקָתוֹ

　　　　　　　　네가 만일 그들을 **해롭게 하므로**
　　　　　　　　그들이 내게 **부르짖으면**
　　　　　　　　내가 반드시 그 부르짖음을 **들으리라**.

본문은 이스라엘의 위치가 바뀌었다는 것을 전제로 한다. 억압받았던 이스라엘이 이제는 억압하는 위치로 변했으며, 학대받는 자들은 사회적 약자이고, 게다가 그중에는 이스라엘 민족도 있다. 이방인이 이스라엘을 괴롭히는 것도 하나님이 들으셨거늘, 이스라엘이 자신의 동족을 학대하는 것을 하나님이 듣지 않으실 리가 없다. 그것은 23bβ절의 '반드시 듣겠다'는 표현에서도 확인된다.

언약법전과 사회상

언약법전이 사회적 약자 보호에 관심을 갖는 이유는 무엇인가? 우리는 이에 대해 간략하게 살펴볼 필요가 있다. 언약법전의 관심사는 아마도 그것의 시대상과 무관하지 않다. 언약법전은 신명기를 형성하는 핵심이 되므로, 이것이 신명기보다 앞설 수 없다는 것은 더 이상 논쟁의 대상이 아닙니다.[1] 슈빈호르스트-쇤베르거(L. Schwienhorst-Schönberger)는 출애굽기 21:12-22:16* 본문이 정착 문화를 전제하고 있음을 상기시켰다.[2] 포도원과 같은 농작물(출 22:5[4]), 소와 나귀 같은 농사에 유용한 가축 그리고 밭의 곡식에 대한 언급은 가나안 땅 정착을 전제해야 이해되기 때문이다.[3] 덧붙여 언약법전에는 왕정에 대한 언급이 없으므로, 즉 왕정에 대한 "침묵을 근거로"(argumenta e silentio)[4] 일부 학자들은 언약법전의 일부가 왕정 이전 시대에서 기원했을 것으로 추정하기도 한다.[5]

더욱이 고대 근동 문서들의 발견은 언약법전의 시대와 관련하여 본질적 의문을 제기했다. 언약법전은 빚으로 인해 종이 된 자를 언급한다는 점에서 사회 구조가 어느 정도 고정된 시기를 반영한다(출 21:1-11). 언약법전에 '나그네'(גֵּר, 게르)가 등장한다는 것은, 이 문서를 국가 형성 이전 시대로 소급시키려는 시도에 의문을 제기한다(출 22:21[20]).[6] 게다가 출애굽기 21:3-4은 남성과 여성의 인격을 구별해서 이야기한다. 여성이 남성에게 종속된 자로 서술되기 때문인데(출 21:3-4), 이러한 이해는 이후에 신명기 십계명에서 수정되고 있다(신 15:12).[7] 환언하면 언약법전은 왕정 시대를 통하여 사회 시스템이 견고하게 된 상태를 반영한다.

출 21:2   네가 히브리 종을 사면 그는 여섯 해 동안 섬길 것이요 일곱째 해에는 몸값을 물지 않고 나가 자유인이 될 것이며.

출 21:3-4   만일 그가 단신으로 왔으면 단신으로 나갈 것이요 장가들었으면 그의 아내도 그와 함께 나가려니와 만일 상전이 그에게 아내를 주어 그의 아내가 아들이나 딸을 낳았으면 그의 아내와 그의 자식들은 상전에게 속할 것이요 그는 단신으로 나갈 것이로되.

알베르츠(R. Albertz)는 이에 대해 좀 더 상세하게 서술한다. 그는 언약법전이 주전 8세기에 중요한 의미를 갖는다고 피력한다.[8] 디글랏빌레셀 3세(Tiglath-Pileser III)가 주전 745년 앗시리아의 왕으로 등극한 이후에 지중해 동편에 위치한 레반트(Levant) 지역은 큰 위기에 봉착하게 되었다. 그는 팽창 정책을 펼치며 레반트 지역으로 진출했는데, 그것은 북아프리카에서 동방으로 진출하려는 이집트와의 충돌을 의미했기 때문이다. 이것은 지리적으로 레반트에 위치한 남유다와 북이스라엘이 패권의 소용돌이에 휘말리는 결과를 낳았다. 우리는 이스라엘이 이집트와 앗시리아 사이에서 줄타기하는 것에 대한 예언자의 비판을 어렵지 않게 찾을 수 있다.

더 나아가 주전 733년에 벌어진 시리아-에브라임 전쟁과 주전 701년에 일어난 산헤립의 남유다 침공은 사회를 바라보는 시각에 새로운 전환점을 가져다주었다. 이 사건들은 당시 사람들의 삶을 송두리째 흔들었다. 북이스라엘 멸망과 함께 많은 사람들이 고향을 떠나 객으로 살아야 했으며, 전쟁으로 남편과 부모를 잃은 자들은 과부와 고아가 되었다. 패권 국가의 등장으로 남유다의 상황도 급속도로 악화되기 시작했다. 그들은 상상을 초월하는 금액을 앗시리아에 조공으로 바쳐야 했다. 이에 더해 소규모 농업에 종사하던 자들은 한 해 농사를 망쳤을 뿐만 아니라, 이러한 상황이 수년간 지속됨으로써 식량난에 허덕이다가 결국에는 스스로를 종으로 파는 지경에까지 이르게 되었다. 그 결과 북이스라엘과 남유다의 많은 백성들은 자신의 법적 권리를 상실한 채 살아갈 수밖에 없었는데, 이것은 아모스와 미가 같은 예언자들의 메시지에도 반영되었다 (암 2:6이하; 미 3:1이하).

암 2:6-8   여호와께서 이와 같이 말씀하시되 이스라엘의 서너 가지

> 죄로 말미암아 내가 그 벌을 돌이키지 아니하리니 이는 그들이 은을 받고 의인을 팔며 **신 한 켤레를 받고 가난한 자를 팔며 힘없는 자의 머리를 티끌 먼지 속에 발로 밟고 연약한 자의 길을 굽게 하며** 아버지와 아들이 한 젊은 여인에게 다녀서 내 거룩한 이름을 더럽히며 모든 제단 옆에서 전당 잡은 옷 위에 누우며 그들의 신전에서 벌금으로 얻은 포도주를 마심이니라.

> 미 3:1-3 내가 또 이르노니 야곱의 우두머리들과 이스라엘 족속의 통치자들아 들으라, 정의를 아는 것이 너희의 본분이 아니냐? 너희가 선을 미워하고 악을 기뻐하여 **내 백성의 가죽을 벗기고 그 뼈에서 살을 뜯어 그들의 살을 먹으며 그 가죽을 벗기며** 그 뼈를 꺾어 다지기를 냄비와 솥 가운데에 담을 고기처럼 하는도다.

특히 주전 722년 북이스라엘의 멸망은 남유다에 훨씬 심각하게 다가왔다. 그들의 심각한 파괴는 하나님의 백성으로서 이스라엘의 존립을 재고하도록 만들었기 때문이다. 그런 이유로 학자들은 언약법전을 주전 8세기 상황과 연결시키기도 한다.[9]

언약법전의 신학화

언약법전(출 20:22-23:19)은 조건법과 절대법의 형태로 나뉜다. 조건법은 3인칭으로 표현된 것으로서 '만약…하면, …하라'의 패턴을 보여 주지만, 절대법은 2인칭으로 표현되어 직접 명령 형태를 띤다. 또한 이것은 본문에서도 구별되는데, 출애굽기 21:12-22:17[16]이 조건법 형태를 갖추었기 때문이다. 물론 출애굽기 21:12-17에는 '반드시 죽이라'(מוֹת יוּמָת, 모트 유마트)는 관용구가 내포되어 새로운 형태를 보여 주기도 하지만, 조건법이라는 큰 틀에 포함되어 있다. 그와 달리 '객, 고아, 과부'는 언약법전의 절대법 형태에서만 나타난다(22:21-22[20-21]). 이러한 절대법은 조건법의 틀을 구성하며(20:23-26; 22:18-24[17-23]), 조건법을 감싸고 있다.[10]

 언약법전에 기록된 조건법은 종교적인 것을 취급하기보다는 세속적인 것을 다루고 있다. 이것은 조건법에서 '사형법'(출 21:12-17), '신체 상해'(21:18-36), '손해 배상 규정'(21:36-22:15)이 취급된다는 것과 일치한다.[11] 이러한 세속적인 법에서 주목할 만한 것은 하나님이 언급되고 있다는 점이다(21:13; 22:8-9[7-8]).

출 21:13	만일 사람이 고의적으로 한 것이 아니라 나 **하나님**(אֱלֹהִים, 엘로힘)이 사람을 그의 손에 넘긴 것이면 내가 그를 위하여 한 곳을 정하리니 그 사람이 그리로 도망할 것이며.
출 22:8-9[7-8]	도둑이 잡히지 아니하면 그 집주인이 **재판장**(אֱלֹהִים, 엘로힘) 앞에 가서 자기가 그 이웃의 물품에 손댄 여부의 조사를 받을 것이며 어떤 잃은 물건 즉 소나 나귀나 양이나 의복이나 또는 다른 잃은 물건에 대하여 어떤 사람이 이르기를 이것이 그것이라 하면 양편이 **재판장**(אֱלֹהִים, 엘로힘) 앞에 나아갈 것이요 **재판장**(אֱלֹהִים, 엘로힘)이 죄 있다고 하는 자가 그 상대편에게 갑절을 배상할지니라.
출 22:8-9[7-8] (새번역)	그러나 도둑이 잡히지 않으면, 그 집주인이 **하나님** 앞으로 나가서, 그 이웃의 물건에 손을 댔는지 안 댔는지를 판결받아야 한다. 소든지 나귀든지 양이든지 의복이든지, 그 밖의 어떤 분실물이든지, 그것을 서로 자기 것이라고 주장하는 사건이 생기면, 양쪽 다 **하나님** 앞으로 나아가야 하며, **하나님**께 유죄 판결을 받은 사람은 그 상대방에게 갑절로 물어 주어야 한다.

출애굽기 21:12은 살인 사건이 발생했을 경우를 이야기하지만, '하나님이 사람을 그의 손에 넘긴 경우'를 서술하여 그것이 정당할 수 있음을 밝힌다. 그밖에도 눈에 띄는 표현이 있다. 출애굽기 22:8-9은 '재판장'에게 나아가 판결을 받아야 한다고 서술한다. 그러나 '재판장'이라는 문구는 '신'을 가리키는 히브리어 '엘로힘'(אֱלֹהִים)을 오역한 것이다. 출애굽기 본문은 하나님이 재판관이 되셔서 이스라엘을 직접 재판하시는 것을 의미한다. 따라서 세속적 특성을 보이는 언약법전은 하나님이 재판장으로 서술됨으로써 세속적 재판에 신적 권위를 부여한다. 더 나아가 이 법전은 직접적인 '하나님의 법'으로 간주되었고, 야웨는 율법의 '기원'으로 나타난다.[12]

언약법전은 본래 사회적 법률로서의 특성을 보여 준다. 하지만 '하나님으로부터 재판을 받는다'는 것은 언약법전이 신학화를 통하여 종교적 규율로 변화하고 있음을 알려 준다. 동시에 고아, 과부, 객을 보호하는 것은 신적 명령으로 등장한다.

신명기의 '불쌍한 사람들'

신명기에서 고아, 과부, 객은 상당히 빈번하게 나타난다.[13] 이 본문들은 다시 레위인을 언급하는 것(신 14:29; 16:11, 14; 26:12-13)과 그렇지 않은 것으로 분류된다(신 10:18; 24:17, 19이하; 27:19). 여기에서는 레위인이 등장하지 않는 본문을 중심으로 다루고자 한다.[14]

신명기 10:18

신명기 10장에서 야웨는 모세에게 '두 돌판'을 다듬어 산에 올라오라고 명령하신다. 야웨가 처음 써 주신 돌판을 모세가 깨뜨렸기 때문이다. 이러한 이야기는 출애굽기 32-34장 이야기를 반영하는 듯하다. 그러나 신명기는 출애굽기와 완전히 일치하지는 않는데, 왜냐하면 신명기는 돌판을 보관할 '궤'의 제작을 함께 언급하기 때문이다.

16절은 '마음의 표피를 할례하는 것'(וּמַלְתֶּם אֵת עָרְלַת לְבַבְכֶם, 우말템 엣 오를랏 레바브켐)에 대해 진술한다. 이것은 창세기 17장에 나오는 육체의 할례와 비교되는 것으로서 신명기 사가적 본문에서 주로 관찰된다(렘 4:4; 비교. 겔 44:9). 마음의 할례는 하나님이 이스라엘의 조상과 그들의 후손을 선택하셨다는 표시로 나타나지만(신 10:15),[15] 신명기 30:6에는 '야웨가 마음의 할례를 행하리라'는 문구를 통해 전혀 다른 양상으로 진행되었다. 신명기 24:16에 이어서 17절에는 '왜냐하면'이라는 접속사가 사용되어 두 구절은 내용상 연결된다. 마음의 할례를 행해야 하는 이유는 하나님이 '사람의 얼굴을 들어 주는 분', 즉 얼굴을 보고 판단하는 편파적인 분이 아니기 때문이다.

이어서 고아, 과부, 나그네(객)가 등장한다(18-19절). 먼저 18a절에는 '고아와 과부를 위하여 정의를 행한다'라는 문구가 관찰되지만, '정의'는 '권리' 등을 의미하므로, 본문은 '고아와 과부의 권리를 보호한다'는 의미로도 해석된다. 뒤이어 나그네(גֵר, 게르)를 목적어로 하여 '사랑하다'라는 문구가 나온다. 18bα절에서 이것은 모두 분사 형태로 기록되었으며, 야웨를 최고조로 찬양하는 17절의 연속이다.[16] 이러한 분사 형태로 인해 18a-bα절은 야웨를 '고아와 과부의 권리를 보호하는 분' 그리고 '나그네를 사랑하는 분'으로 묘사하며, 왕으로서 야웨가 고아, 과부 그리고 나그네를 돌보고 계심을 서술한다. 그로 인해 야웨는 '사회 정의를 실현하기 위한 세상의 이상적인 왕'[17]으로 나타나신다. 18bβ절은 이에 더해 나그네에게 빵과 옷을 주는 분으로 기록되었다. 여기에서 '옷'(שִׂמְלָה, 심라)은 외투를 의미하는 것으로서 약자가 자신의 몸을 보호할 수 있는 최후의 것으로 간주된다(출 22:26).

출 22:26-27 [25-26]	네가 만일 이웃의 옷을 전당 잡거든 해가 지기 전에 그에게 돌려보내라. 그것이 유일한 옷이라. 그것이 **그의 알몸을 가릴 옷인즉 그가 무엇을 입고 자겠느냐?** 그가 내게 부르짖으면 내가 들으리니 나는 자비로운 자임이니라.

19절에서는 나그네에 대해 다시 한번 언급했는데, 이것은 앞 절과 구별된다. 왜냐하면 '사랑하다'의 주어가 바뀌었기 때문이다. '사랑하라'(וַאֲהַבְתֶּם, 봐아하브템)는 2인칭 복수 완료(1) 형태로 기록되어 명령 혹은 소망을 표현하여,[18] 이스라엘 백성으로 하여금 '사랑'에 대한 의무를 요구한다. 우리는 여기에서 신학화되었던 계명이 사회적 계명으로 변화되어 (신명기 법전) 이스라엘에게 주어지는 것을 관찰할 수 있는데, 이것은 앞서 관찰한 사회적 율법이 신학화되는 것(언약법전)과 구별된다.

신 10:18 (저자 사역)	עֹשֶׂה מִשְׁפַּט יָתוֹם וְאַלְמָנָה וְאֹהֵב גֵּר לָתֶת לוֹ לֶחֶם וְשִׂמְלָה 고아와 과부의 권리를 보호하시는 분, **나그네를 사랑하는 분**. 그는 그에게 빵과 외투를 준다.
신 10:19 (저자 사역)	וַאֲהַבְתֶּם אֶת־הַגֵּר כִּי־גֵרִים הֱיִיתֶם בְּאֶרֶץ מִצְרָיִם

> **너희는 나그네를 사랑하라.** 왜냐하면 너희는 애굽 땅에서 나그네였기 때문이다.

이스라엘이 나그네를 사랑해야 하는 이유는 무엇인가? 그러한 요구 뒤에는 근거 문장이 뒤따르는데, 이것은 출애굽기 이후에 아주 빈번하게 나타나는 문장이다. '너희가 애굽에서 나그네였기 때문이다'(출 23:9; 신 5:14-15; 16:12). 따라서 신명기 10장은 이스라엘이 사회적 약자를 사랑해야 하는 근거를 이스라엘이 받았던 하나님의 사랑에서 찾고 있다. 이스라엘은 '종' 혹은 '나그네'였지만, 이제는 그들의 위치가 변했다. 이스라엘은 '하나님의 후계자'[19]로서 그분의 행동 양식을 따라야 한다. 그것은 또한 하나님의 형상(*Imitatio Dei*)[20]을 가진 백성이 마땅히 행할 바다. **이스라엘은 이방인의 권리를 보호해야 하는 주체가 되었다!**

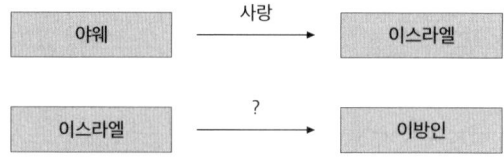

신명기 24장

신명기 24:17

'객, 고아, 과부'라는 문구는 신명기 24장에서 가장 빈번하게 서술되었다. 특히 약자는 17절 이하에서 집중적으로 나타나는데, 이것은 출애굽기 23장과 잘 연결된다.

신 24:17　　לֹא תַטֶּה מִשְׁפַּט גֵּר יָתוֹם

		וְלֹא תַחֲבֹל בֶּגֶד אַלְמָנָה
		너는 객이나 고아의 송사를 **억울하게 하지 말며**
		과부의 옷을 전당 잡지 말라.
	출 23:6	לֹא תַטֶּה מִשְׁפַּט אֶבְיֹנְךָ בְּרִיבוֹ
		너는 가난한 자의 송사라고 **정의를 굽게 하지 말며**.

출애굽기 본문에는 재판을 연상시키는 '리브'(ריב)가 나타나지만, 신명기 본문에는 사용되지 않았다. 신명기 본문의 '미쉬파트'(מִשְׁפַּט)는 '송사'로 번역되었는데, 이것은 본래 '정의, 권리, 법, 재판'을 의미한다. 두 본문에는 공통적으로 '굽게 하지 말라'(לֹא תַטֶּה מִשְׁפַּט, 로 타테 미쉬파트)가 기록됨으로써 '(고아, 과부 그리고 객의) **권리**를 굽게 하지 말라'는 의미가 된다. 이것은 신명기 24장이 출애굽기 22:21-24[20-23]과 함께 약자 보호에 대해 기술한다는 것에 상응한다. 여기에서 질문해야 할 것은 '고아와 과부의 권리(מִשְׁפַּט, 미쉬파트)는 무엇인가?' 하는 것이다. 우리는 그들의 '권리'를 이어지는 본문에서 관찰할 수 있다.

신명기 24:18-22

18절은 이집트 땅에서 종이었던 것으로 시작하고, 22절은 이집트 땅에서 종 되었던 것으로 마무리한다. 18절은 17절의 근거가 되지만,[21] 동시에 22절과도 잘 연결된다. 즉 이집트에서 종살이한 것은 이스라엘 백성이 신명기의 가르침을 준수해야 하는 토대가 된다.

	신 24:18	**너는 애굽에서 종 되었던 일**(וְזָכַרְתָּ כִּי עֶבֶד הָיִיתָ בְּמִצְרַיִם, 붸 자카르타 키 에베드 하이타 베미쯔라임)과 네 하나님 여호

와께서 너를 거기서 속량하신 것을 기억하라. 이러므로 내가 네게 이 일을 행하라 명령하노라.

신 24:22　　**너는 애굽 땅에서 종 되었던 것을 기억하라**(וְזָכַרְתָּ כִּי־עֶבֶד הָיִיתָ בְּאֶרֶץ מִצְרָיִם, 붸자카르타 키-에베드 하이타 베에레쯔 미쯔라임). 이러므로 내가 네게 이 일을 행하라 명령하노라.

신명기 24:19-21은 모두 '키'(כִּי) 문장으로 시작하는데, 이것은 앞서 언급한 것처럼 18절의 '기억하라'와 연결되어야 한다. 따라서 17-18절은 19-22절과 연결되어 '고아, 과부, 나그네'의 권리를 상세하게 보여 준다. 우선 언급되어야 할 것은 19-21절에서 기록된 세 가지 금지 명령이다. 이것은 히브리어 '로'(לֹא)와 미완료 형태를 갖춘 절대법의 전형적인 형태로서 십계명에서 어렵지 않게 관찰된다(참조. 출 20:4, 5).²² 따라서 우리는 신명기가 고아, 과부, 객을 대하는 태도를 대단히 엄중하게 다루고 있음을 알 수 있다.

신 24:19　　네가 밭에서 곡식을 벨 때에 그 한 뭇을 밭에 잊어버렸거든 다시 가서 가져오지 말고(לֹא תָשׁוּב, 로 타슈브) **나그네와 고아와 과부를 위하여 남겨 두라**. 그리하면 네 하나님 여호와께서 네 손으로 하는 모든 일에 복을 내리시리라.

신 24:20　　네가 네 감람나무를 떤 후에 그 가지를 다시 살피지 말고(לֹא תְפָאֵר, 로 테파에르) 그 남은 것은 **객과 고아와 과부를 위하여 남겨 두며**.

신 24:21　　네가 네 포도원의 포도를 딴 후에 그 남은 것을 다시 따지 말고(לֹא תְעוֹלֵל, 로 테올렐) **객과 고아와 과부를 위하여 남겨 두라**.

19-21절은 '곡식' '감람나무' 그리고 '포도'를 거두는 수확을 주제로 삼고 있다. 여기에는 수확한 이후에 '하나님께 봉헌'하는 주제가 나타나지 않으므로, 오히려 종교적 배경이 누락되어 있는 것처럼 보인다.[23] 그것을 대신하여 우리는 눈에 띄는 반복적 표현(לַגֵּר לַיָּתוֹם וְלָאַלְמָנָה יִהְיֶה, 라게르 라야톰 뷔라알마나 이흐예)을 확인할 수 있는데, 한국어 성서는 이것을 '객과 고아와 과부를 위하여 남겨 두라'로 번역했다. '하야'(הָיָה) 동사와 전치사 '레'(לְ)의 연결은 일반적으로 소유격을 의미하므로,[24] 이것은 '…을 위하여 남겨 두라'보다는 '…의 소유가 된다'로 번역하는 것이 적절하다. 그런 점에서 다음에 인용한 새번역의 번역이 본래 의미에 더 가깝다고 할 수 있다.

신 24:19 (새번역)	당신들이 밭에서 곡식을 거둘 때에, 곡식 한 묶음을 잊어버리고 왔거든, 그것을 가지러 되돌아가지 마십시오. 그것은 **외국 사람과 고아와 과부에게 돌아갈 몫입니다**. 그래야만 주 당신들의 하나님이 당신들이 하는 모든 일에 복을 내려 주실 것입니다.
신 24:20 (새번역)	당신들은 올리브 나무 열매를 딴 뒤에 그 가지를 다시 살피지 마십시오. **그 남은 것은 외국 사람과 고아와 과부의 것입니다**.
신 24:21 (새번역)	당신들은 포도를 딸 때에도 따고 난 뒤에 남은 것을 다시 따지 마십시오. **그 남은 것은 외국 사람과 고아와 과부의 것입니다**.

이것은 땅의 소산 일부가 고아, 과부 그리고 나그네의 소유임을 명백히 보여 준다. 소산의 일부를 취할 수 있는 '권리'가 그들에게 있다.[25] 이것은 사회적 약자의 인권을 보호하기 위한 최소한의 조치였다. 그러나 이것은

땅의 소유권을 주장하려는 자에게는 대단히 불편한 율법이다.[26] 우리는 여기에서 그들의 소유는 무엇이며, 어느 정도가 그들의 것으로 인정되어야 하는가에 대해 질문해야 하며, 신명기 23:24-25[25-26]을 관찰함으로써 균형을 이룰 수 있다.

신 23:24-25 [25-26]	네 이웃의 포도원에 들어갈 때에는 마음대로 그 포도를 배불리 먹어도 되느니라. 그러나 **그릇에 담지는 말 것이요**. 네 이웃의 곡식밭에 들어갈 때에는 네가 손으로 그 이삭을 따도 되느니라. 그러나 **네 이웃의 곡식밭에 낫을 대지는 말지니라**.

로제(M. Rose)는 신명기 23:24-25을 도둑질을 판가름하는 근거 본문으로 간주한다.[27] 이 본문이 땅의 소산물에 대한 소유권을 농부에게 귀속시키고 있으며, 더 나아가 '그릇에 담지 말라'와 '낫을 대지 말라'는 금지 명령을 제시하기 때문일 것이다. 이런 적극적 행위와 달리, 포도원에 들어가서 주린 배를 채우거나 이삭을 따는 일은 허용되었다. 따라서 본문은 '고아, 과부, 객'이 밭에서 취할 수 있는 행동을 제한한다.

🔑

지금까지 우리는 고아, 과부, 나그네(객)에 관한 성서의 진술을 언약법전과 신명기 법전을 중심으로 살펴보았다. 가장 오래된 언약법전에서 '고아, 과부, 객'은 돌봄의 대상으로 서술되었다. 한국어 성서는 재판의 주체로 '재판장'을 이야기하지만, 그것은 하나님(אֱלֹהִים, 엘로힘)을 오역한 것이다. 이것은 재판의 주체가 하나님임과 동시에 언약법전이 신학화되었음을 알려 준다.

신명기 10:18은 하나님을 '고아, 과부, 객'을 보호하는 분 그리고 사랑하는 분으로 직접적으로 표현한다. 이것은 앞서 서술된 '신학화'된 계명의 연장선상으로 간주된다. 그러나 19절은 '너희는 나그네를 사랑하라'고 명령하므로, 우리는 '사랑하다'의 주어가 '하나님'에서 '너희'로 바뀌는 것을 인지할 수 있다. 따라서 이스라엘은 하나님을 대신하여 '고아, 과부, 객'의 권리를 보호해야 할 의무가 있다.

마지막으로 신명기 24장은 '고아, 과부, 객'을 가장 빈번하게 서술하는 본문이다. 특히 19-21절은 십계명에서도 자주 사용된 금지 명령의 형태로 기록되어 율법의 엄중함을 더한다. 땅의 소유자가 수확한 수확물의 일부는 '고아, 과부, 객'의 소유로 간주된다. 그것은 그들의 '권리'(מִשְׁפָּט, 미쉬파트)이며, 그들이 경제적 어려움으로 인해 나락으로 떨어지는 것을 방지하려는 조치였다.

우리는 구약성서가 제시하는 '윤리'와 '권리'의 개념 사이에 차이가 있다는 점을 인지해야 한다. 윤리(倫理, ethic)는 "사람으로서 마땅히 행하거나 지켜야 할 도리"[28]를 의미한다는 점에서 행위자의 양심에 의존하는 경향이 있다. 이와 달리 권리(權利, right)는 "어떤 일을 행하거나 타인에 대하여 당연히 요구할 수 있는 힘이나 자격"[29]을 가리키며, 개인의 존엄과 가치를 보호하려는 목적을 갖는다. 따라서 윤리가 침해되지 않는 상황에서라도 개인의 권리는 침해될 수 있다. 성서는 '윤리'가 아닌 '권리'의 측면에서 사회적 약자를 보호할 것을 우리에게 명령한다.

고아나 과부는 경제 활동을 하기 어려운 집단이었다. 자신의 고향이 아닌 타 지역에서 잠시 거주하는 '객/이방인' 역시 마찬가지였으며, 게다가 그들은 법적 보호를 받기도 어려운 상태였다. 성서는 그러한 사각지대에 놓여 있는 자의 권리를 보호하는 것에 적극적이다. 이처럼 하나님이 '불쌍한 사람들'의 보호자를 자처하신 것처럼, 그들을 돌보는 것은 교회의 사명이다.

    오늘날 한국 사회에서 '고아, 과부, 객'은 누구인가? 특히나 가난과 전쟁과 재난 등의 이유로 자신의 고향을 떠나 낯선 곳에 머무는 나그네는 누구일까? 최근 몇 년 사이에 많은 논쟁을 불러일으킨 예멘 난민 수용 문제라든가, 국회 국정감사에서 폭로된 이주 노동자의 인권 침해 실태 등이 떠오를 수 있다. 우리는 이러한 모습을 보며 '그리스도인은 어떤 입장을 취해야 하는가?'보다 '성서는 우리에게 무엇을 가르치는가?'라는 질문을 먼저 던져야 한다. 성서의 가르침은 과거를 넘어 현재를 위한 것이기 때문이다.

토의를 위한 질문

1. 성서의 율법에는 '객, 고아, 과부'를 돌보라는 표현이 어떻게 기록되어 있는가?

2. 신명기 10장에는 '객, 고아, 과부'를 사랑하는 주체가 어떻게 바뀌고 있는가? 그리고 그것은 무엇을 의미하는가?

3. 율법에 기록된 '객, 고아, 과부'의 몫은 무엇인가? 출애굽기 23:6에 나타나는 '송사'(מִשְׁפָּט, 미쉬파트)라는 단어는 어떤 다른 뜻으로 번역될 수 있는가?

4. 율법은 왜 이스라엘에게 '이집트에서의 종살이'를 기억하라고 명령하는가?(신 24:18 등)

5. 사회적 약자를 돌보아야 한다는 당위성을 말하는 '윤리'와 약자가 가진 '권리'라는 개념에는 어떠한 차이가 있는가?

6. 율법이 약자의 권리를 보호하여 경제적 어려움으로 인해 나락으로 떨어지는 것을 방지하려는 이유는 무엇인가? 우리 주변에서 관찰할 수 있는 모습은 어떠한가?

신분 사회였던 고대 사회는 자유인과 달리 '종'에게는 아무런 권리를 보장하지 않았다. 이 때문에 종으로 전락한 자는 자유를 쟁취하기 위해 도망을 감행하기도 했다(삼상 22:2). 그러나 도망한 종을 누가 주인에게 알려서 주인의 손에 붙잡힌다면, 그는 어떻게 될 것인가? 고대 근동 사회는 도망한 종을 발견하면 주인에게 알리라고 말하지만, 신명기 율법은 '도망한 종'을 주인에게 돌려주지 말고, 오히려 그를 압제하지 말라고 명령한다. 환언하면, 이스라엘 전체는 마치 약자를 위한 '도피처'로서 작용한다.

10. 그의 주인에게 돌려주지 말라

도망한 종의 권리
신 23:15-16

신명기의 핵심법이 소위 십계명의 구조로 되어 있다는 이해는 오래전부터 널리 인정되어 왔다. 오토는 이를 언급한 카우프만(S. A. Kaufman)의 구조를 잘 소개하고 있다.[1] 그에 따르면 여기에서 다루려는 신명기 23:15-16[16-17]은 제7계명, 즉 '간음 금지'와 연결된다. 그러나 신명기에 존재하는 기타 규정은 종종 그러한 구조를 깨뜨리기도 하는데, 그것은 바로 여기에서 다루고자 하는 본문이기도 하다. 여기에서는 '종이 그의 주인을 피하여 도망하는 경우'를 서술한다. 고대 법률에서 종과 주인의 관계를 기반으로 하는 법률은 상당히 빈번하게 관찰된다(출 21:2이하). 즉 '도망한 종'을 어떻게 할 것인가는 이스라엘만의 문제가 아니었으며, 한 시대의 문제도 아니었다(집회서 33:33; 빌레몬서).

신명기 율법은 고대 근동의 법과 어떤 차이가 있으며, 이 율법은 어떤 신학적 의미가 있는가? 무엇보다 우리는 고대 사회에서 종이 주인의 재산으로 취급되었음을 고려해야 한다. '주인의 재산권 보장'과 '종의 생명 보장' 사이에서 신명기 율법은 무엇을 선언하는가? 더 나아가 신명기 율법은 '도망한 종'을 어떠한 방법으로 보호하라고 말하는가? 이것을 관찰함으로써 우리는 도망한 종의 권리를 살필 수 있을 것이다.

도망한 종

도망한 종은 누구인가? 일부 학자들은 '도망한 종'이 '이스라엘에서 거주할 것'을 요청한다는 이유로 그들을 '외국에서 도망한 종'으로 간주하기도 한다.[2] 하지만 우리는 "노예제도가 존재했던 지역에는 주인에게서 도망하는 노예가 존재했다"[3]며 사회적 측면을 적절하게 언급한 티게이(J. H. Tigay)의 목소리에 귀를 기울일 필요가 있다.

먼저 우리는 종의 여러 상황을 고려할 수 있다. 1) 이스라엘에 있는 이스라엘 종, 2) 이스라엘에 있는 외국인 종, 3) 외국에 있는 이스라엘 종, 4) 외국에 있는 외국인 종. 그뿐 아니라 한 사람이 종으로 전락하는 여러 상황이 존재한다. 1) 경제적인 이유로 종으로 전락하는 경우(암 2:6-8; 느 5장),[4] 2) 전쟁 포로에서 종이 된 자(암 1:6; 참조. 왕하 24:14), 3) 종인 부모에게서 출생한 자(출 21:4) 등. 일부 율법이 종으로 전락한 이스라엘 사람에 대해 특별히 언급하는 경우도 있지만(출 21:2), 신명기 23장에는 그러한 언급이 전혀 없다. 이러한 사실은 이 규정이 시대와 인종에 대한 규정을 넘어 보편적으로 적용될 수 있음을 암시한다. 환언하면, 우리는 '도망한 종'을 외국에서 도망한 종으로 제한할 이유가 없다.

본문 살펴보기(신 23:15-16[16-17])

신명기 23:9-14에는 '대적'(אֹיֵב, 오예브), '진영'(מַחֲנֶה, 마하네)과 같은 표현이 관찰되는데, 이것은 전쟁을 염두에 둔 단어다. 여기에는 '정결'(טָהוֹר, 타호르) 그리고 '씻음'(רחץ, 라하쯔)이라는 용어가 사용되어 '정결과 부정'이 중요한 주제임을 보여 준다. 또한 9-14절은 'כִּי'(키)라는 단어로 시작하여 조건문의 형태로 되어 있지만, 15[16]절은 절대법 형태로 시작한다는 점에서 앞 단락과 구별된다. 게다가 9-14[10-15]절에 나오는 '진영' '대적'과 같은 단어가 15-16[16-17]절에는 나오지 않는다. 물론 '구원하다'(נצל, 나짤)는 용어가 14[15]절과 15[16]절에서 관찰되어 내용적으로 나뉘는 두 구절을 연결하는 듯하다.

15-16[16-17]절은 금지 명령(Prohibitiv)이 중요하게 나온다. 이 본문은 '돌려주지 말라'(לֹא־תַסְגִּיר, 로-타스기르)는 금지 명령으로 시작해서 '압제하지 말라'(לֹא תּוֹנֶנּוּ, 로 토네누)는 금지 명령으로 끝나기 때문이다.

신 23:15[16]　　לֹא־תַסְגִּיר עֶבֶד אֶל־אֲדֹנָיו
　　　　　　　אֲשֶׁר־יִנָּצֵל אֵלֶיךָ מֵעִם אֲדֹנָיו׃
　　　　　　　종이 그의 주인을 피하여 네게로 도망하거든
　　　　　　　너는 그의 주인에게 돌려주지 말고.

신 23:16[17]　　עִמְּךָ יֵשֵׁב בְּקִרְבְּךָ בַּמָּקוֹם
　　　　　　　אֲשֶׁר־יִבְחַר בְּאַחַד שְׁעָרֶיךָ בַּטּוֹב לוֹ לֹא תּוֹנֶנּוּ׃
　　　　　　　그가 네 성읍 중에서 원하는 곳을 택하는 대로
　　　　　　　너와 함께 네 가운데에 거주하게 하고 그를 압제하지 말지니라.

개역개정은 '도망하다'와 '돌려주다'라는 동사를 각각 순서대로 사용하여 번역하는데(15[16]절), 히브리어 성서는 '돌려주지 말라'(לֹא־תַסְגִּיר, 로-타스기르)는 표현으로 시작한다. 이러한 2인칭 미완료와 부정어의 결합은 금지 명령을 표현하는 전형적인 방식으로서(출 20:13-16), '종을 그 주인에게 돌려주지 말라'는 명령을 강하게 언급하는 것이다. 여기에 사용된 동사 '사가르'(סגר)는 '내어 주는' 행위를 가리킨다는 점에서 자신에게 들어온 자를 밀어내는 모습을 연상시킨다. 우리는 이것을 15b[16b]절과 연결할 수 있다. 15b[16b]절은 '아쉐르'(אֲשֶׁר) 문장을 활용하여 종의 상황을 언급한다. 종의 행위를 묘사하는 동사는 '도망하다'(נצל, 나짤)의 'Niphal 형태'다. 이 동사는 '구원/도움'의 개념을 포함하며(출 2:19; 3:8), 14[15]절에서는 야웨의 구원 행위를 묘사하기 위해 사용되었다. 그는 스스로 도망하여 누군가에게 도움을 청한다. 본문은 종으로 전락한 사람이 도망한 것에 대해 말할 뿐이며, 종이 도망한 이유, 상황 등 관련된 어떤 정보도 언급하지 않는다. 따라서 신명기 23:15-16[16-17]은 종의 상황에 상관없이 도와주어야 하는 것처럼 서술한다.

'도망한 종'에 대해 우리는 몇 가지 상황을 고려해야 한다. 첫째, 전술한 것처럼 한 사람이 종으로 전락하는 상황을 생각할 필요가 있다. 1) 이스라엘에 있는 이스라엘 종, 2) 이스라엘에 있는 외국인 종, 3) 외국에 있는 이스라엘 종, 4) 외국에 있는 외국인 종이다. 특별히 출애굽기와 같은 율법은 '이스라엘에 있는 이스라엘 종'의 경우에 대해 특별히 언급하며, 그들이 6년간 종으로 지낸 후에 방면될 것을 명시한다(출 21:2). 고대 사회에서 '종'은 주인의 재산처럼 취급되었는데, 우리는 이스라엘 내부에서 종으로 전락한 이스라엘 사람은 그가 막대한 빚을 지고 채주의 종으로 전락했을 가능성이 있음을 고려해야 한다. 이에 대해 케슬러는 고대 이스라엘 사회에서 '채무 관계'로 인해 한 개인이 자유인에서 종으로 전락하는 과정을 묘사한다.[5] 주인은 노예로 전락한 자를 마음대로 처리할 수 있었고, 육체적 처벌도 가능했다(출 21:20-21).[6] 채무로 인해 종으로 전락한 자는 종의 신분에서 벗어나기 위해 채무를 변제하거나 또는 일정 기간 주인을 위해 봉사해야만 했지만, 그것을 견디지 못하면 도망가는 경우도 있었다.

둘째, 율법은 주인과 종의 권리를 모두 보호한다. 출애굽기와 신명기 율법(출 21장; 신 15장)은 종으로 전락한 자에게 '6년간 종으로 노동하라'(שֵׁשׁ שָׁנִים יַעֲבֹד, 쉐쉬 샤님 야아보드)고 명령한다(출 21:2). 이 율법은 한 사람이 무기한 종으로 전락하는 것을 방지하기 위해, '히브리 종이 6년 동안' 주인을 섬긴 후에는 '자유인'이 되는 것을 명시한다. 우리는 '6년간 종으로 노동하라'는 율법에서 채권자의 권리를 보호하는 규정을 확인할 수 있다. 그러나 신명기 23:15-16[16-17]은 '종이 도주한 상황'을 묘사한다. 채무 관계로 인해 종이 된 자가 도주했다면, 채권자는 자신의 권리를 누리지 못하고 재산의 손실이 발생한 것이다. 그렇다면 도주한 종을 발견했을 경우에 주인에게 돌려주는 것이 당연한 처사가 아닌가? 그러나 신명기는 '종을 돌려주지 말라'고 명령하며, 주인의 권리 포기를 요구한다. 율법이 이처럼 선언하는 이유는 무엇인가?

셋째, '정의란 무엇인가?'[7] '공의와 정의'란 인류 역사에서 언제나 중요한 화두였다. '공정'은 성서 밖에서뿐만 아니라, 성서에서도 특히 예언서 같은 곳에서 핵심적인 위치를 차지한다. 전술한 것처럼 채권자는 종으로 전락한 자의 노동력을 활용하여 이윤을 취할 권리가 있었고, 종이 도망했다는 것은 그의 권리가 박탈되었음을 의미한다. 그렇다면 도망한 종을 주인에게 돌려보내는 행위는 '정의'를 지키는 행동처럼 보인다.

이러한 이해를 토대로 본문을 관찰한다면, '그의 주인에게 돌려주지 말라'는 명령은 대단히 어색하다. 이것은 주인의 손해를 고려하지 않는 듯 보이기 때문이다. 덧붙여 한국어 성서(개역개정)의 순서와 달리 히브리어 성서는 '종이 주인을 피하여 도망'하는 상황을 먼저 언급하지 않고, '돌려주지 말라'(לֹא־תַסְגִּיר)는 명령을 가장 앞에 배열하여 강조한다! 즉, 저자는 '상황'을 우선 고려하는 것이 아니라, 도망한 종을 돌려주지 않는 '행위'를 중시한다. 성서가 이렇게 말하는 이유는 무엇인가?

16[17]절의 히브리어 성서와 한국어 성서의 뉘앙스는 구별된다. 개역개정은 긴 서술 이후에 "너와 함께 네 가운데 거주하게 하고"라고 서술하지만, 히브리어 성서는 "너와 함께 네 가운데 거주하게 하고"(עִמְּךָ יֵשֵׁב בְּקִרְבְּךָ, 임카 예쉐브 베키르베카)라는 명령을 가장 먼저 기록하고 있다. 이것은 미완료 형태로 되어 있는데, 여기에는 3인칭 남성 미완료(יֵשֵׁב, 예쉐브)가 나오므로 도망한 종의 권리를 서술하는 듯 보인다. 즉 '그는 너와 함께 네 가운데에서 거주할 수 있다'는 의미가 된다. 본문에는 종의 권리를 묘사하는 단어가 관찰된다. 도망한 종은 한 장소에서 거주할 수 있을 뿐만 아니라, 자신이 거주할 장소를 '선택할'(יִבְחַר, 입하르) 수 있기 때문이다. 해밀턴(J. M. Hamilton)은 신명기에서 '선택하다'(בחר, 바하르)가 야웨의 선택을 묘사한다는 사실에 주목하며 '종의 선택권'을 강조한다(신 12:5; 14:2, 23-25; 15:20 등).[8] 따라서 본문은 도망한 종이 주인의 손길이 닿지 않으며 자신의 몸을 은신할 수 있는 곳에 숨어 지낼 권리가 있었음을 서술한다. 더 나아가 "그가 택하는 대로"(יִבְחַר, 입하르)는 도망한 종이 더 이상 종의 신분이 아니라, 스스로 거주지를 선택할 주체가 되었음을 보여 준다.[9]

16[17]절의 "그를 압제하지 말지니라"는 서술에 앞서서 히브리어 본문에는 '바토브 로'(בַּטּוֹב לוֹ)라는 표현이 나온다. 이것은 개역개정에서 '그

가 원하는'으로 번역되었다(LXX, ELB, ZB 2007, ESV도 동일). 종이 '원하는' 곳을 선택할 수 있다는 언급은 '도망한 종'의 권리를 다시 한번 부각시킨다. 하지만 '바토브 로'(בטוב לו)는 중의적 의미를 갖는다. 이것은 한편으로 많은 역본에서 나오는 것처럼 '종이 원하는'으로 이해되기도 하지만, 다른 한편으로는 '종에게 선으로 행하라'는 의미로 이해될 수 있기 때문이다. 환언하면, 이것은 도망자를 보호하는 자에게 주어진 일종의 명령이다.

이러한 이해는 16[17]절의 마지막 명령과 연결된다. 신명기 23:16[17] 마지막에는 '압제하지 말라'(לא תוננו, 로 토네누)는 금지 명령이 다시 나온다. 본문이 가리키는 '압제하다'는 무엇을 가리키는가? 이것은 '야나'(ינה)의 'Hiphil 형태'로, 이스라엘이 이집트에서 당했던 '압제'를 표현하기 위해 사용되었다(출 22:20). 이와 관련하여 우리는 '도망한 종'을 보호하는 자가 그가 '도망자'임을 알아챘을 경우에 협박하는 경우를 고려해야 한다. 즉 도망한 종에게 주인에게 알리겠다고 협박하여, 그를 도리어 자신의 '종'으로 전락시키는 상황을 금지하는 것이다.[10]

고대 문헌과 구약성서

우리는 고대 법령에서 '도망한 종'에 관한 언급을 찾아볼 수 있다. 함무라비 법전은 노예를 성문 밖으로 나가도록 도와주는 자에게 사형을 선언한다(§ 15). 만약 도망한 종을 집에 숨겨 주고 먹을 것을 제공하면서도 담당자에게 알리지 않으면, 집주인은 사형에 처해질 것이다(§ 16). 이와 달리 만약 도망한 종을 주인에게로 돌려보낸다면, 그는 적절한 보상을 받을 것이다(§ 17).[11] 그밖에도 Sefire III(4-7)는 만약 도망한 자를 만난다면, "그들에게 먹을 것을 주지 말고…오히려 그를 데려와야 한다"고 명령한다. 게다가 "그들을 지금 있는 곳에 머물도록 하면서 그들의 땅으로 돌아가지 않도록 한다면, 당신은 이 조약을 위반한 것이다"라고 서술한다.[12] 이처럼 도망한 종을 숨겨서는 안 되며, 그를 돌려보내야 한다는 규정은 메소포타미아 지역에서 어렵지 않게 관찰된다. 이에 우리는 "고대 근동의 법은 도망한 노예를 숨겨 주는 것을 금지했고, 국제 조약에 따라 동맹국들은 정기적으로 도망한 노예를 송환해야 했다"[13]고 요약할 수 있다. 환언하면, 이것은 특정 국가의 규정이 아니라 고대 근동 국가의 보편적인 '국제 조약'이었다.[14]

그렇다면 성서의 다른 곳에서는 '도망한 종'에 대해 어떻게 언급하는가? 열왕기상 2장은 솔로몬이 왕자의 난에서 왕위를 차지한 이후 스토리를 보여 준다. 솔로몬은 다윗의 유언에 따라 시므이를 지역 연금시켰다(왕상 2:36-38). 시간이 지난 후 시므이의 종들이 가드 왕 마아가의 아들 아기스에게로 도망했다. 본문은 시므이의 종들이 도망한 것이 어떠한 경우에 해당하는지 언급하지 않으며, 단지 시므이가 가드에 가서 종들을 찾아 돌아왔다고 보도한다(왕상 2:39-40). 시므이가 종을 되찾을 수 있었던 것은 '도망한 종을 주인에게 돌려주어야 한다'는 고대 근동의 규정과 연결될 수 있다. 전술한 것처럼 고대 근동의 법률은 도망한 노예를 숨겨 주는 행위를 금지하며, 주인에게 송환해야 함을 명시하기 때문이다.

우리는 '도망한 종'에 대해서뿐만 아니라, 분실한 재산에 대한 유사한 규정을 율법 규정에서 찾을 수 있다. 신명기 22장은 다른 사람이 분실한 재산을 발견한 경우에 대해 언급한다. "나귀라도 그리하고 의복이라도 그리하고 형제가 잃어버린 어떤 것이든지 네가 얻거든 다 그리하고 못 본 체하지 말 것이며"(신 22:3). 그뿐만 아니라 출애굽기도 비슷한 경우를 서술한다. "네가 만일 네 원수의 길 잃은 소나 나귀를 보거든 반드시 그 사람에게로 돌릴지며"(출 23:4). 현대의 관점에서 '사람'과 '동물'은 구별되지만, 고대의 관점에서 '도망한 종'과 '잃어버린 가축'은 모두 주인의 '재산'이라는 점에서 유사하게 여겨졌다. 이러한 본문을 토대로 우리는 이스라엘 율법이 고대 근동과 마찬가지로 한 사람의 재산상 손실을 막으려고 노력한다는 점을 확인할 수 있다.

그러나 신명기 역사서는 이와 상이한 모습을 보여 준다. 사무엘기는 왕권 형성 이전에 "환난당한 모든 자와 빚진 모든 자와 마음이 원통한 자"가 다윗에게로 몰려들었으며(삼상 22:2), 그들의 숫자가 400명가량이라고 보도한다. 특히 여기에는 억울한 사람뿐만 아니라, '빚진 자'도 속해 있었다. 이들은 채무 관계로 인해 곤경에 빠진 자를 가리키며,[15] 이후에 "요즈음에 각기 주인에게서 억지로 떠나는 종이 많도다"라는 나발의 발언 역시 그것을 확인시켜 준다(삼상 25:10). 따라서 도망한 종을 쫓아 그들을 다시 종으로 삼는 일인 '추노'(推奴)는 채권자가 재산권을 행사하는 행위였을 것이다. 이것을 전제로 본다면 신명기 23:15-16[16-17]의 기록은 놀랍다. 왜냐하면 이 기록은 '도망한 종의 권리'를 보장하기 때문이다.

신명기에 서술된 도망한 종의 권리

신명기 본문은 앞서 서술된 고대 근동의 율법과 상충된다. 신명기 저자는 '채권자'의 권리가 아니라, '도망한 종'의 권리를 명시함으로써 채권자의 권리를 무력화시킨다. 동시에 신명기 율법은 '도망한 종'과 '잃어버린 가축'을 구분한다. 잃어버린 가축을 발견했을 경우에는 가축의 주인이 원수라 하더라도 돌려주어야 했지만(출 23:4; 신 22:1-4),¹⁶ '도망한 종'의 경우에는 오히려 돌려주지 말라고 말하기 때문이다. 그렇다면 신명기 저자는 왜 종을 돌려주지 말라고 명령하는가? 우리는 종을 돌려보냈을 경우에 발생할 수 있는 몇 가지 상황을 고려해야 한다.

첫째, 율법은 주인이 자신의 종을 매질하는 사건을 종종 기록한다. 언약법전은 주인이 '그의 남종이나 여종을 치는 경우'에 대해 말한다(출 21:20). 주인은 종을 매질하여 죽음에 이르게 하기도 했으며, 심지어는 종을 때려 얼굴에서부터 다리까지 치료할 수 없는 상처를 입히는 경우도 적지 않았다(출 21:23-27). 따라서 우리는 만약 '도망한 종'을 주인에게 돌려보냈을 경우 발생할 사태에 대해 예견할 수 있다.

둘째, 주인은 종을 매매할 수 있었다. 고대에서 종은 주인의 재산으로 취급되었기 때문에, 주인은 종에 대한 소유권을 자유롭게 다른 이들에게 매매할 수 있었다. 만약 한 종이 도망했다가 붙잡혀 온다면, 그는 매질을 당할 뿐만 아니라 다른 곳으로 매매될 수도 있었다. 그들은 이스라엘 자국 내에서 매매되기도 했지만, 때로는 이방 나라로 팔리기도 했다. 우리는 그러한 경우를 성서의 몇몇 본문과 노예매매 계약을 다루고 있는 사마리아 파피루스에서 확인할 수 있다.

레 25:44-45	네 종은 남녀를 막론하고 네 사방 이방인 중에서 취할지니 남녀 종은 이런 자 중에서 사 올 것이며 또 너희 중에 거류하는 동거인들의 자녀 중에서도 너희가 사 올 수 있고 또 그들이 너희와 함께 있어서 너희 땅에서 가정을 이룬 자들 중에서도 그리할 수 있은즉 그들이 너희의 소유가 될지니라.
느 5:8	그들에게 이르기를 우리는 이방인의 손에 팔린 우리 형제

유다 사람들을 우리의 힘을 다하여 도로 찾았거늘 너희는 너희 형제를 팔고자 하느냐 더구나 우리의 손에 팔리게 하겠느냐 하매 그들이 잠잠하여 말이 없기로.

사마리아 파피루스에는 '야'(ja)라는 글자를 포함하는 이름이 나오는데, 이것은 그들이 유대인 또는 유대교인이었음을 암시한다. 동시에 이 계약서에는 '영원히'라는 문구를 통해 그들이 매매되고 있을 뿐만 아니라, 종의 신분에서 해방될 수 없음을 보여 준다.[17] 만약 '도망한 종'이 주인의 손에 넘겨진다면, 종은 다른 주인에게나 이방 나라로 팔릴 수 있었다.[18] 문제는 여기에서 그치지 않는다. 주인에게는 그를 처리할 권리가 있었으므로, 만약 도망한 종이 가정을 이루었다면 종의 가정은 자신의 의지와 상관없이 흩어지게 될 것이다.

고대 근동에서 종의 생명은 거의 보호받지 못했다. 도망한 종은 은신처를 찾기도 어려웠으며, 발견되는 즉시 송환될 위기에 처해 있었다. 일부 종에게는 신분을 나타내는 표식이 있었으므로 낮에 활동할 수 없었고, 식량을 구할 수도 없었다. 그는 자유를 위해 주인에게서 도망쳤지만, 이제는 생존의 위기에 직면했다. 이러한 문화를 배경으로 우리는 도망한 종을 '그의 주인에게 돌려주지 말라'는 명령을 고려해야 한다. 도망한 종을 주인에게 돌려주지 말라는 규정은 가장 먼저 종의 생명을 지키기 위한 조치였다. 언약법전에는 종의 생명을 해치는 주인에게도 그에 상응하는 처벌을 언급하지만(출 21:20),[19] 그것은 과연 얼마나 준수되었으며, 애초에 그러한 규정이 나오기까지 얼마나 많은 자들이 생명을 잃었을까? 종의 생명을 보호하는 일차적인 조치는 그들을 원래 주인에게로 돌려보내지 않는 것이었다. 이것은 주인이 재산을 잃는 것보다, 종의 생명을 보호하는 것이 더 중요했음을 함의한다. 성서는 종의 신분을 가진 사람이라도 그를 한 인격으로 대우한다.

도망한 종에게는 '자신이 원하는 곳에서 거주할 권리'가 있었으며, 더 나아가 '보호를 받을 권리'가 있었다. 이로써 그는 생명을 유지할 뿐만 아니라, 주인의 영향력이 미치지 않는 곳에 정착할 수 있었다. 여기에는 신학적으로 중요한 의미가 담겨 있다. 고대 근동에는 '도피성/도피처' 제도가 있었다. 살인한 자는 살인의 의도성을 막론하고 그곳으로 도피할 수 있었고, 그곳에서 합법적 절차에 따라 재판을 받을 수 있었다. 하지만 이 장에서 살펴본 신명기 23:15-16[16-17]에 따르면, 이와 같은 도피성 제도가 이스라엘 전체로 확대되었다고도 볼 수 있다. 왜냐하면 '도망한 종'은 그가 원하는 모든 곳에서 거주할 수 있었기 때문이다. "이스라엘 땅 전체가 도피처"[20]인 듯한 모습이다.

도망한 종에 관한 외경과 신약의 서술

'도망한 종'은 이 시대에만 이슈화된 문제가 아니었다. 우리는 관련된 주제를 신구약 중간기 문헌과 신약성서에서도 찾을 수 있다. 가장 먼저 집회서 33:32-33은 다음과 같이 서술한다. 본문은 주인이 학대하여 종이 도망하는 경우를 언급하며, 그를 가족처럼 대할 것을 가르친다.

집회서 33:32-33 (공동번역 개정판)	너에게 종이 하나 있거든 형제처럼 다루어라. 네 영혼이 너에게 필요한 것처럼 그도 너에게 필요하기 때문이다. 네가 그를 학대하여 그가 도망가면 어디에 가서 그를 찾아내겠느냐?

이밖에도 신약성서에서 잘 알려진 경우는 빌레몬에게 보내는 서신에 나오는 '오네시모'의 경우다. 잘 알려진 것처럼 빌레몬서는 도망한 종 오네시모에 대한 이야기다. 구약 시대뿐만 아니라, 신약 시대에도 도망한 종을 발견한 자는 그를 주인에게로 보내야 할 책임이 있었다.[21] 바울은 서신과 함께 오네시모를 주인에게 돌려보내며(몬 17절), 오네시모를 '종'이 아니라 '형제'로 대할 것을 요청한다(16절). 즉 집회서는 집 안에 있는 '종'에 대해 말한다면, 바울은 도망하여 돌아온 '종'에 대해 언급하고 있다.

세계인권선언과 오늘날의 난민

도망한 종에 대한 성서의 언급은 오늘날의 '난민'에 대한 처우와 연결될 수 있다. 세계인권선언 제13-14조에는 다음과 같이 기록되어 있다.

제13조	❶	모든 사람은 자국 내에서 이동 및 거주의 자유에 대한 권리를 가진다.
	❷	모든 사람은 자국을 포함하여 어떠한 나라를 떠날 권리와 또한 자국으로 돌아올 권리를 가진다.
제14조	❶	모든 사람은 박해를 피하여 다른 나라에서 비호를 구하거나 비호를 받을 권리를 가진다.

이에 따르면 모든 사람은 국적이 다른 나라에 거주할 수 있으며, 더 나아가 박해를 피해 망명할 권리가 있다. 고대 근동 국가는 '도망한 종'을 넘겨주는 것에 대해 명시한다면, 성서는 이와 달리 '도망한 종'을 보호할 것을 언급한다. 현대 사회의 국가에는 '망명한 자'를 보호해야 할 의무가 있으

며, 이는 '범죄인 인도법'[22]과는 엄격하게 구별된다. 그런 점에서 성서 규정이 오늘날 보편적 인권 개념으로 수용되고 있다고 볼 수 있다.

🔑

주인의 재산으로 취급되었던 종에게 '도망할 권리'가 있을까? 도망한 종의 생명을 보호한다는 취지는 그 자체로 주인의 재산권 보호와 모순된다. 성서는 길을 잃은 가축에 대해서는 심지어 원수의 것이라 할지라도 되돌려주어야 한다고 말하지만, 도망한 종에 대해서는 오히려 주인에게 돌려보내서는 안 되다고 서술한다. 만약 도망한 종이 주인에게 돌아간다면, 그 종은 주인에게 맞아 다치거나 심할 경우 죽임을 당할 수도 있고, 또는 전혀 다른 지역으로 팔려 갈 수도 있기 때문이다. 즉, 성서는 주인이 재산을 잃는 것보다 종의 생명을 보호하는 것이 더 중요함을 보여 주며, 종의 신분이라 할지라도 그를 한 생명으로 대우한다.

종의 생명을 보호하기 위해 신명기는 도망한 종의 권리를 두 가지로 요약한다. 첫째, 그는 도망한 곳에서 거주할 권리가 있다. 이러한 조치는 '종을 주인에게 돌려보내야 한다'는 고대 근동의 법과 상충된다. 성서는 도망한 종에게 거주할 권리를 허락할 뿐 아니라, 자신이 거주할 장소를 '선택'할 수 있다고 명시한다. 이로써 율법은 종의 생명이 보호되어야 함을 명시한다.

종은 도망한 곳에서 압제 또는 협박으로부터 자유로워야 한다. 어떤 사람이 도망한 종을 다시 주인에게 넘겨준다고 협박하며 자신의 종처럼 부리려 할 수 있었다. 이 경우에 도망한 종은 또다시 누군가의 종으로 전락할 수 있었다. 율법은 '도망한 종'을 '압제하지 말라'고 명령하며, 그에게 자유를 보장해야 함을 함의한다. '도망한 종'을 보호하라는 율법에는 사람의 생명을 보호해야 한다는 기본 사상이 근저에 존재한다. 비록 그 대상이 종이라 할지라도 그는 한 인간으로서 보호받아야 한다. 이것은 성서가 중요하게 이야기하는 인간의 기본권이다.

이러한 규정에서 우리는 율법이 추구하는 새로운 모습을 관찰할 수 있다. 이스라엘에는 소위 '도피처/도피성'이라는 특정 장소가 존재했다. 그러나 신명기 23:15-16은 마치 이스라엘의 모든 땅이 '도피처'인 것처럼 간주한다. 이를 통해 우리가 고대 사회에서 세상의 도피처로서 이스라엘, 그리고 오늘날 세상의 도피처로서 교회의 역할을 생각해 보는 계기가 되기를 바란다.

토의를 위한 질문

1. '도망한 종'에 대한 고대 사회의 일반적인 법률과 성서의 율법 사이에는 각각 어떤 차이가 있는가? 그 이유는 무엇이라고 생각하는가?

2. 성서는 왜 도망한 종을 주인에게 돌려주지 말라고 하는가? 만약 도망한 종을 주인에게 돌려보냈다면 어떤 일이 발생했을까?

3. '주인의 재산 보호'와 '도망한 종의 생명 보호' 사이에서 성서는 무엇을 강조하는가? 그 이유는 무엇이며, 그것에 대해 당신은 어떻게 생각하는가?

4. 율법이 도망한 종을 보호하고 있는 자에게 "그를 압제하지 말지니라"고 명하는 이유는 무엇인가?

5. 도망한 종에 대한 보호와 '범죄자 은닉'은 어떻게 다른가?

6. 도망한 종을 보호하라는 성서의 명령을 통해 짐작해 볼 수 있는 오늘날 교회의 역할은 무엇인가?

성서를 따르는 자는 이방인에 대해 어떠한 태도를 취해야 하는가? 이러한 논의는 구약 시대부터 적지 않게 있어 왔다. 많은 사람들은 약속의 땅에 입성하여 가나안 족속을 '진멸'하라는 성서의 명령이 이방인에 대한 배타적 태도에 힘을 실어 준다고 생각했다. 하지만 성서는 이스라엘 조상이 '게르'로 이방 땅에 거주함을 묘사하고, 그들을 환대하지 않은 이방 민족이 하나님의 징계를 받는 것을 보여 주며 이방인에 대한 환대를 촉구한다. 더 나아가 에스겔 47장은 개종한 이방인에게 이스라엘인과 동등한 권리를 부여함으로써 이스라엘인과 타국인의 모든 차이는 사라지게 되었다.

11. 종 되었던 일을 기억하라

이방인의 권리
창 12:10; 47:4

성서를 해석하는 것은 현대의 그리스도인으로서 살아가는 것과 무관하지 않다. 하지만 성서 해석은 왕왕 종교적 한계를 뛰어넘어 적용된다. 성서에 나타난 고대의 상(像)은 오늘날 사회를 비추는 거울이기 때문이다.

이 장에서는 고대 사회에서 이방인/외국인이 어떻게 취급되는지를 관찰하고, 오늘날 우리가 그들을 대하는 자세를 살피고자 한다. 최근 몇 년간 한국 사회에서 난민과 관련한 이슈에 대해 기독교가 목소리를 내는 모습이 종종 눈에 띄었다. 이에 대해 구약성서에 나타난 '이방인/외국인'에 대한 언급을 중점적으로 살펴봄으로써, 우리는 성서의 해석과 오늘날의 목소리 사이에 온도차가 있는지 확인할 수 있을 것이다.

먼저 성서에서 '이방인/외국인'을 가리키는 용어를 살펴보고, 이들에 대하여 성서가 취하는 복합적인 입장을 관찰할 것이다. 마지막으로 '난민'의 지위에 처했던 이스라엘 족장들의 모습을 살핌으로써 성서가 이방인 및 난민을 어떻게 바라보고 있는지를 요약하고자 한다.

성서에서 말하는 이방인/외국인

게르

성서에서 이방인을 가리키는 용어는 그리 많지 않다. 그 가운데 빈번하게 사용되는 단어는 '객/나그네'(גֵּר, 게르)[1]과 '이방인'(נָכְרִי, 노크리)[2]이라는 표현이다. '객'(גֵּר, 게르)은 동사(גּוּר, 구르)에서 파생한 명사인데,[3] 이태훈은 '객'과 '이방인'에 대해 다음과 같이 설명한다.

> 구약은 크게 이스라엘에 정착할 의향이 없이 일시적으로 머물게 된 외국인과 이스라엘에 정착하여 이스라엘 사람과 동화되기를 원하는 외국인의 두 종류로 구분된다. 구약은 전자를 노크리로 후자를 게르로 부른다.[4]

그에 따르면 '객'과 '이방인'은 공통적으로 '외국인'이며, 둘 사이에 차이점이 있다면 이스라엘에 동화되려는 여부다.[5] 그러나 왕대일은 이를 반박한다. 그는 반 하우텐(C. van Houten)을 인용하여, 게르(גֵּר)가 히브리어 성서의 헬라어 역본인 70인역에서 '개종자'(proselyte)로 번역되고 있음을 지적한다.[6] 그는 '게르'를 외국인으로 이해하는 것은 주전 3세기 저자의 시각이었고, "게르가 본래부터 유대교 신앙으로 개종한 외국인들을 지칭하는 말은 아니었다"[7]고 덧붙인다. 그러나 이것은 이스라엘 공동체에 들어온 게르에 제한하여 적용된다.

HALAT 사전은 게르에 대하여 다음과 같이 포괄적으로 설명한다. "전쟁(삼하 4:3; 사 16:4), 기근(룻 1:1), 전염병 또는 피의 보복 등을 이유로 혈

혈단신으로 혹은 가족이 마을 혹은 부족을 떠나 피난처 혹은 정착지를 찾는 자를 의미한다."[8] 게다가 "새롭게 정착한 곳에서 재산권, 법적 권리, 제의와 전쟁에 참여할 권리는 제한될 수밖에 없었다."[9]

언약법전에서 게르는 하나님의 보호를 받는 대상으로 기술되었고(출 22:20[21]), 일곱째 날에는 쉼을 취할 수 있었다. 더 나아가 게르는 사회적 약자로서 매 3년째의 십일조를 받을 수 있었다(신 14:28-29). 따라서 일부 본문에 따르면 그들은 외국인과는 구별되며, 일반적으로 '타지인'(他地人)으로 이해하는 것이 적절할 것이다.[10]

남유다에 이스라엘 동족 '나그네'가 발생하는 이유는 무엇인가? 두 가지로 정리할 수 있다. 첫째, 정치적 원인으로 말미암아 떠돌아다니게 되었다. 북이스라엘이 멸망한 이후에 앗시리아의 이주 정책에 따라 많은 북왕국 백성은 메소포타미아와 메대로 끌려갔지만(왕하 17:6), 일부는 남왕국으로 내려왔다(대하 30:25-26). 특히 히스기야 시대를 배경으로 하는 역대하 30장은 북왕국 멸망으로 인해 남유다에 '나그네'가 증가했음을 증언한다.[11]

왕하 17:6	호세아 제구년에 앗수르 왕이 사마리아를 점령하고 이스라엘 사람을 사로잡아 앗수르로 끌어다가 고산 강가에 있는 할라와 하볼과 메대 사람의 여러 고을에 두었더라.
대하 30:25-26	유다에 사는 나그네들이 다 즐거워하였으므로 예루살렘에 큰 기쁨이 있었으니 이스라엘 왕 다윗의 아들 솔로몬 때로부터 이러한 기쁨이 예루살렘에 없었더라.

둘째, 주전 701년 산헤립의 침공으로 인해 유다 지방이 황폐화됐으며, 따라서 지방에서 살기 힘들어진 백성들이 예루살렘으로 몰려들었다. 사람

들의 유입으로 인해 예루살렘은 대도시의 모습으로 변하였다.[12]

그런가 하면 창세기를 비롯한 여러 본문에서는 이와 다른 의미의 게르를 볼 수 있다. 왜냐하면 아브라함이나 야곱, 혹은 그 이후의 기록에서 이방 땅에 거주하는 이스라엘 사람을 '게르'로 묘사하기 때문이다. 아브라함은 기근 때문에 이집트로 이주했는데, 그곳에서의 삶을 '거류하다'라고 표현한다(창 12:10; 20:1). 이와 유사한 모습이 야곱에게도 관찰되는데, 야곱도 마찬가지로 기근 때문에 '거류하기' 위해 이집트로 이주했다(창 47:4). 동일한 모티브가 족장 이야기 이외에도 나타나는데, 예컨대 룻기는 땅의 기근으로 인해 모압 땅으로 이주하여 거류하는 엘리멜렉의 가족을 보여 준다(룻 1:1).

창 12:10	그 땅에 기근이(רָעָב, 라아브) 들었으므로 아브람이 애굽에 **거류하려고** 그리로 내려갔으니 이는 그 땅에 기근이 심하였음이라.
창 47:4	그들이 또 바로에게 고하되 가나안 땅에 기근이(רָעָב, 라아브) 심하여 종들의 양 떼를 칠 곳이 없기로 종들이 이곳에 **거류하고자** 왔사오니 원하건대 종들로 고센 땅에 살게 하소서.
룻 1:1	사사들이 치리하던 때에 그 땅에 흉년이(רָעָב, 라아브) 드니라. 유다 베들레헴에 한 사람이 그의 아내와 두 아들을 데리고 모압 지방에 가서 **거류하였는데**.

전쟁이 발발했을 때 주거지역을 떠난 사람들이 도피하는 곳은 국내만이 아니었다. 이사야서에 따르면 모압에서 쫓겨난 자들이 남유다에서 함께 살 수 있었다(גּוּר, 구르, 사 16:4). 심지어 레갑 족속이 남유다에서 '나그네'로 살아가는 모습은 이상적으로 서술되었다(렘 35:7).[13] 이처럼 게르는 기근으로 인해 자국을 떠나 식량이 풍족한 지역으로 이주한 자들, 혹

은 전쟁의 소용돌이에서 안전한 타국으로 이주한 자들을 가리킨다. 따라서 이스라엘 족장들이 이방 땅으로 이주하여 '나그네/객'으로 살았다는 점은 그들이 난민으로 거류했음을 보여 준다.

'게르'를 언급하는 다소 낯선 문맥은 소위 성결법전(레 17-26장)[14]이라 불리는 레위기 25:23에서 관찰된다. 여기에서 가나안 땅에 거주할 이스라엘이 '게르'로 기록되었다는 점은 상당히 주목된다. 이스라엘이 이방 땅에서 '게르'로 살았다는 것은 잘 알려진 사실이다. 그러나 레위기는 가나안 땅에서 이스라엘이 살았던 삶을 '게르'로 정의하며, 토지 소유권을 하나님께로 귀속시킨다. 토지 소유권이 없는 그들은 그것을 매매할 수 없었고, 다만 경작권을 가졌을 뿐이다. 그것은 이스라엘 땅에 오랜 기간 거주했던 '나그네'와 이스라엘인 사이에 궁극적인 차별이 없음을 의미한다.

> 레 25:23 토지를 영구히 팔지 말 것은 토지는 다 내 것임이니라. **너희는 거류민이요** 동거하는 자로서 나와 함께 있느니라.

게다가 에스겔 47:22은 '게르'에 대해 놀라운 것을 언급한다. 본문은 비록 이스라엘에서 나그네로 살아간다 할지라도 그곳에서 자녀를 낳은 자는 '기업'(נַחֲלָה, 나할라)을 받을 수 있다고 서술할 뿐 아니라, "타국인을 본토에서 난 이스라엘 족속같이 여기[라]"고 명시한다. 이로써 포로기 또는 그 이후에 개종자는 타국인이라 할지라도 이스라엘에서 기업을 받을 수 있게 되었고, 그들은 자신들이 거주하는 이스라엘 본토인과 동등한 지위를 갖게 되었음을 알 수 있다.[15] 이스라엘과 타국인의 모든 차이는 상쇄되었다.[16]

> 겔 47:22   너희는 이 땅을 나누되 제비 뽑아 너희와 너희 가운데에 머물러 사는 타국인(גֵּר, 게르) 곧 너희 가운데에서 자녀를 낳은 자의 기업이 되게 할지니 너희는 그 타국인을 본토에서 난 이스라엘 족속같이 여기고 그들도 이스라엘 지파 중에서 너희와 함께 기업을 얻게 하되.

노크리

성서에서 이방인을 가리키는 일반적인 용어는 '노크리'(נָכְרִי)다. 이 용어에 대한 규정은 성서 곳곳에서 서술되었는데, 그것을 다음과 같이 두 가지 정도로 정리할 수 있다.

먼저 성서는 자신의 동족으로부터 '노크리'처럼 취급되는 경우를 서술한다. 우리는 이것을 욥에게서 관찰할 수 있는데, 그는 질병으로 인해 자신이 종에게 '노크리'로 취급됨을 한탄한다(욥 19:15). 이것은 '노크리'가 종보다 못한 대우를 받았음을 암시한다. 욥의 질병은 그에게 사회적 사망선고를 가져다주었다.[17]

> 욥 19:15[18]   내 집에 머물러 사는 자와 내 여종들은 나를 낯선 사람으로 여기니 내가 그들 앞에서 타국 사람(נָכְרִי, 노크리)이 되었구나.

다음으로 노크리는 이스라엘에 속하지 않은 먼 지방에서 온 자로서, 민족적으로 이스라엘인이 아닌 사람을 가리킨다(왕상 8:41). 신명기는 그들을 '네 형제'와 구별하는데, 그들은 이스라엘에 거주한다 하여도 이스라엘의 왕이 될 수 없는 타국인을 지칭한다(신 17:15).[19]

> 왕상 8:41   또 주의 백성 이스라엘에 속하지 아니한 자 곧 주의 이름을

	위하여 먼 지방에서 온 이방인(נָכְרִי, 노크리)이라도.
신 17:15	반드시 네 하나님 여호와께서 택하신 자를 네 위에 왕으로 세울 것이며 네 위에 왕을 세우려면 네 형제 중에서 한 사람을 할 것이요 네 형제 아닌 타국인(נָכְרִי, 노크리)을 네 위에 세우지 말 것이며.

이방인에 대한 성서의 태도

지금까지는 이방인에 대한 성서의 언급이 어떤 맥락과 의미를 가지는지 살펴보았다. 이제는 성서가 이방인에 대해 어떻게 진술하는가를 살펴보자. 우리는 성서가 이방인에 대해 취하는 태도를 크게 두 가지로 나누어 생각할 수 있다.

이방인에 대한 부정적 태도

먼저, 성서는 이방인(노크리)에 대해 부정적으로 진술한다. 우리는 이스라엘 사람과 혈통적으로 구별된 이방인이 이스라엘 지역에 거주했다는 기록을 어렵지 않게 볼 수 있다. 신명기 14:21에 따르면 이스라엘 사람은 동물의 사체를 먹어서는 안 되었지만, 그것을 '이방인'(נָכְרִי, 노크리)에게 판매하거나 '객'(גֵר, 게르)에게 주는 것은 허락되었다. 신명기 본문에서 이스라엘과 '객' 또는 '이방인'은 명확하게 구별되며, 심지어는 '객'과 '이방인' 사이에도 미세한 차이가 있다. 특별히 신명기 14:3-19이 '부정한 짐승'을 규정하고 그것을 먹지 말라고 명령하므로, '성민'인 이스라엘 사람은 부정한 것으로 간주되는 자연사(自然死)한 짐승을 취할 수 없었다.[20]

신 14:21	너희는 너희의 하나님 여호와의 성민이라. 스스로 죽은 모든 것은 먹지 말 것이나 그것을 성중에 거류하는 **객**에게 주어 먹게 하거나 **이방인**에게 파는 것은 가하니라. 너는 염소 새끼를 그 어미의 젖에 삶지 말지니라.

이스라엘 민족과 외국인을 다르게 취급하는 것은 이후 본문에서도 계속 관찰된다. 모든 사회에는 궁핍한 사람과 여유가 있는 사람이 존재하며, 그로 인해 채무 관계가 발생하는 것은 불가피하다. 그리고 채무 관계가 발생했을 때, 채무자는 빌린 물건, 즉 임차물에 대해 이자를 갚거나 기간을 정하여 돌려주는 것이 상식이다. 하지만 신명기는 면제년이 되면 채권자가 동족에게 빌려준 물건 혹은 자금에 대해 상환 요구를 하는 것이 불가능함을 선언한다(신 15:1). 이것은 7년을 주기로 순환하는 약자에 대한 사회 조치의 일환이며(신 14:28-15:3),[21] 여기에서 '객'은 이스라엘 동족처럼 간주되지만, '이방인'은 그렇지 않다. 신명기 23:20[21]은 이방인에게 이자를 요구할 수 있음을 서술함으로써, 이방인을 이스라엘 사람, 심지어 객과 구별한다. 따라서 신명기에 따르면 이방인은 사회 보호의 대상에서 제외되었다.

신 14:29	너희 중에 분깃이나 기업이 없는 레위인과 네 성중에 거류하는 **객**(גֵּר, 게르)과 및 고아와 과부들이 와서 먹고 배부르게 하라. 그리하면 네 하나님 여호와께서 네 손으로 하는 범사에 네게 복을 주시리라.
신 15:1-3	매 칠 년 끝에는 면제하라. 면제의 규례는 이러하니라. 그의 이웃에게 꾸어 준 모든 채주는 그것을 면제하고 그의 이웃에게나 그 형제에게 독촉하지 말지니 이는 여호와를 위하여 면제를 선포하였음이라. **이방인**(נָכְרִי, 노크리)**에게는 네가 독촉하려니와** 네 형제에게 꾸어 준 것은 네 손에서 면제하라.

이방인에 대한 부정적 시각은 여기에서 그치지 않는다. 역사서 및 예언서는 '이방 여인'(נָכְרִיָּה, 노크리야)을 언급하며, 이방 여인과 통혼하는 것에 대한 부정적 인식을 노출한다. 주전 5-4세기경에[22] 활동한 에스라와 느헤미야는 이스라엘의 정체성, 좀 더 엄밀히 말하면 유대교의 정체성이 위기에 처해 있던 상황에서 정체성에 대한 고민을 반영하고 있다.

느헤미야 13:26-27은 열왕기상 11:1에 기록된 '솔로몬이 많은 이방 여인을 사랑했다'는 진술을 되풀이하며, 그것을 죄로 규정한다. 왜냐하면 이방 여인은 솔로몬을 '이방 신'으로 인도했기 때문이다. 솔로몬에 대한 이러한 판단은 에스라-느헤미야기 저자가 역대기 사가와 차이가 있음을 제시할 뿐만 아니라, 에스라-느헤미야기 저자가 오히려 신명기 역사서에 더 친숙했음을 보여 준다.[23]

에스라 10장은 제사장 가문의 잡혼(雜婚)이라는 주제를 넘어서 백성이 이방 여인과 결혼한 것을 문제 삼고(스 10:10-11), 잡혼한 자들을 반강제로 이혼시킨다. 물론 이러한 에스라-느헤미야의 조치가 실제로 거행되었는지에 대해서는 논란이 없지 않다. 이혼은 하나님이 미워하시는 것이기 때문이다(말 2:16).

스 10:10-11　제사장 에스라가 일어나 그들에게 이르되 너희가 범죄하여 이방 여자를 아내로 삼아 이스라엘의 죄를 더하게 하였으니 이제 너희 조상들의 하나님 앞에서 죄를 자복하고 그의 뜻대로 행하여 그 지방 사람들과 **이방 여인**(נָכְרִיָּה, 노크리야)을 끊어 버리라 하니.

느 13:26-27　또 이르기를 옛적에 이스라엘 왕 솔로몬이 이 일로 범죄하지(חָטָא, 하타) 아니하였느냐? 그는 많은 나라 중에 비길 왕이 없이 하나님의 사랑을 입은 자라. 하나님이 그를 왕으로 삼아 온 이스라엘을 다스리게 하셨으나 이방 여인이 그를 범죄하게(חָטָא, 하타) 하였나니 너희가 **이방 여인**(נָכְרִיָּה, 노크리야)을 아내로 맞아 이 모든 큰 악을 행하여 우리 하나님께 범죄하는 것을 우리가 어찌 용납하겠느냐?

이와 같이 우리는 이방인에 대해 부정적으로 서술하는 성서의 본문을 직시한다. 이것은 신명기에서만이 아니라 그 이후 본문에서도 관찰되는데, 아마도 신명기적 관점이 반영되었을 것으로 보인다.

이방인에 대한 긍정적 태도

성서가 이방인에 대해 부정적 태도만 보이는 것은 아니다. 한 예로, 열왕기서는 이방인이 성전을 향해 기도할 수 있음을 보여 준다(왕상 8:41-43).

왕상 8:41-43	또 주의 백성 이스라엘에 속하지 아니한 자 곧 주의 이름을 위하여 먼 지방에서 온 **이방인**(נָכְרִי, 노크리)이라도 그들이 주의 크신 이름과 주의 능한 손과 주의 펴신 팔의 소문을 듣고 와서 이 성전을 향하여 기도하거든 주는 계신 곳 하늘에서 들으시고 **이방인**(נָכְרִי, 노크리)**이 주께 부르짖는 대로 이루사** 땅의 만민이 주의 이름을 알고 주의 백성 이스라엘처럼 경외하게 하시오며 또 내가 건축한 이 성전을 주의 이름으로 일컫는 줄을 알게 하옵소서.
미 4:2	곧 많은 이방 사람들이(גּוֹיִם רַבִּים, 고임 라빔) 가며 이르기를 오라 우리가 여호와의 산에 올라가서 야곱의 하나님의 전에 이르자, 그가 그의 도를 가지고 우리에게 가르치실 것이니라, 우리가 그의 길로 행하리라 하리니 이는 율법이 시온에서부터 나올 것이요 여호와의 말씀이 예루살렘에서부터 나올 것임이라.

'이방인이 성전을 향해 기도한다'는 것은 야웨 신앙으로 전향한 이방인이 있음을 추측하게 하며, 이러한 사상은 이미 포로기 이전 예언서에서도 관찰되는 바다(사 2:3; 미 4:2).[24] 미가 4:2의 '이방 사람들'은 이방 민족들을 나타내는 것이므로 '노크리'를 포함한다. 열두 소예언서의 최종 편집을 연구한 뵐레(J. Wöhrle)는 '이방에 대한 구원 단락'(Heil-für-die-Völker-Korpus)이 열두 소예언서에서 중요한 주제로 나타난다는 점을 부각시켰는데,[25] 그의 주장은 이방인에 대한 긍정적 시각이 성서에 전반적으로 반영되었음을 환기시킨다.

성문서에서도 이방인을 중요하게 언급하는 모습을 찾을 수 있다. 룻기는 사사기와 사무엘기 사이에 배열되어 역사서처럼 인식되곤 하지만, 히브리어 성서에 따르면 이것은 메길롯(Megillot)[26]의 하나로서 '성문서'에 포함되었다.

룻기는 이스라엘 사람인 엘리멜렉이 흉년으로 인해 모압 지방에 가서 거류했다는 말로 시작한다. 눈에 띄는 것은 그의 아들들이 '모압' 지방에서 모압 여인을 아내로 맞이했고(룻 1:2-4), 남성들이 모두 사망한 이후에 룻과 나오미가 다시 이스라엘로 돌아왔다는 점이다(룻 1:6). 이스라엘로 돌아온 후에 룻은 스스로를 '이방 여인'이라고 진술한다(룻 2:10). 게다가 룻이 모압 여인이라는 점이 룻기에서 부각되는데, 이것은 신명기 23장과 함께 이해되어야 한다.[27] 왜냐하면 신명기는 모압 사람이 '유대 공동체'에 영원히 들어오지 못한다고 규정하기 때문이다. 이러한 관점에서 본다면 보아스는 모압 출신 '이방 여인'을 받아들였다는 점에서 율법을 어기는 인물이다.[28] 이처럼 보아스가 이방인을 수용한 모습을 근거로 피셔(I. Fischer)는 교부들이 보아스를 '예수 그리스도의 전형'으로 해석했음을 상기시켰다. 후대에 이방인과 이스라엘이 한 땅에 거주하는 것은 자명한 사실이 되었다(겔 47:22). 그러므로 룻기는 '이방인이 유대 공동체에 귀속될 수 있는가?'[29] 그리고 '잡혼을 허락할 것인가?'와 같은 질문을 다루고 있다.[30]

우리는 앞에서 이방인/외국인에 대한 성서의 언급을 '게르'와 '노크리'를 중심으로 살펴보았다. 한편으로 '이스라엘'과 객 또는 이방인을 차별하는 것은 정당한 것처럼 보인다. 이스라엘은 성민으로서 이방인과 구별되어야 하며, '이방 여인'과 잡혼하는 것은 이스라엘이 우상을 숭배하게 된 원인이 되므로 경계되어야 했다. 그러나 다른 한편으로 성서는 이방인에 대해 전혀 다른 입장을 보여 준다. 이방인이 '성전'을 향해 기도하면 하나님이 들으실 것이다. 심지어 '이방 여인'과 잡혼하는 것에 대한 부정적 시각 또한 의문시된다.

룻 2:10	룻이 엎드려 얼굴을 땅에 대고 절하며 그에게 이르되 나는 이방 여인(נָכְרִיָּה, 노크리야)이거늘 당신이 어찌하여 내게 은혜를 베푸시며 나를 돌보시나이까 하니.
신 23:3[4]	암몬 사람과 **모압 사람**은 여호와의 총회에 들어오지 못하리니 그들에게 속한 자는 십 대뿐 아니라 영원히 여호와의 총회에 들어오지 못하리라.

난민으로서 이스라엘

인종, 종교, 국적 또는 정치적 의견을 이유로 박해를 받을 우려가 있다는 충분한 근거가 있는 공포로 인하여, 자신의 국적국 밖에 있는 자로서, 국적국의 보호를 받을 수 없거나, 또는 그러한 공포로 인하여 혹은 개인적인 사정 이외의 이유로 인하여 국적국의 보호를 받는 것을 원하지 아니하는 자. 또는 종전의 상주국 밖에 있는 무국적

자로서, 상주국으로 돌아갈 수 없거나, 또는 그러한 공포로 인하여 혹은 개인적인 사정 이외의 이유로 인하여 상주국으로 돌아가는 것을 원하지 아니하는 자.³¹

1951년 체결된 "난민의 지위에 관한 협약"(Convention Relating to the Status of Refugees)은 난민을 이와 같이 규정하고 있다. 사전적 의미에 따르면 난민은 "전쟁이나 재난 따위를 당하여 곤경에 빠진 백성" 혹은 "가난하여 생활이 어려운 사람"³² 등을 가리킨다. 이것은 앞서 언급한 HALAT 사전의 '게르'에 대한 정의와 부분적으로 일치한다.³³ 물론 '게르'가 새롭게 정착하려는 곳이 '국적국'인가 혹은 '비국적국'인가의 차이는 존재한다.

우리는 이스라엘 조상들의 이야기를 담고 있는 창세기에서 아브라함, 이삭과 야곱 이야기의 특징을 발견할 수 있다. 족장들이 기근으로 인해 이방 땅에 거류해야 했다는 기록이다. 살던 땅에 먹을 것이 없어 풍요로운 지역으로 이주한 족장들의 모습은 오늘날 난민 개념에 상응할 것이다.

창 12:10   그 땅에 **기근이 들었으므로** 아브람이 애굽에 **거류하려고**(גור, 구르) 그리로 내려갔으니 이는 그 땅에 기근이 심하였음이라.

창 26:1, 3   아브라함 때에 첫 흉년이 들었더니 그 땅에 또 **흉년이 들매** 이삭이 그랄로 가서 블레셋 왕 아비멜렉에게 이르렀더니…이 땅에 **거류하면** 내가 너와 함께 있어 네게 복을 주고 내가 이 모든 땅을 너와 네 자손에게 주리라. 내가 네 아버지 아브라함에게 맹세한 것을 이루어.

창 47:4   그들이 또 바로에게 고하되 가나안 땅에 **기근이 심하여** 종들의 양 떼를 칠 곳이 없기로 종들이 이곳에 **거류하고자**(גור, 구르) 왔사오니 원하건대 종들로 고센 땅에 살게 하소서.

아브라함과 이삭은 자신들에 대한 폭력을 염려하여 타지에서 아내를 '누이'라 이야기했다. 그러나 성서는 족장들이 오히려 그곳에서 보호를 받았음을 보여 줌으로써, 이방인에 대한 그들의 선입견이 잘못되었음을 지적한다. 특히 이집트 땅에서 '객'으로 체류한 기간은 족장이라는 부족 집단이 이스라엘 국가로 거듭나는 데 중요했다.

족장 이야기 외에도 성서의 위대한 인물이 타지에서 객으로 살아가는 모습도 관찰할 수 있다. 모세는 자신이 타지에서 '객'(גֵּר, 게르)이 되었음을 게르솜이라는 아들의 이름으로 표현한다(출 2:22). 다윗은 사울을 피하여 모압 지방으로 망명했으며, 자신의 부모를 모압 왕에게 의탁했다.[34] 이처럼 경제적·정치적 어려움으로 인해 이방 나라에 망명하여 난민이 되었던 이스라엘은 부족 집단에서 '국가'로, 결국에는 다윗 왕조로 세상에 등장할 수 있었다.

지금까지 구약에 나타난 '객/나그네'와 '이방인'에 대해 살펴보았다. '객/나그네'에는 다양한 의미가 있다. 신명기와 역사서에서 그들은 '이방인'과 구별되는 자들로서 자신의 고향을 떠나서 연고가 없는 지역에 거주하는 자, 족장 이야기에서 이방인과 유사한 개념으로서 자국이 아닌 타국에 거주하는 자, 마지막으로 독특하게 이방 땅에 거주하는 이스라엘 민족을 가리킬 때 사용되었다. 그들은 이스라엘의 '불쌍한 사람들'로서 보호의 대상이었다.

'이방인'은 '객/나그네'와 구별되었다. 예를 들어 이스라엘인이 동족에게 이자를 받는 것은 금지되었지만, 이방인에게 받는 것은 허락되었다.

또한 이방인은 대단히 부정적으로 기술되기도 했다. 이방 여인과 결혼하는 것은 이스라엘을 이방 신 숭배로 이끌었기 때문이다. 그러나 성서는 이방인이 이스라엘 백성과 함께 거주하고 있음을 직시한다. 그것은 '이방인이 이스라엘 집단으로 들어올 수 있는가?'라는 문제와 결부되었다. 역사는 그들이 '이스라엘화'되었음을 선언하며, 심지어 예수의 족보에도 이방 여인이 등장한다. 더 나아가 이스라엘 족장은 기근과 같은 문제로 양식이 풍부한 곳으로 이동하여 거주했으며, 성서는 그들이 그곳에서 '객/나그네'가 되었다고 표현한다. 이와 유사한 모티브는 창세기뿐 아니라 역사서에서도 반복적으로 관찰된다. 그런 점에서 '객'은 '이방인' 개념을 포함한다.

한국에도 외국인이 매년 증가하여, 2022년 11월 기준으로 전체 인구 대비 4.4퍼센트에 달하는 226만 명으로 집계되었다.[35] 이들 중 통계로 집계된 외국인 노동자만 84만 명가량이다. 그런데 이들을 바라보는 대한민국 국민의 인식, 더 나아가 그리스도인의 인식은 어떠한가? 몇 년 전 한 주요 정당 대표가 '외국인 노동자에게 내국인과 동일한 임금 수준을 보장하는 것은 형평성에 어긋난다'는 취지의 발언을 해서 논란을 일으킨 적이 있다.[36] 그의 발언은 외국인 노동자에 대한 한국 사회의 인식을 노골적으로 보여 주었다.

외국인 노동자뿐 아니라 난민에 대해서도 언급할 필요가 있다. 정치·경제적 관점을 모두 떠나, 기독교의 입장에서 난민을 어떻게 바라보아야 하는가? 성서에서 난민을 거부하는 이유를 찾기는 쉽지 않다. 오히려 성서는 식량난으로 인해 타국에서 난민으로 살아가는 이스라엘 족장들이—성서는 그들을 '나그네/객'으로 표현한다—주변 국가에서 환대받았음을 반복적으로 묘사한다. 외국인 노동자나 난민에 대한 그리스도인의 반응은 일반 사회의 반응과 분명 구별되어야 할 것이다. 한국 교회가 부르짖는 '선교'가 과연 우리 삶의 터전에서도 이루어지고 있는가? 우리는 재고해 보아야 한다.

토의를 위한 질문

1. 이방인에 대한 한국 기독교의 태도는 어떠하며, 그 이유는 무엇인가?

2. 이방인에 대해 부정적으로 언급하는 성서 본문을 찾아보라. 그러한 입장의 근거는 무엇인가?

3. 이방인에 대해 긍정적으로 언급하는 성서 본문을 찾아보라. 그러한 입장의 근거는 무엇인가?

4. 포로기 (이후) 본문인 에스겔 47:22은 이스라엘과 이방인에 대해 어떻게 기록하나? 구약/신약성서가 이스라엘과 이방인을 차별한다면, '나'는 거룩한 백성이 될 수 있는가?

5. 이스라엘 족장들은 환난이 있었을 때 이방 땅으로 가서 '게르'로 살아갔다. 그때 이방 나라는 그들을 어떻게 대했는가?

6. 우리 주변에 함께 살아가는 이방인은 누구이며, 우리는 그들에게 어떠한 태도로 다가가야 하는가?

십일조 생활은 구약 시대부터 신앙에서 강조되는 부분이었으며, 성도의 물질관을 가늠하는 척도로 자리 잡았다. 신약 시대 이후로는 십일조가 명시적으로 강조되지는 않았지만, 그 중요성은 여전히 유지되어 왔다. 하지만 교회는 '십일조의 정신'에 대해 얼마나 가르치고 있는가? 신명기는 '성소 십일조'와 함께 '성읍 십일조'를 언급하며, 십일조를 드리는 것만이 아니라 그것이 어떻게 사용되어야 하는지까지 명시한다. 율법은 '성읍 십일조' 그리고 7년 주기의 '면제년' 제도가 사회적 약자가 다시 종으로 전락하지 않도록 방지하는 인권 보호 기금으로 활용되어야 한다고 가르친다.

12. 십일조를 성읍에 내라

인권 보호 기금
신 14:22-29; 26:12-13

십일조는 그리스도인들에게 아주 익숙한 단어다. 이것은 교회에 출석하는 자의 '의무'로 알려져 있기도 하지만, 오늘날 이에 대한 논쟁은 멈출 기미가 없다. 한편에서는 '십일조로 복 받은 부자들'을 언급하며 강조하고, 다른 한편에서는 물질을 탐하는 자들을 고발하며 '십일조는 없다'는 극단적 표현까지 사용한다.[1]

후자의 경우는 두 가지를 지적한다. 첫째, 신약에서 십일조가 긍정적으로 거의 언급되지 않는다. 예수의 십일조 비판(마 23:23; 눅 11:42)과 구약 인용(히 7장)을 제외하면, 신약성서에서는 십일조에 대한 언급을 거의 찾아보기 힘들다. 그런데 이것은 주후 70년에 성전이 파괴됨으로 인해 성전과 성전 종사자를 위한 헌금이 사라진 역사적 상황을 고려해야 한다. 즉, 시대적 정황 때문에 십일조를 언급하지 않은 것이지 신약성서가 십일조 자체를 거부하는 것은 아니다.[2] 신약 시대에도 십일조를 드려 왔음이 보도되기 때문이다(눅 18:12). 둘째, 교회가 부패했다. 오늘날 많은 성도가 교회의 크기를 교회당의 외형적 규모와 결부시키며 세를 과시하는 대형 교회의 모습에 적지 않은 반감을 드러내고 있다. 한 뉴스에서 다음과 같은 인용으로 한국 교회의 현 상태를 나타낼 정도로, 교회의 대형화는 사회적 이슈가 되었다.

> "교회는 그리스로 이동해 철학이 되었고 로마로 옮겨 가서는 제도가 되었다. 그다음에 유럽으로 가서 문화가 되었다. 마침내 미국으로 왔을 때⋯ 교회는 기업이 되었다." 그리고 "교회는 한국으로 와서는 대기업이 되었다."[3]

한국 교회의 대형화는 세계에서 유례를 찾아보기 힘들 정도다. 이 같은 교회의 대형화에 필수적인 것이 바로 재정이다. 교회는 오랫동안 헌금 특히 십일조를 강조해 왔는데, 이것은 십일조가 교회 재정의 60퍼센트 이상을 차지한다는 것에서 드러난다. 이처럼 십일조는 교회당과 교회를 유지하기 위해 불가피한 것처럼 보인다. 그렇다면 우리는 성서가 이야기하는 십일조와 그 정신은 과연 무엇인지 질문해야 한다.

십일조란 무엇인가

십일조를 가리키는 용어(מַעֲשֵׂר, 마아세르)는 아브라함이 전리품의 10분의 1을 멜기세덱에게 건네는 창세기 14:20에서 처음으로 등장한다. 이외에도 십일조의 동사 형태(עשׂר, 아사르)를 근거로 창세기 28:22을 언급할 수도 있을 것이다.[4] 이곳의 야곱 이야기는 십일조의 성격이 땅의 소산물을

본래 소유자에게 돌리는 행위임을 보여 준다.[5]

하지만 십일조는 창세기-출애굽기에서 더 이상 언급되지 않으며, 레위기 27장과 민수기 18장에 가서야 비로소 관찰된다. 여기에서 주목할 것은 중요한 종교적 법 모음집, 즉 제의법과 성결법전에는 십일조가 언급되지 않았다는 점이다.[6] 민수기 18장에 따르면 레위인은 십일조를 받을 수 있었다(민 18:24). 레위인이 이스라엘에서 종교적으로 중요한 역할을 한 것을 고려한다면, 이는 종교적 십일조를 의미한다. 이후에 신명기에서 십일조는 보다 포괄적으로 서술되었다. 여기에서 우리가 시선을 고정하려는 본문은 신명기 12장과 14, 26장이다. 레위기와 민수기의 십일조가 대체로 '성소'와 관련되는 것과 달리, 신명기에는 이스라엘 사람이 매 3년째 되는 해에 십일조를 '성읍'에 가져가야 한다고 기록되어 차이를 보이기 때문이다. 따라서 우리는 십일조를 성소가 아닌 성읍에 바쳐야 하는 이유가 무엇이었으며, 그것은 누구를 위하여 사용되었는가를 살펴볼 것이다.

신명기 12장의 성소 십일조

오경 중에서 십일조를 빈번하게 서술하는 책은 신명기이며, 십일조에 관련된 용어는 12, 14, 26장에 나타난다. 우리는 신명기 12장과 14장에서 "자기의 이름을 두시려고 택하신 곳"(בַּמָּקוֹם אֲשֶׁר־יִבְחַר לְשַׁכֵּן שְׁמוֹ שָׁם, 바마콤 아쉐르-이브하르 레샤켄 쉐모 샴)이라는 장소에 관한 언급을 관찰할 수 있다. 이것은 성소 중앙화를 염두에 둔 것으로서, 이스라엘 사람은 그곳으로 십일조를 가져가야 했다.

신 12:11   너희는 너희의 하나님 여호와께서 **자기 이름을 두시려고 택하실 그곳으로** 내가 명령하는 것을 모두 가지고 갈지니 곧 너희의 번제와 너희의 희생과 너희의 십일조와 너희 손의 거제와 너희가 여호와께 서원하는 모든 아름다운 서원물을 가져가고.

신 14:23   네 하나님 여호와 앞 곧 여호와께서 **그의 이름을 두시려고 택하신 곳에서** 네 곡식과 포도주와 기름의 십일조를 먹으며 또 네 소와 양의 처음 난 것을 먹고 네 하나님 여호와 경외하기를 항상 배울 것이니라.

그런가 하면 신명기에서 이와 구별된 서술도 관찰된다. 일부 신명기 본문은 십일조를 '성소'가 아니라 '성읍'(בִּשְׁעָרֶיךָ, 비쉬아레카)에 비축하라고 명령한다. 이것은 무려 2회에 걸쳐 기록되었다. 따라서 우리는 십일조를 내야 하는 장소가 변화하는 것을 인식함과 함께 그러한 이유에 대해 의문을 가져야 한다. 어떤 목적으로 십일조는 성읍에 비축되어야 했을까?

신 14:28   매 삼 년 끝에 그해 소산의 십분의 일을 다 내어 **네 성읍에** 저축하여.

신 26:12   셋째 해 곧 십일조를 드리는 해에 네 모든 소산의 십일조 내기를 마친 후에 그것을 레위인과 객과 고아와 과부에게 주어 **네 성읍 안에서** 먹고 배부르게 하라.

하나님이 선택하실 곳

신명기 12장에는 '십일조'(מַעֲשֵׂר, 마아세르)라는 용어가 3회 사용되었다(신 12:6, 11, 17). 각 본문에서 공통으로 관찰되는 것은 바로 '야웨가 선택한 곳'이라는 문구다.[7] 신명기 12장은 십일조에 대한 기록과 함께 '선택된 곳'

을 언급함으로써 그것을 가져갈 장소를 규정한다. 특별히 신명기 12:17은 "네 각 성에서 먹지 말[라]"(לֹא־תוּכַל לֶאֱכֹל בִּשְׁעָרֶיךָ, 로-투갈 레에콜 비쉬아레카)고 명령하는데,[8] 십일조는 그것의 첫 번째 목적어로 기술되었다(신 12:5-6, 11, 17-18). 여기에는 '네 각 성에서'(בִּשְׁעָרֶיךָ, 비쉬아레카)라는 문구가 등장하는데, 이것은 신명기 14:28에서 전혀 다른 의미로 사용되었다. 신명기 14:28은 십일조를 '네 성읍'(בִּשְׁעָרֶיךָ, 비쉬아레카)에 비축하라고 명령하기 때문이다.

신 12:5-6   오직 너희의 하나님 **여호와께서** 자기의 이름을 두시려고 너희 모든 지파 중에서 **택하신 곳**인(הַמָּקוֹם אֲשֶׁר־יִבְחַר יְהוָה, 하마콤 아쉐르-이브하르 야웨) 그 계실 곳으로 찾아 나아가서 너희의 번제와 너희의 제물과 너희의 십일조와 너희 손의 거제와 너희의 서원제와 낙헌 예물과 너희 소와 양의 처음 난 것들을 너희는 그리로 가져다가 드리고.

신 12:11   너희는 너희의 하나님 **여호와께서** 자기 이름을 두시려고 **택하실 그곳**으로(הַמָּקוֹם אֲשֶׁר־יִבְחַר יְהוָה, 하마콤 아쉐르-이브하르 야웨) 내가 명령하는 것을 모두 가지고 갈지니 곧 너희의 번제와 너희의 희생과 너희의 십일조와 너희 손의 거제와 너희가 여호와께 서원하는 모든 아름다운 서원물을 가져가고.

신 12:17-18 너는 곡식과 포도주와 기름의 십일조와 네 소와 양의 처음 난 것과 네 서원을 갚는 예물과 네 낙헌 예물과 네 손의 거제물은 네 각 성에서 먹지 말고 오직 네 하나님 **여호와께서 택하실 곳**에서(בַּמָּקוֹם אֲשֶׁר יִבְחַר יְהוָה, 바마콤 아쉐르 이브하르 야웨) 네 하나님 여호와 앞에서는 너는 네 자녀와 노비와 성중에 거주하는 레위인과 함께 그것을 먹고 또 네 손으로 수고한 모든 일로 말미암아 네 하나님 여호와 앞에서 즐거워하되.

신명기 12장의 '선택된 장소'는 잘 알려진 것처럼 언약법전인 출애굽기 20:24을 수정한다. 출애굽기 20장은 '하나님의 이름을 기념하는 모든 곳'(בְּכָל־הַמָּקוֹם אֲשֶׁר אַזְכִּיר אֶת־שְׁמִי, 베콜-하마콤 아쉐르 아즈키르 엣-쉐미)을 가리키지만, 신명기 12장은 '아무 곳에서나 번제를 드리지 말고'(פֶּן־תַּעֲלֶה עֹלֹתֶיךָ בְּכָל־מָקוֹם, 펜-타알레 올로테카 베콜-마콤)라고 이야기하며 야웨가 '택할 장소'를 한정하기 때문이다.[9] 환언하면, 출애굽기는 인간이 선택한 '임의적 모든 장소'를 가리킨다면, 신명기는 하나님이 선택한 '한 장소'로 제한한다. 그렇다면 선택된 '한 장소'는 어디를 가리키는가?

> 출 20:24   내게 토단을 쌓고 그 위에 네 양과 소로 네 번제와 화목제를 드리라. 내가 **내 이름을 기념하게 하는 모든 곳에서** 네게 임하여 복을 주리라.

성서는 이스라엘 역사에서 단행된 종교개혁을 몇 차례 보도한다. 여기에서 그것을 모두 언급하지는 않겠지만, 그 가운데 우리가 주목해야 할 사건이 있다. 주전 839년경에 요아스가 왕으로 등극하는 과정에서 제사장 여호야다가 단행한 개혁이다(왕하 11:17-21). 여호야다의 종교개혁은 다윗의 후손을 멸절시키고 야웨 종교를 역사에서 없애려던 아달랴를 폐위시켰고, 이스라엘 백성을 야웨 신앙으로 이끌었다.

그로부터 대략 130년이 지난 주전 705년 즈음에 히스기야는 다른 방향으로 종교개혁을 단행한다. 앞서 행해진 여호야다의 개혁이 외형적으로 다윗 왕조의 회복을 꾀했다면, 히스기야의 개혁은 산당을 비롯한 우상을 제거함으로써 내부적으로 이루어졌다.[10]

> 왕하 18:4   그가 여러 산당들을 제거하며 주상을 깨뜨리며 아세라 목상

을 찍으며 모세가 만들었던 놋뱀을 이스라엘 자손이 이때까지 향하여 분향하므로 그것을 부수고 느후스단이라 일컬었더라.

당시의 제의는 종교적 의미를 넘어 정치적 의미를 내포했으므로,[11] 히스기야는 종교개혁을 수단으로 반(反)앗시리아 운동을 주도했다.[12] 이로 인해 유다는 앗시리아 왕 산헤립의 공격을 받아 예루살렘을 제외한 모든 지역을 점령당했고(왕하 18:13), 히스기야는 앗시리아 왕 앞에 무릎을 꿇었을 뿐만 아니라 엄청난 조공을 바쳐야 했다(왕하 18:14-15).[13]

> **왕하 18:14-15** 유다의 왕 히스기야가 라기스로 사람을 보내어 앗수르 왕에게 이르되 내가 범죄하였나이다, 나를 떠나 돌아가소서, 왕이 내게 지우시는 것을 내가 당하리이다 하였더니 앗수르 왕이 곧 은 삼백 달란트와 금 삼십 달란트를 정하여 유다 왕 히스기야에게 내게 한지라. 히스기야가 이에 여호와의 성전과 왕궁 곳간에 있는 은을 다 주었고.

랍사게의 발언(왕하 18:22)을 근거로 히스기야가 '제의 단일화'를 실행했다는 주장도 있다.[14] 하지만 히스기야의 종교개혁이 성소 중앙화를 가져왔는지는 의문이 제기된다. 히스기야의 개혁은 곧바로 앗시리아의 침공으로 이어져 실효를 거두지 못했기 때문이다. 게다가 주전 5세기로 소급되는 이집트 상부 지역, 엘레판틴에서 출토된 문헌들은 이집트에 정착한 디아스포라가 '야후-성전'을 건설했음을 보여 준다. 엘레판틴 지역에 거주한 유대인들은 아마 주전 7세기에 그곳으로 이주했을 것이다. 그들은 예루살렘의 성소를 제외하고 어떤 성소도 건설하지 말라는 금지 명령을 알지 못했다.[15] 그와 달리 바빌론 디아스포라는 성소를 전혀 건설하지 않았는데, 그 이유는 주전 622년 시행된 요시야의 성소 중앙화 때문이다.

이스라엘 역사에서 그리고 신명기 역사서에서 가장 중요하게 언급되는 개혁은 요시야 시대에 발생했다. 신명기 역사서는 요시야가 치리하던 주전 622년에 율법책이 발견되었음을 보도하며(왕하 22:8), 요시야는 이 율법책을 토대로 개혁을 단행했다.[16] 이 개혁이 주목받는 이유는 요시야가 남유다에서만이 아니라 북이스라엘에서도 개혁을 실행한 것처럼 보도되기 때문이다(왕하 23:15). 이러한 조치는 지중해 동편 지역에 대한 앗시리아의 세력이 약화된 시기와 맞물려 있는데, 세력이 약화된 앗시리아는 결국 주전 612년에 바빌론에게 수도 니느웨를 점령당했다. 이러한 역사적 상황에서 요시야는 종교개혁을 단행했고, 성소 중앙화를 일으켰다.[17]

성소의 의미

예루살렘을 제외한 지역에서 성소가 사라졌다는 것은 예루살렘에 존재하는 '성소'에 적지 않은 의미가 부여되었다는 뜻이다. 이 성소는 이후로 종교적 의미를 넘어서 경제 및 정치-사회적 의미까지 함유했다.

종교적 의미. 성소 중앙화는 부득이하게 다른 성소와 함께 그곳에 설치된 종교적 요소를 제거하도록 만들었다. 요시야의 종교개혁을 서술하는 본문에서 이러한 모습이 잘 드러난다. '해, 달, 별'에게 분향하는 것이 금지되었고(왕하 23:5), 아세라상을 불사르거나 가루로 만들었다. 즉, 그것은 재생이 불가능해졌다. 신명기 12장은 그와 유사하게 이방인들이 섬기는 모든 곳을 파멸하라고 명령한다.

신 12:2-3 너희가 쫓아낼 민족들이 그들의 신들을 섬기는 곳은 높은

산이든지 작은 산이든지 푸른 나무 아래든지를 막론하고 **그 모든 곳을 너희가 마땅히 파멸하며** 그 제단을 헐며 주상을 깨뜨리며 아세라상을 불사르고 또 그 조각한 신상들을 찍어 그 이름을 **그곳에서 멸하라**.

이러한 조치는 유일하게 남은 '한 장소'를 부각시키는 결과를 가져왔다. 그곳은 '하나님이 선택하신 유일한 장소'로서 하나님의 거처이자 피난처로 인식되었다(시 46편). 그러한 사실을 예레미야와 같은 예언자의 외침에서 여실히 확인할 수 있다. "너희는 이것이 여호와의 성전이라, 여호와의 성전이라, 여호와의 성전이라 하는 거짓말을 믿지 말라"(렘 7:4). 그러나 사람들은 예레미야의 선포를 듣고 그를 죽이려 하였다(렘 26:8).

경제적 의미. 성전이 갖는 또 다른 중요한 의미는 경제성이다.[18] 우리는 이것을 앞서 확인한 신명기 본문에서 관찰할 수 있다. 이스라엘 백성은 제사를 드리기 위해 하나님이 '선택하신 곳'으로 제물을 가져가야 했다(신 12:17-18). 이러한 조치는 이스라엘 사람을 한곳에 모이게 할 뿐만 아니라 그곳에 '제물'이 많아지게 만들었다.[19] 하지만 그것은 일부 사람들에게 문제로 다가왔다. 그들이 있는 곳에서 '선택된 장소'까지의 거리가 멀어 제물을 가져갈 수 없었기 때문이다. 이로 인해 신명기 14장은 사람들에게, 돈을 가져가서 그것을 제물과 바꾸도록 지시한다. 이로써 우리는 성전을 중심으로 상권(商權)이 형성되었음을 충분히 짐작해 볼 수 있다.

| 신 12:5-6 | 오직 너희의 하나님 **여호와께서** 자기의 이름을 두시려고 너희 모든 지파 중에서 **택하신 곳**인(הַמָּקוֹם אֲשֶׁר־יִבְחַר יְהוָה, 하마콤 아쉐르-이브하르 야웨) 그 계실 곳으로 찾아 나아가서 너희의 번제와 너희의 제물과 너희의 십일조와 너희 손의 거제와 너희의 서원제와 낙헌 예물과 너희 소 |

신 14:24-26	와 양의 처음 난 것들을 너희는 그리로 가져다가 드리고. 그러나 네 하나님 **여호와께서** 자기의 이름을 두시려고 **택하신 곳이 네게서 너무 멀고 행로가 어려워서** 네 하나님 여호와께서 그 풍부히 주신 것을 가지고 갈 수 없거든 **그것을 돈으로 바꾸어 그 돈을 싸 가지고 네 하나님 여호와께서 택하신 곳으로 가서 네 마음에 원하는 모든 것을 그 돈으로 사되** 소나 양이나 포도주나 독주 등 네 마음에 원하는 모든 것을 구하고 거기 네 하나님 여호와 앞에서 너와 네 권속이 함께 먹고 즐거워할 것이며.

성소가 중앙화됨에 따라 발생한 문제를 해결하기 위해 취했던 조치들은 성소를 경제 중심지로 만들었다. 우리는 이로 인해 발생한 폐단을 신약에서 어렵지 않게 관찰할 수 있다. 예수의 '성전 정화 사건'은 성소가 경제적으로 중요한 의미를 가졌음을 보여 준다(막 11:15-17).

정치-사회적 의미. 마지막으로 성소는 정치-사회적으로도 중요한 위치를 차지했다.[20] 성소가 중앙화되었다는 것은 그곳을 제외한 많은 '지방 성소'가 사라졌다는 것을 의미하며, 이와 동시에 지방 성소에 종사했던 많은 인력이 실업자가 되었음을 가리킨다. 이러한 이유로 신명기는 곳곳에서 '레위인'을 '불쌍한 사람들'(personae misera)에 포함시키고 있다(신 12:18).

신 12:18-19	오직 네 하나님 여호와께서 택하실 곳에서 네 하나님 여호와 앞에서 너는 네 자녀와 노비와 성중에 거주하는 **레위인과 함께 그것을 먹고** 또 네 손으로 수고한 모든 일로 말미암아 네 하나님 여호와 앞에서 즐거워하되 너는 삼가 네 땅에 거주하는 동안에 **레위인을 저버리지 말지니라.**

지방 성소가 사라지면서 일자리를 잃은 자들도 있었던 반면, 중앙화

된 성소에 종사하는 종교 지도자는 중요한 인물로 자리 잡았다. 곧, 유일하게 남은 단 하나의 성소는 그 중요성이 점점 더 부각되었다. 게다가 성소 중앙화로 인해 예루살렘의 수입은 증가했으며,[21] 그것은 곧 왕권 강화를 의미했다. 다윗은 예루살렘을 정복하고 이곳을 '다윗성'으로 부름으로써 개인의 성으로 삼았으며(삼하 5:6-7),[22] 바로 그곳에 예루살렘 성소가 건설되었기 때문이다.

> 삼하 5:6-7　왕과 그의 부하들이 예루살렘으로 가서 그 땅 주민 여부스 사람을 치려 하매 그 사람들이 다윗에게 이르되 네가 결코 이리로 들어오지 못하리라, 맹인과 다리 저는 자라도 너를 물리치리라 하니 그들 생각에는 다윗이 이리로 들어오지 못하리라 함이나 **다윗이 시온 산성을 빼앗았으니 이는 다윗성이더라.**

중앙화된 성소에 십일조를 바치는 것은 종교적 의미를 넘어서 경제와 정치-사회적 의미를 보여 준다. 이와 달리 신명기 14장에 시선이 고정되는 이유는 이곳에서 십일조를 '성읍'으로 가져가라고 명령하기 때문이다. 따라서 우리는 이것이 단순한 장소의 차이를 설명하는 것인지, 혹은 또 다른 의도를 보여 주는 것인지 살펴야 한다.

신명기 14장과 26장의 성읍 십일조

신명기 14:4-20은 음식 규례에 대한 것으로서 레위기 11:2-23과 연결된다. 이 규례의 틀을 형성하는 신명기 14:2과 21절에는 '너는 네 하나님 여호와에게 성민이다'(כִּי עַם קָדוֹשׁ אַתָּה לַיהוָה אֱלֹהֶיךָ, 키 암 카도쉬 아타 라야웨 엘로헤카)라는 문구가 사용되어, 십일조를 주제로 다루는 신명기 14:22이하와 앞 단락을 구별해 준다.

신명기 14:28은 십일조를 '네 성읍에'(בִּשְׁעָרֶיךָ, 비쉬아레카) 비축하라고 명령한다. 그것은 '성읍에 저축하여 가난한 사람들이 와서(וּבָאוּ, 우바) 먹고 배부르게 하기(וְאָכְלוּ וְשָׂבֵעוּ, 베아클루 베사베우)'[23] 위함이었다. 신명기 14:28-29에는 '네 성읍에'라는 문구가 2회 사용되는데, 이것은 '야웨가 택한 곳'과 구별된다(신 14:23, 25). 신명기 26:12은 십일조를 '성읍'에 내라고 묘사하지 않지만, 가난한 자(레위인, 객, 고아, 과부)가 "네 성읍에서 먹고 배부르게 하라"고 서술하여 신명기 14:28과 유사점을 보인다.

신 14:28-29	매 삼 년 끝에 그해 소산의 십분의 일을 다 내어 **네 성읍에** 저축하여 너희 중에 분깃이나 기업이 없는 레위인과 **네 성중에 거류하는 객과 및 고아와 과부들이 와서 먹고 배부르게 하라**. 그리하면 네 하나님 여호와께서 네 손으로 하는 범사에 네게 복을 주시리라.
신 26:12	셋째 해 곧 십일조를 드리는 해에 네 모든 소산의 십일조 내기를 마친 후에 그것을 **레위인과 객과 고아와 과부에게 주어 네 성읍 안에서 먹고 배부르게 하라**.

신명기 14:28-29과 26:12에서 유사하게 관찰되는 또 다른 중요한 문구는 '셋째 해'다. 이것은 '해마다'(שָׁנָה שָׁנָה, 샤나 샤나) 드려야 하는 토지의 십일조와 구별된다(신 14:22). 우리는 신명기 14장에서 '해마다 야웨가 선택한 곳'으로 가져가야 할 십일조(신 14:22-27)와 '셋째 해에 성읍으로' 가져가야 할 십일조(신 14:28-29)를 나누고 있음을 알 수 있다. '해마다 야웨

가 선택한 곳'으로 가져가는 십일조는 신명기 12장과 유사하므로,[24] 여기에서는 '셋째 해에 성읍으로' 가져가는 십일조를 중심으로 다룰 것이다.

> 신 14:22-23   너는 마땅히 **매년 토지 소산의 십일조를 드릴 것이며 네 하나님 여호와 앞 곧 여호와께서 그의 이름을 두시려고 택하신 곳에서 네 곡식과 포도주와 기름의 십일조를 먹으며 또 네 소와 양의 처음 난 것을 먹고 네 하나님 여호와 경외하기를 항상 배울 것이니라.**
>
> 신 14:28   **매 삼 년 끝에 그해 소산의 십분의 일을 다 내어 네 성읍에 저축하여.**

성읍, 십일조 보관소

본문은 셋째 해에 십일조를 '네 성읍에'(בִּשְׁעָרֶיךָ, 비쉬아레카) 놓아야 한다고 명령한다. 본문에서 이야기하는 '성읍'은 '성문'(שַׁעַר, 샤아르)의 복수 형태다(출 20:10). 이는 이스라엘 사회가 마을을 중심으로 형성되어 있음을 알려 준다. 그들이 십일조를 쌓아야 할 장소는 잘 알려진 곳으로서 공공의 장소였을 것이다.[25] 십일조를 '성전'이 아니라, '성읍'으로 가져가야 하는 이유는 무엇일까? 본문은 이에 대하여 비교적 명확하게 서술한다. 곧 이 십일조는 불쌍한 사람들—레위인, 객, 고아, 과부—을 위한 조치였다(신 14:29). 따라서 셋째 해에 드려지는 십일조는 약자를 위한 사회 보호 장치의 하나로 이해된다. 장소의 차이를 제외한다면, 불쌍한 사람을 위한 이러한 행위는 이미 신명기 14:22-27에서도 관찰된다.

이러한 장소의 변화는 성소 중앙화로 인해 지방 성소가 사라지고, 사회적 약자가 대거 발생하면서 그들을 보호하기 위한 역할을 성읍이 담당하게 된 현상으로 보인다.[26] 이처럼 십일조가 성읍에 쌓여 사회적 약자를 위해 사용되는 것을 브라울릭은 '세속화'(Säkularisierung)로 표현하면서도, 신명기 26:12-15에서 이것이 제의적 시각으로 서술되었음을 인정한다.[27]

    우리는 성읍에 드려진 십일조를 어떻게 이해해야 하는가? 성전에 드려진 십일조는 하나님께 드려진 것이므로 거룩하지만, 성읍에 드려진 십일조도 똑같이 거룩한가? 성읍에 드려진 십일조의 성격을 이해하기 위해서는 신명기 26:12-13을 주목해야 한다. 12절은 셋째 해를 '십일조의 해'(שְׁנַת הַמַּעֲשֵׂר, 쉐낫 하마아세르)라고 명명하며 부각시킨다.[28] 게다가 13절에는 '성물'(הַקֹּדֶשׁ, 하코데쉬) 즉 거룩한 것이라는 표현이 나오는데, 이것은 성읍에 드려진 십일조를 규정한다. 또한 13절은 성읍에 드려진 십일조를 "주께서 내게 명령하신 명령대로" 드려진 것이라 말하며 거룩의 의미를 보완한다. 이로써 율법은 성전에 드려진 십일조와 성읍에 드려진 십일조가 모두 야웨의 '명령대로' 행한 것이며, 동시에 '거룩한' 것이라 명시한다.

    성읍에 바치는 십일조가 3년을 주기로 돌아온다는 것은 십일조 이외에 또 다른 십일조를 바쳐야 한다는 것을 결코 의미하지 않는다.[29] 우리는 신명기 14장에 이어 곧바로 15장에서 7년을 주기로 돌아오는 면제년(שְׁמִטָּה, 쉐미타)을 확인할 수 있다. 이것 또한 성소가 아니라 '성읍'을 이야기하므로(신 15:7) 지역별로 진행되었음을 알 수 있다. 따라서 우리는 7년을 순환 주기로 제안하는 신명기의 십일조 시스템을 다음과 같이 정리할 수 있다.[30]

1년	성소 십일조	4년	성소 십일조
2년	성소 십일조	5년	성소 십일조
3년	셋째 해 성읍 십일조	6년	셋째 해 성읍 십일조
		7년	면제년-성읍

신명기 15:2은 면제년 선포와 함께 그것을 '야웨를 위한 면제'라고 선언함으로써 본래 사회적 구상인 '형제 윤리'를 신학적으로 전환시켰다.[31] 마찬가지로 사회적 기금인 셋째 해에 성읍에 바쳐지는 십일조 역시 신학적 틀로 포함되고 있다.

> 신 15:2   면제의 규례는 이러하니라. 그의 이웃에게 꾸어 준 모든 채주는 그것을 면제하고 그의 이웃에게나 그 형제에게 독촉하지 말지니 이는 **여호와를 위하여 면제를 선포하였음이라**(כִּי־קָרָא שְׁמִטָּה לַיהוָה, 키-카라 쉐미타 라야웨).

신명기 본문을 통해 살펴본 것처럼, 십일조는 '성소'에 바쳐지는 것이 일반적이었지만 셋째 해에는 '성읍'에 바쳐져야 했다. 또한 셋째 해에 성읍에 가져가야 하는 십일조는 성소에 바쳐지는 십일조를 제외한 추가 규정이 아니라 동일한 십일조가 다른 장소에 바쳐지는 것이었다. 이러한 서술을 통해 우리는 십일조를 바치는 '장소'에 대해 질문하게 된다.

신명기 14-26장에 언급된 십일조는 성전을 위한 것이 아니었다. 그것은 고아, 과부 그리고 나그네를 위해 사용되었다. 본문에 기록된 레위인은 성소에서 활동하는 자를 가리키는 것이 아니라, 성소 중앙화로 인해 터전을 상실한 이들을 의미했다. 따라서 신명기 본문은 성읍에 드려진 십일조가 오롯이 '사회적 약자'를 위해 사용되어야 함을 명시하고 있다.

지금까지 신명기에 나타난 십일조 규정을 살펴보았다. 이스라엘 사람은 십일조를 한편으로 성소로, 다른 한편으로 성읍으로 가져가야 했다. 성소에 바쳐진 십일조의 일부는 '불쌍한 사람들'에 포함되는 레위인과 심지어는 노비에게 분배되어야 했다(신 12:17-18). 이것은 성소 중앙화로 인해 지방 성소가 사라지고, 그로 인해 레위인이 사회적 약자로 전락했음을 암시한다. 게다가 본문은 십일조의 활용도를 보여 준다는 점에서 중요하다. 성소 종사자는 그곳에 바쳐진 십일조를 가지고 사회적 약자를 돌보아야 한다. 즉, '성소 십일조'의 일부는 약자의 인권을 보호하기 위해 사용되어야 했다.

신명기 14:28-29에서 우리는 새로운 십일조 규정을 관찰할 수 있다. 이 규정에 따르면 이스라엘 사람은 제도적으로 3년에 한 번씩 소산의 십일조를 성소가 아닌 '성읍'으로 가져가야 했다. 성읍은 개인이 임의로 정하는 곳이 아니며, 모든 사람이 알고 있는 공공의 장소였다. 본문은 성읍에 바쳐진 십일조를 대표적인 사회적 약자, 즉 '레위인, 객, 고아, 과부'를 위해 사용할 것을 표명한다. 환언하면 십일조를 사용할 권리가 '객, 고아, 과부 그리고 레위인'에게 있다. 신명기 26:12-13은 성읍에 드리는 십일조가 '야웨의 명령'에 따르는 것이며, '거룩한 것'이라고 선언함으로써 성전에 드리는 십일조와 다르지 않음을 명시한다. 이처럼 3년마다 소산의 십일조를 '성읍'에 가져오는 이유는 무엇인가? 이는 아마도 사회적 약자가 식량난 때문에 부유한 자에게 인권을 유린당하는 것을 방지하려는 사회적 조치였을 것이다. 환언하면, '성읍 십일조'는 약자의 인권을 보호하기 위한 기금이었다. 이는 또한 사회적 율법으로 이해되는 '형제 사랑'에 '야웨의 복'이 약속됨으로써 신학적 틀로 포함되었음을 보여 준다.

오늘날 그리스도인은 십일조를 각 교회에 헌금 형식으로 낸다. 이는 '성소 십일조'를 모델로 한 것일 수 있다. 그러나 3년에 한 번씩 바쳐야 했던 '성읍 십일조'는 오늘날 찾아볼 수 없다. 오늘날 교회는 스스로에게 물어야 한다. 교회는 성도의 십일조를 통하여 사회적 기능을 충실히 수행하고 있는가? 여기에서 말하는 사회적 책임이란 성도의 십일조를 약자에게 분배하는 것과 무관하지 않다. 3년마다 십일조가 성읍에 모이고 7년마다 약자 보호를 요구하는 면제년이 선포된 신명기 본문을 오늘날 적용해 본다면, 교회는 원칙적으로 매년 십일조의 5분의 2에 해당하는 분량을 약자, 즉 이웃 사랑 실천을 위해 사용해야 한다.

물론 오늘날의 다변화된 사회는 과거와 다르다. '성읍' 개념을 오늘날 사회에 그대로 적용할 수 없을뿐더러, 오늘날 개신교는 '개교회주의'가 대단히 강하다. 그렇지만 성읍 주변 사람들이 모두 한 해의 십일조를 한 곳으로 가져다 놓은 것을 생각해 본다면, 그것은 지역 교회(local Church)의 개념과 상응할 수 있다. 따라서 지역 교회는 공교회적 개념을 가지고, 성도의 십일조를 통해 지역의 약자들을 돌보아야 할 것이다.

토의를 위한 질문

1. 신명기의 명령에 따르면, 십일조를 가져가야 하는 장소는 어디인가?

2. 신명기는 왜 '성소'에 십일조를 가져가라고 하며, 그것이 누구를 위해 사용되어야 함을 명시하는가?

3. '성읍' 십일조를 정기적으로 가져가야 하는 이유는 무엇인가? 그것은 누구를 위해 사용되어야 하는가?

4. '성소 십일조' '성읍 십일조' 그리고 면제년이 보여 주는 7년 주기 시스템을 출애굽기 21:2; 23:10-13과 비교해 보라. 신명기와 출애굽기의 7년 주기 사이에는 어떤 차이가 있는가?

5. 신명기의 7년 주기 시스템이 출애굽기의 7년 주기 시스템을 수정하는 이유는 무엇인가? 이를 통해 신명기 십일조가 추구하는 정신에 대해 무엇을 알 수 있는가?

6. 고대 이스라엘 마을 공동체에서 성소는 어떠한 역할을 했는가?

7. 오늘날 한국 교회는 십일조와 관련하여 어떤 모습을 회복해야 하는가? 나는 그것을 위해 무엇을 할 수 있는가?

3부 인권과 정의

여성 인권

결혼 제도와 여성

공정한 재판

무죄 추정의 원칙

납치, 유인 금지

폭력 금지

성서 해석의 오랜 역사에서 여성은 소외되어 왔다. 인간이 하나님의 모양과 형상으로 창조되었다는 것은 성서의 인간 이해에서 가장 중요한 부분이지만, 여성이 남성과 동일하게 하나님의 형상으로 창조되었다는 점에 대해서는 간과되기 일쑤였다(창 1:27). 어떤 여성 인물은 성서가 번역되는 과정에서 선입견이 개입된 부정적 뉘앙스로 번역됨으로써 그 권리가 의도적으로 박탈되기도 했다(창 16:13). 하지만 오경은 분명하게 여성에게 '유산 상속'의 권한을 부여하며(민 27:7-8), 더 나아가 여성을 남성의 소유에서 벗어난 독립적 존재로 기록하고 있다(신 5:21).

13. 하나님의 형상대로 남자와 여자를 창조하시고

여성 인권
창 1:27

여성은 오랜 기간 동안 많은 권리를 박탈당해 왔다. 교육 받을 권리, 투표할 권리, 재산을 소유할 권리 등 여성이 권리를 얻기 위해 싸워 온 역사가 길지만, 아직도 남성에 비해 여성의 권리는 제한적인 측면이 있다. 한국 사회는 어떠한가? 취업 시장에서 여성은 기혼이거나 기혼이 아니라는 이유로, 또는 자녀가 있거나 없다는 이유로 채용이 기피되거나 지원 과정에서 불필요한 질문을 받기도 한다. 과거만의 이야기가 아니다. 여전히 사회와 기업의 상층부에는 남성이 주로 포진하고 있고, 남성 위주의 집단에 진출한 여성이 '최초의 여성'이라는 입지전적 인물로 주목받는다는 사실은 역으로 여성의 권리가 제한적이라는 것을 암시한다.

성서가 대체로 남성 중심으로 기록되어 있다는 것은 주지의 사실이다. 성서에서 여성은 아주 빈번하게 나타나지만, 그럼에도 불구하고 이 장에서는 성서에서 여성이 '망각되었다'는 점에 대해 주목할 것이다. '망각된 여성'에 관한 연구는 몇 가지 방법으로 진행될 수 있다. 첫째, 잘못된 해석을 찾아내는 것이다. 성서 해석에는 해석되는 당시의 시대상이 담기며, 시대적으로나 지역적으로 여성에 대한 이해는 동일하지 않았기 때문에 지금은 잘못이라고 여겨지는 것이 이전에는 옳게 인정되기도 했다. 특히 역사적으로 미술품에 나타난 성서 해석을 관찰해 보고자 한다. 둘째, 성서 교육으로부터 도외시된 본문을 밝히는 것이다. 오랫동안 성서는 교리 교육을 중심으로 해석되어 왔다. 성서신학은 1787년 알트도르프에서 가블러(J. P. Gabler)가 '교의학으로부터 성서신학의 분리'를 강연한 이후에 비로소 태동하였으니 이제 200년 남짓 되었다. 즉, 그 이전 오랫동안 성서는 교리 교육을 위한 근거 본문으로 사용되었고, 그것은 성서의 특정 본문만이 활용되었음을 의미한다. 따라서 우리는 성서를 전체적으로 주목하여 다양한 관점을 직시해야 한다.

성서 해석에서 망각된 여성

여성에 대해 살펴보기 전에 우선 성서 해석사의 관점에서 '망각된 여성'에 대한 측면을 고려할 필요가 있다. 여성에 대해 서술하는 본문이 어떻게 해석되어 왔는가를 살펴보면 여성이 잊혀졌음을 확인할 수 있기 때문이다.

여성의 창조에 대한 왜곡된 해석

       창 1:27   하나님이 자기 형상 곧 하나님의 형상대로 사람을 창조하시되 남자와 여자를 창조하시고.

먼저 살펴볼 것은 창세기 1:27이다. 이 본문은 성서 전체에서 여성을 가장 처음으로 기록한 부분이다. 인간 창조에 대한 언급은 오래전부터 아주 중요하게 여겨졌으며, 26절이 서술하는 '우리'[1]와 함께 27절의 '하나님의 형상대로'[2]라는 언급은 기독교 역사에서 다양한 방식으로 강조되어 왔다. 27절에는 사람을 가리키는 단수 명사(הָאָדָם, 하아담)가 나타나지만, 동시에 이것은 단수인 '그'(אֹתוֹ, 오토) 그리고 복수인 '그들'(אֹתָם, 오탐)과 평행한다는 점에서 주목된다.[3] '그들'은 '남자와 여자'를 가리키며,[4] 창세기 1:27은 남자와 여자의 동시 창조를 보여 준다.

아쉽게도 한국어 성서 번역은 히브리어 성서의 구조를 잘 반영하지는 못하였다. 한국어 성서에는 '창조하다'라는 단어가 2회 등장하지만, 히브리어 성서는 이 동사(ברא, 바라)를 3회 서술한다. 게다가 이 동사의 목적어가 3인칭 단수(אֹתוֹ, 오토)에서 3인칭 복수(אֹתָם, 오탐)로 변화하는 것도 한국어 성서에는 반영되지 않았다. 그런 이유로 우리는 히브리어 성서를 기반으로 27절을 이해할 필요가 있다. 이것은 '창조하다'(ברא, 바라)를 기준으로 하여 다음과 같이 세 부분으로 분석할 수 있다. 영어 성서에도 이 같은 구조가 드러난다.[5]

ⓐ וַיִּבְרָא אֱלֹהִים אֶת־הָאָדָם בְּצַלְמוֹ
하나님이 자신의 형상대로 사람을 **창조했다**.
So God *created* man in his own image.[6]

ⓑ בְּצֶלֶם אֱלֹהִים בָּרָא אֹתוֹ
하나님의 모양대로 그는 그를 **창조했다**.
in the image of God he *created* him.

ⓒ זָכָר וּנְקֵבָה בָּרָא אֹתָם

> 남자와 여자로 그는 그들을 **창조했다**.
> male and female he *created* them.

    이 구절은 남자와 여자의 창조를 설명하는 대단히 중요한 본문임에도 불구하고, 역사적으로 창조를 이해하는 데 있어서는 지나치게 소외되어 왔다. 우리는 중세 시대의 미술을 통해 전통적으로 남자와 여자의 창조가 어떻게 이해되어 왔는지를 살펴볼 수 있다. 다음은 인간 창조를 보여 주는 많은 미술품 가운데 시대별로 몇 가지를 선별한 것이다.

    이 미술품들에는 아담의 창조와 하와의 창조가 각각 그려져 있다. 우리는 창세기 1:27을 기반으로 남자와 여자의 '동시 창조'를 묘사하는 미술품을 찾을 수 있을까? 아마 찾기 어려울 것이다. 왜냐하면 남자가 먼저 창조되고 그다음에 여자가 창조되었다는 '순차적 창조'는 미술품뿐만 아니라 오래된 주석서들에서도 강조하여 서술되고 있기 때문이다.

    16세기의 종교개혁가 칼뱅은 창세기 1:27을 주석하며 남자와 여자의 창조를 언급한 뒤, 이것이 창세기 2장에서 명확하게 표현되었다고 설명한다.[7] 칼뱅은 창세기 2장을 1장의 세부 서술로 이해하여 남성과 여성의 창조를 순차적 창조로 간주했고, 여성을 남성의 조력자 정도로 이해했다. 물론 그럼에도 불구하고, 여성도 하나님의 형상을 입었다는 것을 인정함으로써 당대의 다른 해석자보다 진일보한 면을 보여 주기도 했다.[8] 그러나 미술과 성서 해석의 오랜 역사를 통해서 우리가 알 수 있는 것은, 창세기 1:27의 인간 창조 서술이 외면되거나 2장과 연결되어서만 해석됨으로써 여성 창조에 대한 해석이 상당히 왜곡되었다는 것이다.

몬레알레 대성당 모자이크 중 "아담의 창조"와 "하와의 창조" 부분(1174년경).

베르트람 폰 민덴, 그라보 제단화 중 "아담의 창조"와 "하와의 창조" 부분(1379-1383년).

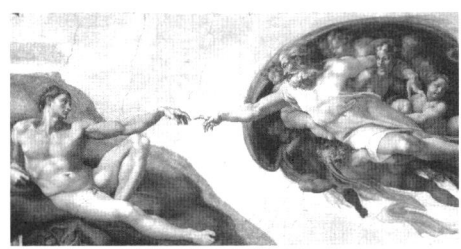 

미켈란젤로, 바티칸 시스티나 성당 천장화 중 "아담의 창조"와 "하와의 창조" 부분(1508-1512년).

일부다처제에 대한 문화적 착오

구약 시대가 일부일처제였다고 생각하는 사람이 있을까? 오늘날 그것을 전제하여 성서를 이해하는 사람은 아마 없을 것이다. 하지만 성서 번역은 우리가 성서에 대하여 문화적으로 착오를 범해 왔음을 알려 준다. 시대에 따른 성서 번역의 차이를 비교해 보면 그러한 착오를 관찰할 수 있다.

1900년에 신약성서가, 1911년에 구약성서가 한국어로 번역되면서 비로소 한국에 『셩경젼셔』가 등장했다. 이것은 1938년에 『셩경개역』으로 개정되었고, 몇 차례의 개정을 더 거쳐 1961년도에 출간된 『성경전서 개역한글판』은 그 이후로 한국 교회에서 보편적으로 사용되었다.[9] 대한성서공회의 "한글 성경 번역 계보도"에 따르면, 1938년의 『셩경개역』은 히브리어 성서에서 직접 번역된 것이다.

성서의 문화와 그것이 번역되는 시대의 문화는 결코 동일하지 않음에도 불구하고, 성서를 읽는 이는 자신의 문화를 배경으로 성서를 이해할 수밖에 없다. 예를 들어 창세기 30장은 야곱이 레아와 라헬 자매를 모두 아내로 맞이했으며, 두 아내가 각각 자기의 시녀를 야곱에게 주었다고 서술한다(창 30:4, 9). 그것은 시녀를 통해 아들을 생산하여 양자로 맞아들이기 위함이었다(창 30:3). 그런데 이 이야기를 읽는 일부일처제 문화의 한국 독자들 중 많은 수가 레아와 라헬이 자신의 시녀를 야곱에게 '씨받이'로 준 것처럼 오해해 왔다. 그 오해는 일정 부분 성서 번역에 책임이 있다. 1961년의 개역한글판은 창세기 30:4, 9을 다음과 같이 번역했다.

창 30:4　　그 시녀 빌하를 남편에게 **첩으로** 주매 야곱이 그에게로 들
(개역한글)　　어갔더니.

> 창 30:9 레아가 자기의 생산이 멈춤을 보고 그 시녀 실바를 취하여 야곱에게 주어 **첩을** 삼게 하였더니.
> (개역한글)

    두 본문은 빌하와 실바가 야곱의 '첩'이 되었다고 서술하는데, 그녀들은 '종'(שִׁפְחָה, 쉬프하)의 신분이었기 때문이다. 그러나 이 본문을 1998년에 개정된 역본인 개역개정과 비교해 보면 차이점이 드러난다. 이 판본은 개역한글판을 대부분 수용한 것이지만, 히브리어 성서와의 비교를 통하여 개정되었다. 두 역본의 동일 본문을 비교함으로써 우리는 빌하와 실바에 대한 이해를 확장할 수 있다.

> 창 30:4 그의 시녀 빌하를 남편에게 **아내로** 주매 야곱이 그에게로 들어갔더니.
>
> 창 30:9 레아가 자기의 출산이 멈춤을 보고 그의 시녀 실바를 데려다가 야곱에게 주어 **아내로** 삼게 하였더니.

    두 역본을 비교하면, 빌하와 실바가 '첩'에서 '아내'로 바뀌었다는 중요한 차이점을 발견할 수 있다. 이것은 히브리어 성서가 변했기 때문에 나타나는 차이가 아니라, 성서를 읽는 시각이 변했기 때문에 나타나는 차이이다. 빌하와 실바를 '첩'으로 번역한 것은 일부일처제를 기반으로 한 이해지만, 구약의 사회는 일부다처제 사회였다. 게다가 히브리어 성서에 따르면 빌하와 실바는 모두 야곱의 '아내'(אִשָּׁה, 이샤)가 되었다.

    이와 유사한 문제를 창세기 16:3에서도 관찰할 수 있다. 히브리어 성서에서는 사래와 하갈을 가리키는 표현(אִשָּׁה, 이샤)이 동일하므로, 여러 외국어 성서 역본에서도 하갈은 '아내'(Frau/Wife)로 번역되었다. 하지만 빌하와 실바가 개역개정판에서 '아내'로 새롭게 번역되었음에도 불구하고, 하갈은 여전히 '첩'으로 번역되어 종으로 간주되었다.

> 창 16:3 아브람의 아내(אִשָּׁה, 이샤) 사래가 그 여종 애굽 사람 하갈을 데려다가 그 남편 아브람에게 첩(אִשָּׁה, 이샤)으로 준 때는 아브람이 가나안 땅에 거주한지 십 년 후였더라.
>
> 창 16:3 (ELB) Da nahm Sarai, Abrams *Frau*, ihre Magd, die Ägypterin Hagar, nachdem Abram zehn Jahre im Land Kanaan gewohnt hatte, und gab sie Abram, ihrem Mann, ihm zur *Frau*.
>
> 창 16:3 (ESV) So, after Abram had lived ten years in the land of Canaan, Sarai, Abram's *wife*, took Hagar the Egyptian, her servant, and gave her to Abram her husband as a *wife*.

그러나 한국어 번역은 하갈을 아내로 번역하기를 기피하는 듯하다. 여기에는 중요한 신학적 문제가 담겨 있는데, '하갈'에 대한 이해는 곧 그의 아들인 '이스마엘'에 대한 해석과 결부되었기 때문으로 보인다(갈 4:23-24).

> 갈 4:23-24 여종에게서는 육체를 따라 났고 자유 있는 여자에게서는 약속으로 말미암았느니라. 이것은 비유니 이 여자들은 두 언약이라. 하나는 시내산으로부터 종을 낳은 자니 곧 하갈이라.

그러나 창세기 16:3에서 하갈은 '아내'로 번역되어야 하며,[10] 70인역 역본도 그러한 해석을 지지한다(γυναῖκα, 귀나이카). 따라서 성서가 번역되고 해석되는 과정에서 문화적 또는 신학적 이유로 여성이 경시되어 왔음을 알 수 있다. 우리는 그것이 성서의 본래 의도인지에 대해서 질문해야 한다.

성서가 옹호하는 여성 인권

남성의 소유가 아님

성서 안에서 여성을 바라보는 시각에 대해 중요한 변화가 관찰되는 본문은 십계명의 제10계명, 즉 "네 이웃의 집을 탐내지 말라"는 계명이다. 출애굽기 20:17에는 훨씬 긴 내용이 담겨 있지만, 교육적 목적으로 간략하게 요약되었다. 십계명은 출애굽기 20장과 신명기 5장에도 기록되어 있다. 얼핏 유사해 보이지만, 중요한 부분에서 차이점이 나타난다. 자세히 살펴보면 상이한 두 본문을 통해 우리는 여성 인권에 대한 성서의 관점을 직시할 수 있다.

> 출 20:17 **네 이웃의 집을 탐내지 말라.** 네 이웃의 아내나 그의 남종이나 그의 여종이나 그의 소나 그의 나귀나 무릇 네 이웃의 소유를 탐내지 말라.
>
> 신 5:21 **네 이웃의 아내를 탐내지 말지니라.** 네 이웃의 집이나 그의 밭이나 그의 남종이나 그의 여종이나 그의 소나 그의 나귀나 네 이웃의 모든 소유를 탐내지 말지니라.

두 본문은 각각 동일한 금지 명령(לֹא תַחְמֹד, 로 타흐모드)으로 시작하며, 이러한 형태의 금지 명령은 같은 구절에서 1회 더 확인된다.[11] 금지 명령이 2회 등장하는 것에 대해 알트(A. Alt)는 두 번째 금지 명령을 첫 번째에 대한 추가 설명으로 간주한다.[12] 그러나 이러한 해석은 신명기에는 적용되지 않는다. 출애굽기에서는 '집'과 '아내'의 순서로 나타나지만, 신명기에서는 '아내'와 '집'의 순서로 서술되었기 때문이다.

이러한 본문의 차이는 학자들 사이에서 십계명을 상이하게 이해하는 원인을 제공했다. 일례로 아우구스티누스(Augustinus)는 신명기를 토대로 십계명을 이해하여 "네 이웃의 아내를 탐하지 말라"를 제9계명으로, "네 이웃의 집을 탐내지 말라"를 제10계명으로 간주했다. 이와 달리 루터는 출애굽기 본문을 근간으로 순서를 바꾸었다.[13] 다시 말해, 어떤 본문을 기초로 하는가에 따라 십계명이 서술하는 여성의 위치에 대한 이해가 달라지는 것이다.

출애굽기 20장과 신명기 5장은 모두 십계명을 기술하고 있지만, 두 본문에서는 중요한 차이가 관찰된다. 무엇보다 여기서 주목할 것은 제10계명이다. 출애굽기 20:17이 '네 이웃의 집'을 가리킨다면, 신명기 5:21은 '네 이웃의 아내'를 서술한다. 출애굽기 20:17a은 '이웃의 집'이라는 개념으로 17b절에 언급된 모든 것을 포함시켰다. 즉, 이웃의 아내는 '이웃의 집'에 포함되는 것처럼 서술되어, 마치 소유물의 일부처럼 해석된다.[14] 이것은 아내가 남편을 '주인'(בַּעַל, 바알)으로 불렀던 당시의 사회적 맥락과 일맥상통한다(삼하 11:26).[15]

두 본문의 차이는 신명기에서만 '밭'이 서술되었다는 점에서도 드러나는데, 이것은 신명기 본문이 가나안 정착 이후의 사회상을 가리키고 있음을 보여 준다.[16] 게다가 여성이 남편의 소유로 간주되는 '집'보다 앞서 서술된다는 것은 여성의 위치가 상승했음을 보여 준다.[17] 즉 신명기 본문은 여성이 남성의 소유물로부터 독립된 존재임을 서술한다. 우리는 이처럼 성서 안에서 여성의 사회적 위치가 변하고 있음을 관찰할 수 있다.

유산을 상속받을 수 있음

성서에서 여성의 지위 향상을 보여 주는 것 가운데 하나는 유산 상속의 가능성을 언급하는 본문이다. 민수기 27장은 므낫세 지파에 속한 슬로브핫의 딸들에 대한 이야기를 담고 있다. 슬로브핫은 '아들이 없이 죽었다'고 보도되며, 이에 따라 그의 딸들이 제기하는 문제는 '아들이 없이 죽은 자는 종족 중에서 삭제되어야 하는가?'다.

> 민 27:4 어찌하여 아들이 없다고 우리 아버지의 이름이 그의 종족 중에서 삭제되리이까? 우리 아버지의 형제 중에서 우리에게 기업을 주소서 하매.

이러한 문제에 직면하여 모세는 야웨에게 묻고 응답을 받아 처리한다(민 27:5-6). 따라서 모세를 통해 제시된 해결책은 신적 권위를 담고 있으며, 이후 유사한 문제가 제기될 경우에 하나의 선례로 작용하게 되었다.

> 민 27:7-8 슬로브핫 딸들의 말이 옳으니 너는 반드시 그들의 아버지의 형제 중에서 그들에게 기업을 주어 받게 하되 그들의 아버지의 기업을 그들에게 돌릴지니라. 너는 이스라엘 자손에게 말하여 이르기를 사람이 죽고 아들이 없으면 그의 기업을 그의 딸에게 돌릴 것이요.

노트(M. Noth)는 '당면한 문제를 모세에게 문의, 모세가 야웨에게 질문, 신적 답변 제시'라는 패턴이 오경 안에서 등장함을 관찰했고(레 24:10-23; 민 9:6-14; 15:32-36),[18] 버드(P. J. Budd)는 이 같은 패턴이 오경 형성 과정에서 발생했음을 제시하기도 한다.[19]

레 24:11*	그 이스라엘 여인의 아들이 여호와의 이름을 모독하며 저주하므로 무리가 끌고 모세에게로 가니라.
	*모세에게 문의
레 24:12	그들이 그를 가두고 여호와의 명령을 기다리더니.
	*기다림
레 24:13-14	여호와께서 모세에게 말씀하여 이르시되 그 저주한 사람을 진영 밖으로 끌어내어 그것을 들은 모든 사람이 그들의 손을 그의 머리에 얹게 하고 온 회중이 돌로 그를 칠지니라.
	*신적 응답

슬로브핫에 관한 이야기는 민수기 27장 이외의 본문에도 나타난다. 이미 민수기 26:33은 족보 명단에 슬로브핫 딸들의 이름을 열거하고 있고,[20] 계속해서 민수기 36장은 27장의 조치에 세부사항 및 조건을 언급하여 수정한다. 이외에도 여호수아 17:3은 민수기 27장을 근거로 슬로브핫의 딸들이 가나안 땅을 유산으로 차지함을 보여 주며, 마지막으로 역대상 7:15은 슬로브핫에게 딸들만 있었다는 짤막한 언급을 한다.

슬로브핫의 딸들은 그들의 아버지가 '고라의 무리에 속하지 않았다'는 점과 '자신의 죄로 인해 죽었다'는 점을 피력하며 자신들에게도 땅을 유산으로 나누어 줄 것을 호소한다(민 26:55-56). 만약 그들이 땅을 받지 못하면 그들 아버지의 이름은 이스라엘 종족 중에서 삭제될 것이다(민 27:4).

이들에 대해 서술하는 민수기 본문은 두 가지 점에서 눈에 띈다. 첫째, 여성이 족보에 나열된다. 족보에는 일반적으로 'X의 아들 Y'라는 패턴이 등장하는데, 민수기 26:33은 이와 같은 패턴으로 '슬로브핫의 딸들…'(בְּנוֹת צְלָפְחָד, 베노트 쩰로프핫)을 기록하고 있다. 둘째, 여성이 유산을 상속할 수 있는 근거가 신적 계시로 소급된다. 8절은 '너는 이스라엘 자손에게 말하라'고 언급하며 이것이 인간이 세운 규칙이 아니라 하나님으로부터 온 것임을 명시한다.

그런데 이때 "사람이 죽고 아들이 없으면"(אִישׁ כִּי־יָמוּת וּבֵן אֵין לוֹ, 이쉬 키-야무트 우벤 엔 로)이라는 조건이 서술되므로,[21] 민수기 본문은 모든 여성이 기업을 상속받을 권리가 있는 것은 아니라는 점을 명시한다. 더 나아가 민수기 26:9-11은 아들도 딸도 없는 경우에는 죽은 자의 '(남자) 형제'가 유산을 상속할 수 있음을 설명하기 때문에, 딸은 아들보다는 후순위지만 아버지의 형제보다는 법적 우선권을 갖는다. 이를 통해 알 수 있는 것은, 시대적·사회적 한계가 분명 있었음에도 불구하고 성서가 여성의 권리에 관심을 보인다는 점이다.

인간의 타락과 여성

1 알브레히트 뒤러, "아담과 하와"(1504년).
2 대 루카스 크라나흐, "에덴동산" 중 "아담과 하와" 부분(16세기경).
3 노트르담 대성당 기둥 조각상 중 "아담과 하와의 타락" 부분(1225년경).

이 그림들은 공통적으로 '아담과 하와의 타락'을 표현하고 있다. 이외에

로마 바티칸의 시스티나 성당에 그려진 미켈란젤로의 "뱀의 유혹과 추방"도 이 주제에 관한 대표적인 미술품이다. 그런데 여기에서 우리가 주목해야 할 것은 뱀의 모습이다. 뱀이 우리에게 익숙한 동물의 모습으로 그려진 첫 번째 그림과 달리 두 번째와 세 번째 그림에서 뱀은 의인화되어 나타나는데, 이때 뱀이 남성의 모습이 아니라 여성의 형태로 묘사되었다는 점이 눈에 띈다.

이 그림들에서 뱀은 왜 여성의 형태로 그려졌을까? 이는 성서의 실제 서술과는 다르게, 성서 속 여성이 아주 오랫동안 부정적으로 해석되어 왔다는 점을 보여 준다. 이와 관련하여 우리는 중세 시대에 많은 여성이 '마녀'로 고발되어 처형당했던 '마녀 사냥'을 함께 생각해 볼 수 있다.

🗝

지금까지 성서에 나타난 여성 인권을 부분적으로 살펴보았다. 가장 먼저 언급되어야 할 것은 남성이 성서 해석의 역사에서 지배적 역할을 해 왔다는 점이다. 이로 인해 여성과 관련된 본문은 교회 역사에서 망각되곤 했고, 일부 본문은 때로 곡해되거나 혹은 중요하지 않은 것으로 간주되기도 했다.

창세기 1:27은 남성과 여성의 동시 창조를 서술하는 본문이다. 하지만 신적 창조를 언급할 때는 이 본문이 주로 사용됨에도 불구하고, 여성 창조를 묘사할 때는 이 본문이 배제되고 순차적 창조를 뒷받침하는 창세기 2장이 근거 본문으로 제시된다. 게다가 여성에 대한 망각은 성서 번역에서도 관찰된다. 예컨대 히브리어 원문에서 하갈은 아브라함의 '아내'로 기록되었음에도 불구하고 한국어 성서에서는 '종'으로 번역되었다. 이는 신약성서의 하갈 이해가 반영된 것처럼 보이는데, 왜냐하면 그녀는 여기에서 자유자와 대조되는 '종'을 낳은 여인으로 간주되기 때문이다.

이외에도 우리는 교리문답서를 통해서 망각된 여성을 확인할 수 있다. 교리문답은 교육서라는 점에서 대단히 중요한데, 왜냐하면 교육서는 당시의 사회상을 반영할 뿐 아니라, 미래의 상을 결정하는 데도 중대한 영향을 끼치기 때문이다. 일반적인 교리문답서에서 가르치는 십계명의 기본 본문인 출애굽기 십계명의 마지막 계명은 '네 이웃의 집을 탐내지 말라'로 이해되어 아내가 남편의 '소유'(집)에 속한다고 여겨진다. 그러나 신명기의 십계명은 이와 구별된다. 여기에서 이웃의 아내는 더 이상 그의 소유(집)에 속하지 않은 것으로 서술되기 때문이다.

마지막으로 교리적 이해에서 소외된 본문이 있다. 앞서 언급한 본문들은 교리를 형성하는 데 대단히 중요한 본문들이기에 우리에게 친숙한 편이지만, 예컨대 민수기 27장은 교리 형성과는 무관한 본문처럼 보이기 때문에 자주 언급되지 않는다. 하지만 이 본문은 여성에 대한 중요한 이해를 담고 있기에 주목할 만한 가치가 있다. 민수기는 슬로브핫의 예를 제시하며, 아들이 없는 남성의 경우에 그의 유산이 딸들에게 넘어가야 함을 신적 계시로 서술하기 때문이다. 즉 이 본문은 여성의 권리 상승을 보여 주고 있다.

이처럼 교회의 역사와 성서 해석의 역사에서 여성의 인권이 오랜 기간 동안 망각되어 왔음을 우리는 인지해야 한다. 그러한 망각된 인권은 성서 본문을 직시함으로써 재조명될 수 있다. 이를 위해 우리는 익숙하지 않은 본문에 주목하며, 관습적 성서 해석에 질문을 던져야 한다.

토의를 위한 질문

1. 하나님의 모양과 형상으로 창조된 인물은 누구인가? 창세기 1:27을 읽고 말해 보라.

2. 여성이 '하나님의 형상'으로 피조되었다는 인식은 중세 시대에 보편적으로 인정되었나?

3. 뱀이 선악과로 유혹하는 모습에 관한 미술품을 살펴보라 (창 3장). 뱀이 인간의 모습으로 묘사될 경우, 어느 성별로 그려지는가?

4. 창세기 16:3의 "하갈을 데려다가 그 남편 아브람에게 첩으로 준 때"라는 부분에 관한 다양한 성서 역본을 살펴보고, 차이점을 찾아보라.

5. 한국어 성서 중 개역한글과 개역개정의 창세기 30:4, 9 번역을 비교해 보라. 어떠한 변화가 관찰되는가? 성서 번역에서 여성의 위치는 어떻게 변하고 있는가?

6. 뉴스 등에서 우리는 종종 여성이 '최초'로 어떤 직위에 올랐거나 어떤 업계에 진출했다는 소식을 접하기도 한다. 이와 관련하여 최근의 국내외 사례를 찾아보고, 여성의 '최초'가 주목받는 이유에 대해 생각해 보라.

결혼 제도는 시대에 따라 다른 모습으로 나타나지만, 고대로부터 남성은 대개 여성보다 우위에 있었다. 남성은 지참금을 준비해야 하는 부담이 있었지만, 한 남자가 여러 아내를 맞이할 수도 있었고, 심지어 이혼으로 여성을 집에서 내보낼 수도 있었다. 이러한 배경에서 성서는 남녀가 결혼하는 과정에서 발생할 수 있는 불의한 행위를 미연에 방지하고, 특정한 경우에는 이혼을 해서는 안 된다고 규정한다. 마지막으로 이혼하더라도 '이혼 증서'를 써 주어야 한다고 명령함으로써 여성의 재혼을 허락한다.

14. 평생에 그를 버리지 못하리라

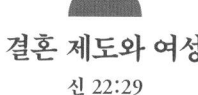

결혼 제도와 여성
신 22:29

결혼 제도는 세계 모든 곳에서 그리고 아주 오래전부터 존재했지만, 배우자를 택하는 과정부터 결혼식을 치르는 방식은 아주 다양하다. 결혼 제도는 시대마다, 또 지역마다 적지 않은 차이를 보여 준다. 비슷한 시기 한반도의 서로 다른 지역에서 나타난 '민며느리 제도'와 '데릴사위 제도'라는 상반되는 두 제도만 보아도 이를 알 수 있다.

 이 장에서는 구약의 법 문서에 나타난 결혼 제도를 중심으로 여성의 권리를 살펴보려 한다. 오늘날과 차이가 있는 고대의 결혼을 관찰함으로써 우리는 그 시대 여성의 위치를 발견할 수 있다. 특히 일부 본문에 따르면 여성은 남성의 소유물처럼 등장하기도 한다. 여성이 결혼하기 위해서는 남자에게 납폐금을 지불할 능력이 있는지가 중요했고, 결혼한 여성은 남편을 '주인'(בַּעַל, 바알)이라 불렀다(신 24:4). 또한 구약성서는 이혼할 경우에 남자가 여자에게 '증서'를 써 주어야 한다고 서술한다(신 24:1). 이혼이 성서의 관심에서 먼 것이긴 하지만, 성서는 이에 대해 명백히 증언함으로써 여성의 권리를 보호하려는 모습을 보인다.

성서에 나타난 결혼 제도

여성의 인권을 살펴보기 위해 고대의 결혼 제도를 관찰하는 것은 필수적이다. 앞서 13장에서는 고대 이스라엘 사회가 일부다처제였음을 설명했다. 고대 사회에서 남성은 다양한 방식으로 여성을 택할 수 있었지만, 여성이 남성을 선택하는 경우를 찾기는 쉽지 않다. 성서는 간헐적으로 여성이 결혼 여부를 스스로 선택하는 모습을 묘사하며(창 24:57-58), 야곱의 두 아내가 야곱을 두고 거래를 하는 모습을 보여 줌으로써(창 30:16) 남성이 여성의 거래 품목으로 전락하기도 함을 기술한다. 남성 중심의 사회에서 이러한 모습이 서술되었다는 사실은 주목할 만하다.

    결혼은 다양한 방식으로 이루어졌다. 합법적인 관계를 통해 성사된 결혼이 있었는가 하면, 사회적 통념을 깨뜨리고 이루어진 결혼도 있었다(룻 4장). 이 장에서는 성서의 율법에 나타난 결혼을 중심으로 관찰할 것이다. 먼저 간략하지만 언약법전에서 결혼을 보여 주는 본문은 출애굽기 22:16-17[15-16]이며, 이것은 신명기 22:28-29에서 다시 한번 언급되었다. 따라서 여기서는 두 본문을 기초로 다룰 것이며, 그밖에 율법에 나타난 결혼을 추가적으로 살필 것이다.

출애굽기 22:16-17[15-16]

출애굽기 22:16-17[15-16]은 그 배열에 있어서 상당히 논쟁이 된다. 노트는 출애굽기 22:1[21:37]부터 22:16-17을 '소유물 침해에 대한 규정'으로 이해한다.[1] 출애굽기 20:17에서 아내가 남편의 소유로 언급되는 것을 고려한다면, 우리는 언약법전에서 딸이 마치 아버지의 소유물처럼 취급되는 것을 이해할 수 있을 것이다. 그와 달리 오토는 이것을 출애굽기 21:18-32과 연결시켜 '신체 상해' 규정의 일부로 간주한다. 자신의 딸에게 수치를 가함으로써 명예에 흠집을 내는 것은 곧 그 아버지에게 위해를 가하는 것이며, 이것은 그 중심에 있는 '보상법'($j^e\check{s}allem$ Recht, 출 21:33-22:15[14])과 형식적으로 구별되기 때문이다.[2]

본문은 한 남자가 처녀를 유혹하는 장면으로 시작한다. 여성은 결혼하지 않은 상태이지만, 남성의 상태에 대해서는 언급이 없다. 고대 사회는 일부다처제였으므로 남성이 결혼했는지는 중요하지 않았다. 출애굽기 22:16[15]은 조건절로 시작하는데, 이것은 언약법전에서 관찰되는 일반적인 형태다. "사람이 약혼하지 아니한 처녀를 꾀어 동침하였으면"은 그녀가 '처녀'일 경우에 한정된다. 만약 그녀가 약혼이나 결혼을 한 여성이면, 그 남성은 처형당할 것이기 때문이다. 조건절 이후에 출애굽기 22:16[15]은 동의어 반복을 사용하여 남성이 동침한 여성을 아내로 맞이하기 위해 '반드시' 값을 지불해야 함을 규정한다.

출 22:16-17 [15-16]	사람이 약혼하지 아니한 처녀를 꾀어 동침하였으면 [반드시] 납폐금을 주고(מָהֹר יִמְהָרֶנָּה, 마호르 이므하레나) 아내로 삼을 것이요 만일 처녀의 아버지가 딸을 그에게 주기를 거절하면 그는 처녀에게 납폐금으로 돈을 낼지니라.

동침한 여성을 아내로 데려오기 위해서는 여자의 아버지에게 '마호르'(מֹהַר)를 지불해야 한다. 한국어 성서에서 이것은 '납폐금, 혼수, 선물'(창 34:12; 삼상 18:25)로 번역되었고, 여자를 신부로 맞이하기 위해 치러야 할 '몸값'으로 이해된다. 우리는 16[15]절과 17[16]절에서 눈에 띄는 차이를 발견할 수 있다. 16절에 따르면, 남자가 납폐금을 지불하면 그 여자를 '아내'로 맞이할 수 있는 것처럼 보인다.[3] 그러나 17절은 여자의 아버지가 딸을 그 남자에게 아내로 주는 것을 완고하게 거절할 경우를 묘사한다. 후자의 경우라면 동침한 남자는 지불한 납폐금을 돌려받을 수 없으며, 그 여자를 자신의 아내로 삼을 권리도 없다. 여기에는 여자의 아버지가 피해 당사자인 것처럼 등장하며, 그의 의사결정이 딸의 운명을 좌우한다. 따라서 본문은 남자가 무조건적으로 여성을 데려가는 것을 거부하며, 언약법전이 부분적이지만 피해자에 대해 관심을 갖고 있음을 보여 준다.[4]

딸의 결혼에 아버지의 의사는 대단히 중요한데, 그 이유는 부모들이 결혼을 맺어 주기 때문이다. 우리는 성서에서 이 같은 경우를 관찰할 수 있다. 아브라함은 아들 이삭의 아내를 구하기 위해 하란 땅으로 사람을 보냈다(창 24장). 그리고 세겜은 야곱의 딸, 디나를 겁탈한 뒤에 자기가 야곱에게 원하는 모든 것을 줄 수 있음을 이야기한다(창 34:11-12). 물론 야곱은 디나를 세겜과 혼인시키는 조건으로 할례를 요구하여(창 34장), 아버지가 딸의 결혼에서 중요한 위치에 있음을 보여 준다.

> 창 34:11-12　세겜도 디나의 아버지와 그의 남자 형제들에게 이르되 나로 너희에게 은혜를 입게 하라, 너희가 내게 말하는 것은 내가 다 주리니 이 소녀만 내게 주어 아내가 되게 하라, 아무리 큰 혼수와 예물을 청할지라도 너희가 내게 말한 대로 주리라.

그러나 성서에는 부모의 의사와 상관없이 자신의 배우자를 선택하는 모습도 관찰된다. 에서는 여러 이방 여인을 아내로 맞이했고(창 28:6-9; 27:46), 삼손은 블레셋 여인을 아내로 맞이했다(삿 14:1-3). 물론 그러한 모습은 대체로 부정적으로 기술되었다.

출애굽기가 보여 주는 것처럼 남성이 혼인하지 않은 여성과 동침한 유사한 경우를 우리는 신명기에서 다시 만날 수 있다. 출애굽기와 신명기를 비교해 보면 출애굽기의 사고가 신명기에서 확장되는 것을 관찰할 수 있을 것이다.

신명기 22:28-29

신명기 22:13이하는 성적 비행의 여러 가능성에 대해 기술한다는 점에서 십계명의 제7계명을 상세하게 서술하는 것처럼 보인다.[5] 제7계명은 단순하게 성적 비행을 금지하는 것이라기보다는 사회의 기본 구조로서 가정을 보호하려는 의도를 갖는다. 13-19절은 아내를 미워하여 비방하는 남편에 대해 서술하는 신명기 22:28-29과 유사하다.[6] 왜냐하면 두 본문은 모두 '그 여자는 그 남자가 평생에 버릴 수 없는 아내가 된다'고 서술하기 때문이다. 따라서 신명기 22:28-29은 이러한 틀에서 해석되어야 한다.

신 22:19   이스라엘 처녀에게 누명을 씌움으로 말미암아 그에게서 은 일백 세겔을 벌금으로 받아 여자의 아버지에게 주고 **그 여자는 그 남자가 평생에 버릴 수 없는 아내가 되게 하려니와.**

신 22:29   그 동침한 남자는 그 처녀의 아버지에게 은 오십 세겔을 주고 **그 처녀를 아내로 삼을 것이라**. 그가 그 처녀를 욕보였은즉 평생에 그를 버리지 못하리라.

신명기 22:28-29은 출애굽기 22:16-17과 유사하게 '사람이 약혼하지 않은 처녀'(בְּתוּלָה אֲשֶׁר לֹא־אֹרָשָׂה, 베툴라 아쉐르 로-오라사)를 만나 '동침하는'(שָׁכַב עִמָּהּ, 샤카브 임마흐) 경우를 진술한다. 두 본문에는 이러한 유사점뿐만 아니라 몇 가지 차이점이 관찰된다.

출 22:16-17 [15-16]	사람이 **약혼하지 아니한 처녀를** 꾀어 **동침하였으면** 납폐금을 주고 아내로 삼을 것이요 만일 처녀의 아버지가 딸을 그에게 주기를 거절하면 그는 처녀에게 납폐금으로 돈을 낼지니라.
신 22:28-29	만일 남자가 **약혼하지 아니한 처녀를** 만나 그를 붙들고 **동침하는** 중에 그 두 사람이 발견되면 그 동침한 남자는 그 처녀의 아버지에게 은 오십 세겔을 주고 그 처녀를 아내로 삼을 것이라. 그가 그 처녀를 욕보였은즉 평생에 그를 버리지 못하리라.

첫째, 출애굽기와 달리 신명기는 납폐금으로 지불해야 할 금액을 50세겔로 명시한다. 이처럼 여성을 욕보인 남성이 지불해야 할 50세겔에 대해 티게이는 레위기 27:5-6과 연결하여 신붓값과 보상금의 합으로 설명한다.[7] 신명기 22:28은 "그를 붙들고"(וּתְפָשָׂהּ, 우테파사흐)라고 명시하는데, 이것은 폭력적인 행위를 내포한다.[8] 이러한 신명기 법은 종종 앗시리아법(§54)과 비교되는데, 여기에 따르면 남자는 처녀의 아버지에게 세 배에 해당하는 신붓값을 지불해야 하기 때문이다.[9] '여성을 붙잡고' 있는 모습과 다르게 신명기 22:28은 '그들이 발견되면'(וְנִמְצָאוּ, 붸님짜우)을 복수 형

태로 기록하므로 폭력적 의미는 약화된다.[10]

둘째, 출애굽기는 유혹당한 처녀의 아버지가 혼인을 거절할 수 있다고 명시하지만, 신명기는 이 남성이 처녀를 무조건 아내로 맞이해야 하는 것처럼 서술한다. 즉, 여기에서 처녀의 아버지는 아무런 역할을 하지 못한다.[11] 처녀의 미래가 아버지의 결정에 좌우되고 아버지가 욕심을 부릴 경우에 혼인이 파탄에 이르게 되었다면, 신명기는 두 사람에게 결혼을 명령한다. 따라서 부분적이긴 하지만 신명기 본문은 아버지의 폭력적 행위로부터 딸을 보호하는 것처럼 보인다. 동침한 남자가 그 처녀를 아내로 삼아야 한다는 규정이 오늘날 사회에서는 받아들이기 쉽지 않을 것이지만, 우리는 당시에 여성이 사회적 약자로 인식되었던 것을 고려해야 한다.

셋째, 남성은 자신의 아내가 된 여성을 '버리지 못한다'(לא־יוּכַל שַׁלְּחָהּ, 로-유칼 샬르하흐). 이것은 3인칭 남성 단수 미완료에 부정사가 함께 사용된 금지 명령(Prohibitiv)으로서, 율법적 성격을 갖는다. 이러한 법적 조치는[12] 여성이 남편에게 이혼당하는 것을 보호하려는 명문이다. 왜냐하면 고대 사회에서 여성은 사회적 약자에 속했기 때문이며, 특히 이혼을 당한 여성은 사회적 비난의 대상으로 전락할 수도 있었기 때문이다(신 22:16-17).

성서에 나타난 이혼 제도

결혼과 달리 이혼이라는 주제는 교회에서 금기시되곤 한다. 관련한 본문도 잘 읽히지 않는다. 그러나 성서는 율법서에서 이혼에 대해서도 명백하게 규정하고 있다.

신명기 24:1-4은 본래 전(前) 부인과의 재혼을 규정하는 본문이며, 예레미야 3:1은 이것을 반영한다. 우리는 여기에서 이혼에 관한 진술을 관찰할 수 있다. 이혼과 관련하여 사용되는 중요한 용어는 '보내다'(שׁלח, 샬라흐)다. 이것은 '석방하다, 놓아주다, 보내다'라는 의미도 있지만(출 21:26-27), 목적어가 아내일 경우에는 이혼하여 아내를 내보내는 것을 가리킨다(신 24:1).

신 24:1	사람이 아내를 맞이하여 데려온 후에 그에게 **수치되는 일이 있음을 발견하고 그를 기뻐하지 아니하면** 이혼 증서를 써서 그의 손에 주고 그를 자기 집에서 내보낼 것이요.
렘 3:1	그들이 말하기를 가령 **사람이 그의 아내를 버리므로** 그가 그에게서 떠나 타인의 아내가 된다 하자, 남편이 그를 다시 받겠느냐 그리하면 그 땅이 크게 더러워지지 아니하겠느냐 하느니라. 네가 많은 무리와 행음하고서도 내게로 돌아오려느냐 여호와의 말씀이니라.

신명기 법이 여성의 권리 신장을 보여 주지만, 여성은 여전히 사회적 약자였다. 이혼한 여자는 독립적으로 경제 활동을 할 수 없었으므로, 쉽게 사회적 약자층에 편입되었다. 따라서 '이혼해서는 안 된다'는 조치가 오히려 여성에게 삶의 안정을 보장해 주는 의미로 간주되었다(신 22:19).

신명기 24:1은 이혼을 위해 '그녀를 기뻐하지 아니하면'이라는 한 가지 조건을 제시한다. 히브리어 본문에 따르면 '발견하다'(תמצא, 팀짜)는 동사가 사용되었는데, 그것의 주어는 '여성'이 되며, '그녀가 그의 눈에서 은혜를 발견하지 못하면'으로 번역된다. 이어지는 문장에는 '발견하다'(מצא, 마짜)는 동사가 다시 한번 나오는데("수치되는 일이 있음을 발견하고"), 여기에서 주어는 남편이며 이것은 앞 문장과 인과관계를 형성한다. 따라서 신명기 24:1을 다음과 같이 번역할 수 있다. "한 남자가 한 여자를 아내로 취하여 결혼했다. 그리고 다음과 같은 일이 생겼다. 만약 그(남편)가 아내에게서 수치스러운 일을 발견함으로 인해, 그녀가 그(남편)의 눈에서 은혜를 발견하지 못하면…" 여성의 '수치스러운 것'은 이혼 사유가 되며, 이혼을 피하기 위해서는 남성이 그녀에게 '은혜'를 표시해야만 한다.

  본문이 제시하는 '수치스러운 일'(עֶרְוַת דָּבָר, 에르봣 다바르)은 무엇을 가리키는가? 이에 관해서는 여러 의견이 있지만, 그것을 명확히 규명하는 것은 쉽지 않다. 적어도 이것은 간음을 의미하지는 않는데, 왜냐하면 이 경우에는 사형에 해당하기 때문이다(신 22:13-21). 크레이기는 이것을 육체적 결함과 연결시켜 아마도 출산하지 못하는 경우를 가리킬 것이라고 본다.[13] 크리스텐센은 '수치'(עֶרְוָה, 에르봐)를 의미하는 용어가 '벗다'(ערה, 아라)에서 파생한 명사이므로, 이것을 성적 수치가 되는 행위와 연결시킨다(창 9:22).[14] 이와 달리 로제는 랍비 아키바(Rabbi Akiba ben Joseph)를 인용하여, 주후 1-2세기경에 "만약 그가 더 아름다운 여인을 찾았을 경우"가 조건으로 나타남을 이야기한다.[15]

  신명기 24:1에 따르면 이혼할 경우에 남자는 여자에게 '이혼 증서'(סֵפֶר כְּרִיתֻת, 세페르 케리투트)를 주어야 한다. 이것은 이혼을 실행하는 주체가 남성임을 보여 주며, 현대인의 입장에서 보았을 때 우리는 이혼이 얼마나 쉬운가에 놀라지 않을 수 없다.

이혼 증서

구약성서에서 '이혼 증서'는 단 4회 등장하며(신 24:1, 3; 사 50:1; 렘 3:8), 오경에서는 신명기 24장에서만 나타난다. 복음서 역시 '이혼 증서'를 언급하는데, 이는 이혼한 여인에게 증서를 건네는 것이 신약 시대에는 대단히 보편화되었음을 암시한다(마 5:31).

> 렘 3:8 　내게 배역한 이스라엘이 간음을 행하였으므로 내가 그를 내쫓고 그에게 이혼서까지 주었으되 그의 반역한 자매 유다가 두려워하지 아니하고 자기도 가서 행음함을 내가 보았노라.

예레미야 3:8은 아내로 비유되는 이스라엘이 간음(נאף, 나아프)을 행하였음에도 불구하고, 야웨가 이혼 증서를 주어 보냈다고 서술한다. 여기에서 언급된 동사는 십계명(출 20:14; 신 5:18), 성결법전(레 20:10) 등에서 간음을 금지하는 맥락에 사용되었다(참조. 신 22장). 이러한 본문에서 간음은 사형에 해당한다고 기록되어 있지만, 예레미야는 간음에도 불구하고 '이혼 증서'를 주었다고 기록한다는 점에서 '간음은 곧 사형'이라는 제도를 알지 못했던 것으로 보인다.

신명기 24장에서 부부가 이혼할 때 남편이 아내에게 주는 이혼 증서는 이혼의 법적 효력을 암시한다.[16] 이혼 증서를 받지 않은 여인은 한 남편의 아내로 간주되어 다른 남자를 만나지 못했지만(신 22:22), 증서를 가지면 재혼이 가능했다(신 24:2). 남편은 이 이혼 증서에 자기가 아내를 보낸 이유를 서술했을 수 있지만(사 50:1), 필수적인 것은 아니었다.[17]

🗝

지금까지 우리는 성서의 결혼 제도에 나타난 여성의 권리를 살펴보았다. 이를 통해 고대 사회의 결혼 제도는 장소와 시대에 따라 조금씩 변해 왔음을 알 수 있었다.

먼저 우리는 한 남성이 결혼하지 않은 여성을 유혹하여 수치를 주는 경우를 살펴보았다. 이런 경우에 남성은 여성의 아버지에게 상당한 납폐금을 주어야 했지만(출 22:16-17[15-16]), 만약 여성의 아버지가 납폐금을 받고도 딸을 그 남성에게 아내로 주기를 거절할 경우에는 어찌할 도리가 없었다. 이는 고대 사회에서 딸이 마치 그 아버지에게 종속된 것처럼 여겨진다는 점을 보여 준다.

이와 유사한 경우를 우리는 신명기에서 재차 확인할 수 있다. 이 본문에서 눈에 띄는 것은 납폐금이 은 50세겔로 정해져 있다는 점이다. 이는 아마도 여성의 아버지가 지나친 금액을 요구하는 것을 제한하기 위한 조치로 보인다. 게다가 납폐금을 지불하기만 하면 남성은 여성과 결혼할 수 있었는데, 이 과정에서 여성 아버지의 역할은 사라졌다. 즉, 그는 더 이상 딸에게 관여할 수 없으며, 동시에 딸은 아버지의 소유에서 독립된 존재가 되었다. 더 나아가 신명기 22:29은 남성이 자신의 아내가 된 여성을 '버리지 못한다'는 것을 법적 용어로 명문화하였다. 이를 통하여 신명기는 여성의 권리가 보장되어야 함을 서술한다.

마지막으로 신명기는 여성에 대해 '이혼 증서'를 언급한다. 이것은 이혼이 얼마나 쉬웠는가를 생각하게 하며, 이혼한 남성, 또는 이혼 증서를 남성에게 주는 것에 대한 언급은 나타나지 않는다는 점에서 고대 사회에서 남성과 여성에 대한 인식이 상당히 편향되어 있음을 알려 준다. 우리는 이혼한 여성에 대한 사회적 시각이 곱지 않았음을 추정할 수 있다. 케슬러는 성서에 남성 중심적 표현이 관찰된다는 것을 인정함에도 불구하고, 그러한 이유로 당시 사회에서 이혼한 여성이 하위층에 속하게 되었다는 추론을 거부한다.[18] 왜냐하면 일부 여성의 경우 상류층에 속해 있었고, '귀부인'이 등장했기 때문이다.[19] 그러나 이혼한 여성의 상당수가 경제적 취약층에 속하게 되었다는 것에는 이론의 여지가 없다.

    이혼과 관련하여, 오늘날 사회에서도 함께 고민해야 할 것은 '한 부모 가정'에 대한 지원이다. 사실 구약에는 '한 부모 가정'에 대한 서술이 거의 등장하지 않는다. 드문 예로 하갈과 이스마엘의 이야기가 나타날 뿐이다. 구속사적 관점으로 인해 이 이야기는 상당히 편향적으로 해석되지만, 이것은 한 부모 가정, 특히 경제 활동을 하기 어려운 편모 가정이 경제적으로 얼마나 열악한 상황에 처하게 될 수 있는가를 단적으로 보여 준다. 한 해에 이혼하는 사람의 수가 새롭게 결혼하는 사람 수의 절반에 가까운 오늘날 한국 사회를 고려한다면 '한 부모 가정'에 대한 조치는 대단히 시급하다.[20]

    누구든 자신의 성별을 선택하여 태어날 수 없지만, 태어날 때부터 정해진 성별로 인해 여성은 고대 사회로부터 제한된 삶을 살았다. 오늘날은 물론 과거보다 나아졌지만, 여전히 여성의 활동에는 여러 제한이 있을 수 있다. 인간에 대해 애정을 품고 있는 성서는 당대에 인간이 당하는 부당한 처우를 개선하고자 하기에, 여성에 대해서도 고민하는 모습을 보여 준다. 이러한 성서의 정신을 따라 우리도 상대의 입장에서 생각하고 이해하는 역지사지의 모습을 보인다면 여러 사회 문제가 개선될 것이다.

토의를 위한 질문

1. 고대 이스라엘 사회는 어떤 형태의 혼인 제도를 갖추고 있었는가? 이는 오늘날 한국 사회와 어떻게 다른가?

2. 출애굽기 22:16-17에서 여성의 지위는 어떻게 드러나는가?

3. 신명기 22:28-29을 출애굽기 22:16-17과 비교하면 어떤 차이점이 드러나는가?

4. 신명기 22:19의 '평생에 버릴 수 없는 아내'와 신명기 24:1의 '이혼 증서' 사이의 모순은 당시 사회에서 여성의 인권을 고려할 때 어떻게 조화를 이룰 수 있는가?

5. 한국 사회에서 '한 부모 가정'이 받는 법적 보호에는 어떤 것이 있는가? 그들에게 필요한 추가 조치가 있다면 무엇일까?

출애굽기 23:1-8은 공정한 재판이라는 주제를 보여 준다. 그런데 '공정'이란 무엇이며, 우리는 어떻게 공정을 이루어 갈 수 있을까? 재판이 공정하게 진행되어야 한다는 것은 현대 사회를 넘어 고대로부터 중요한 주제였다. 출애굽기는 재판관이 다수의 위증에 현혹되어서는 안 되고, 권력자를 비호하지 말아야 하며, 뇌물을 멀리해야 한다고 명령한다. 재판관은 약자의 권리를 보호하는 의무를 충실히 행함으로써 공정을 세울 수 있다. 공정한 재판이라는 주제는 오늘날 한국 사회에도 질문을 던진다. 한국 사회는 '유전무죄 무전유죄'를 극복했는가?

15.　　　　　　　　　　　정의를 굽게 하지 말라

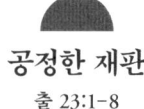

공정한 재판
출 23:1-8

대한민국은 입법·행정·사법의 3권 분립을 원칙으로 한다. 각 기관이 상호 견제와 균형을 유지함으로써 국가 권력이 한쪽으로 치우치는 것을 방지하는 장치다. 이와 다른 형태라 하더라도 오늘날 대부분 국가들이 권력의 분립을 지향한다. 그중에서 사법부는 법을 해석하고 집행하는 기관으로서, 일의 옳고 그름을 판단한다는 점에서 권력의 중심에 서 있다 해도 과언이 아니다.

　이 기관들 중에서 가장 먼저 발생한 것은 무엇일까? 성서는 국가가 형성되기 이전에 이미 법의 집행에 대해 이야기한다. 구약성서 사사기의 히브리식 명칭은 '재판하다'(שָׁפַט, 샤파트)의 분사 복수 형태(שֹׁפְטִים, 쇼프팀)이므로, 사사는 본래 '재판관'으로 활동하던 이들이다. 성서는 사사가 치리하던 시기를 '구원과 평화'의 기간으로 서술하는 반면(삿 2:19; 3:11), 사사의 죽음을 백성의 타락과 동일시한다. 이처럼 재판의 직무는 고대 사회부터 중요하게 여겨졌다.

오늘날처럼 법률이 명문화되어 있는 시대에는 법전이 재판을 행하는 토대가 된다. 하지만 법이 문서화되지 않았거나 혹은 널리 알려지지 않았던 고대에 재판관은 어떠한 기준으로 재판이라는 본연의 임무를 수행했을까? 이를 알아봄으로써 우리는 첫째로 고대 사회의 법 정신을 고찰하고, 둘째로 오늘날 사회를 반추할 수 있을 것이다. 그것을 위해 이 장에서는 언약법전(20:22-23:19)[1]에 등장하는 재판관에 대한 규정(출 23:1-8)을 살펴볼 것이다.[2]

출애굽기 23:1-8의 구조와 상황

언약법전은 이스라엘이 하나님의 백성으로서 이웃과 어떤 관계를 맺어야 하는지를 보여 준다. 그 가운데 출애굽기 23:1-8에는 재판이라는 주제가 기술되었다. 우리는 이 본문을 살펴봄으로써, 고대의 재판이 어떠한 기준에 따라 진행되었는지 고대의 법철학을 숙고할 수 있을 것이다.

본문의 구조

출애굽기 23:1은 부정어(לֹא, 로)와 2인칭 남성 미완료가 결합한 금령(禁令)의 형태를 보여 준다. 이것은 이미 전후 문맥에서도 발견되므로(출 22:28; 23:9), 본문의 단락을 형성하는 근거가 되지 못한다. 하지만 출애굽기 23:1은 '헛된 소문'(שֵׁמַע שָׁוְא, 쉐마 샤베)과 '위증하는 증인'(עֵד חָמָס, 에드 하마스)에 대해 진술하는데, 이것은 성결을 지키기 위한 음식 규례를 보여 주는 출애굽기 22:31[30]과는 내용적으로 구별된다.

출애굽기 23:10은 '제7일에 쉼'을, 그리고 9절은 '나그네'(גֵּר, 게르)를 서술한다. 이것은 양식 면에서는 1-8절과 연결되지만, 12절에서 나그네에게 쉼을 주라는 주장의 근거가 되며, 출애굽기 22:21[20]의 반복이다. 그런 이유로 9절은 1-8절과 10절 이하를 연결하는 가교 구절로 보인다.[3]

출애굽기 23:1은 '위증하는 증인'(עֵד חָמָס, 에드 하마스)을 금지하는데, 이러한 행위는 '의로운 자의 말을 굽게' 만든다. 본문에서 중요한 용어는 '송사'(רִיב, 리브)인데, 이 용어는 출애굽기 23장에서만 3회 등장한다(출 23:2, 3, 6). 동일한 어근을 담고 있는 용어가 이미 출애굽기 17장의 '므리바'(מְרִיבָה)라는 명칭에서 사용되었다. 출애굽기 17:2에서 설명하는 것처럼 '므리바'는 '다투다'(רִיב, 리브)에서 파생한 것이며, 23장에 등장하는 '리브'(רִיב)는 이 단어의 명사 형태로 '다툼, 논쟁, 송사'로 번역된다. 따라서 우리는 출애굽기 23장이 재판을 주제로 진술하고 있음을 알 수 있다.

출애굽기 23:1에는 금령이라는 절대법 형태(부정사+미완료)가 빈번하게 나타나며, 이것은 3절까지 이어진다. 하지만 4-5절에서 갑작스럽게 등장하는 '왜냐하면'(כִּי, 키)은 조건법을 보여 주기 때문에, 4절은 양식상 앞 절과 구분된다.[4] 6-8절에는 다시 '부정사+미완료'가 결합한 절대법이 등장하므로, 양식상 3절과 연결된다. 따라서 출애굽기 23:1-8은 양식을 근거로 하여 1-3, 4-5, 6-8절로 나눌 수 있다.

출애굽기 23:1-8에는 다양한 핵심 용어가 관찰되는데, 특별히 1-3절과 6-8절은 서로 용어상의 관련성을 보인다. 첫째, 소송이라는 단어가 2-3절과 6절에서 기록되었다. 물론 2절과 3절에 이 단어와 관련하여 언급된 대상은 각각 다르지만, 이러한 사실은 전체 본문이 법적인 틀에서 해석될 수 있음을 암시한다. 둘째, 3절은 '가난한 자의 소송'에 대해 진술하며, 이 주제는 6절에서 재차 반복된다. 셋째, 1절에서 관찰된 '거짓된 소문'은 7절에서 '거짓말'에 상응한다. 끝으로 8절은 '뇌물'(שחד, 쇼하드)을 언급한다. 이것은 '선물'이라는 긍정적 의미로도 사용되지만(잠 6:35), 재판과 관련해서는 '뇌물'이라는 부정적 의미로 빈번하게 등장한다(신 10:17; 16:19; 잠 17:23; 21:14; 미 3:11). 이처럼 '의를 왜곡시키는 뇌물은 판결을 굽게 만든다'라는 서술은 재판 상황 전체를 요약한다. 이러한 관찰로 미루어 볼 때 1-3절과 6-8절은 대단히 밀접하게 연결되어 있다. 이러한 서술을 기반으로 우리는 출애굽기 23:1-8의 구조를 다음과 같이 요약할 수 있다.[5]

1절		거짓 소문
	2-3절	가난한 자의 소송
		4-5절 조건법
	6절	가난한 자의 소송
7절		거짓말을 멀리하라
8절		뇌물 금지

본문의 상황

프롭(W. H. C. Propp)을 비롯하여 많은 학자들은 출애굽기 23:1-8의 전체 상황을 법적 맥락에서 이해하는 것에 전혀 문제가 없음을 주장한다.[6] 그와 달리 노트는 이것이 직업적 재판관에 대한 규정과는 무관하다고 진술한다.[7] 그에 대한 근거로 노트는 고대 이스라엘에는 재판관이 하나의 직종으로 존재하지 않았다는 사실을 제시한다.[8] 약간의 차이는 있지만 오토는 출애굽기 23:1-8이 출애굽기 22:21[20]-23:9이라는 사회 윤리의 틀 안에서 자리 잡고 있다고 본다.[9] 그것은 '이방 나그네를 압제하지 말라…너희도 애굽 땅에서 나그네였다'라는 문구가 출애굽기 22:21[20]과 23:9에서 나타나 사회법의 틀을 형성하기 때문으로 보인다.[10] 이처럼 다양한 해석이 이어지고 있으므로, 우리는 본문이 어떤 맥락에서 서술되는가를 살펴볼 필요가 있다.

노트는 고대에 재판관이 하나의 직종으로 존재하지 않았음을 이야기하지만, 그것이 곧 재판이 없었음을 의미하지는 않는다. 주전 8세기 이후 예언자가 재판관의 불의를 고발하는 본문 등을 보면, 고대에도 재판관의 기능을 하는 자들이 존재했음을 확인할 수 있다.

> 미 3:11 그들의 우두머리들은 뇌물을 위하여 재판하며 그들의 제사장은 삯을 위하여 교훈하며 그들의 선지자는 돈을 위하여 점을 치면서도 여호와를 의뢰하여 이르기를 여호와께서 우리 중에 계시지 아니하냐 재앙이 우리에게 임하지 아니하리라 하는도다.
>
> 사 1:23 네 고관들은 패역하여 도둑과 짝하며 다 뇌물을 사랑하며 예물을 구하며 고아를 위하여 신원하지 아니하며 과부의 송사를 수리하지 아니하는도다.

사사기는 또한 왕정 시대 이전에 이스라엘에서 재판을 수행했던 자에 관한 기록을 보여 준다. 부분적이기는 하지만 이스라엘의 사사(שׁפט, 쇼페트)는 위기에는 전쟁 지도자로 활동했고, 평화의 시기에는 재판(שׁפט, 샤파트)을 했다(삿 4:4). 그것은 사사에 대한 진술이 '몇 년 동안 이스라엘의 사사가 되니라'로 요약되는 것에서도 관찰된다(삿 10:2, 3).

게다가 드보라 이야기는 재판 장소에 대해서 언급한다(삿 4:5). 물론 여기에서 구체적 장소는 진술되지 않지만, 사람들이 재판을 받기 위해 드보라가 있는 곳으로 찾아갔음을 알 수 있다.

> 삿 4:5   그는 에브라임 산지 라마와 벧엘 사이 드보라의 종려나무 아래에 거주하였고 이스라엘 자손은 그에게 나아가 재판을 받더라.

성문은 재판이 행해지던 보편적인 장소로 알려져 있었다(신 16:18; 룻 4:1-11).[11] 그밖에도 성전에서 재판이 열렸음을 추정하게 하는 본문을 확인할 수 있다(신 19:17). 이것을 근거로 크뤼제만(F. Crüsemann)은 예루살렘에 최고 재판소가 있었고, 그곳에서 행해지는 판결은 모세의 권위에 상응하는 것이라고 설명한다(신 17:11).[12] 그로 인해 성전에서 행해지는 재판은 무조건적 순종을 요구하는 최상급 재판 기구로 묘사되었다(신 17:12). 추가로 확인되는 것은 제사장이 재판관과 나란히 등장한다는 점이다. 이는 제사장도 재판관의 기능을 했음을 의미한다(신 17:9).

앞서 서술한 구조에서 확인한 바와 같이, 출애굽기 23:4-5은 전후 문맥과 다른 상황을 보여 주므로, 우리는 1-4절과 6-8절을 통해 본문의 상황을 파악해야 한다. 그것을 위해 우리는 본문에서 빈번하게 등장하는 '송사'(ריב, 리브)를 살펴보았다. 이 단어의 동사 형태는 일상적으로 '다투다'라는 의미이지만, 법적 영역에서는 '소송을 제기하다'를 가리킨다.[13] 슈빈호르스트-쇤베르거는 1, 2, 6절에 나타난 금령을 근거로 고대 이스라엘 소송 절차를 '고발(1절)-재판 과정(2절)-판결(6절)'이라는 세 단계로 설명한다.[14] 즉, '리브'는 출애굽기 23:1-8이 법적 영역에서 해석되어야 함을 알려 준다.

1절에 기록된 '위증하는 증인'(עֵד חָמָס, 에드 하마스)은 출애굽기 20:16에서 관찰되는 '거짓 증거'(עֵד שָׁקֶר, 에드 샤케르)와 결부된다. '위증하는 증인'

은 신명기 19:16-17에서 재차 서술되었는데, 재판에 중대한 영향을 끼치는 행위를 가리킨다. 곧 증언하는 자가 악의적인 의도로 증언하면, 고발자/증인과 피고발자는 하나님 앞에서 심판을 받아야 한다. 이때 하나님 앞에서 행해지는 재판은 최고 판결로서 이의 제기가 불가능한 재판이었다(참조. 신 17:12).

출애굽기 23:1-8 본문 살피기

거짓 소문(출 23:1)

'금령'으로 시작하는 1절은 가장 먼저 '헛된 소문'에 대해 경계심을 드러낸다. '헛되다'(שָׁוְא, 샤베)라는 용어는 언약법전의 다른 곳에는 나타나지 않지만, 하나님의 이름을 오용하는 것을 금지하는 출애굽기 20:7에서 앞서 서술되었다.[15] 이것은 본래 '무가치, 허무, 거짓, 기만' 등을 의미하여[16] 의도적 행위와 비의도적 행위를 모두 포함한다. 환언하면 이것은 악한 의도를 가지고 거짓된 소문을 생산 혹은 전파하는 것뿐만 아니라[17] 남의 이야기를 가십거리로 삼아 구전하는 행위로도 해석된다. 하지만 출애굽기 23:1b 문맥에서는 악인과 연합하여 '거짓 증언'하는 것을 서술하므로, 1a절은 '헛된 소문'을 생산하거나 퍼뜨리는 것에 가깝다. 그러한 행위를 하는 자는 결코 '죄 없다'고 할 수 없다. 왜냐하면 그것은 1b절에서 금지된 것처럼 '악한 자에게 힘을 보태는' 행위로 간주되기 때문이다.

    1a절과 1b절은 번역상 유사한 의미다. 하지만 두 구절은 형태상으로는 미묘한 차이를 보인다. 1a절은 '로(לֹא)+미완료' 형태이지만 1b절은 '알

(אַל)+미완료' 형태로, 전자는 가장 강력한 '금령'을 나타내지만, 후자는 '간결한 경고'(simple warning)¹⁸를 의미한다.

출 23:1a (저자 사역)		너는 헛된 소문을 퍼뜨리지 말라.
출 23:1b (저자 사역)		너는 악한 자에게, 곧 폭력을 행하는 증언에 네 힘을 보태지 말라.

개역개정은 1b절을 "악인과 연합하여"라고 번역하지만, 원문에 사용된 '야드'(יָד)는 '손, 힘, 권력'을 뜻하므로 '악한 자에게 네 힘을 보태지 말라'는 의미에 더 가깝다. '헛된 소문을 퍼뜨리는 행위'와 '악인에게 힘을 보태는 행위'는 죄 없는 자를 죽음으로 몰아붙이는 '폭력 행위'(עֵד חָמָס, 에드 하마스)다. 본문에 번역된 '위증'(חָמָס, 하마스)은 '폭력'을 의미하기 때문이다(창 6:11; 삿 9:24).

가난한 자의 소송(출 23:2-3)

출애굽기 23:2에 기록된 "다수를 따라 부당한 증언"을 하는 행위는 서로 간에 다툼이 있는 '송사'에서 목격된다. 본문이 제시하는 이미지는 다양하게 묘사되었다. 출애굽기 23:2a에 등장하는 '악'(לְרָעֹת, 레라오트)은 명사로 이해될 수 있지만, 동시에 부정사로 해석될 수도 있다. 이러한 부정사의 형태는 출애굽기 23:2b의 부정사와 보다 적절하게 부합한다(לִנְטֹת, 린토트/לְהַטֹּת, 레하토트).¹⁹ 본문에서 2회 확인되는 '다수를 따라'라는 문구는 '아하레-라빔'(אַחֲרֵי־רַבִּים)을 번역한 것이다. '아하레'(אַחֲרֵי)는 '…을 따라'로 해석되지만, 본래는 '…뒤에서'라는 의미다. 그런 이유로 본문의 이미지는 다수의 뒤에서 악을 행하는 자를 보여 준다. 즉, 행악자의 실체는 드러나지 않는데, 그는 다수의 무리에 몸을 숨겼기 때문이다.

출 23:2a　　לֹא־תִהְיֶה אַחֲרֵי־רַבִּים לְרָעֹת
　　　　　　다수를 따라 악을 행하지 말며.

출 23:2b　　וְלֹא־תַעֲנֶה עַל־רִב לִנְטֹת אַחֲרֵי רַבִּים לְהַטֹּת:
　　　　　　송사에 다수를 따라 부당한 증언을 하지 말며.

'다수를 따라'라는 표현은 출애굽기 23:2a에 이어 2b절에서 다시 한 번 나타나며, '송사'(עַל־רִב, 알-리브)라는 구체적 상황과 연결되었다. 재판의 상황에서 그는 '부당한' 증언을 해서는 안 된다. 여기에는 '나타'(נָטָה)라는 동사가 부정사 형태로 2회 사용되었지만,[20] 한국어 성서는 그것을 1회만 번역했다. 이 용어는 다양한 의미를 품고 있지만, 재판의 문맥에서 '치우치다'로 번역되는 것이 가장 적절해 보인다. 그렇다면 2bα절은 '너는 재판에서 치우쳐 대답해서는 안 된다'로 번역할 수 있다. 이미 언급한 것처럼 이 동사는 2bβ절에서 재차 관찰되는데, 여기에서는 사역의 형태이므로 (לְהַטֹּת, 레하토트) '(치우치도록) 영향을 주다' 혹은 '굽게 만들다'는 의미로 이해된다.[21] 즉, 2bβ절은 '다수가 시키는 대로/사주하는' 증언의 행태를 가리킨다. 따라서 2a절이 아무런 근거 없이 다수의 의견에 자신을 숨기는 것을 묘사한다면, 2b절은 다수가 시키는 대로 행동하는 것을 지적한다.

본문이 제시하는 또 하나의 이미지는 '라빔'(רַבִּים)의 해석과 결부된다. '라빔'은 '무리, 군중, 다수'를 의미하지만, 동시에 '권력자, 부요한 자'를 지칭한다.[22] 따라서 행악자는 권력자의 뒤에 숨은 자 혹은 그들과 결탁한 자로 간주된다(왕상 21:10). 이러한 이미지는 출애굽기 23:3에 언급된 '가난한 자'와 대립되기 때문에 문맥상 잘 어울린다.[23] 이처럼 출애굽기 23:2이 보여 주는 이미지는 다양하며, 그것은 다음과 같은 다양한 형태로 번역될 수 있다.

다수를 따라/뒤에서 악을 행하지 말며, 송사에 **다수가 사주하는** 부당한 증언을 하지 말라.	**권세자를 따라** 악을 행하지 말며, 송사에 **권세자가 사주하는** 부당한 증언을 하지 말라.

출애굽기 23:3은 앞 절과 상반되는 진술이다. 출애굽기 23:2은 유력한 '권세자'(רַבִּים, 라빔)를 이야기하는 반면, 3절은 '약자, 가난한 자'(דַּל, 달)에 대해 서술하기 때문이다. 이곳에 사용된 '하다르'(הדר)라는 동사는 여기에서는 '두둔하다'로 번역되었지만, 본래는 '(귀금속으로) 치장하다, 존경하다'라는 의미를 담고 있다. 일반적으로 성서는 가난한 자를 도움이 필요한 자로 묘사하며, 그를 적극적으로 도와주라고 진술한다(신 15:11). 그런데 출애굽기 23:3은 그러한 행위에 제동을 건다.

여기서 더 발전하여 출애굽기 23장은 또 다른 문제를 고민한다. '가난한 자를 도와주는 것'과 '정의를 지키는 것' 사이에서 무엇이 중요한 가치인가를 숙고하기 때문이다. 이러한 사고는 특히 6절을 살펴볼 때 극명하게 드러난다.

    출 23:3   가난한 자의 송사라고 해서 편벽되이 두둔하지 말지니라.
    출 23:6   너는 가난한 자의 송사라고 정의를 굽게 하지 말며.

출애굽기 23:3, 6은 모두 동일하게 '가난한 자의 송사'(בְּרִיבוֹ, 베리보)를 주제로 한다. 3절은 가난한 자에게 치우쳐서 두둔하는 행위에 대해, 그리고 6절은 정의를 굽게 만드는 행위에 대해 경고한다는 점에서 서로 일치한다. 성서는 가난한 자를 돌보라고 명령하지만, 그것은 무차별적이지는 않다. 출애굽기 23:6은 가난한 자를 어느 정도까지 감싸 줄 것인가에 대해 논의한다. 가난한 자를 돕는다는 미명하에 '정의'(מִשְׁפָּט, 미쉬파트)를 왜곡시킨다면, 그것은 결코 옳지 않다. 따라서 우리는 언약법전이 '정의'를 세우는 것에 보다 깊은 관심을 기울인다는 점을 알 수 있다.

조건법(출 23:4-5)

출애굽기 23:4-5에는 '만약'(כִּי, 키)이라는 문구와 함께 2인칭 남성 미완료 형태의 동사가 나타나서 반복적 행위를 제시한다. 그런 이유로 이 본문은 '…할 때마다'라는 의미를 갖는다. 이것은 조건법을 보여 주는 일반적 형태이므로,[24] 앞서 서술된 절대법의 형태인 금령(禁令)과는 구별된다. 따라서 우리는 출애굽기 23:4-5이 3절과 6절을 단절시킨다는 점을 알 수 있다.[25]

본문의 후반절(4b, 5b절)에는 각각 동일한 동사가 반복적으로 사용되는데, 부정사와 미완료의 형태로 결합됨으로써 동의어 반복의 형태를 보여 준다. 이것은 의미를 강조하는 기능을 하므로, 4b절과 5b절은 '반드시' 도와주라는 뜻을 강조한다.

	출 23:4	출 23:5
a	כִּי תִפְגַּע שׁוֹר אֹיִבְךָ אוֹ חֲמֹרוֹ תֹּעֶה	כִּי־תִרְאֶה חֲמוֹר שֹׂנַאֲךָ רֹבֵץ תַּחַת מַשָּׂאוֹ וְחָדַלְתָּ מֵעֲזֹב לוֹ

(저자 사역)	만약 네가 네 원수의 소나 나귀를 만나거든	만약 네 미워하는 자의 나귀가 그 짐에 눌려 엎드러진 것을 보거든 그것을 못 본 체 말며
b	הָשֵׁב תְּשִׁיבֶנּוּ לוֹ	עָזֹב תַּעֲזֹב עִמּוֹ
(저자 사역)	**반드시** 그것을 그에게로 돌려주어야 한다.	**반드시** 그와 함께 일으키는 것을 도와야 한다.

4절에는 '네 원수'(אֹיִבְךָ, 오이브카)가 나타나며, 5절에는 '너를 미워하는 자'(שֹׂנַאֲךָ, 쇼나아카)가 서술되어 대단히 극단적인 상황을 제시한다. 이와 비교되는 계명으로는 신명기 22:1-4을 언급할 수 있지만, 여기에서는 '네 형제'(אָחִיךָ, 아히카)가 나타날 뿐이다.[26]

> 신 22:1-4   네 형제의 소나 양이 길 잃은 것을 보거든 못 본 체하지 말고 너는 반드시 그것들을 끌어다가 네 형제에게 돌릴 것이요…네 형제의 나귀나 소가 길에 넘어진 것을 보거든 못 본 체하지 말고 너는 반드시 형제를 도와 그것들을 일으킬지니라.

출애굽기 23:4-5은 신명기 22:1-4보다 훨씬 포괄적이다. '형제'의 가축뿐만 아니라 심지어 '원수'의 것이라 할지라도, 그것을 발견한 사람은 원래 소유주에게 돌려주어야 한다고 명령하기 때문이다. 출애굽기 23:4이 가리키는 '원수'(אֹיֵב, 오예브)는 누구인가? 이 용어는 심지어 적군을 포함할 정도로 다양한 범주에서 해석된다(신 28:25).[27] 하지만 우리는 출애굽기 23장이 재판이라는 상황을 전제하고 있음을 고려해야 한다. 즉, 이 곳의 '원수'는 일차적으로 법적 소송 관계에 있는 혹은 있었던 상대자다.²⁸ 이들은 관계가 어그러진 자로서,²⁹ 5절에 나타나는 '너를 미워하는 자'와도 상응한다.

4절과 유사하게 5절은 하나의 경우를 설명한다. 만약 곤란한 입장에 처한 자를 본다면, 그를 그냥 지나쳐서는 안 된다. 개역개정은 5b절을 "그것을 도와 그 짐을 부릴지니라"고 번역한다. 그러나 앞에 언급한 것처럼 히브리어 성서에는 동의어 반복이 나타난다. 이것은 그 의미를 강조하는 장치로, 새번역에서는³⁰ 적절하게 '반드시'라는 문구가 첨가되었다.

출 23:5	네가 만일 너를 미워하는 자의 나귀가 짐을 싣고 엎드러짐을 보거든 그것을 버려두지 말고 그것을 도와 그 짐을 부릴지니라(עָזֹב תַּעֲזֹב עִמּוֹ, 아조브 타아조브 이모).
출 23:5 (새번역)	너희가 너희를 미워하는 사람의 나귀가 짐에 눌려서 쓰러진 것을 보거든, 그것을 그대로 내버려 두지 말고, **반드시** 임자가 나귀를 일으켜 세우는 것을 도와주어야 한다.

출애굽기 23:4-5은 형태적으로나 내용적으로 앞뒤 문맥과 어울리지 않는다. 그럼에도 불구하고 이 본문이 재판의 맥락 안에 들어온 이유는 무엇인가? 이 구절은 일상생활을 배경으로 한다. 크지 않은 사회에서 재판에서 원수로 마주쳤던, 서로 미워했던 자를 일상에서 조우하는 일은 다반사였다. 본문은 이러한 상황에서 그들이 어떻게 행동해야 하는가를 교훈한다. 재판이라는 제한된 영역을 넘어서 일상생활에서 심지어는 원수에게도 공평이 적용되어야 함을 가리킨다.³¹

가난한 자의 소송(출 23:6)

출애굽기 23:6은 다시 '가난한 자의 송사'에 대해 진술한다. 3절이 가난한 자의 송사를 '두둔하는 경우'를 진술한다면, 6절은 '정의를 굽게 하는 경우'를 가리킨다. 두 본문은 모두 '가난한 자의 송사'라는 점에서는 동일하지만, 가난한 자를 대하는 태도는 상반된다. 소송뿐만 아니라 대부분의 경우에 전자보다는 후자, 즉 가난한 자의 송사에서 정의를 굽게 만드는 경우가 빈번하게 발생한다.

출애굽기 23:6은 이해하는 데 큰 어려움이 없는 구절이지만, 다양한 역본을 비교해 보면 미묘한 차이를 발견할 수 있다.

출 23:6	너는 가난한 자의 송사라고 **정의**를 굽게 하지 말며.
출 23:6 (공동번역 개정판)	너희는 가난한 자가 낸 소송 사건에서 그의 **권리**를 꺾지 마라.
출 23:6 (성경)	너희는 재판할 때 가난한 이의 **권리**를 왜곡해서는 안 된다.

공동번역 개정판과 가톨릭 성경은 개역개정 번역과 미묘한 차이가 있다.[32] 개역개정은 '정의'를 이야기하지만, 다른 두 역본은 '권리'를 말한다. 권리는 개인의 생활을 위해 법이 부여한 힘이지만, 정의는 그것을 보편화시킨 개념이다. 이것을 어떻게 이해할 것인가는 '미쉬파트'(משפט)에 대한 해석과 결부된다. 이 용어는 '재판하다'라는 의미의 '샤파트'(שפט)에서 유래했지만, '법, 정의, 권리' 등 다양한 범주로 해석된다. 본문은 재판이라는 맥락에서 약자의 권리가 보호되어야 함을 이야기한다(참조. 신 16:19).

본문에 기록된 '미쉬파트 에브요네카'(מִשְׁפַּט אֶבְיֹנֶךָ)는 연계(constructus) 형태이므로 '네 가난한 자의 미쉬파트'가 된다. 따라서 이것은 일차적으로 '가난한 자의 권리'로 해석되며, 그것을 보호하는 것은 부분적으로 '정의'라는 개념과도 연결된다.

거짓말을 멀리하라(출 23:7)

출애굽기 23:7은 '거짓 일을 멀리하라'(מִדְּבַר־שֶׁקֶר תִּרְחָק, 미데바르-쉐케르 티르하크)는 명령으로 시작한다. '거짓 일'이란 구체적으로 무엇을 가리키는가? 본문의 '일'은 '다바르'(דָּבָר)를 번역한 것이다. 이 단어는 '말, 일, 사건'을 가리키지만, 출애굽기 23장 본문에서는 소송을 배경으로 하기에 '말, 고발, 고소'로 해석할 수 있다. 그러므로 여기에서는 개역개정의 '일'보다는 '말, 고발'로 번역되는 것이 더 적절하다.[33] 둘 혹은 세 사람의 거짓 고발은 무죄한 자를 죽음으로 내몰 수 있다(신 17:6). 거짓 고소는 거짓 '말'에서 비롯된다.

> 신 17:6　　죽일 자를 두 사람이나 세 사람의 증언으로 죽일 것이요 한 사람의 증언으로는 죽이지 말 것이며.

그런 이유로 '거짓말'(דְּבַר־שֶׁקֶר, 다바르-쉐케르)은 '거짓 증거'(עֵד שֶׁקֶר, 에드 샤케르)와 유사하다(출 20:16).[34] 게다가 '거짓말'은 출애굽기 23:1에서 관찰되는 '거짓 풍설/헛된 소문'(שֵׁמַע שָׁוְא, 쉐마 샤붸) 또는 '폭력적 증인'(עֵד חָמָס, 에드 하마스)과 결부된다.

계속해서 7b절은 무죄한 자와 의로운 자를 서술하며 그들을 죽이지 말라는 금령을 선언한다. 이 사이에는 연결어 '봐브'(ו)가 배열되었는데, 하우트만(C. Houtman)에 따르면 이 연결어의 기능은 추가 설명(explicative waw)이다.[35] '거짓된 말'에 귀를 기울이면, 그로 인해 무죄한 자와 의로운 자는 죽임을 당할 수도 있다. 그러므로 7a절과 7b절은 내용상 인과관계를 형성한다. 반대로 거짓말을 멀리한다면, 결과적으로 무죄한 자와 의로운 자가 부당하게 죽임당하는 것을 방지할 수 있다.[36]

'죽이다'(הָרַג, 하락)라는 용어는 법적 재판을 통한 사형을 의미하는 것이 아니라[37] 종종 부당한 죽음을 가리킨다(출 21:14; 22:24[23]). 폭력 행위는 무죄한 자와 의로운 자를 죽음으로 내몬다. 나봇의 포도원 사건이 보여 주듯이, 우리는 출애굽기 23:7과 같은 상황이 발생했을 경우를 얼마든지 추측할 수 있다(왕상 21:1-14). 더 나아가 우리는 피고에 원한을 품은 자가 그에게 위해를 행할 가능성도 고려해야 한다.[38] 7절에서는 고도의 수사적 표현이 관찰된다. '의로운 자'(צַדִּיק, 짜디크)를 부당하게 대했기 때문에, 하나님 또한 그들을 '의롭다 하지 않으신다'(לֹא־אַצְדִּיק, 로-아쯔디크). 환언하면, 이스라엘이 의로운 자를 의롭게 대하지 않았기 때문에, 하나님은 이스라엘을 의롭다 하지 않으실 것이다.

뇌물 금지(출 23:8)

출애굽기 23:8에는 '쇼하드'(שֹׁחַד)라는 단어가 2회 등장한다. 많은 역본들은 이것을 '뇌물'에 상응하는 용어로 번역했다. 본래 이 단어는 '선물, 예물'이라는 긍정적 의미를 포함하지만(예. 왕상 15:19), 8b절은 '선물'이 사람의 시야를 어둡게 만든다고 서술하므로(כִּי הַשֹּׁחַד יְעַוֵּר פִּקְחִים, 키 하쇼하드 예아베르 피크힘), 부적절한 선물을 가리키는 것임이 분명하다. 8a절과 8b절에서 우리는 명확한 언어 유희를 관찰할 수 있다. '취하다'(תִּקָּח, 티카흐)는 '시야'(פִּקְחִים, 피케하)라는 용어와 자음이 유사하기 때문이다. 8절에는 지혜 문학의 영향이 보이는데, '눈/말'은 각각 '어둡게 하다/굽게 하다'라는 서술어의 목적어가 된다.[39] 다시 말해, 뇌물을 취하는 것은 시야를 가리게 만들 것이다.

> 출 23:8　　너는 뇌물을 받지(תִּקָּח, 티카흐) 말라. 뇌물은 밝은 자의 눈(פִּקְחִים, 피케하)을 어둡게 하고 의로운 자의 말을 굽게 하느니라.

출애굽기 23:1-8의 주제

'너'는 누구인가?

출애굽기 23:1-8의 동사는 대체로 2인칭 남성 단수 미완료 형태로 표현되었고, 문맥에서는 명령형으로 사용되었기 때문에, 본문의 청자인 '너'는 특정 인물로 단정하기 어렵다. 그러나 자세히 살펴보면 본문이 한 동일 인물을 향해 서술하지 않는다는 점을 발견할 수 있다.

첫째, 1절은 '헛된 소문'을 퍼뜨리는 자 그리고 2절은 '부당한 증언'을 하는 자를 염두에 두고 있다. 그는 재판관이 아니지만, 그의 말이 재판에 적지 않은 영향을 끼치는 '증인'이다. 그의 발언에 피고의 생사가 달려 있다고 해도 과언이 아니다. 즉, 그의 부당한 증언은 재판을 왜곡시키는 출발점이다. 우리는 성서에서 그러한 부당한 재판이 발생했음을 관찰할 수 있다(왕상 21:10). 그렇다면 이처럼 잘못된 증인을 성서는 어떻게 치리하라고 명령하는가? 신명기 19장은 그러한 상황에 관하여 엄격한 법적 조치를 취할 것을 제시한다.

> 신 19:18-19   재판장은 자세히 조사하여 그 증인이 거짓 증거하여 그 형제를 거짓으로 모함한 것이 판명되면 그가 그의 형제에게 행하려고 꾀한 그대로 그에게 행하여 너희 중에서 악을 제하라.

만약 증인의 말이 거짓으로 판명되면, 그는 피고가 당해야 할 처벌을 받아야 한다. 일례로 증언이 진실이었을 때 피고가 받아야 할 처벌이 사형이었다면, 증언이 거짓으로 밝혀질 경우 사형에 상응하는 처벌을 거짓 증언한 자가 당해야 하는 것이다. 즉, 여기에서는 동태복수법이 관찰된다.[40] 따라서 1-2절이 제시하는 '너'는 재판 상황에서 증인석에 자리해서 피고의 유죄를 입증하려는 자를 가리킨다.

둘째, 3절은 가난한 자를 '두둔하거나 두둔하지 않을' 청자를 향해 진술한다. 이 구절에서 청자가 재판관인지 혹은 변호인인지는 다소 불분명하다. 그런데 이것을 발전시킨 성결법전은 재판에서 판결을 내리는 위치에 있는 자에게 공의로 재판하라고 명령하며, 사람의 외모를 보고 편을 들지 말라고 경고한다(레 19:15). 따라서 성결법전은 6절과 함께 3절의 주체를 재판관으로 해석하는 것으로 간주된다.[41] 이와 관련하여 8절은 뇌물로 인해 재판을 굽게 만들지 말라고 명령하므로, 이때의 '너'는 재판관으로 볼 수 있다. 이처럼 출애굽기 23:1-8은 법정에서 증인과 재판관의 위치에 있는 자에게 주는 명령이다.

유전무죄 무전유죄?

지금까지 우리는 고대의 재판에 관한 진술을 살펴보았다. 재판관과 증인에게 요구되는 것은 단순했다. 가난한 자의 송사에서 재판관은 그들을 무조건적으로 두둔해서도 안 되지만(출 23:3), 정당한 재판을 받을 권리를 박탈하거나 그들에게 의도적으로 불리한 판결을 해서도 안 되었다(출 23:6). 재판관에게 중요한 가치는 각 사람의 권리를 보장해 주는 것이다. 동시에 이것은 법적인 개념에서도 사용되므로, 가난한 자의 권리 보장은 '법'을 수호하는 것과 동일시될 수 있을 것이다. 따라서 성서의 가장 오래된 법률은 재판이 '유전무죄 무전유죄'가 되어서는 안 되며, 정의가 준수되어야 함을 피력한다.

폰 라트는 언약법전을 발전시킨 것이 신명기임을 보여 준다.[42] 그에 따르면 출애굽기 23:1-8*은 신명기 16:18-20에서 다시 관찰된다. 신명기 16:18은 재판관에게 '공의'로 재판할 것을 요구한다. 심지어 그들은 하나님의 공의를 실천하는 자들로 묘사되기도 했는데, '공의로운 판단'(מִשְׁפַּט־צֶדֶק, 미쉬파트-쩨덱)은 본래 신적 영역에 속한 것이기 때문이다(참조. 시 119:62, 164; 사 58:2). 이로 인해 세속적 업무였던 재판이 종교적 범주로 간주되었고, 이것은 이후에 제사장이 재판관으로 역할을 수행하는 것과 맥을 같이한다(신 17:9). 주전 8세기 예언자인 미가는 공의에서 어긋난 사회를 질타하는데, 미가서의 기록에 따르면 재판하는 자들은 뇌물을 위해서 자신들의 임무를 수행한다.

> 미 3:11 그들의 우두머리들은 뇌물을 위하여 재판하며 그들의 제사장은 삯을 위하여 교훈하며 그들의 선지자는 돈을 위하여 점을 치면서도 여호와를 의뢰하여 이르기를 여호와께서 우리 중에 계시지 아니하냐 재앙이 우리에게 임하지 아니하리라 하는도다.

마지막으로 우리는 신명기의 틀을 형성하는 신명기 1:17에서도 재판에 관한 규정을 확인할 수 있다. 이는 모세가 홀로 떠맡고 있던 지도자의 역할을 나누는 맥락에서 관찰된다(신 1:9-18). 이스라엘 백성이 '하늘의 별처럼' 증가하여 모세가 홀로 짐을 질 수 없어지자 사람을 선별해야 했고(신 1:13), 선별된 자들은 '재판관'으로 활동했다. 그런데 이때 재판을 위한 세 가지 기준이 나열된다. '외모를 보지 말라' '귀천(貴賤)을 차별하지 말라' '사람의 낯을 두려워하지 말라.' 즉, 재판하는 자들은 편파적이어서는 안 되며, 재판에서는 모두가 동등해야 했다. 더욱이 '귀천을 차별하지 말라'는 명령에서는, 판결로 인해 재판관에게 어떠한 위해가 가해져서는 안 됨을 암시한다. 재판관의 안전 보장은 공정한 재판을 위한 조건이다. '가난한 자'라는 이유로 그에게 특혜가 주어져서도 안 되며, '부유한 자'에게 특혜가 있어서는 더더욱 안 된다. 재판이라는 권력은 특정 계층의 전유물이 되어서는 안 된다.

　신명기 1:16은 판결의 공정성이 이루어져야 하는 범위와 대상을 진술한다. 여기에서 주목할 것은 이스라엘 백성뿐만 아니라 외국인에게도 '공정'하라고 요구된다는 점이다. 이스라엘이 공정하게 재판해야 하는 이유는 아마도 그들이 이집트에서 종(신 5:15)과 외국인(신 10:19)으로 살았기 때문일 것이다.

공정하게 재판받을 권리

성서는 시대를 초월하여 재판관에게 동일한 기준을 제시한다. 그것은 바로 '공정'이다. 더욱 눈에 띄는 것은, 그들이 세속적인 직업인이 아니라 하나님으로부터 세움 받은 신적 대리인으로 서술된다는 점이다. 그것은 재판이라는 그들의 직무가 대단히 엄중한 일임을 알려 준다.

1948년 유엔에서 채택된 "세계인권선언"은 모든 인간이 누려야 할 기본권을 명시한다. 특별히 이 선언문의 제6조는 모든 인간이 누릴 재판 청구권을 표명한다. "모든 사람은 어디에서나 법 앞에 인간으로서 인정받을 권리를 가진다." 이와 유사하게 대한민국 헌법도 법관에 의해 공정하게 재판받을 권리를 시민의 기본권으로 명시한다.

헌법 제27조	❶ 모든 국민은 헌법과 법률이 정한 법관에 의하여 법률에 의한 재판을 받을 권리를 가진다.

이를 보면 우리는 '공정하게 재판받을 권리'에 있어서 현대 시대의 인권과 고대 시대의 인권 사이에 큰 차이가 없음을 확인할 수 있다. 오히려 성서는 '가난한 자'라는 문구를 명시함으로써 재판에 빈부귀천의 차이가 없어야 함을 명확하게 기술하고 있다. 게다가 고대 사회가 신분 사회였음을 고려한다면, 성서의 기록은 재판에 있어서 '신분의 차이'도 없어야 함을 전제하고 있기에 더욱 놀랍다(욥 31:13).

욥 31:13	만일 남종이나 여종이 나와 더불어 쟁론할 때에 내가 그의 권리를 저버렸다면.

지금까지 언약법전에 나타난 고대 이스라엘의 법 정신을 살펴보았다. 재판에 대한 규정을 담고 있는 출애굽기 23:1-8은 가장 오래된 이스라엘

율법으로 인정되므로, 우리는 그 밖의 법적 본문에서 이 본문의 영향을 전제할 수 있다.

출애굽기의 재판 규정은 가장 먼저 '증언하는 자'에 대해 경고한다(1-2절). 이들은 거짓된 풍설 혹은 위증을 함으로써 피고인에게 위해를 가하는 자다. 또한 2절과 연결하여 보면 그 의미가 확대된다. 이 증인은 첫째, 다수의 뒤에 숨어서 부당한 증언을 하는 자다. 증언의 익명성은 자유로운 의견 및 증언하는 자의 신변 보호를 위해 필요하지만, 동시에 비난의 화살을 받는 자에게는 엄청난 폭력이 될 수 있음을 성서는 경고한다. 여기에서 출애굽기 법전은 후자의 경우를 금지시키고 있다.

둘째, 본문은 권력과 결탁하여 부당한 증언을 하는 것을 경고한다. 부당한 증언을 하는 자는 그것이 발각되었을 경우에 자신이 그에 상응하는 형벌을 당할 수 있음을 알고 있다. 이러한 상황에도 불구하고 그가 '권세자가 사주하는 부당한 증언'을 한다면, 우리는 그에게 적지 않은 대가가 주어졌음을 추정할 수 있다. 이러한 경우는 과거만이 아니라 오늘날에도 여전히 일어나고 있다는 점에서 성서의 가르침은 현재도 유효하다.

3절과 6절은 '가난한 자의 송사'에 대해 언급하며, 판결권을 갖고 있는 재판관에게 말한다. 재판관에게 가장 요구되는 것은 공의다. 공의로운 재판은 본래 신적 영역에 속한 것이므로, 재판관은 세속에서 신적 공의를 실천하는 자들로 해석된다. 주전 8세기 예언자는 하나님의 공의가 실현되지 않고 있음을 근거로 제시하며 북이스라엘과 남유다에 하나님의 심판을 선언했다(암 5:24; 미 3:9). 그러나 성서는 동시에 가난한 자를 도와주기 위해 정의를 왜곡시키는 행위를 경계한다.

더욱이 성직자인 제사장이 재판을 담당했고 성소에서 행해지는 재판이 최상급 재판 기구로 여겨졌다는 성서의 언급을 볼 때, 교회는 '공의와 정의'를 수호해야 할 최후의 보루다. 율법은 재판을 담당한 자들에게 주는 엄중한 경고를 언어유희로 표현한다. '뇌물을 받는 자'(תקח, 티카흐)는 자신의 '눈'(פקח, 피케하)을 어둡게 하는 것과 일반이며, '의인'(צדיק, 짜디크)을 죽이는 자는 자신의 '공의'(צדק, 쩨덱)를 버리는 것과 같다.

토의를 위한 질문

1. 성서가 법정의 '증인'에게 요구하는 정의는 어떤 것인가?(출 23:1-2)

2. '가난한 자의 송사'에서 성서가 말하는 '정의'란 무엇인가?
   (출 23:3, 6)

3. 출애굽기 23:1-8의 맥락에서 4-5절이 의미하는 바는 무엇인가?

4. 재판관이 '공의'로 재판해야 하는 이유는 무엇인가?(참조. 시 119:62, 164; 사 58:2)

5. 성서의 '공정한 재판'은 이스라엘 백성과 외국인에게 각각 어떻게 적용되는가?(신 1:16)

6. 오늘날 재판이 '공정'하게 이루어진다고 생각하는가? 공정한 사회를 위해 교회가 할 수 있는 역할은 무엇이 있을까?

본래 사람을 죽인 자는 피의 보복자에 의해 죽어야 마땅했다. 그런데 비의도적으로 누군가를 살해하였다면, 어떠한 변명도 없이 죽음을 기다려야만 하는가? 성서는 도피처/도피성을 두어 살해자가 도망할 곳을 마련했고, 그곳에서 살해의 의도성을 재판하도록 하였다. 범죄 여부와 무관하게 살인 행위를 범한 모든 자는 도피성에 들어갈 수 있었고, 그들은 그곳에서 자신의 행위에 대해 재판을 요구할 수 있었다. 이러한 성서 기록은 모든 사람이 무죄 추정의 원칙하에 재판을 받을 권리가 있다는 인간의 기본권에 상응한다.

16. 성읍으로 도피하게 하라

무죄 추정의 원칙
출 21:12-17; 신 19:1-13

1948년 채택된 세계인권선언의 제11조는 '무죄 추정의 원칙'을 담고 있다. 이것은 언뜻 현대적인 원칙으로 여겨지기 쉽지만, 놀랍게도 성서에 이와 같은 언급이 나타난다는 점을 확인할 수 있다. 바로 '도피처/도피성'이라는 주제다. 이것은 범죄를 저지른 사람이 도피할 수 있도록 제도화한 것으로서 성서에서 적지 않게 관찰된다.

세계인권선언 제11조	❶ 모든 형사피의자는 자신의 변호에 필요한 모든 것이 보장된 공개 재판에서 법률에 따라 유죄로 입증될 때까지 무죄로 추정받을 권리를 가진다.

한편 '살인하지 말라'는 시대적·지리적 요건을 초월하여 모든 집단에서 발견되는 법이다. 우리는 심지어 성서를 통해, 살인 사건이 인류의 시작과 함께 존재했을 것이라 추측할 수 있다(창 4:8; 9:6). 그런데 출애굽기 21:12이하의 절대 금지법은 '사람을 쳐 죽인 자'를 서술하는 동시에 '고의

성'이 없는 경우를 묘사하기 때문에, 언약법전은 마치 '살인하지 말라'는 계명을 재고할 것을 요구하는 것처럼 간주되기도 한다.

　언약법전의 규정은 신명기의 도피성 제도에서 수정 및 보완되었으며, 그것은 두 본문을 비교함으로써 드러날 것이다. 도피성이라는 주제는 민수기, 신명기 그리고 여호수아기에서 모두 언급되지만, 이 장에서는 출애굽기 21장과 신명기 19장을 중심으로 서술할 것이다. 출애굽기 21장과 신명기 19장을 차례로 분석함으로써 우리는 출애굽기의 규정이 신명기에서 어떻게 변화되며, 어떠한 역사적 맥락에서 변화되는지 살펴볼 수 있을 것이다.

출애굽기 21:12-17

성서에는 때로 상충된 명령이 공존하는 것처럼 보인다. 한 본문에서는 '살인하지 말라'고 이야기하며, 다른 한 본문에서는 '죽이라'고 한다면, 두 명령은 서로 모순되지 않는가? 이러한 문제를 해소하기 위해서는 먼저 용어를 이해해야 한다.

　출애굽기 20:13의 '살인하지 말라'는 계명에는 '라짜흐'(רָצַח)라는 용어가 사용되었다. 이것은 '동물 살상' 혹은 '전쟁에서 적군을 죽이는 행위'를 포함하지 않는다. 구약에서 46회[1]만 등장하는 이 용어는 '폭력적 살인 행위' 또는 '유죄 판결을 받을 행위'를 가리키는 것으로 영어의 'murder', 독일어의 'morden'에 해당한다.[2] 이와 달리 출애굽기 21:12의 '죽이다'에는 '나카'(נכה)가 사용되었다. 이것의 기본 의미는 '타격하다, 때리다'이며, 본문은 이러한 행위가 죽음에 이르게 되는 상황을 가리킨다. 즉 출애굽기

21:12에서 이야기하는 '사람을 쳐 죽인 자'(אִישׁ מַכֵּה, 마케 이쉬)는 바로 후자의 경우를 배경으로 이해되어야 하며, 이러한 행위에는 시비가 올바로 판단되어야 함을 보여 준다.

언약법전에는 다양한 형태의 법령이 담겨 있다. 여기에는 '모트 유마트'(מוֹת יוּמָת, '반드시 죽이라') 법 시리즈가 나타나는데, 이러한 형태는 창세기 26:11과 출애굽기 19:12에서도 산발적으로 등장하지만, 언약법전에 보다 집중되어 있다(출 21:12, 15-17). 조건법은 언약법전에서 '만일…하면, …하라'는 형태로 가장 빈번하게 관찰된다. 이와 달리 '모트 유마트' 법 시리즈는 '…하는 자'라는 분사로 시작해서 '반드시 죽어야 한다'는 동의어 반복을 통해 종결되며, 절대법으로 간주되었다.

'모트 유마트' 법 시리즈는 출애굽기 21:12에서 처음 등장하여 '사람을 쳐서 살해한 자'(מַכֵּה אִישׁ וָמֵת, 마케 이쉬 봐메트)를 서술한다. '사람을 친 행위'는 죽음의 원인이 되었다. '사람을 친 자'는 반드시 죽어야 했는데, 심지어 주인이 종을 쳐서 죽인 경우라 할지라도 처형을 면하기 어려웠다(출 21:20).

이 법 시리즈는 일반적인 타인에 대한 법과 부모에 대한 법으로 나뉜다. 두 구절은 '사람을 때린 자'(12절)와 '사람을 유괴한 자'(16절)에 대한 것이며, 두 구절은 '부모를 때린 자'(15절)와 '부모를 저주한 자'(17절)에 대한 것이다. '부모를 때린' 경우는 '사람을 때린' 경우보다 훨씬 더 엄격하게 처리되었는데, 부모가 사망하지 않았다 할지라도 자식은 '반드시 죽어야' 했기 때문이다.

12절   מַכֵּה אִישׁ
사람을 **때린 자**

15절   וּמַכֵּה אָבִיו וְאִמּוֹ

	부모를 때린 자
16절	וְגֹנֵב אִישׁ
	사람을 유괴한 자
17절	וּמְקַלֵּל אָבִיו וְאִמּוֹ
	부모를 저주한 자

그러나 출애굽기 21:13-14은 절대법 형태인 '모트 유마트' 법에 '하나님이 그의 손에 넘겼을 경우'를 추가하여 조건법 형태로 변화를 시도한다.³ 따라서 이것은 형태적으로도 '모트 유마트' 법과 구별된다. 여기에는 문장의 처음에 분사가 나타나지 않을 뿐 아니라 '반드시 죽이라'는 문구도 등장하지 않기 때문이다. 게다가 13b절과 14b절은 하나님이 1인칭으로 등장하여 '나-너'의 관계를 전제해서 직접 진술하기 때문에 '모트-유마트' 법과 구별된다. 그런 이유로 예외 조항을 두고 있는 13-14절은 이차 본문으로 간주된다.⁴

13a절	만일 사람이 고의적으로 한 것이 아니라 나 하나님이 사람을 그의 손에 넘긴 것이면
13b절	내가 그를 위하여 한 곳을 정하리니 그 사람이 그리로 도망할 것이며
14a절	사람이 그의 이웃을 고의로 죽였으면
14b절	너는 그를 내 제단에서라도 잡아 내려 죽일지니라.

출애굽기 21:13-14

출애굽기 21:13은 관계사(אֲשֶׁר, 아쉐르)로 시작하는데, 이것은 '사람을 때린 자'를 가리킨다. 뒤이어 '고의적으로 한 것이 아니라'(לֹא צָדָה, 로 짜다)는 문구가 뒤따르는데, '고의적'(צָדָה, 짜다)이라는 말은 마치 사냥감을 추적하는 사냥꾼을 연상시킨다(삼상 24:12[11]; 애 4:18). 곧 13절 명령은 12절의 '때려 숨지게 한 행위'에 의도성이 없는 경우를 추가함으로써, '반드시 죽이라'는 12절 명령을 의도적 범죄 행위로 제한하고 있다. 그와 유사하게 14절은 이웃을 '의도적'(זִיד, 야지드)으로 죽인 경우를 서술하여, 고살자(故殺者)는 도피처로 숨었더라도 반드시 처벌받아야 한다고 강조한다. 따라서 출애굽기 21:12과 비교할 때 13-14절에는 살해의 의도성을 판단하는 것이 부각되었다.[5]

또한 13절은 사람을 죽였을 경우 도망할 수 있는 도피처를 언급하는데, 이는 도피성을 언급하는 민수기 35장의 내용을 연상시킨다.

> 민 35:11　너희를 위하여 성읍을 도피성(עָרֵי מִקְלָט, 아레 미클랏)으로 정하여 부지중에 살인한 자가 그리로 **피하게 하라**(נוּס, 누스).
>
> 민 35:15　이 여섯 성읍은 이스라엘 자손과 타국인과 이스라엘 중에 거류하는 자의 도피성이 되리니 부지중에 살인한 모든 자가 그리로 **도피할 수 있으리라**(נוּס, 누스).

그러나 출애굽기 21:13은 도피성을 언급하지 않는다. 이것은 14절에서 재차 확인되는데, '내 제단에서라도' 끌어내라는 진술을 볼 때 제단이 도피처로 이해되기 때문이다. 우리는 출애굽기에서 도피처를 가리키는 '한 장소'(מָקוֹם, 마콤)를 단수로 국한시킬 수는 없다. 언약법전이 기록된 시기는 성소 중앙화가 시행되기 이전으로 소급되기 때문이다. 게다가 우리는 어떤 사람이 생명을 보존하기 위해 제단으로 도주한 기록을 열왕기에서 확인할 수 있다.[6] 솔로몬이 왕으로 등극하자, 이전에 그의 정적이었던 아도니야 그리고 그와 함께 일을 도모했던 요압은 생명의 위협을 느끼고 야웨의 장막으로 도망하여 제단 뿔을 붙잡았다(왕상 1:50; 2:28). 만약 살인자가 성전으로 도망했다면, 제사장은 살인의 고의성을 평가하고 제단에서 그를 끌어낼 수 있는 인물에 포함될 것이다. 즉, 언약법전은 종교법 테두리에서 해석되었다.

그런데 14절에서 이야기하는 '너' 곧 의도적 살해자를 처형하는 자는 누구인가? 출애굽기 21장은 그를 2인칭 남성 단수로 표현하여, 구체적으로 언급하지 않았다. 그와 달리 신명기 19장은 '피의 보복자'(גֹּאֵל הַדָּם, 고엘 하담)를 언급함으로써(신 19:6, 12), 피살자의 억울함을 가까운 친척이 갚아야 한다고 표명한다. 이러한 용례는 성서 곳곳에서 관찰된다(삿 8:19-21; 삼하 14:1-11).

> **삼하 14:11** 여인이 이르되 청하건대 왕은 왕의 하나님 여호와를 기억하사 **원수 갚는 자**(גֹּאֵל הַדָּם, 고엘 하담)가 더 죽이지 못하게 하옵소서, 내 아들을 죽일까 두렵나이다 하니 왕이 이르되 여호와께서 살아 계심을 두고 맹세하노니 네 아들의 머리카락 하나도 땅에 떨어지지 아니하리라 하니라.

이때 보복자는 사건의 고의성을 판단하지 않으며, 오직 보복 행위를 수행하는 의무에만 전념하는 것처럼 보인다. 따라서 도피처는 무분별한 보복 행위에 제동을 건다.[7]

도피처로 도망할 수 있었던 사람은 누구인가? 13절은 의도성이 없는 상태를 표현하지만, 14절은 범죄 행위를 조사하여 그를 제단에서 끌어내라고 서술한다. 이에 따라 범죄자가 범죄 행위에 대한 심리(審理)가 있기 전에 그곳으로 도피했음을 알 수 있다. 즉, 도피처는 의도적 혹은 비의도적 살해자가 범법 행위에 대해 정당한 평가를 받을 수 있도록 그의 권리

를 보호하려는 제도였다.[8]

신명기 19:1-13

도피성의 기능

신명기 16-18장은 이스라엘 공직자법을 다루고 있다. 여기서는 2회에 걸쳐 '재판'에 대해 설명하여(신 16:18-20; 17:8-13), 도피성에서 진행될 재판과도 부분적으로 연결된다(신 19:11-12). 그러나 신명기 18장은 예언자직에 대해 설명하며, 19장은 하나님이 주시는 '땅'에 대해 진술한다(신 19:1, 2, 3, 8, 10, 14). 게다가 1절은 계명을 역사적 틀로 배열하는 도입부로서 신명기에서 종종 관찰되므로(신 12:29; 26:1),[9] 신명기 18장과 19장은 문학적으로 구분되어야 한다.

'하나님이 이방 민족들의 땅을 네게 주어 소유로 삼게 한다'는 문구는 신명기 19:1과 2절에 중복 서술되었다. 신명기 19:2은 '세 성읍을 너를 위하여 구별하라'는 명령으로 인해 7절과 잘 어울린다. 따라서 도피성 본문의 시작은 2절이 된다.[10] 동시에 7절을 어떻게 이해할 것인가라는 질문도 제기된다. 7절은 2절과 함께 수미상관 구조(*inclusio*)를 형성하지만, 도피성 이야기는 7절에서 종결되지 않는다. 오히려 2-6절은 11절 이하와 평행하여, 도피성 이야기가 11절 이하에서 계속된다. 따라서 종결문처럼 보이는 7절은 첨가 구절인 8-9절에 속하는 것이라고 평가된다.

신 19:1　　네 하나님 여호와께서 이 여러 민족을 멸절시키고 네 하나님 여호와께서 그 땅을 네게 주시므로 네가 그것을 받고 그들의 성읍과 가옥에 거주할 때에.

신 19:2   네 하나님 여호와께서 네게 기업으로 주신 땅 가운데에서 **세 성읍을 너를 위하여 구별하고**(שָׁלוֹשׁ עָרִים תַּבְדִּיל לָךְ, 샬로쉬 아림 타브딜 라크).

신 19:7   그러므로 내가 네게 명령하기를 **세 성읍을 너를 위하여 구별하라**(שָׁלוֹשׁ עָרִים תַּבְדִּיל לָךְ, 샬로쉬 아림 타브딜 라크) 하노라.

계속해서 10절은 무죄한 자를 서술함으로 4절의 '원한이 없는' 살해와 연결된다. 하나님이 기업으로 주신 땅에 들어가서 사는 사람들은 무죄한 자를 보호해 주어야 한다. 그와 상반되게 12절은 '의도적 살해자'를 피의 보복자에게 넘겨주어야 한다고 서술하는데, 왜냐하면 그러한 행위는 도피성을 '무죄한 피'를 흘린 죄로부터 분리시키는 행위이기 때문이다.

신 19:10   네 하나님 여호와께서 네게 기업으로 주시는 땅에서 **무죄한 피를 흘리지 말라**. 이같이 하면 그의 피가 네게로 돌아가지 아니하리라.

신 19:12   그 본 성읍 장로들이 사람을 보내어 그를 거기서 잡아다가 **보복자의 손에 넘겨 죽이게 할 것이라**.

11절은 '만약…하면'이라는 조건문으로 다시 시작하며, 이웃을 미워하여 의도적으로 살해한 경우를 가리키므로 10절과 구별된다. 게다가 11절은 4-6절과 내용적으로 평행한 것으로 보이는데, 각각의 본문은 '원한이 없는' 경우(4, 6절)와 '원한이 있는' 경우(11절)를 보여 주기 때문이다.

신 19:4   살인자가 그리로 도피하여 살 만한 경우는 이러하니 곧 누

	구든지 본래 **원한이 없이**(לֹא־שֹׂנֵא, 로-쇼네) 부지중에 그의 이웃을 죽인 일.
신 19:11	그러나 만일 어떤 사람이 그의 이웃을 **미워하여**(שֹׂנֵא, 쇼네) 엎드려 그를 기다리다가 일어나 상처를 입혀 죽게 하고 이 한 성읍으로 도피하면.

따라서 신명기 19장은 도피성으로 도망한 자에 대해 기록하여 '무죄한 경우'를 2-10절까지, 그리고 '유죄한 경우'를 11-13절까지 할애하므로, 도피성의 긍정적 측면에 치중하여 서술하고 있다.

첨가하여 우리는 2-10절에서 눈에 띄는 부분을 확인할 수 있다. 8절은 '지경을 확장'할 경우에 대한 규정을 추가함으로써 본문의 흐름을 분산시킨다.[11] 이 땅은 '야웨가 지경을 넓게 하여'(יַרְחִיב יְהוָה אֱלֹהֶיךָ אֶת־גְּבֻלְךָ, 야르히브 야웨 엘로헤카 엣-게불카) 얻은 경계이므로, 2절의 땅과 구별된다. 이에 상응하게 8절은 '조상에게 약속한 모든 땅'이라고 표현함으로써 '야웨가 준 그 땅'을 포함한다. 게다가 8-9절은 땅이 확장되었을 경우를 전제하므로 3절에 대한 추가 규정으로 간주된다.[12]

이것을 근거로 우리는 신명기 19장을 다음과 같이 나눌 수 있다. 1) 약속의 땅에 들어갔을 경우에 대한 첫 규정(2-13*절). 이것은 비의도적 살해와 의도적 살해의 경우로 나뉜다. 2) 약속의 땅이 확장되었을 경우에 대한 규정(1, 7-9절). 이것은 첫 번째 규정을 전제로 하므로, 땅이 확장되었을 경우 세 도피성을 추가로 지정하라고 간략하게 언급할 뿐이다.

도피성 제도
'길을 닦고'

도피성은 도시로부터 떨어진 외곽에 있지 않았다. 그것은 자체로 하나의 도시이며 발달한 지역에 설치되었다(신 19:2). 이것은 언약법전에 언급된 '한 장소'와 구별된다(출 21:13). '도피성을 설치하라'는 명령 이후에 3절은 가장 먼저 '길을 닦으라'(תָּכִין לְךָ הַדֶּרֶךְ, 타킨 레카 하데렉)고 명령한다. 각 역본들은 이것을 다르게 번역하고 있다. 일례로 공동번역 개정판은 "적당한 거리를 두고"로 번역함으로써 도피성이 한 곳에 치중되어 배열되면 안 됨을 제시한다. 이러한 차이는 여러 역본들과 주석서들에서도 관찰된다.[13] 히브리어 성서 역시 두 가지 가능성을 모두 제시하므로, 우리는 그 가능성들을 모두 수용할 수 있을 것이다.

신 19:3	네 하나님 여호와께서 네게 기업으로 주시는 땅 전체를 세 구역으로 나누어 **길을 닦고** 모든 살인자를 그 성읍으로 도피하게 하라.
신 19:3 (공동번역 개정판)	너희 하느님 야훼께 물려받아 너희 것이 된 곳 전역을 **적당한 거리를 두고** 세 지역으로 나누어서 모든 살인자가 피신할 수 있는 장소로 삼아라.

이처럼 '길을 닦아' 혹은 한 곳에 치중되지 않고 서로 '거리를 두어' 도피성을 배치하는 이유는 살해자가 적절하게 도피하도록 하기 위함이었다. 만약 그것이 한 지역에 몰려 있거나, 또는 길이 험하여 걸려 넘어진다면, 그리로 도망하는 도중에 피의 보복자에게 죽임당할 수 있었기 때문이다. 따라서 3절은 '길을 닦아' 도주하는 자가 그리로 들어갈 때 장애물에 넘어지지 않도록 규정하며, 세 성읍 사이에 '적당한 거리를 두어' 도피성까지 거리가 멀어 '보복자에게 따라잡히는'[14] 불상사가 없도록 규정한다.

도피할 수 있는 자

신명기 19:4-5은 '도피하여 생명을 보존할 수 있는'(יָנוּס שָׁמָּה וָחָי, 야누스 샤마 봐하이) 경우를 서술하며, 5절은 "도피하여 생명을 보존할 것이니라"(...וָחָי, 야누스…봐하이)로 마무리한다. 4절은 "원한이 없이 부지중에 그의 이웃을 죽인 일"이라 설명하고, 그 내용이 5절에서 구체화되었다. 언약법전에는 이것이 "하나님이 사람을 그의 손에 넘[겼다]"고만 언급되었으므로, 신명기는 언약법전을 구체적으로 서술하는 것으로 평가된다.[15]

출 21:13	만일 사람이 고의적으로 한 것이 아니라 **나 하나님이 사람을 그의 손에 넘긴 것이면** 내가 그를 위하여 **한 곳**을 정하리니 그 사람이 그리로 도망할 것이며.
신 19:4-5*	살인자가 그리로 **도피하여 살 만한 경우는** 이러하니 곧 누구든지 본래 **원한이 없이 부지중에 그의 이웃을 죽인 일**,… **도피하여 생명을 보존할 것이니라**.

'도피하여 생명을 보존하는' 경우를 기술하는 신명기 19:5과 달리 11절은 동일한 용어를 사용하여 '한 성읍으로 도피한' 다른 경우를 묘사한다. 그래서 5절은 '생명 보존'(וָחָי, 봐하이)을 기록하지만, 12절은 '죽이라'(וָמֵת, 봐메트)고 언급한다. 이러한 차이는 11절 이하 본문이 의도적 살인자에 대해 다루기 때문에 나타난다.

신 19:11-12*	그러나 만일 어떤 사람이 그의 이웃을 미워하여 엎드려 그를 기다리다가 일어나 상처를 입혀 죽게 하고 **이 한 성읍으로 도피하면**(וְנָס אֶל־אַחַת הֶעָרִים הָאֵל, 붸나스 엘-에핫 헤아림 하엘레)…죽이게 할 것이라.

신 19:5* …이런 사람은 **그 성읍 중 하나로 도피하여** 생명을 보존할 것이니라(יָנוּס אֶל־אַחַת הֶעָרִים־הָאֵלֶּה, 야누스 엘-에핫 헤아림-하엘레).

우리가 주목할 점은 의도적 살인자라 할지라도 '한 성읍으로 도피'할 수 있도록 규정한다는 사실이다. 그것은 살해의 의도성 여부를 불문하고 모든 자가 도피성으로 피신할 수 있음을 알려 준다. 도피하는 모든 자는 '무죄일 가능성이 있다'는 무죄 추정의 원칙이 기저에 깔려 있는 것이다.

또한 본문은 의도적 혹은 비의도적 살해자가 '먼저' 도피성으로 피한 이후에 그들이 적절한 법적 심리를 받을 것을 제안한다.[16] 아무리 부당한 범죄 행위라도 적법한 심리를 받아야 한다. 비록 범법자라 할지라도 그가 재판을 거치지 않고 보복을 당하는 것은 옳지 않다. 왜냐하면 기업으로 받은 땅에서 '무죄한' 피를 흘려서는 안 되기 때문이다(신 19:10).[17] 따라서 성서는 공정하게 '재판을 받을 권리', 즉 재판 청구권이 모든 사람에게 보장되어야 함을 피력한다.[18]

신 19:10 네 하나님 여호와께서 네게 기업으로 주시는 땅에서 **무죄한**(נָקִי, 나키) 피를 흘리지 말라. 이같이 하면 그의 피가 네게로 돌아가지 아니하리라.

장로의 재판

도피성으로 도주한 자들은 적절한 재판을 받아야 한다. 이 과정에서 중요한 역할을 하는 자들은 '장로'(זָקֵן, 자켄)다. 이 용어는 여러 의미를 내포하는데, 장로뿐 아니라 노인(창 18:11; 신 28:50)이나 어른(신 32:7)을 가리키기도 한다. '노인'이 단순히 '나이가 많은 사람'을 가리킨다면, '장로'는 종종 법적 기능을 담당하는 사회 계층으로 분류된다. 특히 신명기 19:12은 '그 성읍 장로'(זִקְנֵי עִירוֹ, 지크네 이로)를 서술하며, 고살자를 '피의 보복자'에게 넘겨주는 그들의 역할을 보여 준다. 따라서 신명기 19장에 따르면, 장로는 법적 심리를 통하여 도피성으로 도주한 자에게 사형을 언도할 수 있는 법적 기능을 담당하는 전문적 계층이다.

> 신 19:12　**그 본 성읍 장로들이** 사람을 보내어 그를 거기서 잡아다가 보복자의 손에 넘겨 죽이게 할 것이라.

이 같은 장로의 법적 기능을 룻기에서도 관찰할 수 있다. 보아스는 룻을 아내로 맞이하기 전에, 기업 무를 권리가 자신보다 우선순위에 있는 자에게 먼저 룻을 아내로 맞이할 것인지 여부를 성문에서 묻는다. 이 과정에서 그는 '그 성읍 장로'(מִזִּקְנֵי הָעִיר, 미지크네 하이르) 열 명을 청하는데, 이것은 신명기 19장과 마찬가지로 장로들이 재판에서 중요한 역할을 하고 있음을 보여 준다.[19]

장로의 재판은 아주 엄중하다. 살해자의 고의성을 판단해서, 고의성이 있는 것으로 판결이 나면 그것은 곧 사형 선고나 마찬가지다. 그 살해자는 '피의 보복자'에게 인도되어 죽음에 이르게 될 것이기 때문이다. 그런 점에서 성서는 의도적 범죄 행위에 대해 결코 관용적이지 않은 모습을 보여 준다.

종교법에서 세속법으로

언약법전은 주로 조건법 형식으로 표현되며, 내용적으로 사회법으로 이해되어 왔다. 이러한 테두리 안에 존재하는 도피처 제도는 사람을 죽인 경우 그로 하여금 한 곳으로 도망하도록 규정한다. 그러나 출애굽기 21:13-14에서 도피처는 '제단'이라는 장소로 구체화되었다. 부지중에 살해한 자가 도망해야 할 곳은 제단이 있는 '성소'이므로, 도피에 관한 법은 사회법이 아니라 종교법으로 간주되는 것이 적절하다.

언약법전의 도피하는 '장소'(מָקוֹם, 마콤)는 신명기에서 도피하는 '성'(עִיר, 이르)으로 변화한다. 언약법전에 기록된 '도피처' 법이 신명기에서 '도피성'으로 바뀐 것은 어떤 이유일까? 먼저 우리는 도피 장소에 대한 법이 결코 이스라엘에만 있었던 제도가 아님을 인정해야 한다. 그것은 고대 사회에 있었던 아주 보편적인 현상이었다(비교. 창 19:22).[20] 도피한 자는 이곳에서 장로들에게 재판을 받았고, 장로들은 도피한 자가 범한 살해의 의도성을 판단해야 했다. 우리는 여기에서 "종교적 도피법이 세속적 도피법으로 변화"[21]하는 것을 감지할 수 있다.

'성소'는 여러 성서 본문들에서 도피할 곳으로 서술되기 때문에(시 46편; 56편; 왕상 1장; 2장),[22] 이러한 변화는 성소가 종교법 기능을 상실했거나, 혹은 성소의 숫자가 이스라엘에서 대폭 축소되어 도피할 곳이 사라진 시기와 연결될 수 있다. 그에 대해 암시하는 본문은 신명기 19:6이다. 본문은 '그 길이 멀다'고 진술한다. 이것은 성소 중앙화로 인해 '거리가 너무 멀어' 제물을 가지고 갈 수 없는 경우에 그것을 돈으로 바꾸어 야웨가 택하신 곳으로 갈 것을 규정하는 것과 일치한다(신 14:24-25).[23]

신 19:6   그 사람이 그에게 본래 원한이 없으니 죽이기에 합당하지 아니하나 두렵건대 그 피를 보복하는 자의 마음이 복수심에 불타서 살인자를 뒤쫓는데 **그 가는 길이 멀면**(כִּי־יִרְבֶּה הַדֶּרֶךְ, 키-이르베 하데렉) 그를 따라잡아 죽일까 하노라.

신 14:24   그러나 네 하나님 여호와께서 자기의 이름을 두시려고 택하신 곳이 **네게서 너무 멀고**(כִּי־יִרְבֶּה מִמְּךָ הַדֶּרֶךְ, 키-이르베 미메카 하데렉) 행로가 어려워서 네 하나님 여호와께서 그 풍부히 주신 것을 가지고 갈 수 없거든.

언약법전은 이스라엘 땅에 여러 성소가 존재하여 도피처 기능을 수행하고 있었음을 보여 준다면, 신명기 법전은 이스라엘 땅에 여러 성소가 존재할 수 없음을 반영한다.[24] 따라서 우리는 신명기 19장에 '성소 중앙화' 사건이 투영되고 있음을 고려해야 한다. 성소 중앙화는 이스라엘 사회에 적지 않은 변화를 가져왔다. 이것은 '선택된 성소'를 종교 중심지뿐 아니라 경제와 정치의 중심지로 더욱 강화시키는 결과를 가져왔고, 또한 세속적 도축을 허용함으로써 생활을 변화시키기도 했다(신 12:15).

🔑

지금까지 언약법전과 신명기법을 중심으로 살해와 도피에 대한 본문을 살펴보았다. 출애굽기 21:13-14과 신명기 19:1-13은 몇 가지 유사점을 보인다. 첫째, 살해에 대한 처벌을 엄격하게 적용하면서도 도피할 곳을 규정해 놓았다. 둘째, 살해의 의도성을 심리하여 처벌을 달리해야 한다고 피력한다. 그런가 하면 두 본문에는 차이점도 있다. 출애굽기는 장소와 함께 '제단'을 언급함으로써 성소를 암시한다면, 신명기는 '도시'를 서술한다. 환언하면, 출애굽기는 살해와 도피를 '종교법'이라는 테두리에서 묘사한다면, 신명기는 그것을 '세속법'적 틀에서 이야기한다. 따라서 두 법은 상이한 배경하에서 이해되어야 한다.

출애굽기에 기록된 살해의 비의도성은 신명기에서 구체적으로 기술되었다(신 19:4-5). 살해자는 도피성으로 피신할 수 있었다. 그것은 한 지역에 치중되어서는 안 되며, 지역별로 잘 나뉘어서 접근하기에 용이해야 했고, 도피성으로 통하는 길도 잘 다듬어져 있어야 했다. 이는 살해한 자가 도피성으로 도망하는 것을 용이하도록 만들어, 그를 피의 보복자로부터 보호하기 위함이었다.

살해자는 도피성으로 도주하는 과정에서 살해의 비의도성을 설명할 필요가 없었다. 왜냐하면 도피성은 모든 살해자에게 피난할 곳을 우선적으로 제공했기 때문이다. 그런 이유로 도피성 제도에는 '무죄 추정의 원칙'이 반영되고 있다. 그러나 도피성으로 몸을 숨긴 살해자는 그곳에서 법적 심리를 받아야 한다. 이 법적 절차는 살해의 의도성을 판단한다. 이러한 절차를 통해 '비의도적' 살해자는 계속해서 생명을 보호받을 수 있었지만, '의도적' 살해자는 피의 보복자에게 양도되었다. 즉, 신명기 본문은 '공정한 재판을 받을 권리가 모든 범죄자에게 있다'고 보는 재판 청구권을 보여 주고 있다. 그러므로 우리는 무죄 추정의 원칙과 재판 청구권이 성서로부터 모든 사람에게 주어진 기본권이었음을 알 수 있다.

토의를 위한 질문

1. 출애굽기 21:13-14과 신명기 19:1-13에 각각 나타나는 '도피할 곳'의 차이는 무엇인가?

2. 신명기에 따르면 도피성으로 도망갈 수 있는 자의 자격은 무엇인가? 그리고 어떤 경우에 도피성에 계속 머물 수 있는가?

3. 도피성은 지리적으로 어떤 점이 고려되어야 했는가? 여기에는 어떤 원칙이 반영되어 있는가?

4. 출애굽기의 '도피처'가 신명기의 '도피성'으로 바뀐 데는 어떠한 배경이 있는가?

5. 도피성에서 '장로'들은 살해자에 대해 무엇을 판단하는가? 이러한 절차는 현대의 어떤 원칙을 반향하는가?

'도둑질하지 말라'는 계명은 대체로 '물건' 도둑질에 국한시켜 적용되어 왔다. 하지만 '도둑질'을 가리키는 히브리어(גנב, 가나브)는 사람을 '납치/유인'하는 것으로도 번역할 수 있어, 기존의 이해가 더 넓어질 필요가 있음을 보여 준다. '도둑질'이 '납치/유인'의 개념으로 확대된다면, 그것은 다른 사람을 생존 위기로 몰아넣는 인간의 행동을 돌아보도록 만든다. 한 생명을 종으로 전락시키거나 유인하는 행위는 "애굽 땅, 종 되었던 집에서 인도하여 낸…하나님 여호와"의 말씀에 반하는 행위이기 때문이다.

17. 도둑질하지 말라

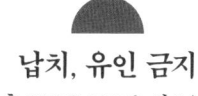

납치, 유인 금지
출 20:15; 21:16; 신 24:7

'펜은 칼보다 강하다'고들 한다. 단번에 어떤 결과를 이룰 수 있는 칼보다 오랫동안 살아남아 생각의 변화를 가져오는 펜이 더 효과적인 무기일 수 있다는 의미다. 하지만 펜은 해석에 좌우되며, 기록된 용어는 시대마다 다르게 해석될 수 있다. 그러한 시대적 간격을 극복하는 것이 해석자의 중요한 과제이며, 이를 위해 해석자는 자기 시대의 관점에서 개념을 정의할 것을 요구받는다.

현대 사전을 인용하면 도둑질은 "남의 물건을 훔치거나 빼앗는 짓"을 가리킨다.[1] 그러나 하나의 개념은 시대에 따라 변할 수 있기 때문에, 고대에서 '도둑질'이 무엇을 가리키는지에 대해 질문할 필요가 있다. 이것은 여러 율법에서 반복적으로 나타날 정도로 중요하다(출 20:15; 21:16; 레 19:11; 신 5:19). 도둑질을 의미하는 일반적인 용어는 '가나브'(גנב)다. 성서의 용례를 보면 '사물/가축'이 그것의 목적어로 나타나기도 하지만, '사람'도 그 목적어로 등장한다.

고대의 '도둑질' 개념을 이해하기 위해 우리는 '가나브'(גנב) 동사가 어떻게 사용되었는지 살펴야 한다. 먼저는 용어적 접근을 시작으로, 그것이 어떠한 방식으로 나타나는지 살펴볼 것이다. 지면의 한계가 있으므로, 이 장에서는 출애굽기의 언약법전을 중심으로 하되, 그와 관련된 고대 근동의 법률도 간략하게 관찰할 것이다. 그리고 '사람'이 '가나브'(גנב) 동사의 목적어로 사용된 것에 집중하여 '도둑질'의 의미를 확장하고, 그 안에 나타난 인권 사상을 피력할 것이다. 마지막으로 '도둑질' 금지 명령이 현대 법률에 어떻게 활용되었는지 언급하는 것으로 마무리할 것이다.

'도둑질'의 용어적 접근

게제니우스 히브리어 사전에 따르면 '가나브'(גנב) 동사는 '제거하다, 떼어 놓다'를 의미하며(수 7:11), 이것은 타인의 물건을 주인의 허락 없이 가져가는 행위를 가리킨다. 가축을 도둑질하는 행위도 여기에 포함된다. 이에 덧붙여 '도둑질'은 중요한 다른 의미를 보여 주는데, 사람을 유괴하거나 납치하는 경우에도 사용되기 때문이다.[2] 즉, 소유물(사물/동물) 그리고 사람이 '가나브'(גנב) 동사의 목적어로 사용되었으므로, 우리는 이것을 나누어 생각할 수 있다.

언약법전에서 이 용어는 6회 나온다(출 21:16; 22:1[21:37], 2[1], 7[6], 8[7], 12[11]). '소나 양' 같은 가축을 도둑질하는 것을 서술하는 본문은 출애굽기 22:1이다. 이와 함께 출애굽기 22:4[3]에는 '가나브'(גנב) 동사를 어근으로 하는 도둑맞은 물건(גְּנֵבָה, 하게네바)이 나타나므로 두 본문을 함께 살펴보아야 한다. 두 본문이 몇 가지 측면에서 연결되기 때문이다. 첫째, 출애굽기 22:4[3]은 '그의 손에'(בְּיָדוֹ, 베야도)라는 문구를 통해 출애굽기 22:1과 결부되었다.³ 둘째, 두 출애굽기 본문은 배상(שׁלם, 샬람) 규정을 서술한다는 점에서 서로 연결된다. 덧붙여 출애굽기 법전은 사람을 유괴하는 것도 묘사하므로(출 21:16), 여기서는 두 본문을 중심으로 관찰할 것이다.⁴

'도둑질'의 대상

소유물에 대한 도둑질

출 22:1[21:37]	כִּי יִגְנֹב־אִישׁ שׁוֹר אוֹ־שֶׂה וּטְבָחוֹ אוֹ מְכָרוֹ חֲמִשָּׁה בָקָר יְשַׁלֵּם תַּחַת הַשּׁוֹר וְאַרְבַּע־צֹאן תַּחַת הַשֶּׂה 사람이 소나 양을 도둑질하여 잡거나 팔면, 그는 소 한 마리에 소 다섯 마리로 갚고 양 한 마리에 양 네 마리로 갚을지니라.
출 22:4[3]	אִם־הִמָּצֵא תִמָּצֵא בְיָדוֹ הַגְּנֵבָה מִשּׁוֹר עַד־חֲמוֹר עַד־שֶׂה חַיִּים שְׁנַיִם יְשַׁלֵּם 도둑질한 것이 살아 그의 손에 있으면 소나 나귀나 양을 막론하고 갑절을 배상할지니라.

출애굽기 22:1은 한 사람이 가축을 도둑질하는 것을 이야기한다. 그는 도둑질한 사물/가축을 시장에 팔거나 도축할 수 있었고, 그것을 통해 돈을 장만하거나 고기로 먹을 수 있었다(신 28:31). 만약 그가 도둑질한 것이 발각되면, 그는 소의 경우에는 다섯 배 그리고 양의 경우에는 네 배의

값을 지불해야 했다. 그리고 만약 도둑질한 것을 아직 소유하고 있다면, 종류에 상관없이 두 배의 값을 지불해야 했다(출 22:4). 따라서 언약법전은 도둑질한 가축을 단순히 가지고 있는 경우보다 그것을 팔거나 도살한 경우를 훨씬 무겁게 취급하고 있다.[5]

이외에도 두 배의 값을 지불하라는 배상 요구는 다른 경우에도 관찰된다(22:7, 9). 7절 이하는 한 사람이 이웃에게 물건을 맡겼고 그 이웃이 물건을 잃어버린(אָבַד, 아베다) 상황을 전제한다는 점에서 출애굽기 22:4과 차이가 있다.[6] 우리는 타인이 맡긴 물건을 분실한 경우에도 물건을 맡은 자가 도둑으로 의심받았음을 알 수 있다. 그러나 그러한 경우에 물건을 맡은 자는 일정한 절차를 통해 도둑 여부가 판명되었다(출 22:8-11).

> 출 22:7 사람이 돈이나 물품을 이웃에게 맡겨 지키게 하였다가 그 이웃집에서 도둑을 맞았는데 그 도둑이 잡히면 갑절을 배상할 것이요.
>
> 출 22:9 어떤 잃은 물건 즉 소나 나귀나 양이나 의복이나 또는 다른 잃은 물건에 대하여 어떤 사람이 이르기를 이것이 그것이라 하면 양편이 하나님[7] 앞에 나아갈 것이요 하나님이 죄 있다고 하는 자가 그 상대편에게 갑절을 배상할지니라.

도둑질한 물건을 배상함에 있어 차이가 나타나는 원인에 대해 적지 않은 논의가 있었다. 도둑질한 가축을 도살하거나 팔아 버린 경우에는 어떠한 이유로 처벌이 강화되었을까? 이에 대해 슈빈호르스트-쇤베르거는 다음의 세 가지 경우를 이야기한다.[8] 첫째, 만약 훔친 가축이 판매되었거나 도축되었다면, 도둑질 행위를 밝히는 것은 결코 쉽지 않았을 것이고, 따라서 처벌 가능성이 낮아진다. 즉, 도둑은 가축을 훔친 후에 범죄를 은닉하려는 목적으로 그 가축을 장물로 팔거나 도살하는 등의 행동을 취했을 것이다. 둘째, 도둑질한 가축을 판매 또는 도축했을 경우에 도둑은 도둑질한 가축의 가치를 변경시킬 수 있었다. 환언하면 그는 고가의 가축을 저가의 것으로 대치함으로써 배상액을 낮출 수 있었다. 셋째, 도둑이 가축을 훔친 이후에 그것을 산 채로 보관하기보다는 도살하거나 판매했을 경우가 훨씬 빈번하게 발생했을 것이다. 따라서 출애굽기 22:1이 처벌 수위를 높인 것은 도둑질한 가축을 판매하거나 도살하는 행위를 방지하기 위함이었을 것으로 보인다.

우리는 이것을 고대 근동의 율법과 비교할 수 있다. 그중 함무라비 법전 §§ 8-10에는 도둑질과 관련한 조항이 세부적으로 기술되었다.[9]

§8 만약 한 자유인이 황소나 양이나 나귀나 돼지나 배를 도둑질하였는데, 그것이 신전이나 왕궁의 소유였다면, 그는 30배의 배상을 해야 한다. 만약 그것이 일반 시민의 소유였다면, 그는 10배로 배상해야 한다. 만약 그 **도둑이 배상할 재산이 없다면, 그는 사형에 처해질 것**이다.

§9 만약 한 자유인이 황소나 양이나 나귀나 돼지나 배를 도둑질하였는데, 그것이 신전이나 왕궁의 소유였다면, 그는 30배의 배상을 해야 한다. 만약 그것이 일반 시민의 소유였다면, 그는 10배로 배상해야 한다. 만약 그 **도둑이 배상할 재산이 없다면, 그는 사형에 처해질 것**이다.

§10 만약 구매자가 자신에게 판매했던 판매자와 구입 당시 현장에 있었던 증인들을 데리고 오지 못했고, 분실 재산의 주인은 그의 분실 재산을 입증해 줄 증인을 데리고 왔다면, 구매자가 도둑이므로 그는 **사형에 처해질 것**이고, 분실 재산의 주인은 그의 분실 재산을 취할 것이다.

함무라비 법전은 신전의 것을 도둑질한 경우에 30배, 그리고 일반인의 것을 도둑질한 경우에 10배의 배상을 요구한다(§8). 만약 도둑이 그것을 판매했을 경우에 처벌 규정은 더욱 강화되었고, 심지어 그에게 '사형'이 언도되었다. 함무라비 법전에는 성서와 유사한 상황이 나타나지만, 도둑에 대한 처벌 수위는 상당히 구별된다. 함무라비 법전은 도둑질한 것의 '10배 혹은 30배'를 도둑에게 갚으라고 선언한다면, 언약법전은 그것의 '2배 혹은 5배'를 요구하기 때문이다.

이외에도 또 다른 중요한 차이를 발견할 수 있다. 함무라비 법전은 "도둑이 배상할 재산이 없다면"이라고 설명하는데, 이것은 출애굽기 22:3과 유사하다. 그런데 배상할 것이 없는 도둑에 대한 규정에서 두 율법은 확연한 차이를 보인다. 함무라비 법전은 그에게 '사형'을 언도하지만(§8), 출애굽기 규정은 '자신의 몸을 팔라'(출 22:3b)고 명하기 때문이다. 이러한 구별로 인해 우리는 다음과 같은 것을 유추할 수 있다. 고대 근동법과 비교할 때, 성서는 도둑이라 할지라도 그의 생명은 존중되어야 함을 명시한다. 환언하면, 도둑에게도 인권은 있다.[10]

사람에 대한 도둑질

언약법전에서 가장 먼저 서술된 '도둑질'(גנב, 가나브)은 출애굽기 21:16에서 관찰된다. 한국어 성서는 그것을 '납치한 자'로 번역하고 있다.

> 출 21:16 **사람을 납치한 자**(גנב איש, 고네브 이쉬)가 그 사람을 팔았든지 자기 수하에 두었든지 그를 반드시 죽일지니라.

주목할 것은 '도둑질하다'의 목적어가 '사물'에 제한되지 않으며, '사람'(אִישׁ, 이쉬)이 그 자리를 차지할 수 있다는 점이다. 따라서 우리는 '도둑질하지 말라'는 명령을 사물에만 제한해서는 안 된다. 요셉 이야기는 이에 대한 가장 잘 알려진 용례다.[11]

본문은 사람을 납치한 이후에 납치한 자의 행동을 '팔았을 경우와 자기 수하에 두었을 경우'로 나누어 묘사한다. 이러한 경우는 두 가지 점에서 동물의 경우와 비교된다. 첫째, 출애굽기 21:16이 서술하는 '사람을 파는 것'(וּמְכָרוֹ, 우메카로)은 사물/가축을 도둑질하여 '판매'(מְכָרוֹ, 메카로, 출 22:1[21:37])하는 경우와 일치한다. 둘째, 사람을 납치하고 자신의 권력 아래에 두는 것(וְנִמְצָא בְיָדוֹ, 붸니므짜 베야도)도 마찬가지로, 가축을 도둑질하여 팔지 않고 소유하고 있는 것과 동일하다(תִּמָּצֵא בְיָדוֹ, 티마쩨 베야도, 출 22:4[3]). 다시 말해 언어가 사용되는 양상을 보면, 사람을 납치하는 것은 동물을 도둑질하는 것과 동일하게 여겨진다.[12]

출 21:16	사람을 납치한 자가 그 사람을 **팔았든지**(מְכָרוֹ, 마카르) **자기 수하에 두었든지**(וְנִמְצָא בְיָדוֹ, 붸니므짜 베야도) 그를 반드시 죽일지니라.
출 22:1 [21:37]	사람이 소나 양을 도둑질하여 잡거나 **팔면**(מְכָרוֹ, 메카로) 그는 소 한 마리에 소 다섯 마리로 갚고 양 한 마리에 양 네 마리로 갚을지니라.
출 22:4[3]	도둑질한 것이 살아 **그의 손에 있으면**(תִּמָּצֵא בְיָדוֹ, 티마쩨 베야도), 소나 나귀나 양을 막론하고 갑절을 배상할지니라.

두 경우에서 관찰되는 중요한 차이는 처벌 조항이다. 물건을 도둑질한 경우에는 몇 배의 보상으로 해결됐지만, 사람을 도둑질한 경우에는 결코

그렇지 않다.[13] 출애굽기 21:16은 '사람을 납치한 경우'의 처벌 조항을 언급한다. 이것은 출애굽기 21:12-17까지 등장하는 소위, '모트 유마트' (מוֹת יוּמָת) 법의 하나다. '반드시 죽이라'(מוֹת יוּמָת, 모트 유마트)는 명령은 동의어 반복이라는 전형적 방법을 통해 처벌의 엄중함을 강조한다. 즉, '사람을 납치한 경우'에는 어떠한 조건이나 변명도 허락되지 않는다. 이와 유사한 것이 고대 함무라비 법전에서 관찰된다.[14] 다만 함무라비 법전에는 '자유인의 젊은 아들'을 유괴하는 경우가 언급됨으로써 구체성을 띤다.

§ 14   만약 한 자유인이 다른 자유인의 젊은 아들을 유괴하였다면, 그는 사형에 처해질 것이다.

이와 달리 성서에는 납치 피해자의 신분이 언급되지 않으며 성별의 구분도 없기 때문에, 성서 율법은 대단히 포괄적으로 이해된다. 사람을 팔았다는 것은 납치한 자가 납치당한 사람을 노예로 넘기는 것이라고 추측할 수 있다. 또한 자기 수하에 두었다는 것은 납치당한 자를 종으로 부리는 것을 의미한다. 이러한 범행을 한 자는 조건 없이 사형에 처해져야 한다. 따라서 우리는 납치가 사람을 살해한 것과 동등하게 취급됨을 알 수 있다.[15]

이와 유사한 율법을 신명기에서도 확인할 수 있는데, 여기에는 사람을 '유인/유괴하는'으로 번역되었다(신 24:7).

신 24:7   사람이 자기 형제 곧 이스라엘 자손 중 한 사람을 유인(גֹּנֵב נֶפֶשׁ, 고네브 네페쉬)하여 종으로 삼거나 판 것이 발견되면 그 **유인한 자**(הַגֹּנֵב, 하가나브)를 죽일지니 이같이 하여 너희 중에서 악을 제할지니라.

신명기에서도 유괴한 자는 조건에 상관없이 사형을 선고받았고, 이는 이스라엘 공동체에서 제거되어야 하는 '악'으로 규정되었다. 출애굽기 21장과 함께 신명기 24장은 공통적으로 사람을 유괴하여 자기 수하에 두거나 파는 경우를 이야기한다. 그러나 신명기는 납치당한 자가 '종'으로 팔리고 있음을 구체적으로 묘사하여, 그의 법적·사회적 위치가 박탈당한 것을 비판한다.[16]

이로써 우리는 제8계명의 '도둑질하지 말라'는 규정을 더 이상 사물에 국한하여 이해해서는 안 된다.[17] 성서의 곳곳에서 '사람'은 도둑질의 목적어로 나타나기 때문이다. 더 나아가 우리는 언약법전에서 '도둑질'의 목적어로 사람이 등장하는 것과 그 처벌에 대해 질문해야 한다.

우리는 어떤 사람이 다른 사람의 종으로 팔리는 것의 극단적인 예를 창세기 37장의 요셉 사건에서 확인할 수 있다(창 37:25-28).[18] 그러나 대체로는 경제적 이유 때문에 스스로를 종으로 팔거나 또는 전쟁으로 인해 노예로 전락하곤 했다.[19] 성서는 이러한 후자의 경우를 용인한다(출 21:2).

이와 구별되게 '납치/유괴'는 폭력을 사용하여 자유인을 그의 의지와 무관하게 종이나 노예로 전락시키는 것을 가리킨다.[20] 이것은 이스라엘 사회의 근간인 가정을 뒤흔드는 것이었다. 게다가 '납치/유괴'는 하나님의 구원 사건에 명백하게 역행하는 것이었는데, 왜냐하면 십계명 서문은 하나님이 이집트에서 종살이하던 이스라엘을 구원한 것에 대해 선언하기 때문이다.

> 출 20:2　　나는 너를 애굽 땅, 종 되었던 집에서 인도하여 낸 네 하나님 여호와니라.

하나님이 이스라엘을 종에서 구원하셨지만, 납치/유괴는 사람을 다시 종으로 환원시키는 범죄다. 게다가 출애굽기는 이스라엘의 출애굽을 창조 사건과 결부시키고 있다. 즉, 그들을 종으로 환원시키는 것은 하나님의 창조 사건에 역행하는 것이다. 따라서 납치는 그 경중에 있어서 '살해'와 동등하게 취급되고 있다.

납치와 유인

도둑질, 특별히 사람을 도둑질하는 행위는 유괴 혹은 유인으로 번역되었다. 하지만 두 단어에는 의미상의 차이가 있다. '유괴'가 사람을 납치하는 능동적이며 폭력적 행위를 의미한다면, '유인'은 상대적으로 수동적 의미다. 사전적으로는 "주의나 흥미를 일으켜 꾀어냄"[21]을 뜻하지만, 성서에서 사람을 유인하는 것은 특히 헤어날 수 없는 고리대금이라는 경제적 굴레에 몰아넣는 것을 가리킨다. 단적으로 이것은 '이자'를 받지 말라는 명령과 연결된다.

> 출 22:25   네가 만일 너와 함께한 내 백성 중에서 가난한 자에게 돈을 꾸어 주면 너는 그에게 채권자같이 하지 말며 이자를 받지 말 것이며.

문제는 '납치'와 '유인'에 대해 적지 않은 인식의 차이가 관찰된다는 점이다. 납치에 대해 긍정적으로 생각하는 사람은 거의 없지만, '유인'에 대해서는 평가가 나뉠 수 있다. 왜냐하면 '유인'은 합법적 형태로도 발생할 수 있기 때문이다. 이자를 받는 행위는 차치하고, 임대인에게는 자신이 빌려준 것을 회수할 권리가 있다. 구약의 율법은 임대인의 권리를 보호하기 위해 '전당' 잡는 행위를 금지하지 않는다(출 22:26; 신 24:6, 10).

하지만 나그네, 고아, 과부 그리고 소작농이 자신의 집과 밭을 전당 잡히고, 결국에는 그것에 대한 소유권을 임대인에게 넘겨야 하는 상황이 발생하기도 했다. 그리고 이때 재판관이 임대인의 편에 서서, 임대인이 임차인의 전당물을 빼앗는 행위를 정당한 것으로 판결하기도 했다(사 10:2; 호 5:2).[22] 가난한 사람은 자신의 것을 빼앗길 줄 알면서도 생존을 위해 먹을 것을 구걸하지 않으면 안 되었고, 담보물이 없으면 결국 스스로를 종으로 전락시켜야 했다(암 2:6). 다시 말해, 사람을 '납치'하는 행위가 합법적인 '유인'의 모습으로 빈번하게 발생하는 것이다. 따라서 '도둑질' 개념은 '납치'에 국한되지 않으며, 광의적 의미로 '유인' 행위에까지 적용해야 한다.[23]

유인 행위와 관련하여 케슬러는 고대 사회에 소작농을 종으로 전락시키는 메커니즘이 존재했음을 소개한다. 첫째, 한 소작농은 질병, 사고 그리고 그 밖의 흉작, 지진, 전쟁 등 긴급 상황으로 인해 부자에게 생필품과 종자 씨앗을 빌린다. 통상적인 경우에는 빌린 것을 갚고 안정을 되찾지만, 요셉의 이야기가 보여 주듯이 기근이 오랜 기간 지속되거나 곤경이 연이어 발생하면, 독립된 농가는 경제적으로 몰락하게 되었다. 둘째, 이 경우에 소농가가 저당 잡힌 토지 등은 채권자의 소유가 된다. 셋째, 소작농은 일일 노동자로 전락하고, 일자리를 구하지 못할 경우에 그는 먹을 것을 구걸하는 처지가 된다. 넷째, 저당 잡힐 물건이 없다면, 그는 자신의 가족을 그리고 마지막에는 스스로를 종으로 판다.[24]

이러한 '채무 메커니즘'[25]에 빠져든 사람은 스스로의 힘으로 거기에서 헤어날 수 없다. 그러나 재판관은 이러한 메커니즘을 합법적이라고 판단하며(사 5:8; 10:1-2), 소작농의 소유권을 박탈한다. 즉, 법체계는 약자를 보호하기 위하여 사용되는 것이 아니라 오히려 강자의 권력 수단으로 이용될 뿐이다. 성서에서 예언자는 그러한 현상에 대해 고발한다(호 5:10).

제8계명

여기에서 간략하게 십계명의 제8계명에 대해서 언급할 필요가 있다. 오경 전체에서 십계명은 다양한 형태로 등장한다. 그중에서 오늘날 우리에게 잘 알려진 십계명 형태는 출애굽기 20장이다. 이것은 성서에서 가장 먼저 나타나는 율법 형태이며, 10이라는 숫자가 보여 주듯이 암기하기 쉽도록 표현되었기 때문에 우리에게 가장 익숙하다. 그러나 출애굽기 십계명과 대단히 유사한 것이 신명기 5장에도 나타나며, 그밖에도 출애굽기 34장, 신명기 27장에도 열 가지 또는 열두 가지 계명 형태의 모음이 발견된다. 마지막으로 레위기 19장에는 십계명의 일부를 풀이하여 쓴 것이 관찰된다. 이를 보면 십계명은 결코 하나의 형태가 아님을 알 수 있다. 여기에서는 출애굽기 20장과 신명기 5장을 중심으로 이야기할 것이다.

　각 계명의 고대 형태에 대한 질문은 오래전부터 있었다. 오늘날과 같은 문구로 형성되기 이전에 특히 제8계명은 어떤 모습으로 존재했을까에 대해 적지 않은 논의들이 있었다. 알트는 그 연구에 대한 단초를 놓은 학자다. 알트는 제8계명이 본래는 '인신매매 금령', 특별히 이스라엘 백성에 속한 자에 관한 명령이었을 것으로 추정한다.[26] 이것은 출애굽기 21:16과 신명기 24:7에서도 확인되는데, 여기에는 각각 '사람을 납치한 자'(גֹּנֵב אִישׁ, 고네브 이쉬), '생명을 납치한 자'(גֹּנֵב נֶפֶשׁ, 고네브 네페쉬)를 서술하기 때문이다.

덧붙여 우리는 제8계명이 본래 '인신매매 금령'이었을 것이라는 추정에 대해 몇 가지 근거를 제시할 수 있다. 첫째, 출애굽기 21:16과 같은 '인신매매 금지'는 본래 언약 공동체에서 개인의 자유,[27] 즉 개인의 인권을 보호하려는 목적이었다. 둘째, 제8계명이 '사물/가축'에 관한 것이라면, 그것은 이웃의 재산에 대해 묘사하는 제10계명과 중복된다.[28] 왜냐하면 '탐내다'(חָמַד, 하마드)는 부당하게 취하는 이득과 유사하게 사용되기 때문이다(출 34:24; 미 2:2).[29] 따라서 제8계명은 제10계명과 구별되는 의미였을 것으로 간주되었다. 셋째, 제6-7계명에서 다뤄지는 '살인, 간음'에 대한 처벌 조항은 공통적으로 '사형'인데, 제8계명인 '도둑질'을 '인신매매'로 이해할 때 앞의 두 조항과 적절하게 어울린다.[30] 이것은 랍비 전통과도 잘 어울리는데, 랍비 전통은 제8계명의 본래 의미를 '유괴'로 이해했기 때문이다.[31] 넷째, 고대 근동의 법에서도 '인신매매'와 평행하는 것이 관찰된다.[32] 이런 이유로 우리는 '도둑질하지 말라'는 명령에 폭력을 사용하여 '타인의 자유를 박탈'하는 것, 즉 '인권 박탈'을 엄격히 금지하고 있음을 확인할 수 있다. 그러므로 성서의 '도둑질' 금지 명령의 기본 정신이 바로 인권 보호라는 결론에 도달한다.

현대 법률과의 비교

우리는 '도둑질하지 말라'는 율법을 여러 국제 인권 규약과 비교할 수 있다. 다음에서 보는 바와 같이 "세계인권선언"은 포괄적인 사항을 담고 있지만,[33] "시민적 및 정치적 권리에 관한 국제규약"은 그것을 좀 더 세분화하여, 제8조 3항에 구체적인 항목이 기술되었다. 게다가 대한민국 형법은 사람을 '유인, 매매, 이송, 은닉'하는 것을 범죄로 보고 있다는 점에서 성서의 정신과 연결되어 있다.[34]

세계인권선언 제4조	어느 누구도 노예가 되거나 타인에게 예속된 상태에 놓여서는 안 된다. 노예제도와 **노예매매**는 어떤 형태로든 일절 금지한다.
시민적 및 정치적 권리에 관한 국제규약 제8조	❶ 어느 누구도 노예상태에 놓이지 않는다. 모든 형태의 노예제도 및 **노예매매**는 금지된다. ❷ 어느 누구도 예속상태에 놓이지 않는다.
형법 제288조 (추행 등 목적 약취, 유인 등)	❷ 노동력 착취, 성매매와 성적 착취, 장기적출을 목적으로 사람을 약취 또는 **유인**한 사람은 2년 이상 15년 이하의 징역에 처한다.
형법 제289조 (인신매매)	❸ 노동력 착취, 성매매와 성적 착취, 장기적출을 목적으로 **사람을 매매**한 사람은 2년 이상 15년 이하의 징역에 처한다.
형법 제292조 (약취, 유인, 매매, 이송된 사람의 수수·은닉 등)	❶ 제287조부터 제289조까지의 죄로 약취, **유인, 매매 또는 이송된 사람을 수수**(授受) **또는 은닉**한 사람은 7년 이하의 징역에 처한다. ❷ 제287조부터 제289조까지의 죄를 범할 목적으로 **사람을 모집, 운송, 전달**한 사람도 제1항과 동일한 형으로 처벌한다.

🔑

이 장에서 우리는 십계명의 제8계명에서 말하는 '도둑질하지 말라'는 율법을 관찰했다. 십계명에서 도둑질을 나타내는 용어 '가나브'(גנב)는 '사물/가축'에 제한되지 않으며, 오히려 '인신매매 금지'가 본래 형태였음을 고려해야 한다는 점에 주목했다.

첫째, 언약법전에는 '사물/가축' 도둑질 금지 명령이 기록되었다. 언약법전은 그러한 죄를 범한 자에게 훔친 물건값의 최대 다섯 배의 배상을 요구한다. 배상의 정도는 일차로 어떤 '사물/물건'을 훔쳤는가에 따라 결정되며, 동시에 훔친 물건에 대한 행위자의 처분 여부에 따라 다르게 판단되었다. 언약법전의 율법은 고대 근동의 율법과 비교를 통해 그 의미가 확장된다. 함무라비 법전 §§ 8-10에는 도둑질에 관한 규정이 담겨 있는데, 이 내용에 따르면 도둑은 도둑질한 물건의 최대 30배 그리고 최저 10배의 값을 배상해야 했다. 언약법전은 배상할 수 없는 자에게 '몸을 팔아서'까지 배상할 것을 요구하지만, 이것은 결코 지나친 요구로 볼 수 없다. 왜냐하면 함무라비 법전은 배상할 수 없는 자에게 '사형'을 언도하기 때문이다. 따라서 우리는 언약법전이 적어도 도둑의 생명권을 보장한다는 결론에 도달한다.

둘째, '인신매매'는 도둑질의 범주에 포함되었다. 이것은 '도둑질' 금지 명령과 직접 관련된 것으로 보인다. 성서는 '도둑질 금지' 특히 '인신매매'와 관련하여서는 어떠한 타협도 하지 않으며, 사람을 도둑질한 자를 무조건 사형에 처했다. 여기에는 타인의 폭력에 의해 개인의 권리가 박탈되어서는 안 된다는 성서의 인권 이해가 담겨 있다.

마지막으로, 인신매매 금지는 과거에 국한되지 않는다. 현대 인권 조항(세계인권선언, 시민적 및 정치적 권리에 관한 국제규약)은 인신매매 금지 규정을 중요하게 다루고 있으며, 국내법 또한 그것을 엄격하게 금지하고 있다. 이러한 관련성을 볼 때, 우리는 현대 인권 사상 및 법률의 뿌리를 고대 법률, 특별히 성서에서 관찰할 수 있지 않을까?

토의를 위한 질문

1. '도둑질하지 말라'는 계명은 일반적으로 어떤 대상에 대해 이해되는가?

2. 율법에서 '도둑질'이라는 히브리어는 '납치' 그리고 '유인'으로 번역되고 있다. 이는 우리가 일반적으로 이해하는 '도둑질' 개념과 어떻게 다른가?

3. 율법은 사람을 '납치' 또는 '유인'하는 경우에 어떠한 처벌을 명령하는가? 그처럼 엄격하게 명령하는 이유는 무엇인가?

4. '납치'와 '유인'에는 어떠한 의미상의 차이가 있는가? 사람을 '납치' 또는 '유인'하는 이유는 무엇인가?

5. 십계명의 서문에는 "애굽 땅, 종 되었던 집에서 인도하여 낸…하나님 여호와"를 언급한다. 이것과 사람을 '납치/유인'하는 것은 어떤 관계가 있는가?

6. 고대의 '채무 메커니즘'과 현대 사회의 유사점은 무엇인가?

7. 오늘날에도 사람을 '도둑질'하는 행위가 발생하고 있다. 한국 사회에서 '제도화'된 도둑질은 어떤 것일까?

성서의 규정 가운데 가장 오해되어 온 것 하나는 '눈에는 눈, 이에는 이'로 잘 알려진 '탈리온법'일 것이다. 이것은 다른 사람의 특정 신체 부위를 다치게 한 사람에게 동일한 신체 부위에 보복을 가한다는 의미로, 인간의 폭력성을 보여 주는 듯한 법규로 이해되어 왔다. 그러나 탈리온법은 '보복을 가하라'는 의미보다는, 폭력을 행하는 자에 대한 경고일 뿐 아니라 동일한 신체 부위 '이상의 보복'을 가하는 것을 금지하는 법이다. 성서의 율법은 인간의 폭력성에 제동을 걸고, 공동체로 나아갈 방안을 제공한다.

18. 눈에는 눈, 이에는 이?

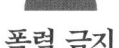

폭력 금지
출 21:26-27; 신 25:1-3

학교에서의 체벌은 오랫동안 학생을 교육하기 위해 교사가 사용하는 하나의 수단으로 인식되었다. 하지만 학생 인권에 대한 관심과 체벌이 비인격적이라는 인식이 점증하면서 이제는 학교에서의 체벌이 거의 사라졌다. 그런가 하면 군대에서는 '군기'를 잡는다는 명목으로 얼차려와 구타가 으레 존재해 왔다. 상급자의 지시에 무조건적으로 복종해야 하는 군대 문화가 오랫동안 당연시되어 왔기에 폭력마저 묵인되었지만, 오늘날의 인식은 과거와는 다르다.

성서는 '매질'에 대해서 이야기한다. 매질과 관련하여 많은 본문이 있지만, 여기에서는 출애굽기 21:26-27과 신명기 25:1-3을 중심으로 다룰 것이다. 각각의 본문에는 종을 매질하여 신체에 심각한 상해를 가져왔을 경우(출 21:26-27) 그리고 죄인에게 태형을 가하는 경우가(신 25:1-3) 서술되었다. 율법은 당시 사회상을 담아내는데, 각 사회상을 담아내는 율법은 다른 시대와 충돌되는 경우가 적지 않다. 일부 율법을 제외하고 오늘날 결정된 율법이 이후 세대에도 동등한 법적 효력을 가질 것이라는 기대는 처음부터 불가능한 요구다. 이렇듯이 오늘날 대부분 사회에서 성서의 이 같은 법률을 그대로 적용할 수는 없지만, 해당 법률에 내재하는 성서의 정신은 배울 수 있을 것이다.

출애굽기 21:26-27

출애굽기 21장에는 다양한 법률이 나타난다. 여기에는 탈리온법, 다시 말해 동태복수법이 기록되었는데, 이것은 "사람이 서로 싸우다가"(וְכִי־יִנָּצוּ אֲנָשִׁים, 붸키-이나쭈 아나쉼)라는 조건절로 시작하여 발생할 수 있는 경우의 수를 고려하고, 각각의 경우에 어떻게 처리할 것인가를 제시한다. 이 과정에서 본문은 "생명은 생명으로, 눈은 눈으로, 이는 이로"라고 명시하여, 타인의 신체에 상해를 가한 자에게 같은 부위에 상처를 주라고 서술한다(출 21:23-25).

    종에게 매질을 하는 상황은 출애굽기 21:20에서도 기술되었다. 여기에는 종이 '사망하는 경우'에 처벌 조항을 다루었다면, 26절 이하는 '신체 상해'를 다루었다. 출애굽기 21:26은 22절과 유사하게 "사람이 그 남종의 한 눈이나 여종의 한 눈을 쳐서 상하게 하면"(וְכִי־יַכֶּה אִישׁ אֶת־עֵין עַבְדּוֹ אוֹ־אֶת־עֵין אֲמָתוֹ, 붸키-야페 이쉬 엣-엔 아브도 오-엣-엔 아마토)이라는 조건절로 시작하며, 그에 대한 조치를 상세하게 기술하였다. 한국어 성서와 달리 히브리어 성서는 '사람'과 '종'을 명확히 구별한다. 본문에 따르면 '사람'은 자유인을 가리키며, 남종과 여종은 3인칭 남성 단수와 함께 기록되어서 '그의 남종과 그의 여종'을 가리킨다.

이와 유사한 경우가 27절에서도 관찰된다. 26절과 마찬가지로 이 구절은 '만약 그의 남종의 한 눈이나 그의 여종의 한 눈을 쳐서 상하게 하면'(וְאִם־שֵׁן עַבְדּוֹ אוֹ־שֵׁן אֲמָתוֹ יַפִּיל, 붸임-쉔 아브도 오-쉔 아마토 야필)이라는 조건절 형태를 취하여 종의 '치아'를 손상했을 경우에 어떻게 처리할 것인가를 묘사한다. 주동사인 '치다/때리다'(נָכָה, 야페)가 생략된 것은 27절이 26절과 유사한 상황임을 알려 준다. 27절의 '그 남종과 여종'은 3인칭 남성 단수 접미어를 포함하고 있어 '그의 남종과 여종'으로 이해되어야 한다. 또한 한국어 성서의 '사람'은 남종 또는 여종을 소유한 자이므로 본문은 소유주가 자신의 종을 때리는 경우를 가리킨다.

> 출 21:26-27 사람이 **그의** 남종의 한 눈이나 **그의** 여종의 한 눈을 쳐서 상하게 하면 그 눈에 대한 보상으로 그를 놓아줄 것이며, **그의** 남종의 이나 **그의** 여종의 이를 쳐서 빠뜨리면 그 이에 대한 보상으로 그를 놓아줄지니라.

출애굽기 21:26-27은 앞서 기술된 탈리온법과 구별된다. 23-25절에는 동태복수라는 원칙이 기술되었는데, 이것은 아마도 동등한 계층에 속할 경우를 전제하는 듯하다. 그와 달리 26-27절에서는 신분의 차이가 확인된다. 따라서 26-27절을 통해 우리는 서로 다른 신분 사이에 사건이 발생한 경우에 어떻게 처리되는지 알 수 있다.

23-25절의 탈리온법은 명사 문장으로 아주 간략하게 표현되었고, 상응하는 대가를 가리키는 '대신에'(תַּחַת, 타하트)라는 표현이 반복적으로 등장한다. 하지만 26절은 동사 문장으로 등장하며, '그의 눈을 대신하여 그를 보내라'(יְשַׁלְּחֶנּוּ תַּחַת עֵינוֹ, 예살르헤누 타하트 에노)고 서술하고, 27절도 그와 동일한 패턴으로 기록되었다. 하지만 이것은 '탈리온법'의 기본 원칙

과 상이하다.¹ '그의 눈'에 대한 보상으로 '자유롭게 보내 주라'고 명령하기 때문이다.

> 24절　　עַיִן תַּחַת עַיִן שֵׁן תַּחַת שֵׁן יָד תַּחַת יָד רֶגֶל תַּחַת רָגֶל
> (저자 사역)　눈에 눈, 이에 이, 손에 손, 발에 발
>
> 26*절　　וְשִׁחֲתָהּ לַחָפְשִׁי יְשַׁלְּחֶנּוּ תַּחַת עֵינוֹ
> 　　　　[눈을] 상하게 하면 그 눈에 대한 보상으로 그를 놓아줄 것이며
>
> 27*절　　יַפִּיל לַחָפְשִׁי יְשַׁלְּחֶנּוּ תַּחַת שִׁנּוֹ
> 　　　　[이를] 빠뜨리면 그 이에 대한 보상으로 그를 놓아줄지니라.

　본문은 주인이 그의 종을 때리는 것을 금지하지 않는다. 주인은 게으른 종을 채근하기 위해 매를 들 수 있었다. 우리는 그것을 "사람이 매로 그 남종이나 여종을 쳐서"라는 문구에서도 확인할 수 있다(출 21:20). 주인이 종을 쳐서 신체에 상해를 가했을 경우뿐 아니라(출 21:26-27), 심지어 종이 사망에 이르는 경우도 있었다(출 21:20). 하지만 주인이라 할지라도 종을 쳐서 사망하게 했다면 그는 자신의 목숨을 대가로 지불해야 했으며, 이는 종의 신분이라 하더라도 생명이 존중되어야 함을 묘사한다. 만약 주인의 매질로 종이 신체를 다쳤고 그것이 회복될 수 없는 것이라면, 주인은 그를 놓아주어야 한다. 이것은 종의 주인에게는 상당한 금전적 손실을 의미했다. 탈리온법과 비교한다면 우리는 종과 주인이 법적으로 동등한 위치에 있지 않았음을 인지할 수 있지만,² 일반적으로 종이 주인의 잔혹함에 대해 자신의 권리를 주장할 수 없었던 당시 사회상을 고려한다면, 이 율법은 종에게 "인도주의적 규정"³이었다.⁴

　그런데 출애굽기 21:26-27은 눈과 이에 대해서만 언급할 뿐 다른 신

체 부위에 대해서는 전혀 서술하지 않는다. 그렇다면 종을 놓아주어야 하는 상해는 눈과 이에만 국한되어 적용되어야 할까? 23-25절에 기록된 탈리온법은 인간의 신체 부위 가운데 넷(눈, 이, 손, 발)을 언급한다. 이것은 아마도 머리부터 발끝까지 인간의 신체를 서술하는 표현이었을 것으로 보인다.[5] 그러나 26-27절이 서술하는 두 신체 부위는 23절의 네 신체 부위 중에서 가장 앞에 배열된 두 부위다. 이처럼 두 신체 부위에 대해서만 서술하고 두 부위는 생략하는 것에 대해 슈빈호르스트-쉰베르거는 다음과 같이 설명한다. "종의 손과 발이 치료될 수 없을 정도로 상해를 입었을 경우에는 당연히 눈과 이에 상응하는 동일한 규정이 적용되었다."[6]

덧붙여서 우리는 본문에 '눈, 이'에 대한 서술만 나타난다는 점을 주목해서 관찰해야 한다. '눈'을 다친 것이 회복되지 않으면 종은 평생 장애를 안고 살아야 하므로 대단히 불편했을 것이다. 이와 달리 '이'가 빠진 것[7]을 장애로 이해하기는 어려울 것이다. 그런 점에서 '눈'과 '이'가 동등하게 서술되었다는 점은 놀랍다. 동시에 우리는 26-27절이 '장애'의 관점에서 서술되지 않음을 알 수 있다.

슈빈호르스트-쉰베르거는 이것을 주인의 관점으로 이해해야 함을 피력하며, 이와 관련하여 중요한 통찰을 제시한다. 종의 눈이나 이가 상한 것은 주인에게 노동력 상실을 의미하지는 않는다. 냉정하게 말해서 눈이나 이가 상했다 하더라도 종은 노동을 할 수 있었기 때문이다. 그러나 손이나 발이 상했다면 그는 더 이상 노동을 할 수 없었고, 그것은 곧 일시적으로 주인의 노동력이 상실됨을 의미했다.[8] 그런 이유로 주인이 종의 팔다리에 매질을 하기보다는 뺨을 때리는 경우가 빈번하여, 종은 팔다리보다 눈이나 이를 다치는 경우가 더 자주 발생했을 것이다.[9] 그래서 언약법전은 눈과 이를 서술함으로써, 반복되는 폭력 행위로부터 종을 보호해

야 할 필요성을 강조한다.[10]

　주인과 종 사이에 발생한 폭력을 먼저 살펴보았다면, 다음으로 동등한 자유인 사이에 발생한 폭력도 고려해야 한다. 무엇보다 사건 당사자가 경제력에서 차이를 보이는 경우에 동태복수법은 중요한 의미를 갖는다. 언약법전은 '가난한 자'의 송사에서 치우치게 판단하지 말라고 경고한다(출 23:3, 6). 우리는 부유한 자가 약자의 신체에 위해를 가하고 자신의 잘못을 금전으로 배상하려는 악습이 과거에도 비일비재했음을 알 수 있다(창 34:10-12). 또한 아모스와 유사한 시대에 활동한 이사야는 가난한 백성의 권리를 박탈하는 재판관의 행위를 고발한다(사 10:1-2). 부유한 자는 재물을 사용하여 자신의 잘못을 덮거나 재판을 왜곡시키려 했다. '눈에는 눈, 이에는 이'를 말하는 탈리온법은 자신의 폭력을 '재물로 무마하려는 시도'를 차단한다.

　역으로 우리는 가난한 자가 부유한 자에게 신체적 위해를 가했을 경우도 고려해야 한다. 부유한 자는 가난한 자에게 자신이 당한 것보다 갑절의 보복을 할 수 있다. 그러나 탈리온법은 과도한 보복을 방지하고, 피해자가 입은 범위 안에서의 보복만 허락한다. 다시 말해 탈리온법은 '유전무죄, 무전유죄'를 거부할 뿐만 아니라, 과도한 처벌도 방지하려는 목적이 있다. 이것은 범죄의 정도에 따라 처벌을 다르게 하는 현대법에도 기본 원칙으로 자리 잡고 있다.

신명기 25:1-3

신명기 25장은 재판에 나타난 '태형'을 다루었다. 형벌로서의 태형은 신명기 22장에서 먼저 나타난다(신 22:18). 그런데 신명기 22장에는 장로가 재판에서 중요한 역할을 하지만, 신명기 25장에는 재판장에 대한 명확한 언급이 나타나지 않는다.

> 신 25:1-3   사람들 사이에 시비가 생겨 재판을 청하면 재판장은 그들을 재판하여 의인은 의롭다 하고 악인은 정죄할 것이며 악인에게 태형이 합당하면 재판장은 그를 엎드리게 하고 그 앞에서 그의 죄에 따라 수를 맞추어 때리게 하라. 사십까지는 때리려니와 그것을 넘기지는 못할지니 만일 그것을 넘겨 매를 지나치게 때리면 네가 네 형제를 경히 여기는 것이 될까 하노라.

신명기 25장에 따르면 분쟁이 생겼을 경우 당사자는 재판장 앞에 나아가야 하며, 재판장은 의인과 악인을 분별하여야 한다. 오경은 고대 이스라엘 재판이 2심 제도로 이루어졌음을 보여 주는데(신 16:18; 17:8; 비교. 출 18:13이하), 신명기 25장은 아마도 지방에서 이루어진 것으로 간주된다 (비교. 신 25:7-9).[11]

> 신 16:18   네 하나님 여호와께서 **네게 주시는 각 성에서 네 지파를 따라 재판장들과 지도자들을 둘 것이요** 그들은 공의로 백성을 재판할 것이니라.
>
> 신 17:8   네 성중에서 서로 피를 흘렸거나 다투었거나 구타하였거나 서로 간에 고소하여 네가 판결하기 어려운 일이 생기거든 너는 일어나 **네 하나님 여호와께서 택하실 곳으로 올라가서.**

재판장은 죄의 정도에 따라 악인에게 태형을 명령할 수 있었다. 본문은 태형을 40대로 한정하며, 그 이상으로 죄인에게 태형을 가하는 것은 허락하지 않는다. 3절은 40대 이상 태형을 때리지 못하게 하는 이유에 대해 '경히 여기는 것'(וְנִקְלָה, 웨니클라)이라 설명한다. 이것은 '칼라'(קָלָה)의 'Niphal 형태'로서 사람의 신분을 나타내거나(삼상 18:23; 사 3:5), 사람에게 멸시를 받는 것(잠 12:9) 또는 타민족에게 멸시를 받는 것(사 16:14)을 가리킨다. 신명기가 태형의 한계를 40대로 정하는 것과 달리 함무라비 법전은 60대 채찍형을 언급하기도 한다(§ 202).[12]

> § 202 만약 한 자유인이 자신의 신분과 동등한 다른 자유인의 뺨을 때렸다면, 그는 의회 앞에서 황소가죽 채찍으로 60대를 맞을 것이다.

신명기가 태형의 한계를 정하는 이유는 무엇인가? 이는 죄를 범한 자가 겁에 질려 분별력을 상실한 상태로 생명을 구걸하는[13] 것을 방지하며, 심한 수치심을 느끼지는 않도록[14] 하기 위함으로 보인다. 죄인은 40대 태형까지는 견디어야 했다. 그러나 그 이상의 태형은 가하지 않도록 정함으로써, 신명기는 죄인이라 할지라도 '인간의 존엄'이 보호되어야 함을 명시한다.[15] 이것은 형제 윤리를 근간으로 하는데, 여기에서 죄인은 '네 형제'(אָחִיךָ, 아히카)로 서술되었기 때문이다(신 25:3). 즉, 그가 비록 죄인으로 형벌을 받더라도, 사람들은 그가 '형제'라는 사실을 결코 망각해서는 안 된다.

그런데 신명기 율법이 태형을 40대로 제한함에도, 바울은 자신이 유대인들에게 "사십에서 하나 감한 매를 다섯 번 맞았[다]"고 고백한다(고후 11:24-25). 신명기는 태형의 한계를 40대로 묘사하지만, 신약 시대에는 39대가 태형의 한계로 서술되는 것이다. 이는 곧 후대 유대교가 신명기의 태형을 39대로 재해석하고 있음을 알려 주는데, 아마도 실수로 40대를 넘기는 것을 방지하기 위함이었을 것이다.[16]

> 고후 11:24-25　유대인들에게 **사십에서 하나 감한 매를 다섯 번 맞았으며** 세 번 태장으로 맞고 한 번 돌로 맞고 세 번 파선하고 일주야를 깊은 바다에서 지냈으며.

고문과 형벌에 대한 조항

우리는 지금까지 관찰한 성서의 율법과 관련된 내용을 세계인권선언에서도 찾을 수 있다. 이 선언문의 제5조가 '고문과 형벌'에 대한 조항을 담고 있기 때문이다.

> 세계인권선언 제5조　어느 누구도 고문, 또는 잔혹하거나 비인도적이거나 굴욕적인 처우 또는 형벌을 받지 아니한다.

'어느 누구도'라는 표현은 이 인권 조항의 대상이 신분, 인종, 국적에 제한되어서는 안 됨을 가리킨다. 즉, 고문, 잔인하고 비인도적인 모욕, 형벌은 모든 사람에게 동등하게 금지되어야 한다. 물론, 세계인권선언에 기술된 각각의 개념을 어떻게 정의할 것인가에 대한 문제는 남는다.

　이와 같은 인권 조항이 존재함에도 불구하고 현대 사회에서 인권 침해는 여전히 발생하고 있다. 그러나 이와 달리, 신약성서가 입증하듯이 태형을 40대 이상 가하면 안 된다는 신명기 조항은 이스라엘에서 준수되어 왔던 것으로 보인다.

이 장에서는 성서에 나타난 일부 '매질'에 관한 본문을 다루었다. 성서 용례가 너무도 다양하므로 그것을 모두 다루기란 불가능하다. 따라서 상이한 상황을 배경으로 하는 두 본문을 통해서 매질에 관한 성서의 일부 시각을 논할 수 있었다. 종에게 매질을 하는 상황은 출애굽기 21:20이하에서 기술되었다. 20절은 종이 사망하는 경우의 처벌 조항을 다루었다면, 26절 이하는 신체적 상해에 대한 처벌을 다루었다. 이는 성서가 종에 대해서도 관심을 갖고 있음을 알려 주며, 종에게도 인간으로서의 권리가 있었음을 상기시킨다.

출애굽기 21:26-27은 종의 눈과 이가 상했을 경우, 그에 대한 보상으로 종을 자유롭게 해야 한다고 명시한다. 이것은 주인이 종의 손과 발을 상하게 하는 일보다 빈번히 발생했을 것이며, 또한 종의 손과 발이 상했을 경우에도 주인은 동일하게 이 같은 명령을 따라야 했다. 이처럼 종을 보호하는 제도는 고대 근동의 다른 법률과 비교할 때 의미가 부각되는데, 왜냐하면 다른 곳에서는 종의 보호를 위한 규정이 거의 관찰되지 않기 때문이다. 이 율법은 주인의 잔혹함에 어떠한 권리도 주장할 수 없었던 종에게도 인간의 권리가 있음을 명시해 준다.

신명기 25:1-3은 형벌로서 태형을 서술한다. 태형은 40대로 제한되었다. 이러한 율법의 명문화는 죄를 범한 자라 할지라도 목숨이 위태로워 생명을 구걸하게 되는 것을 방지하며, 그가 수치심을 느끼지는 않도록 하는 장치였다. 신명기 율법이 태형의 한계를 정하는 이유는 죄인에게도 권리가 부여되며, 한시도 그가 '형제'라는 사실이 망각되어서는 안 되었기 때문이다. 후대 유대교에서 이 규정은 39대로 수정되었는데, 이것은 우발적으로도 40대를 넘기지 않도록 하는 예방책이었다. 이와 달리 함무라비 법전은 채찍을 60대까지 허용한다는 점에서 차이를 보인다.

우리는 이처럼 성서가 '매질'을 금지하지 않는다는 것을 근거로 오늘날 사회에서 발생하는 매질을 합리화해서는 안 된다. 성서 시대의 율법은 당시의 신분 사회를 정당화하는 것이 아니라, 신분 사회라는 배경 위에서 서술된 것이다. 신분 사회에서 주인은 적어도 자신의 종에 대해 절대적 권리를 주장할 수 있었으며, 심지어 주인이 종을 때려 사망하는 경우도 발생했다(출 21:20). 이러한 상황을 고려하여 출애굽기 21:26-27을 이해한다면, 성서는 종에 대한 주인의 권리를 제한하는 브레이크와 같다. 잔인한 폭력에 제동을 걸어 종을 보호하는 성서의 모습은 오늘날 소위 '갑'의 권리를 제한하여 '을'을 보호하는 것에 상응한다. 소집단에서라도 발생할 수 있는 개인의 피해를 율법을 통해 미연에 방지한다는 점에서, 성서는 법치주의적 성격이 강하다.

토의를 위한 질문

1. 당신은 '눈에는 눈, 이에는 이'라는 동태복수법에 대해 어떠한 선이해를 갖고 있었는가?

2. 고대 근동 사회를 배경으로 생각해 볼 때, 출애굽기 21:26-27 규정에서 주목할 만한 점은 무엇인가?

3. 동등한 자유인 사이에 폭력이 발생했을 경우, 부유한 자가 약자의 신체에 위해를 가했을 때 동태복수법은 어떻게 작동했을까?

4. 반대로 가난한 자가 부유한 자의 신체에 위해를 가하는 경우도 있었다. 이 경우에 동태복수법은 어떠한 영향을 끼쳤을까?

5. 신명기 25:1-3에 태형의 한계가 규정된 것은 인권적 측면에서 어떠한 의의가 있는가?

6. 세계인권선언 제5조를 읽어 보고, 오늘날 이와 관련하여 발생하는 인권 침해의 사례에 대해 조사해 보라. 이 장에서 살펴본 성서의 율법이 오늘날 여전히 의미 있는 이유는 무엇일까?

결론 | # 인간의 얼굴을 한 율법

민주주의, 자유, 평등. 이것은 오늘날 대부분의 현대 사회를 규정하는 중요한 개념으로, 왕정 사회나 신분제 사회와 구분 지어 준다. 이러한 개념은 현대 사회가 평등화되었으며, 개인의 의견이 중요시되는 사회임을 보여 준다. 그렇다면 과거보다 발달한 오늘날 시대를 살아가는 사람들이 불평등했던 과거 사회의 단면을 보는 것은 어떤 의미가 있을까? 우리가 살아가는 오늘은 정말 과거보다 나아졌을까?

성서, 인권을 말하다

많은 그리스도인은 '신권'(神權)과 '인권'(人權)을 구분하며, 성서가 '신권'을 강조한다고 생각한다. 이것은 아마도 교회가 '야웨 왕권' '메시아 사상' 그리고 '하나님 나라'라는 개념을 중요시해 왔기 때문으로 보인다. 그러나 성서는 하나님의 인간 창조를 선언하며 하나님이 인간에 대해 지대한 관심을 갖고 있음을 명시한다.

인간에 대한 하나님의 관심은 '출애굽'과 '율법 수여'에 관한 기록에서도 관찰된다. 이집트라는 발달한 문명국가에서 탈출한다는 것은 결코 쉽지 않은 일이었지만, 그럼에도 히브리인은 이집트에서 탈출하여 새로운 땅으로 나아갔다. 이집트라는 공간으로부터의 탈출은 물리적인 새로운 공간, 즉 가나안 땅 입성과 연결되는 동시에, 가나안 땅에서 '이스라엘이 어떻게 살아갈 것인가?' 하는 삶의 태도에 대한 새로운 질문과도 연결된다. 이스라엘은 가나안 땅에서 이집트에서의 삶의 방식을 유지할 것인가? 그것은 적절하지 않다. 성서는 새로운 삶의 방식, 다시 말해 하나님 백성답게 살아가는 방식을 이스라엘에게 알려 준다. 율법은 그것을 담고 있는 그릇이며, 이스라엘에게 주변의 나라와 구별되는 삶을 살라고 요구한다. 율법은 '종'에서 자유하게 된 자들에게 어떻게 서로의 권리를 인정하고 존중할 것인지 서술하며, 서로를 존엄하게 여기는 사회를 추구한다.

고대의 율법과 성서의 율법

성서의 십계명에는 '살인하지 말라' '도둑질하지 말라'와 같은 유명한 율법이 있다. 그런데 이러한 율법은 이스라엘에만 있었을까? 하나님이 율법을 수여하지 않았다면, 사람들은 이러한 계명을 몰랐을까? 누구도 이러한 질문에 '그렇다'라고 말할 사람은 없을 것이다. 고대 근동에는 함무라비 법전을 비롯하여 많은 율법이 이미 존재했으며, 함무라비 법전에도 십계명과 유사한 명령들이 존재한다. 성서의 율법이 고대 근동의 율법과 내용적으로 유사하다는 것은 기정사실이다.[1] 그렇다면 고대의 다른 율법과 성서 율법의 차이는 무엇인가?

고대 근동의 율법과 성서 율법의 가장 큰 차이는 율법 수여자다. 고대 근동의 율법은 항상 왕과 결부되어 있고,[2] 왕이 율법을 제정하는 주체다. 왕이 제정한 율법은 누구도 철회할 수 없으며(에 8:8), 오직 그것을 제정한 왕만이 율법을 초월해 존재한다. 고대 근동에서 왕은 절대 권력을 지닌 인물이었고, 그의 말에는 율법적 권위가 있었다. 다시 말해 이것은 고대 근동이 '왕이 곧 법'(Rex Lex)[3]인 사회였음을 가리킨다.

이와 달리 성서의 율법 수여자는 '야웨'다. 이스라엘 역사에서 위대한 왕으로 손꼽히는 인물들이 있지만, 그들 가운데 누구도 율법 '수여자'로 묘사되지 않는다.[4] '야웨가 율법을 주었다'는 개념이 중요한 이유는 왕이라 할지라도 율법을 지켜야 하기 때문이다. 율법을 폐기할 수 있는 존재는 오직 율법의 수여자인 야웨뿐이다(마 5:17). 이런 이유로 신명기는 왕에게 다음과 같은 것을 요구한다.

> 신 17:18-19   그가 왕위에 오르거든 이 율법서의 등사본을 레위 사람 제사장 앞에서 책에 기록하여 평생에 자기 옆에 두고 읽어 그의 하나님 여호와 경외하기를 배우며 이 율법의 모든 말과 이 규례를 지켜 행할 것이라.

율법 수여자는 오직 야웨이므로, 모든 인간은 예외 없이 율법을 순종해야 한다. 우리는 이것을 '법이 곧 왕이다'(Lex Rex),[5] 환언하면 법치주의로 표현할 수 있다. 이것은 모든 인간이 '야웨 앞에 평등'하듯이, '법 앞에 평등'함을 의미한다. 이러한 사상은 인간이 창조되는 순간부터 관찰된다.[6] 따라서 성서는 야웨 앞에서 모든 인간이 동등한 인권을 갖고 있음을 표명하고, 율법은 인간의 권리를 구체적으로 서술한다.

율법, 일상의 신학

율법은 '…하지 말라'는 부정형, '…하라'는 긍정형 외에도 다양한 양식으로 표현된다. 부정형 양식에는 '간음하지 말라' '도둑질하지 말라' 등이 있다. 고대 사회는 대도시를 이루어 살아가는 오늘날과 달리 마을 중심의 사회였다(출 23:4-5).[7] 율법이 일상의 모습을 보여 준다는 사실은 여러 곳에서 관찰된다(출 21:18, 28, 33; 22:1, 6). 마찬가지로 간음과 도둑질의 대상은 일차적으로 일상에서 조우하는 이웃이다. 일부 부정형 율법은 '이웃의 삶을 침범해서는 안 된다'는 정신을 담고 있어, 삶의 한계선을 표현한다는 점에서 소극적이다. 이스라엘은 이웃과 관계를 맺으며 일상에서 살아가지만, 이웃의 삶을 '도둑질'해서는 안 된다. 그 한계를 넘었을 때 처벌이 뒤따른다.

율법에서 관찰되는 긍정형 양식으로는 '부모를 공경하라' '안식일을 지키라' '사랑하라' 등을 언급할 수 있다. 이것은 행위를 강조할 뿐 아니라 적극적 행동을 명령한다. 환언하면, 긍정형 율법은 소극적 '약자 보호'를 경계하고, 오히려 적극적 행동을 요구한다. 이러한 율법은 '일상/제의' '주일/평일'을 이원론적으로 나누지 않으며, 일상의 신학을 제시한다.

덧붙여 우리는 율법의 명령을 받는 대상에 주목해야 한다. 그들은 소나 양 등 많은 가축을 소유한 자이며(출 21:28), '히브리 종'의 주인이다(출 21:2). 즉, 율법을 준수해야 하는 당사자는 '주인/강자'이지만, 율법의 혜택을 누리는 자는 '종/약자'다. 율법은 '가진 자에게 책임이 있다'는 윤리적 관점을 넘어 약자의 '권리'(Rechte/Rights)를 문서화함으로써, 그들의 권리가 일상에서 항시적으로 광범위하게 보장되어야 함을 선언한다![8]

율법, 두 권리의 충돌

율법에는 두 권리가 충돌하는 이야기가 종종 관찰된다. '도망한 종의 자유를 보호할 것인가, 아니면 주인의 재산을 보호할 것인가?' '채무자의 생명을 보호할 것인가, 아니면 채권자의 재산을 보호할 것인가?' 등. 율법은 이러한 모순적 상황을 통해, 무엇을 선택할 것인지 독자를 딜레마에 몰아넣는다.

하지만 율법이 제시하는 답은 명쾌하다. 생명과 재산권의 문제에서 주저함 없이 '생명'이 우선한다고 서술하기 때문이다. 주인 혹은 채권자의 재산에 손해가 있다 하더라도, 종을 자유하게 하는 것 그리고 생명을 보호하는 것은 채권자의 재산권을 보호하는 것보다 중요한 일이다. 이를 통해 율법은 '생명'을 살리는 것이 율법의 최우선이 되어야 함을 명시한다.

율법이 보여 주고자 한 것은 야웨의 '사랑'이다. 율법은 야웨의 '사랑'과 '생명'에 대한 지대한 관심을 피력한다.

성서의 인류사적 영향

성서는 인류 역사에 얼마나 많은 영향을 끼쳤는가? 이스라엘의 삶은 성서를 제외하고 생각할 수 없다. 유대인들은 '할라카'(Halakha)를 통해 율법을 삶에서 구체적으로 실천할 수 있도록 재해석했다. 신약 시대 그리고 중세 시대에는 문맹률이 대단히 높았으므로 신자들을 교육하기 위해 교회는 건축과 미술을 활용하였으며, 교회의 가르침은 자연스럽게 문화의 옷을 입게 되었다. 시간이 흐르며 교회의 가르침은 더 다양한 방식으로 표현되었는데, 음악과 문학은 그 대표적인 표현 방식이다. 괴테의『파우스트』, 도스토옙스키의『카라마조프가의 형제들』, 톨스토이의『부활』등 고전으로 칭송받는 많은 문학이 성서 이야기와 연결되어 있다.

브라울릭은 1948년 유엔 총회에서 채택한 30개 조항의 "세계인권선언" 가운데 22개 조항이 신명기와 관련되어 있다고 주장했다. 다시 말해, 현대 인권의 기원은 성서와 연결되어 있는 것이다. 브라울릭의 논증에 더하여, 이 책에서는 오늘날 인권 선언이 언약법전과도 연결되어 있음을 보여 주고자 했다. 성서가 과거로부터 미쳐 온 영향은 더 다양해진 문화-예술을 통해 오늘날 더욱 다양한 방식으로 나타난다. 우리는 인류사에서 성서가 어떻게 수용되고 해석되는가를 '수용사'(Rezeptionsgeschichte)라는 관점에서 해석해야 한다.

태초에 인권이 있었다. 성서는 인간 창조와 함께 인간에게 주어진 권리를 묘사한다. 성서가 인간의 권리를 명시함에도 불구하고, 기독교 역사에서 인권은 경시되어 왔다. 환언하면, '율법에 대한 망각'은 성서가 말하는 '인간에 대한 망각'을 가져왔다. 이러한 현상은 인권에 대해 서술하는 율법이 오랫동안 경시되어 왔음을 의미한다. 아헨바흐(R. Achenbach)는 신명기 역사서가 '하나님 망각'(Gottesvergessenheit)과 '율법 망각'(Tora-Vergessenheit)을 동일시하고 있음을 피력한다.[9] 이스라엘이 위기의 상황에서 율법을 되돌아보았듯이, 위기에 처한 한국 기독교의 현 주소를 직시하며 우리는 다시 성서로 돌아가야 한다. 한국 기독교가 성서로부터 멀어지지는 않았는가? 성서가 서술하는 인권의 눈으로 오늘을 보자.

약어

AB	The Anchor Bible
ABD	*The Anchor Bible Dictionary*
AOAT	Alter Orient und Altes Testament
ATD	Das Alte Testament Deutsch
BEThL	Bibliotheca Ephemeridum Theologicarum Lovaniensium
BKAT	Biblischer Kommentar Altes Testament
BZAR	Beihefte zur Zeitschrift für Altorientalische und Biblische Rechtsgeschichte
BZAW	Beihefte zur Zeitschrift für die alttestamentliche Wissenschaft
EdF	Erträge der Forschung
FAT	Forschungen zum Alten Testament
FRLANT	Forschungen zur Religion und Literatur des Alten und Neuen Testament
HALAT	*Hebräisches und Aramäisches Lexikon zum Alten Testament*
HThKAT	Herders Theologischer Kommentar zum Alten Testament
JBL	*Journal of Biblical Literature*
NCBC	New Century Bible Commentary
NEB	Die Neue Echter-Bibel
NICOT	The New International Commentary on the Old Testament
NSK	Neuer Stuttgarter Kommentar
OBO	Orbis Biblicus et Orientalis

OTL	Old Testament Library
SBAB	*Stuttgarter Biblische Aufsatzbände*
StTh	Studienbücher Theologie
THAT	*Theologisches Handwörterbuch zum Alten Testament*
ThWAT	*Theologisches Wörterbuch zum Alten Testament*
TRE	Theologische Realenzyklopädie
TUAT	*Texte aus der Umwelt des Alten Testaments*
WBC	Word Biblical Commentary
ZAW	*Zeitschrift für die alttestamentliche Wissenschaft*
ZBAT	Zürcher Bibelkommentare

주

서론: 성서와 인권

1 국립국어원 표준국어대사전, "인권" 뜻풀이.
2 참조. 라이너 케슬러(R. Kessler), 『고대 이스라엘 사회사』, 민경구 옮김(서울: CLC, 2022), p. 269.
3 참조. 라이너 케슬러, 『고대 이스라엘 사회사』, pp. 279-298.
4 참조. 민경구, "토라를 둘러싼 율법학자의 논쟁-포로기 이후 신학", 「구약논단」 제 20권 3호(2014), pp. 256-279, 특별히 p. 262.
5 참조. 민경구, 『다시 읽는 창세기』(고양: 이레서원, 2019), p. 292.
6 참조. 민경구, 『다시 읽는 창세기』, p. 293; 라인하르트 크라츠(R. G. Kratz), "예언 연구의 문제점", 토마스 뢰머 외, 『구약신학 연구동향』, 민경구 옮김(서울: CLC, 2016), p. 256; W. Lau, *Schriftgelehrte Prophetie in Jes 56-66: Eine Untersuchung zu den literarischen Bezügen in den letzten elf Kapiteln des Jesajabuches*, BZAW 225 (Berlin: de Gruyter, 1994). 계속해서 C. Maier, *Jeremia als Lehrer der Tora: Soziale Gebote des Deuteronomiums in Fortschreibungen des Jeremiabuches*, FRLANT 196 (Göttingen, Vandenhoeck & Ruprecht, 2002).
7 참조. 김이곤, 『시편 I』(서울: 대한기독교서회, 2007), p. 162.
8 비교. 차준희, 『구약성서의 신앙』(천안: 한국신학연구소, 1997), p. 160.
9 참조. T. Römer, "Exodusmotive und Exoduspolemik in den Erzvätererzählungen", in I. Kottsieper, et al. (Hg.), *Berührungspunkte. Studien zur Sozial- und Religionsgeschichte Israels und seiner Umwelt*, Festschrift für R. Albertz, AOAT 350 (Münster: Ugarit-Verlag, 2008), pp. 3-20; K. Min, "Genesis als Ur-Exodus", in L. Maskow und J. Robker, *Kritische Schriftgelehrsamkeit*

in priesterlichen und prophetischen Diskursen, Festschrift für Reinhard Achenbach zum 65. Geburtstag, BZAR 27 (Wiesbaden: Harrassowitz Verlag, 2022), pp. 65-74.

10 존 더럼(J. Durham), 『출애굽기』, WBC, 손석태·채천석 옮김(서울: 솔로몬, 2000), p. 24.

11 참조. 민경구, "새로운 시작으로서 모세 탄생 이야기. 출애굽기 2:1-10을 중심으로", 「성경과 교회」제20권(2022), pp. 8-26, 특별히 p. 20.

12 참조. 테렌스 프레타임(T. E. Fretheim), 『오경』, 구약학입문시리즈, 이영미 옮김(서울: 대한기독교서회, 2015), p. 61.

13 박찬운, 『자유란 무엇인가』(서울: 지혜와지식, 2016); 변상철, 『인권을 먹다: 국가폭력 이야기』(서울: 네잎클로바, 2018).

14 기독교(Christianity)는 구교와 신교를 통칭하는 개념이다. 그것은 '그리스도교/기독교'로 모두 번역될 수 있으므로, 여기에서는 '기독교'로 통칭하도록 하겠다.

15 '르네상스'라는 개념을 처음 사용한 인물은 조르조 바사리(Giorgio Vasari, 1511-1574)다. 그는 1550년경에 르네상스 미술사를 집대성한 저서에서 미술의 역사를 고대시대, 중세시대, 1250년경 이후의 부흥시대(르네상스)와 같이 세 시대로 구분했다. 이후로 르네상스라는 개념이 널리 사용되게 되었다.

16 G. Braulik, "Das Deuteronomium und die Menschenrechte", *SBAB* 2 (1988), pp. 301-323; E. Otto, *Gottes Recht als Menschenrecht. Rechts- und literaturhistorische Studien zum Deuteronomium*. BZAR 2 (Wiesbaden: Harrassowitz Verlag, 2002); J. Barr, "Ancient Biblical Laws and Modern Human Rights.", pp. 21-33 in *Justice and Holy: Essays in Honor of Walter Harrelson*, ed. by Douglas A. Knight and Peter J. Paris (Atlanta: Scholars Press, 1989); W. Harrelson, *The Ten Commandments and Human Rights* (Philadelphia: Fortress, 1980); W. Huber, "Menschenrechte/ Menschenwürde", *TRE* XXII (Berlin: 1992), pp. 577-602; R. Liwak, "Menschenwürde und Menschenrecht. Anmerkungen zu alttestamentlichen Perspektiven", in P. Mommer/W. Thiel (Hg.), *Altes Testament. Forschung und Wirkung*. FS H. Graf Reventlow (Frankurt a. Main, 1994), pp. 139-158; D. Y. Tsai, *Human Rights in Deuteronomy: With Special Focus on Slave Laws*, BZAW 464 (Berlin: Walter de Gruyter, 2014).

17 G. Braulik, "Das Deuteronomium und die Menschenrechte", pp. 301-302.

18 참조. 라이너 케슬러, 『고대 이스라엘 사회사』, p. 221.

19 참조. 라이너 케슬러, 『고대 이스라엘 사회사』, p. 222.

20 참조. 박찬운, 『자유란 무엇인가』, pp. 83-99.

21 박찬운,『자유란 무엇인가』, pp. 85-86.
22 일례로 신체의 자유는 영장 없이 시민을 잡아가는 행태로부터 자유로운 것을 의미한다.
23 참조. 박찬운,『자유란 무엇인가』, pp. 88-89.

1부. 인권과 자유

1. 태초에 인권이 있었다

1 새번역은 표준새번역을 개정한 것이다.
2 공동번역성서 개정판은 공동번역성서를 개정한 것이다.
3 민경구,『다시 읽는 창세기』, pp. 44-47.
4 민경구,『다시 읽는 창세기』, p. 47; J. Blenkinsopp, *Creation, Un-Creation, Re-Creation: A Discursive Commentary on Genesis 1-11* (London: T & T Clark, 2011), p. 25.
5 참조. V. P. Hamilton, *Genesis 1-17*, NICOT (Grand Rapids: Wm. B. Eerdmans, 1990), p. 138. 그는 남성 '아담'과 여성 '아담'에 대해 이야기한다.
6 첫 단어가 책의 제목이 되는 것은 아주 일반적이다.
7 W. G. Lambert, "Akkadische Mythen und Epen. Enuma Elisch", *TUAT* III (Gütersloh: Gütersloher Verlagshaus, 2005), p. 565.
8 W. G. Lambert, "Akkadische Mythen und Epen. Enuma Elisch", pp. 591-592.
9 수메르어로 '인간'을 의미한다. W. G. Lambert, "Akkadische Mythen und Epen. Enuma Elisch", p. 592.
10 참조. C. Westermann, *Genesis 1-11*, BKAT I/1 (Neukrichen-Vluyn: Neukirchener Verlag, 1976), p. 219.
11 존 커리드(J. D. Currid),『고대 근동 신들과의 논쟁』, 이옥용 옮김(서울: 새물결플러스, 2017), p. 58.
12 R. Borger und W. Hinz, "Die Behistun-Inschrift Darius' des Großen", *TUAT* I, p. 422, § 5.
13 C. Westermann, *Genesis 1-11*, p. 200. 또한 참조. 고든 웬함(G. Wenham),『창세기 상』, WBC, 박영호 옮김(서울: 솔로몬, 2001), pp. 121-122.
14 참조. C. Westermann, *Genesis 1-11*, p. 200.
15 참조. A. Schüle, *Die Urgeschichte: Genesis 1-11*, ZBAT 1.1 (Zürich: TVZ, 2009), p. 38. 그는 "숭고한 복수"(pluralis maiestatis)라는 표현을 사용한다.
16 참조. W. Gesenius and E. Kautzsch, *Gesenius' Hebrew Grammar*, ed. by A. E.

Cowley (Oxford: Clarendon Press, 1909), p. 130. 『게제니우스 히브리어 문법』(비블리카아카데미아).

17 참조. 앞의 도표.
18 참조. 앞의 창 1:27 분류.
19 이와 같은 해석을 많은 미술 작품에서도 찾아볼 수 있다. 미술은 단순한 미적 표현뿐 아니라 해석을 보여 주기 때문이다. 오늘날도 마찬가지지만, 미술은 고대로부터 글을 알지 못하는 자들에게 성서를 교육하는 수단으로 활용되어 왔다.
20 참조. 박유미, "칼빈의 해석은 영원한 진리?: 여성 본문에 대한 칼빈구약주석 연구",「구약논단」 제24권 1호(2018), p. 109.
21 박유미, "칼빈의 해석은 영원한 진리?", p. 112.
22 참조. V. P. Hamilton, *Genesis 1-17*, p. 139.
23 존 월튼(J. Walton), 『창세기 1장과 고대 근동 우주론』, 강성열 옮김(서울: 새물결플러스, 2017), p. 311.
24 참조. J. Wöhrle, "dominium terrae. Exegetische und religionsgeschichtliche Überlegungen zum Herrschaftsauftrag in Gen 1,26-28", *ZAW* 121 (2009), pp. 171-188, 특별히 p. 174.
25 참조. N. M. Sarna, *Genesis*, The JPS Torah Commentary (Jerusalem: The Jewish Publication Society, 1989), p. 12; U. Rütersworden, *Dominium Terrae: Studien zur Genese einer alttestamentlichen Vorstellung*, BZAW 215 (Berlin: Walter de Gruyter, 1993), p. 104. 뵐레(J. Wöhrle)는 왕정 이데올로기와의 직접적 관련성을 부인하지만, 관련성 자체를 부인하지는 않는다. J. Wöhrle, "dominium terrae", p. 176. 오히려 그는 인간과 동물이 경쟁 관계를 통하여 서로 공존해야 한다는 것에 역점을 두고 있다.
26 민경구, 『다시 읽는 창세기』, p. 38; R. Kessler, "Tora und Menschenrechte", 소형근 옮김, 「구약논단」 제19권 4호(2013), pp. 349-378, 특별히 p. 352.
27 참조. 국립국어원 표준국어대사전, "인권" 뜻풀이.

2. 반드시 형벌을 받으리라

1 P. Bienkowski and A. Millard, "Slavery", *Dictionary of the Ancient Near East* (Philadelphia: University of Pennsylvania Press, 2000), p. 274.
2 E. Herrmann-Otto, "Sklaven und Freigelasene", *Neues Testament und Antike Kultur* Bd. 2 (Familie-Gesellschaft-Wirtschaft) (Neukirchen-Vluyn: Neukirchener Verlagsgesellschaft, 2011), p. 95.
3 참조. W. Gesenius und F. Buhl, *Gesenius Hebräisches und Aramäisches Handwörterbuch über das Alte Testament*, hrsg. von R. Meyer (Berlin:

Springer, ¹⁸2013), p. 909.

4   여기에서는 '종'이라는 용어로 통칭하겠다.

5   참조. W. Dietrich, "Sklaverei I", *TRE* 31 (Berlin: Walter de Gruyter, 2000), pp. 367-373, 특별히 p. 368.

6   참조. F. L. Hossfeld, *Der Dekalog: Seine späten Fassungen, die originale Komposition und seine Vorstufen*, OBO 45 (Göttingen: Vandenhoeck & Ruprecht, 1982), pp. 212-213.

7   참조. 베르너 슈미트(W. H. Schmidt), 『구약성서 입문』, 차준희·채홍식 옮김(서울: 대한기독교서회, 2007), p. 166.

8   참조. R. Albertz, "Die Theologisierung des Rechts im Alten Israel", in *Religion und Gesellschaft: Studien zu ihrer Wechselbeziehung in den Kulturen des Antiken Vorderen Orients*, AOAT 248, hrsg. von R. Albertz (Münster: Ugarit-Verlag, 1997), pp. 115-132, 특별히 p. 120. 그는 언약법전을 출 20:23-23:19로 간주한다. 그와 동일한 이해로 T. Veijola, *Das fünfte Buch Mose. Deuteronomium 1,1-16-17*, ATD 8/1 (Göttingen: Vandenhoeck & Ruprecht, 2004), p. 264. 『베이욜라 신명기』(동연); 그밖에도 언약법전의 범위를 출 20:22-23:33까지 보는 견해도 있다. 참조. E. Zenger, u.a., *Einleitung in das Alte Testament*, StTh 1,1 (Stuttgart: Kohlhammer, 2016), p. 74; W. Beyerlin, *Herkunft und Geschichte der ältesten Sinaitraditionen* (Tübingen: J. C. B. Mohr, 1961), pp. 8-9; J. van Seters, "Cultic Laws in the Covenant Code (Exodus 20,22-23,33) and their Relationship to Deuteronomy and the Holiness Code", in M. Vervenne (ed.), *Studies in the Book of Exodus: Redaction-Reception-Interpretation*, BEThL 126 (Leuven: University Press, 1996), pp. 319-345, 특별히 p. 319; L. Schwienhorst-Schönberger, *Das Bundesbuch (Ex 20,22-23,33)*, BZAW 188 (Berlin: de Gruyter, 1990).

9   '신명기적'(deuteronomisch) 그리고 '신명기 사가적'(deuteronomistisch)은 신명기 혹은 그와 밀접한 본문을 표현하는 용어다.

10 참조. 게르하르트 폰 라트(G. von Rad), 『신명기』, 국제성서주석(서울: 한국신학연구소, 1986), p. 13. 그는 언약법전과 신명기의 관계를 도표로 잘 보여 주었다. 그밖에도 E. Otto, *Das Deuteronomium im Pentateuch und Hexateuch: Studien zur Literaturgeschichte von Pentateuch und Hexateuch im Lichte des Deuteronomiumrahmens*, FAT 30 (Tübingen: Mohr Siebeck, 2000), p. 7.

11 다만 언약법전의 작성 연대에 대해서는 이론(異論)이 있다. 슈미트(W. H. Schmidt)는 언약법전의 연대를 가장 고대로 산정하는 학자다. 그에 따르면 언약법전은 농경 문화에 대한 언급이 등장하므로 가나안 정착을 전제하지만(출 22:1-5), 왕정 시대

에 대해서는 알지 못하므로, 사사 시대 혹은 초기 왕정 시대, 즉 주전 11세기로 소급되기도 한다. 참조. 베르너 슈미트, 『구약성서 입문』, p. 170.

출 22:5-6 사람이 밭에서나 포도원에서 짐승을 먹이다가 자기의 짐승을 놓아 남의 밭에서 먹게 하면 자기 밭의 가장 좋은 것과 자기 포도원의 가장 좋은 것으로 배상할지니라. 불이 나서 가시나무에 댕겨 낟가리나 거두지 못한 곡식이나 밭을 태우면 불 놓은 자가 반드시 배상할지니라.

그와 달리 언약법전을 더 후대로 소급시키는 학자는 알베르츠(R. Albertz)다. 그는 이것을 주전 8-7세기로 고정시키는데, 동일한 시기에 '조건법'(kasuistisches Recht)이 모아졌다고 주장한다. 이것은 메소포타미아 당시 법전과 정신사적으로 동일하며, 내용적으로도 서로 유사하기 때문이다. 알베르츠는 이처럼 시대를 후대로 상정함에도 불구하고, 언약법전이 가장 오래되었다는 점에는 동의한다. 참조. R. Albertz, "Die Theologisierung des Rechts im Alten Israel", p. 118.

12 참조. A. Alt, "Die Ursprünge des israelitischen Rechts", in *Kleine Schriften zur Geschichte des Volkes Israel* I (München: C. H. Beck, 1968), pp. 278-332, 특별히 pp. 285-302.

13 언약법전의 범위를 출 20:22-23:19로 제한한다면 이 용어는 특히 출 21장에서만 나타난다. 출 21:2, 5-7, 20, 26-27, 32. 그와 달리 출 20:22-23:33까지로 고려하면 3회 더 기록되었다(23:24-25, 33).

14 제임스 프리처드(J. B. Pritchard), 『고대 근동 문학 선집』, 김구원 외 옮김(서울: CLC, 2016), pp. 377-378.

15 참조. 테렌스 프레타임, 『출애굽기』, 현대성서주석, 강성열 옮김(서울: 한국장로교출판사, 2001), p. 385.

16 렘 34장에서 종을 풀어 주는 근거는 크게 세 가지로 요약된다. 첫째, 종교적 측면으로서 바빌론의 침입이라는 위기에 자신의 신실성을 보여 줌으로써 신적 도움을 구하는 것이다. 둘째, 군사적 측면으로 바빌론의 침략에 대항하여 병력 증강을 위해 풀어 주었다는 것이다. 종은 징집 대상이 되지 못하였으므로, 그들을 자유인으로 풀어 주어 군인으로 징집하려는 목적이었다. 셋째, 경제적 요인으로 종에게 더 이상 식량을 주지 못하는 주인이 그들을 풀어 주어 자신의 부담을 덜었다. 참조. 김필회, "멸망을 확정 짓는 예루살렘의 불순종(렘 34:8-22)", 「성경과 교회」 제16권(2018), pp. 31-53, 특별히 p. 43. 그러나 주인은 바빌론의 공격에서 벗어난 이후에 풀어 준 자들을 다시 종으로 삼았다.

17 출 21:2-3 규정은 신 15:12에서 다시 기록되었다. 예레미야는 일반적으로 신명기와 더 깊은 관련성을 갖고 있다. 참조. G. Fischer, *Jeremia 26-52*, HThKAT (Freiburg im Br.: Herder, 2005), p. 255.

18 개역개정에는 "너희가 나에게 순종하지 아니하고"로 번역되었다.
19 참조. N. M. Sarna, *Exodus*, The JPS Torah Commentary (New York: The Jewish Publication Society, 1991), p. 124; B. Jacob, *Das Buch Exodus* (Stuttgart: Calwer Verlag, 1997), p. 659.
20 21절에 따르면 종이 하루나 이틀을 생존할 경우 주인은 재산상의 피해를 받는 것으로 사건이 종결된다. 이것은 종이 주인의 재산으로 취급되었음을 보여 준다.
21 그와 달리 더럼은 이것을 이틀 내에 회생하지 못하면 주인을 처벌하는 규정이라 설명한다. 존 더럼, 『출애굽기』, p. 532.
22 참조. B. Jacob, *Das Buch Exodus*, p. 659.
23 참조. W. Gesenius and E. Kautzsch, *Gesenius' Hebrew Grammar*, p. 366.
24 비교하라. C. Houtman, *Exodus 20-40*, HCOT, tr. by. S. Woudstra (Leuven: Peeters, 2000), p. 157. 물론 본문은 종을 주인의 '재산 가치' 이상으로 본다.
25 그와 다른 이해로는 W. Dietrich, "Sklaverei I", p. 368.
26 참조. B. Jacob, *Das Buch Exodus*, p. 659; N. M. Sarna, *Exodus*, p. 124. 그는 히브리어 '나캄'(נקם)의 어근이 '사형'을 가리킨다고 설명한다.
27 참조. N. M. Sarna, *Exodus*, p. 124.
28 오경의 가장 오래된 필사본이다. 사마리아인은 오직 '오경'만을 자신들의 정경으로 인정했다.
29 참조. N. M. Sarna, *Exodus*, p. 124; 테렌스 프레타임, 『출애굽기』, p. 385.
30 제임스 프리처드, 『고대 근동 문학 선집』, pp. 377-378.
31 프랑스 파리의 루브르 박물관에 소장되어 있다.
32 참조. N. M. Sarna, *Exodus*, p. 124.

3. 일곱째 날에는 중단하라

1 이 책에서 직접 다루지는 않겠지만, 여기에도 논쟁이 되는 부분이 있다. '동사에서 명사가 파생된 것인가?' 혹은 '명사가 본래 있었고, 동사가 이후에 나타나는가?' 하는 것이다. 참조. E. Haag, "שָׁבַת", *ThWAT* VII (Stuttgart: Kohlhammer, 1993), pp. 1047-1057, 특별히 p. 1048.
2 참조. W. Gesenius und F. Buhl, *Gesenius Hebräisches und Aramäisches Handwörterbuch über das Alte Testament*, p. 1320.
3 참조. E. Haag, "שבת", p. 1042.
4 참조. 출 20:8. 독일어 역본들(ELB, ZUR, LUT, EIN)은 이것을 공통적으로 'Sabbath'로 번역했다.
5 참조. E. Haag, "שָׁבָּת", p. 1050. 신학적 논쟁을 불러일으키곤 하는 요소에 대해 한 가지 언급하자면, 'Sabbath'를 제7일 휴일과 동일하게 보아야 하는가 하는 점이다.

많은 이들은 '안식일'보다 '제7일'이 더 오래된 개념이었으리라 추측한다. 두 개념은 포로기를 지나며 동일시되었을 것이다. 참조. 채홍식, "언약법전과 8세기 예언자의 사회비판",「구약논단」제1권 6호(1999), pp. 91-123. 특별히 pp. 111-112. 존 더럼,『출애굽기』, p. 544.

6   참조. H. D. Preuß, "נוח", *ThWAT* V (Stuttgart: Kohlhammer, 1986), pp. 297-307, 특별히 p. 298. C. Westermann, *Genesis 1-11*, pp. 487-488.
7   언약법전의 범위는 출 20:22-23:19 또는 20:22-23:33로 보기도 한다.
8   참조. B. Jacob, *Das Buch Exodus*, p. 726. 오히려 야코프(B. Jacob)는 출 23:12에 대해 "안식은 (그동안 노동으로) 상실했던 자신의 존재를 회복하는 것이거나, 바닥을 알 수 없는 깊은 곳에 있는 자신의 본질적 존재를 끌어올리는 것"을 의미한다고 설명한다.
9   참조. B. Jacob, *Das Buch Exodus*, p. 726.
10 참조. W. Gesenius und E. Kautzsch, *Gesenius' Hebrew Grammar*, pp. 332-333.
11 참조. B. S. Childs, *The Book of Exodus*, OTL (Louisville: The Westminster Press, 1974), p. 482.
12 참조. C. Houtman, *Exodus 20-40*, p. 255.
13 참조. N. M. Sarna, *Exodus*, p. 144.
14 마르틴 노트(M. Noth),『출애굽기』, 국제성서주석(서울: 한국신학연구소, 1981), p. 227.
15 참조. J. Wellhausen, *Prolegomena zur Geschichte Israels* (Berlin: de Gruyter, 6 2001), p. 111.
16 참조. 마르틴 노트,『출애굽기』, p. 227; B. S. Childs, *The Book of Exodus*, p. 482; J. Durham, *Exodus*, p. 544.
17 노트는 이것에 대해 다음과 같이 설명한다. "이 규정은 짐승이 동물 애호의 대상이었기 때문이 아니었다. 그러한 사고를 우리는 고대 세계에서 확인하기 어렵다. 오히려 이것은 짐승도 때때로 '휴식'을 누려야만 하는 피조물에 속했기 때문이었다." 참조. 마르틴 노트,『출애굽기』, p. 228; 그와 다른 이해로 참조. 구자용, "야웨 동물의 주-신학적 동물학에 대한 소고",「구약논단」제21권 2호(2015), pp. 205-235.
18 참조. B. S. Childs, *The Book of Exodus*, p. 482; 발터 침멀리(W. Zimmerli),『구약신학』, 김정준 옮김(천안: 한국신학연구소, 1999), p. 105.
19 발터 침멀리,『구약신학』, pp. 103-104.
20 참조. 테렌스 프레타임,『출애굽기』, pp. 381-382.
21 참조. G. Braulik, "Das Deuteronomium und die Menschenrechte", pp. 301-302.
22 "[누가 김부장을 죽였나] 68% '일하다…이러다…죽을라'",「서울신문」, 2017년 10월 12일.

4. 너같이 안식하게 할지니라

1   그밖에도 우리는 출 34장과 신 27장에서 전혀 다른 열 가지 계명을 관찰할 수 있다.
2   출 16장에서는 죽음에 대한 언급이 등장하지 않는다. 알베르츠에 따르면 출 16장까지는 '욤 하샤바트'(יוֹם הַשַׁבָּת)라는 명칭이 등장하지 않으며, 단지 창 2:2-3을 인용하여 제7일에 야웨가 '중단했다'(שָׁבַת, 샤바트)라고만 설명한다. 그로 인해 알베르츠는 출 16장의 연대를 제사장 개정(PB1) 후대로 상정한다. R. Albertz, *Exodus 1-18*, ZBAT 2/1 (Zürich: TVZ, 2012), p. 274; 또한 출 16:26은 문자적으로 창 2:2과 대단히 가깝다. 언약법전에서도 제7일을 휴식(נוח, 누아흐)을 취하는 날로 서술했다 (출 23:12). 참조. E. Otto, *Deuteronomium 1-11 Teilbd. 2, 4,44-11,32*, HThKAT (Freiburg im Breisgau [u.a.]: Herder, 2012), p. 739.

출 16:26	창 2:2
שֵׁשֶׁת יָמִים תִּלְקְטֻהוּ וּבַיּוֹם הַשְּׁבִיעִי שַׁבָּת לֹא יִהְיֶה־בּוֹ	וַיְכַל אֱלֹהִים בַּיּוֹם הַשְּׁבִיעִי מְלַאכְתּוֹ אֲשֶׁר עָשָׂה וַיִּשְׁבֹּת בַּיּוֹם הַשְּׁבִיעִי מִכָּל־מְלַאכְתּוֹ אֲשֶׁר עָשָׂה׃
엿새 동안 너희는 거둘 수 있다. 그러나 **일곱째 날에 그것은 중단된다**. 그날에는 아무것도 없을 것이다.	하나님은 일곱째 날에 하던 모든 일을 완성했다. 그리고 **일곱째 날에 하던 모든 일을 중단했다**.

3   참조. R. de Vaux, *Ancient Israel: Its Life and Institutions* (London: Wm. B. Eerdmans, 1973), p. 475.
4   참조. 박요한 영식, 『십계명』(서울: 가톨릭대학교출판부, 2002), p. 59.
5   참조. W. Gesenius and E. Kautzsch, *Gesenius' Hebrew Grammar*, p. 346; 존 더럼, 『출애굽기』, p. 478; 그와 달리 박요한 영식은 이것을 '기억하면서'로 해석한다. 박요한 영식, 『십계명』, p. 61.
6   참조. 마르틴 노트, 『출애굽기』, p. 197.
7   이러한 이유로 출애굽기 본문은 종종 제사장 문서로 편입되기도 한다. 참조. 박요한 영식, 『십계명』, p. 72. 하지만 창 1-2장에는 '안식일'이라는 문구가 나타나지 않는다. 다만 제7일에 창조를 '마쳤다, 중단했다'라는 선언이 등장한다.
8   히브리어 7가지 형태 가운데 하나로서 강조 능동형이다.
9   참조. 두에인 크리스텐센(D. L. Christensen), 『신명기 1:1-21:9』, WBC, 정일오 옮김(서울: 솔로몬, 2001), pp. 312-331. 그는 제4계명을 어디에도 귀속시키지 않았다.
10 베이욜라(T. Veijola)는 신명기가 오래된 출애굽기의 명령인 '기억하라'를 '지키라'로 대체한다고 서술한다. T. Veijola, *Das fünfte Buch Mose*, p. 162.
11 참조. T. Veijola, *Das fünfte Buch Mose*, p. 164.
12 참조. 같은 책, p. 163.
13 참조. 같은 책, p. 163.

14 참조. 같은 책, p. 164.
15 참조. 같은 책, p. 163.
16 참조. 게르하르트 폰 라트, 『신명기』, p. 61. 그와 달리 출애굽기 안식일은 신학적 근거를 제시한다.
17 참조. 박요한 영식, 『십계명』, pp. 83-84.
18 참조. 두에인 크리스텐센, 『신명기 1:1-21:9』, pp. 312-331. 그는 제1-3계명을 하나님과의 관계, 제5-10계명을 사람들과의 관계로 규정한다.
19 참조. 게르하르트 폰 라트, 『신명기』, p. 13; E. Otto, *Das Deuteronomium. Politische Theologie und Rechtsreform in Juda und Assyrien*, BZAW 284 (Berlin: de Gruyter, 1999), pp. 217-324.
20 "공휴일에 관한 법률" 제3조 1항.

5. 품삯을 해가 지기 전에 주라

1 참조. G. Braulik, "Die dekalogisehe Redaktion der deuteronorniseben Gesetze: Ihre Abhängigkeit von Levitikus 19 am Beispiel von Deuteronomium 22,1-12; 24,10-22; 25,13-16", *SBAB* 24 (Stuttgart: Verl. Kath. Bibelwerk, 1997), pp. 147-182, 특별히 pp. 163-164.
2 뒤의 저자 사역을 참조하라.
3 참조. G. Braulik, "Die dekalogisehe Redaktion der deuteronorniseben Gesetze", p. 164.
4 브라울릭(G. Braulik)은 신 24:14-15이 레 19:13을 수용하였고, 이것을 다양한 법적 개념들이 복합된 후대 본문으로 규정한다. G. Braulik, "Die dekalogisehe Redaktion der deuteronorniseben Gesetze", p. 165.
5 게르하르트 폰 라트, 『신명기』, p. 13.
6 참조. E. Otto, *Das Deuteronomium*, p. 295. 오토(E. Otto)는 "그가 내게 부르짖으면"(출 22:27[26])과 "그가 야웨에게 너에 대해 호소하면"(신 24:15)이 서로 연결되어 있음을 지적한다.
7 G. Braulik, "Die dekalogisehe Redaktion der deuteronorniseben Gesetze", pp. 163-165.
8 참조. M. Rose, *5. Mose 12-25*, ZBAT (Zürich: Theologischer Verlag, 1994), p. 193.
9 참조. U. Rüterswörden, *Das Buch Deuteronomium*, NSK.AT (Stuttgart: Katholisches Bibelwerk, 2006), p. 155.
10 본문 번역의 여러 가능성에 대해서는 본문 분석을 참조하라. 그밖에도 P. C. Craigie, *The Book of Deuteronomy*, NICOT (Grand Rapids: Wm. B. Eerdmans,

1976), p. 309.

11 문자적으로 이 구절은 '그는 자신의 생명을 그것에 매달았다'로 번역될 수 있어 품삯에 품꾼의 생명이 좌우되는 것처럼 간주된다. 비교. H. W. Wolff, *Anthropologie des Alten Testaments* (Gütersloh: Kaiser, ⁷2002), p. 33.

12 참조. W. Gesenius und F. Buhl, *Gesenius Hebräisches und Aramäisches Handwörterbuch über das Alte Testament*, p. 1288.

13 루터 성서(LUT)와 독일 가톨릭 성서(EIN)에서는 신 24:14을 다음과 같이 번역했다.

> LUT Du sollst dem Dürftigen und Armen seinen Lohn nicht *vorenthalten*, er sei von deinen Brüdern oder den Fremdlingen, die in deinem Lande und in deinen Toren sind.
>
> EIN Du sollst den Lohn eines Notleidenden und Armen unter deinen Brüdern oder unter den Fremden, die in deinem Land innerhalb deiner Stadtbereiche wohnen, nicht *zurückhalten*.

14 이것은 '사키르'(שָׂכִיר)를 '사카르'(שָׂכַר)의 연계형(שְׂכַר, 세카르)으로 이해한 것이다. 참조. E. Nielsen, *Deuteronomium*, HAT 1/6 (Tübingen: J. C. B. Mohr, 1995), p. 225.

15 P. C. Craigie, *The Book of Deuteronomy*, p. 309. 게다가 크레이기는 쿰란 사본을 통해 본문이 다양하게 해석될 수 있음을 제시한다.

16 참조. M. Rose, *5. Mose 12-25*, p. 193.

17 히브리어 성서에 따르면 이스라엘 '땅'은 단수(בְּאַרְצֶךָ, 베아르쩨카)이지만, '성문'은 복수(בִּשְׁעָרֶיךָ, 비쉬아레카)로 나타난다. 이러한 이유로 닐센(E. Nielsen)은 후자를 신명기 사가적인 것으로, 전자를 후대의 삽입으로 평가한다. E. Nielsen, *Deuteronomium*, p. 226.

18 그와 달리 출 12:45은 유월절 음식을 먹을 수 있는 이스라엘인과 먹을 수 없는 이방인을 구별한다.

19 참조. P. C. Craigie, *The Book of Deuteronomy*, p. 309.

20 참조. J. Limburg, "The Book of Psalms", *ABD* V (1992), pp. 522-536, 특별히 p. 532.

21 이외에도 이 문구는 부분적으로(그것이 너에게 죄가 될 것이다/되지 않을 것이다) 신 23:21-22[22-23]과 일치한다.

22 E. Otto, *Das Deuteronomium*, p. 294.

23 "민주노총 '서울 노동자 21.5% 임금체불 문제 겪어'", KBS 뉴스, 2019년 1월 25일, https://news.kbs.co.kr/news/view.do?ncd=4123859.

24 "박대수 '5년간 임금체불 노동자 150만명…피해액 7조원', 「연합뉴스」, 2020년 9월 14일, https://www.yna.co.kr/view/AKR20200914072300001?input=1195m.

25 "외국인 노동자 처우가 열악하다는 건 과장된 사실일까 [팩트체크K]", KBS 뉴스,

2023년 6월 11일, https://news.kbs.co.kr/news/pc/view/view.do?ncd=7696344.
26 참조. 고용노동부 최저임금위원회 누리집, https://www.minimumwage.go.kr/minWage/about/main.do.
27 국립국어원 표준국어대사전, "생활 임금" 뜻풀이.

6. 야웨 앞에서 의로움과 죄

1 참조. U. Rüterswörden, *Das Buch Deuteronomium*, pp. 155-156.
2 게르하르트 폰 라트, 『신명기』, p. 13.
3 참조. E. Otto, *Das Deuteronomium*, p. 295. 오토는 '그가 내게 부르짖으면'(출 22:27[26])과 '그가 야웨에게 너에 대해 호소하면'(신 24:15)이 서로 연결되어 있음을 지적한다.
4 G. Braulik, "Die dekalogisehe Redaktion der deuteronorniseben Gesetze", pp. 163-165.
5 문자적으로 이 구절은 '그는 자신의 생명을 그것에 매달았다'로 번역될 수 있어 품삯에 따라 품꾼의 생명이 좌우되는 것처럼 간주된다. 비교. H. W. Wolff, *Anthropologie des Alten Testaments*, p. 33.
6 '완료1'는 히브리어 문장 구조의 하나로서, 미완료형으로 해석된다.
7 이 부분과 관련한 자세한 내용은 이 책의 5장을 참조하라.
8 참조. W. Gesenius und F. Buhl, *Gesenius Hebräisches und Aramäisches Handwörterbuch über das Alte Testament*, p. 1288.
9 참조. E. Otto, *Deuteronomium 23,16-34,12*, HThKAT (Freibrug: Herder, 2017), p. 1824. 물론 전당에 대해서는 신 24:6에서도 서술하므로, 범위를 넓게 본다면 신 24:6-17을 고려할 수 있다. 하지만 그 사이에는 갑작스럽게 제사장 교훈에 관한 규정(신 24:8-9)이 서술되어 흐름을 중단시키는 것처럼 보인다.
10 참조. P. C. Craigie, *The Book of Deuteronomy*, p. 310.
11 참조. 라이너 케슬러, 『고대 이스라엘 사회사』, p. 205.
12 대한민국 법무부 자료.

2부. 인권과 인애

7. 헤세드를 받은 자로서 행하라

1 호 2:21[19]; 4:1; 6:4, 6; 10:12; 12:6[7].
2 참조. F. I. Andersen and D. N. Freedman, *Hosea*, AB 24 (New York: Doubleday, 1980), p. 336; 진실(אֱמֶת, 에메트)은 호 4:1에만 나오는 용어다[J. Jeremias,

Der Prophet Hosea, ATD 24/1 (Göttingen: Vandenhoeck und Ruprecht, 1983), p. 60). 하지만 동일한 어근이 하나님의 속성을 서술하기 위해 호 2:20[22]에서 사용되었다(אֱמוּנָה, 에무나). 참조. 김필회,『호세아 주석서』(용인: 프리칭아카데미, 2010), p. 138.

3　참조. F. I. Andersen and D. N. Freedman, *Hosea*, p. 336; H. W. Wolff, *Hosea*, BKAT XIV/1 (Neukirchen-Vluyn: Neukirchener Verlag, 1976), p. 83.

4　김필회,『호세아 주석서』, p. 138.

5　참조. J. Jeremias, *Der Prophet Hosea*, p. 60; H. J. Stoebe, "חֶסֶד", *THAT* I (München: Theologischer Verlag, 1978), pp. 600-621, 특별히 p. 601; H. W. Wolff, "'Wissen um Gott' bei Hosea als Urform von Theologie", *Gesammelte Studien zum Alten Testament*, ThB 22 (München: Chr. Kaiser Verlag, 1964), pp. 182-205, 특별히 p. 197.

6　H.-J. Zobel, "חֶסֶד", *ThWAT* III (Stuttgart: W. Kohlhammer, 1982), pp. 48-71, 특별히 p. 51.

7　H.-J. Zobel, "חֶסֶד", p. 51.

8　아르투르 바이저(A. Weiser),『호세아, 요엘, 아모스, 즈가리야』, 박영옥 옮김(천안: 한국신학연구소, 1992), p. 73; 그와 동일한 이해로는 참조. 방석종,『호세아, 요엘』(서울: 대한기독교서회, 2007), p. 153.

9　참조. H. W. Wolff, *Hosea*, p. 83; 아르투르 바이저,『호세아, 요엘, 아모스, 즈가리야』, p. 72.

10　참조. H. W. Wolff, "'Wissen um Gott' bei Hosea als Urform von Theologie", pp. 182-205. 볼프(H. W. Wolff)에 따르면 '하나님을 알다'는 '신학'의 최초 형태(Urform)다.

11　참조. 김필회,『호세아 주석서』, p. 139.

12　참조. H. W. Wolff, "'Wissen um Gott' bei Hosea als Urform von Theologie", pp. 189, 194.

13　앤더슨(F. I. Andersen)과 프리드먼(D. N. Freedman)은 이 '지식'을 '언약'에서 찾으려 하고(F. I. Andersen and D. N. Freedman, *Hosea*, p. 336), 김필회는 이 '지식'을 '출애굽에서 가나안 정착까지의 구원사와 시내산 계약'을 가리키는 것으로 이해한다(김필회,『호세아 주석서』, p. 139). '토라'는 오늘날처럼 '오경'에 국한된 것이 아니므로, 토라의 범주를 이해하는 문제는 본문의 시대 설정과 연결되어 있다. 참조. H. W. Wolff, *Hosea*, p. 83.

14　비교. M. Nissinen, *Prophetie, Redaktion und Fortschreibung im Hoseabuch. Studien zum Werdegang eines Prophetenbuches im Lichte von Hos 4 und 11*, AOAT 231 (Neukirchen-Vluyn: Neukirchener Verlag, 1991), p. 92.

15 참조. M. Nissinen, *Prophetie, Redaktion und Fortschreibung im Hoseabuch*, p. 92; H. Utzschneider, *Hosea Prophet vor dem Ende: Zum Verhältnis Von Geschichte Und Institution in Der Alttestamentlichen Prophetie*, OBO 31 (Göttingen: Vandenhoeck & Ruprecht, 1980), p. 146; W. H. Schmidt, *Die Zehn Gebote im Rahmen alttestamentlicher Ethik*, EdF 281 (Darmstadt: Wissenschaftliche Buchgesellschaft, 1993), p. 14.
16 스튜어트(D. Stuart)는 그 밖의 다른 것들도 십계명과 유사함을 언급하였다. 이에 대해서는 참조. 더글러스 스튜어트, 『호세아-요나』, WBC, 김병하 옮김(서울: 솔로몬, 2011), p. 184.
17 참조. F. L. Hossfeld, *Der Dekalog*, p. 92.
18 참조. H.-J. Zobel, "חֶסֶד", pp. 48-71. 초벨(H.-J. Zobel)은 이것을 '권리와 의무 관계'로 규정한다. 마찬가지로 스퇴베(H. J. Stoebe)는 글릭(N. Glueck)을 인용하여 유사하게 언급한다. H. J. Stoebe, "חֶסֶד", p. 603.
19 참조. H. W. Wolff, *Hosea*, p. 83.
20 참조. J. A. Dearman, *The Book of Hosea*, NICOT (Grand Rapids: Wm. B. Eerdmans, 2010), p. 193.
21 참조. 김필회, 『호세아 주석서』, p. 210.
22 참조. 김필회, 『호세아 주석서』, p. 216; 차준희, 『열두 예언자의 영성』(서울: 새물결플러스, 2014), pp. 13-14; 김근주, 『소예언서 어떻게 읽을 것인가 1: 호세아·요엘·아모스·오바댜』(서울: 성서유니온, 2015), p. 98. 그와 다른 이해로는 참조. 더글러스 스튜어트, 『호세아-요나』, p. 236; 더 나아가 바이저는 이것을 호세아가 인도하는 참회 기도로 해석하는데, 이는 호 6장의 배경을 앗시리아의 침공으로 이해한 것으로 보인다. 아르투르 바이저, 『호세아, 요엘, 아모스, 즈가리야』, p. 96; 마찬가지로 방석종, 『호세아, 요엘』, p. 179. 그러나 루드니히-쳴트(S. Rudnig-Zelt)는 제사장에 대한 비판이 이 본문에 반영되었지만, 그 시대를 명확히 규정할 수 없다고 말한다. S. Rudnig-Zelt, *Hoseastudien: Redaktionskritische Untersuchungen zur Genese des Hoseabuches*, FRLANT 213 (Göttingen: Vandenhoeck & Ruprecht, 2006), p. 197.
23 참조. F. I. Andersen and D. N. Freedman, *Hosea*, p. 427; H. W. Wolff, *Hosea*, p. 152; 김필회, 『호세아 주석서』, p. 216.
24 참조. J. A. Dearman, *The Book of Hosea*, p. 196.
25 S. Rudnig-Zelt, *Hoseastudien*, pp. 135-136.
26 참조. J. A. Dearman, *The Book of Hosea*, p. 241.
27 김필회, 『호세아 주석서』, p. 218; H. W. Wolff, *Hosea*, p. 153.
28 차준희는 그것을 '인간의 도리'로 표현한다. 차준희, 『열두 예언자의 영성』, p. 21.

29 참조. 김필회,『호세아 주석서』, p. 350.
30 호 10:9이하의 형성에 대해서는 참조. J. A. Dearman, *The Book of Hosea*, p. 268.
31 히브리어 원문에 따르면 이것은 '인애의 입'(לְפִי־חֶסֶד, 레피-헤세드)으로도 번역할 수 있다. 참조. F. I. Andersen and D. N. Freedman, *Hosea*, p. 568.
32 참조. 아르투르 바이저,『호세아, 요엘, 아모스, 즈가리야』, p. 134.
33 참조. 김필회,『호세아 주석서』, p. 355; J. A. Dearman, *The Book of Hosea*, pp. 271-272.
34 참조. 김필회,『호세아 주석서』, p. 402.
35 참조. 더글러스 스튜어트,『호세아-요나』, p. 370.
36 참조. W. Gesenius and E. Kautzsch, *Gesenius' Hebrew Grammar*, p. 333, §112 p; 김필회,『호세아 주석서』, p. 417.
37 참조. 김필회,『호세아 주석서』, p. 417.
38 참조. 김근주,『소예언서 어떻게 읽을 것인가 1』, p. 222.
39 참조. H.-J. Zobel, "חֶסֶד", p. 54.
40 R. Albertz, "Die Theologisierung des Rechts im Alten Israel", in R. Albertz and I. Kottsieper (eds.), *Geschichte und Theologie. Studien zur Exegese des Alten Testaments und zur Religionsgeschichte Israels*, BZAW 326 (Berlin: Walter de Gruyter, 2003), pp. 187-207.

8. 경계표를 옮기지 말라

1 사실 오경 안에는 다양한 십계명이 관찰된다. 출 20장; 34장; 레 19장; 신 5장; 27장. 십계명은 성문서에서도 관찰되는데, 대표적으로 시 15편 그리고 잠 22장이다. 특별히 잠 22장이 십계명의 형식을 담고 있는 것에 대해서는 참조. A. Meinhold, *Die Sprüche 16-31*, ZBAT 16.2 (Zürich: Theologischer Verlag, 1991), p. 347.
2 참조. M. Ottosson, "גְּבוּל", *ThWAT* I (Stuttgart: Kohlhammer, 1973), pp. 896-901, 특히 p. 900.
3 참조. 발터 침멀리,『구약신학』, p. 102.
4 참조. P. C. Craigie, *The Book of Deuteronomy*, p. 332.
5 E. Otto, *Deuteronomium 12,1-23,15*, HThKAT (Freiburg im Breisgau [u.a.]: Herder, 2016), p. 1537.
6 참조. E. Otto, *Deuteronomium 12,1-23,15*, p. 1537.
7 참조. P. C. Craigie, *The Book of Deuteronomy*, p. 332; 두에인 크리스텐센,『신명기 21:10-34:12』, WBC, 정일오 옮김(서울: 솔로몬, 2007), p. 361.
8 참조. W. Gesenius and E. Kautzsch, *Gesenius' Hebrew Grammar*, p. 317.
9 참조. A. Alt, "Die Ursprünge der israelitischen Rechts", p. 315.

10 참조. W. Gesenius and E. Kautzsch, *Gesenius' Hebrew Grammar*, p. 478.
11 참조. 더글러스 스튜어트, 『호세아-요나』, p. 231.
12 참조. S. Rudnig-Zelt, *Hoseastudien*, p. 165.
13 라이너 케슬러, 『고대 이스라엘 사회사』, p. 208.
14 참조. 오토 카이저(O. Kaiser), 『이사야』, 국제성서주석(서울: 한국신학연구소, 1985), p. 102.
15 라이너 케슬러, 『고대 이스라엘 사회사』, p. 207.
16 참조. 라이너 케슬러, 『고대 이스라엘 사회사』, p. 259.
17 참조. E. Nielsen, *Deuteronomium*, p. 244. 열 가지를 셈하는 것에 대해서는 참조. p. 248; 게르하르트 폰 라트, 『신명기』, p. 167.
18 참조. 패트릭 밀러(P. D. Miller), 『신명기』, 현대성서주석, 김회권 옮김(서울: 한국장로교출판사, 2000), p. 301.
19 참조. E. Nielsen, *Deuteronomium*, p. 248.
20 참조. M. Ottosson, "גְּבוּל", p. 442.
21 참조. E. Nielsen, *Deuteronomium*, p. 248; 패트릭 밀러, 『신명기』, p. 302.
22 "최고 집부자 1,242채…세입자 울리는 '빌라왕'", MBC 뉴스투데이, 2022년 8월 30일, https://imnews.imbc.com/replay/2022/nwtoday/article/6402855_35752.html.

9. 객과 고아와 과부를 위하여 남겨 두라

1 참조. 게르하르트 폰 라트, 『신명기』, p. 13; F. Crüsemann, *Die Tora: Theologie und Sozialgeschichte des alttestamentlichenen Gesetzes* (München: Chr. Kaiser, 1992), p. 133.
2 L. Schwienhorst-Schönberger, *Das Bundesbuch* (*Ex 20:22-23:33*), p. 269.
3 참조. L. Schwienhorst-Schönberger, *Das Bundesbuch* (*Ex 20:22-23:33*), p. 269.
4 F. Crüsemann, *Die Tora*, p. 134.
5 참조. L. Schwienhorst-Schönberger, *Das Bundesbuch* (*Ex 20:22-23:33*), pp. 270-271; 베르너 슈미트, 『구약성서 입문』, pp. 170-171; 마르틴 노트, 『출애굽기』, p. 210. 노트는 마지막에 이러한 사실을 증명하기 어렵다고 진술한다.
6 참조. F. Crüsemann, *Die Tora*, p. 134.
7 참조. 마르틴 노트, 『출애굽기』, p. 212.
8 참조. R. Albertz, "Die Theologisierung des Rechts im Alten Israel", pp. 119-120.
9 참조. R. Albertz, "Die Theologisierung des Rechts im Alten Israel", p. 120; 언약법전의 발생에 대한 다양한 의견이 있음을 염두에 두고 슈빈호르스트-쇤베르거(L. Schwienhorst-Schönberger)는 여러 이론을 종합한다. 그에 따르면 언약법전의 조건법은 주전 11-10세기경에 발생했으며, 주전 9-8세기에 법적 형태로 전승되

고 추가 내용이 덧붙어 기록되었으며, 주전 8-7세기에 신적 법률로 개정되었다. L. Schwienhorst-Schönberger, *Das Bundesbuch (Ex 20:22-23:33)*, p. 276.
10 참조. R. Albertz, "Die Theologisierung des Rechts im Alten Israel", p. 121.
11 참조. 베르너 슈미트, 『구약성서 입문』, p. 171.
12 참조. R. Albertz, "Die Theologisierung des Rechts im Alten Israel", p. 122. 이러한 신학화는 이후 율법에서도 적용된다. N. Lohfink, "Das Deuteronomium: Jahwegesetz oder Mosegesetz?", in *Studien zum Deuteronomium und zur deuteronomistischen Literatur III*, SBAB 20 (Stuttgart: Katholisches Bibelwerk, 1995), pp. 157-166.
13 신 10:18; 14:29; 16:11, 14; 24:17, 19이하; 26:12-13; 27:19.
14 신 27장의 '고아, 과부, 객'은 저주 십계명에 포함된 것이므로 여기에서 다루지 않을 것이다.
15 크레이기(P. C. Craigie)는 이것을 '언약'이라는 개념으로 적절하게 설명한다. P. C. Craigie, *The Book of Deuteronomy*, p. 205.
16 참조. T. Veijola, *Das fünfte Buch Mose*, p. 256.
17 참조. T. Veijola, *Das fünfte Buch Mose*, p. 256.
18 참조. W. Gesenius and E. Kautzsch, *Gesenius' Hebrew Grammar*, p. 335.
19 참조. T. Veijola, *Das fünfte Buch Mose*, p. 257.
20 참조. T. Veijola, *Das fünfte Buch Mose*, p. 257.
21 참조. 게르하르트 폰 라트, 『신명기』, p. 152.
22 참조. A. Alt, "Die Ursprünge der israelitischen Rechts", p. 315.
23 참조. 게르하르트 폰 라트, 『신명기』, p. 153.
24 참조. W. Gesenius und F. Buhl, *Gesenius Hebräisches und Aramäisches Handwörterbuch über das Alte Testament*, p. 585.
25 참조. R. Achenbach, "gêr-nåkhrî-tôshav-zâr. Legal and Sacral Distinctions regarding Foreigners in the Pentateuch", in R. Achenbach, R. Albertz. J. Wöhrle (eds.), *The Foreigner and the Law: Perspectives from the Hebrew Bible and the Ancient Near East*, BZAR 16 (Wiesbaden: Harrassowitz, 2011), pp. 29-51, 특별히 p. 32.
26 참조. R. Achenbach, "gêr-nåkhrî-tôshav-zâr. Legal and Sacral Distinctions regarding Foreigners in the Pentateuch", p. 32. 아헨바흐(R. Achenbach)는 이 본문을 매 3년째 바치는 십일조에 대한 규정으로 설명한다.
27 참조. M. Rose, *5. Mose 12-25*, p. 200.
28 국립국어원 표준국어대사전, "윤리" 뜻풀이.
29 국립국어원 표준국어대사전, "권리" 뜻풀이.

10. 그의 주인에게 돌려주지 말라

1 참조. E. Otto, *Das Deuteronomium*, p. 224.
2 참조. 게르하르트 폰 라트, 『신명기』, p. 147; E. Nielsen, *Deuteronomium*, p. 222.
3 J. H. Tigay, *Deuteronomy*, The JPS Commentary (Philadelphia: The Jewish Publication Society, 1996), p. 215.
4 참조. 라이너 케슬러, 『고대 이스라엘 사회사』, pp. 212-219.
5 참조. 라이너 케슬러, 『고대 이스라엘 사회사』, pp. 212-219.
6 참조. 라이너 케슬러, 『고대 이스라엘 사회사』, p. 213.
7 참조. 마이클 샌델(M. J. Sandel), 『정의란 무엇인가』, 김명철 옮김(서울: 와이즈베리, 2014).
8 참조. J. M. Hamilton, *Social Justice and Deuteronomy: The Case of Deuteronomy 15*, SBL 136 (Atlanta: Scholars Press, 1992), p. 118. 그밖에도 신 12:11, 14, 18, 21, 26 등에서 관찰된다.
9 참조. J. M. Hamilton, *Social Justice and Deuteronomy*, p. 118.
10 참조. 게르하르트 폰 라트, 『신명기』, p. 148.
11 Rykle Borger, "Codex Hammurapi", *TUAT* I, Lief.1 (Gütersloh: Gütersloher Verlagshaus, 2005), pp. 46-47; 제임스 프리처드, 『고대 근동 문학 선집』, pp. 365-366; 덧붙여서 참조. M. Rose, *5. Mose 12-25*, p. 206.
12 Otto Rössler, "Sefire III", *TUAT* I, Lief.2 (Gütersloher Verlaghaus, 2005), p. 187.
13 J. H. Tigay, *Deuteronomy*, p. 215.
14 그 밖의 조약에 대해서는 참조. 롤랑 드보(R. de Vaux), 『구약시대의 생활풍속』, 이양구 옮김(서울: 대한기독교서회, 1983), p. 176.
15 참조. 라이너 케슬러, 『고대 이스라엘 사회사』, p. 213.
16 참조. 민경구, "고대 법에 나타난 재판. 출 23:1-8을 중심으로", 「성경과 교회」 제16권 (2018), pp. 8-30, 특별히 pp. 19-21.
17 참조. 라이너 케슬러, 『고대 이스라엘 사회사』, pp. 267-268; 동저자, *Studien zur Sozialgeschichte Israels*, SBAB 46 (Stuttgart: Kath. Bibelwerk: 2009), p. 200.
18 참조. J. H. Tigay, *Deuteronomy*, p. 215.
19 이에 대해서는 참조. 2장 "반드시 형벌을 받으리라."
20 J. H. Tigay, *Deuteronomy*, p. 215.
21 참조. 피터 오브라이언(P. T. O'Brien), 『골로새서·빌레몬서』, WBC, 정일오 옮김(서울: 솔로몬, 2008), p. 459.
22 범죄를 저지르고 도망해 온 사람을 합당한 재판과 처벌을 위해 넘겨주는 것을 관할하는 법을 가리킨다. 대한민국의 범죄인 인도법은 다음에서 확인할 수 있다.

https://www.law.go.kr/법령/범죄인인도법.

11. 종 되었던 일을 기억하라

1. 이 책에서는 '객'과 '나그네'를 혼용해서 사용할 것이다.
2. 이방인을 표현하는 다른 용어는 '자르'(זר)가 있다. 하지만 이것은 '이방인'만을 지칭하는 것이 아니라 '적대국'을 가리키기도 하며, 제의적 영역에서 '세속적'이라는 의미로도 사용되었다. 참조. R. Martin-Achard, "זר", in E. Jenni und C. Westermann, *THAT* I (München: Chr. Kaiser Verlag, 1978), pp. 520-522.
3. 참조. R. Martin-Achard, "גור", in E. Jenni und C. Westermann, *THAT* I (München: Chr. Kaiser Verlag, 1978), pp. 409-412. 이것은 동사 형태로 84회, 명사 형태로 총 104회 사용되었다. 명사 형태 중에서는 '게르'로 92회 나타난다.
4. 이태훈, "구약의 외국인 복지", 「구약논단」 제14권 1호(2008), pp. 70-88, 특별히 p. 71.
5. 이태훈, "구약의 외국인 복지", p. 71.
6. 참조. 왕대일, "나그네(게르, גר): 구약신학적 이해", 「신학사상」 제14권 1호(2008), pp. 101-121, 특별히 p. 102.
7. 왕대일, "나그네(게르, גר): 구약신학적 이해", p. 103. 왕대일은 '게르'에 대해 다음과 같이 정의한다. "노크리나 자르가 어떤 고장에 정착해서 일정 기간 동안 합법적인 자격을 갖추고 살다가 돌아가는 외국인을 지칭하는 말임에 비해서, 게르는 정치적, 경제적, 사회적 이유 때문에 자기 고장을 떠나서 다른 고장으로 이주해 정착하게 된 자들을 지칭하는 말"이다.
8. L. Köhler and W. Baumgartner, *Häbraisches und Aramäisches Lexikon zum Alten Testament*, Bd. 1 (Leiden: Brill, 2004), p. 193.
9. L. Köhler and W. Baumgartner, *Häbraisches und Aramäisches Lexikon zum Alten Testament*, p. 193; 마찬가지로 D. Kellermann, "גור", *ThWAT* I (Stuttgart: Kohlhammer, 1973), pp. 979-991, 특별히 p. 983; 그와 다른 이해로는 참조. 롤랑 드보, 『구약시대의 생활풍속』, p. 152. 드보에 따르면, 게르는 '정치적 권리'를 제외한다면 이스라엘 사람과 큰 차이가 없었다.
10. 이희학은 시대별로 '게르'를 달리 해석해야 함을 피력하는데, 그에 따르면 역대기에 나타난 '게르'는 '유대교로 개종한 외국인'으로 해석된다. 참조. 이희학, "대하 30장 25절의 '회중, 이스라엘, 나그네'에 관한 연구", 「구약논단」 제16권 2호(2010), pp. 10-29, 특별히 p. 22.
11. 참조. 한동구, "나그네에 대한 (구약) 성경적 연구", 「사회과학연구」 2(1998), pp. 289-303, 특별히 p. 293; 왕대일, "나그네(게르, גר): 구약신학적 이해", p. 109.
12. 참조. 라이너 케슬러, 『고대 이스라엘 사회사』, p. 211; 왕대일, "나그네(게르, גר): 구약신학적 이해", p. 109; 그밖에도 한동구는 고고학적 발굴을 인용하며, 토지를 상

실한 자들이 주전 7세기에도 예루살렘으로 이주했을 것이라 추정한다. 한동구, "나그네에 대한 (구약) 성경적 연구", p. 295.
13 참조. D. Kellermann, "גור", p. 984.
14 참조. R. Martin-Achard, "גור", p. 410.
15 참조. 조셉 블렌킨숍(J. Blenkinsopp), 『에스겔』, 현대성서주석, 박문재 옮김(서울: 한국장로교출판사, 2002), p. 320.
16 참조. D. I. Block, *The Book of Ezekiel 25-48*, NICOT (Grand Rapids: Wm. B. Eerdmans, 1998), p. 718.
17 참조. B. Lang, "נכר", *ThWAT* V (Stuttgart: Kohlhammer, 1973), pp. 454-462, 특별히 p. 456.
18 이 본문에서 '내 집에 머물러 사는 자'(게르)와 '타국 사람'(노크리)은 명확히 구분되었다.
19 참조. B. Lang, "נכר", p. 457. 그러나 이 규정이 언제부터 존재했는지 또한 누구를 위한 것인지에 대해서는 여기에서 논하지 않을 것이다. 삼하 7장은 다윗 가문만이 왕이 될 수 있음을 선언하기 때문이다.
20 P. C. Craigie, *The Book of Deuteronomy*, p. 232.
21 이와 유사한 것이 신 23:20[21]에서도 관찰되는데, 여기에서는 '이자'를 받는 문제가 취급되었다.

> 신 23:20[21] 타국인(נָכְרִי, 노크리)에게 네가 꾸어 주면 이자를 받아도 되거니와 네 형제에게 꾸어 주거든 이자를 받지 말라. 그리하면 네 하나님 여호와께서 네가 들어가서 차지할 땅에서 네 손으로 하는 범사에 복을 내리시리라.

22 에스라의 귀환 및 활동 연대에 대해서는 여전히 논란이 있다. 참조. U. Kellermann, "Erwägungen zum Problem der Esradatierung", *ZAW* 80 (1968), pp. 55-87.
23 참조. 휴 윌리엄슨(H. G. M. Williamson), 『에스라·느헤미야』, WBC, 조호진 옮김(서울: 솔로몬, 2008), p. 706.
24 참조. Willem M. A. Beuken, *Jesaja 1-12*, HThKAT (Freiburg im Breisgau: Herder, 2003), pp. 88-89.
25 뵐레(J. Wöhrle)는 '이방에 대한 구원 단락'(Heil-für-die-Völker-Korpus)을 헬레니즘 초기로 귀속시켰다. 참조. J. Wöhrle, *Der Abschluss des Zwölfprophetenbuches: Buchübergreifende Redaktionsprozesse in den späten Sammlungen*, BZAW 389 (Berlin: de Gruyter, 2008), p. 444. 그는 여기에 속하는 것으로 욜 2:28-32*[3:1-5*]; 미 4:1-4; 슥 8:20-23 등을 언급한다.
26 다섯 두루마리를 가리킨다. 이스라엘의 절기에 따라서 불리던 것으로 룻기 이외에도 아가, 전도서, 예레미야애가, 에스더기가 여기에 포함되었다.

27 참조. B. Lang, "נכר", pp. 458-459.
28 참조. 민경구, "토라의 수용 및 재해석-신명기 23장 '총회법'을 중심으로", 「구약논단」 제23권 2호(2017), pp. 14-42.
29 참조. 김동혁, "제3이사야의 안식일 신학: 이사야 56장 8절과 58장 13-14절에 대한 주석적 연구", 「구약논단」 제24권 2호(2018), pp. 12-36.
30 이름트라우트 피셔(I. Fischer), "이전역사에서 이후역사로: 문서-상호본문성-수용에 나타난 문서해석", 토마스 뢰머 외, 『구약신학 연구동향』, pp. 172-196, 특별히 pp. 184-185.
31 "1951년 난민의 지위에 관한 협약", 유엔난민기구(UNHCR), https://www.unhcr.or.kr/unhcr/html/001/001001003003.html.
32 국립국어원 표준국어대사전, "난민" 뜻풀이.
33 참조. 앞의 주 8.
34 그밖에도 우리는 유사한 모습을 예수의 유아기에 대한 기록에서 관찰할 수 있다.

> 마 2:13-14 그들이 떠난 후에 주의 사자가 요셉에게 현몽하여 이르되 **헤롯이 아기를 찾아 죽이려 하니 일어나 아기와 그의 어머니를 데리고 애굽으로 피하여** 내가 네게 이르기까지 거기 있으라 하시니 요셉이 일어나서 밤에 아기와 그의 어머니를 데리고 애굽으로 떠나가.

35 "국내 거주 외국인 226만명 역대 최다… 전체 인구의 4.4%", 「조선일보」, 2023년 11월 9일.
36 "황교안 '외국인 근로자에 똑같은 임금 불공정'…차별·혐오 발언 논란", 「한겨레」, 2019년 6월 19일.

12. 십일조를 성읍에 내라

1 외국 교회에 십일조가 없다는 것을 근거로 한국 교회에서 십일조가 폐지되어야 한다는 논리는 맞지 않다. '국가 교회'(Landeskirche)와 '자유 교회'(Freie Gemeinde)로 나누어진 독일의 경우만 보아도, 국가 교회에 출석하거나 등록된 성도는 대체로 교회가 아닌 국가에 세금 형식으로 십일조를 낸다. 국가 기관에서 그것을 지역과 규모에 따라 분배하므로 목회자가 십일조로 부를 축적하는 것은 불가능하다. 이와 달리 국가의 지원을 받지 않는 자유 교회에 출석하는 성도는 십일조를 출석 교회에 내는 경우가 많다.
2 참조. 김세윤, 『바른 신앙을 위한 질문들』(서울: 두란노, 2015), p. 69.
3 〈뉴스룸〉 앵커브리핑, JTBC, 2017년 11월 14일.
4 창 14장과 28장을 근거로 각각 '예루살렘'과 '벧엘' 성소에 십일조를 바쳐야 한다고 주장하는 것은 설득력이 없다. 창 28장은 '벧엘'의 기원론으로 설명될 수 있지만, 창

14장의 살렘 왕은 예루살렘과 관련성이 희박하기 때문이다. 참조. V. P. Hamilton, *Genesis 18-50*, NICOT (Grand Rapids: Wm. B. Eerdmans, 1995), p. 249.

5 참조. 월터 브루그만(W. Brueggemann), 『창세기』, 현대성서주석, 강성열 옮김(서울: 한국장로교출판사, 2000), p. 374.

6 십일조는 레 27장과 민 18장에서 언급되었다. 레 27장은 십일조를 지불해야 할 품목에 대해서 언급하며, 민 18장은 십일조를 '레위 자손의 기업'으로 돌리라고 명령한다.

7 베이욜라는 신 12장에서 이스라엘이 '단수'로 언급되는 것(13-27절)과 '복수'로 나타나는 형태(2-12절)로 세분한다. 그리고 그는 '역사가적 관점'이 복수 형태의 일부 본문에 반영되어 있다고 설명한다. 베이욜라의 설명은 신명기 사가에 대한 괴팅겐 학파의 모델을 근간으로 하는 것이다. T. Veijola, *Das fünfte Buch Mose*, p. 264; 그와 유사한 것으로는 참조. D. Knapp, *Deuteronomium 4: Literarische Analyse und theologische Interpretation*, GTA 35 (Göttingen: Vandenhoeck & Ruprecht, 1987). 냅(D. Kanpp)은 신 4장과 29-30장에서 단수/복수 형태가 교차로 사용되는 것을 관찰하고, 그것을 괴팅겐 학파의 모델에 적용하여 분석한다.

8 이러한 조치는 십일조를 "네 성읍에 저축하[라]"는 신 14:28과 명백하게 구별된다.

9 출 20:24이 신 12:13-18에서 수정되고 있음을 오토(E. Otto)는 보다 상세히 설명하였다. E. Otto, *Deuteronomium 12,1-23,15*, p. 1157.

10 그러나 아르네트(M. Arneth)는 왕하 18:4이 문장론적으로 문제가 있음을 지적한다. 왜냐하면 내러티브임에도 불구하고 PK 1형태가 아니라, AK+1의 형태를 취하기 때문이다. M. Arneth, "Hiskia und Josia", in R. Achenbach, M. Arneht und E. Otto (eds.), *Tora in der Hebräischen Bibel: Studien zur Redaktionsgeschichte und synchronen Logik diachroner Transformation*, BZAR 7 (Wiesbaden: Harrassowitz, 2007), pp. 275-293, 특별히 p. 280; 더 나아가 이희학은 슈피커만(H. Spieckermann)을 인용하여 왕하 18:4이 문장론적으로 포로기 이후의 것임을 지적한다. 이희학, "히스기야 제의개혁의 역사성에 관한 비판적 고찰", 「한국기독교신학논총」 52(2007), pp. 33-55, 특별히 pp. 39-40. 이희학과 다른 의견으로는 참조. 배희숙, "요시야의 개혁에 대한 재고찰", 「한국기독교신학논총」 73(2011), pp. 75-96, 특별히 p. 77. 배희숙은 오히려 AK+1의 형태를 "본래의 개혁조치목록의 문체였다"라고 추정한다.

11 시리아-에브라임 동맹 전쟁으로 인해 아하스왕은 앗시리아에 도움을 청한다(왕하 16:5-7). 그리고 앗시리아의 도움으로 위기에서 벗어난 아하스는 디글랏빌레셀을 만나기 위해 다마스쿠스로 갔으며, 그곳에서 제단의 구조를 그려 유다 제사장이었던 우리야에게 보낸다(왕하 16:10). 그는 이후에 아하스가 보낸 대로 제단을 만들어 제사를 드리는데(왕하 16:11-12), 이것은 유다가 앗시리아의 봉신 국가가 되었음을

가리킨다.

12 참조. 안토니우스 군네벡(A. H. J. Gunneweg), 『이스라엘 역사: 고대부터 바 코흐바까지』, 문희석 옮김(서울: 한국신학연구소, 1996), pp. 232-233.
13 사 36-37장은 그와 상이한 보도를 한다. 그것은 히스기야가 산헤립에게 무릎을 꿇은 사실을 보도하지 않으며, 그에게 전쟁 배상금을 지불했다고 이야기하지 않는다.
14 참조. 신정균, "히스기야의 제의 단일화", 「구약논단」 제1권 15호(2003), pp. 27-64; 한동구, 『신명기 개혁운동』(서울: 동연출판사, 2014), pp. 191-193.
15 참조. 라이너 케슬러, 『고대 이스라엘 사회사』, pp. 241-243.
16 그러나 이 본문과 관련하여 적지 않은 논란이 있다는 점을 간과해서는 안 된다. 자세한 것으로는 참조. 로널드 클레멘츠(R. E. Clements), 『신명기』, 정석규 옮김(서울: 한들출판사, 2002), pp. 115-121.
17 참조. 배희숙, "요시야의 개혁에 대한 재고찰", p. 85.
18 참조. 라이너 케슬러, 『고대 이스라엘 사회사』, pp. 284-287.
19 참조. 라이너 케슬러, 『고대 이스라엘 사회사』, p. 285.
20 참조. 라이너 케슬러, 『고대 이스라엘 사회사』, p. 284.
21 참조. 배희숙, "요시야의 개혁에 대한 재고찰", pp. 87-88.
22 참조. 안토니우스 군네벡, 『이스라엘 역사: 고대부터 바 코흐바까지』, p. 159.
23 이것은 2인칭 AK(완료) 1형태로 앞서 언급된 2인칭 PK(미완료) 동사 '내어'(תוֹצִיא, 토찌)와 연결된다. AK 1형태는 29절에서도 계속되는데, 이것은 PK(미완료) 동사와 연결되어 문법적으로 '목적절'을 의미한다. 참조. W. Gesenius and E. Kautzsch, *Gesenius' Hebrew Grammar*, p. 317, §112 m을 보라.
24 오토는 이에 대해 신 12:17-18이 '일반법'(*lex generalis*)을 다룬다면, 신 14:22-27은 '특별법'(*lex specialis*)을 다룬다고 설명한다. E. Otto, *Deuteronomium 12,1-23,15*, p. 1312.
25 참조. J. H. Tigay, *Deuteronomy*, p. 144.
26 참조. 게르하르트 폰 라트, 『신명기』, p. 105; 주원준, 『신명기』(서울: 바오로딸, 2016), p. 245.
27 G. Braulik, *Deuteronomium 1-16,17*, NEB (Würzburg: Echter Verlag, 1986), p. 110.
28 참조. E. Otto, *Deuteronomium 12,1-23,15*, p. 1317.
29 참조. A. D. H. Mayes, *Deuteronomy*, NCBC (Grand Rapids: Wm. B. Eerdmans, 1981), p. 246.
30 참조. E. Otto, *Deuteronomium 12,1-23,15*, p. 1312.
31 참조. E. Otto, *Deuteronomium 12,1-23,15*, p. 1317.

3부. 인권과 정의

13. 하나님의 형상대로 남자와 여자를 창조하시고

1   이에 관한 다양한 해석을 보여 주는 것으로는 참조. 고든 웬함, 『창세기』, pp. 121-122; V. P. Hamilton, *Genesis 1-17*, pp. 133-134.
2   이에 대한 다양한 이해를 보여 주는 것으로는 참조. 고든 웬함, 『창세기』, pp. 124-127; V. P. Hamilton, *Genesis 1-17*, pp. 134-136.
3   참조. 월터 브루그만, 『창세기』, p. 72.
4   이와 동일한 것을 칼뱅의 창세기 주석에서도 관찰할 수 있다. J. Calvin, *Commentary on Genesis*, 1:27.
5   참조. J. Blenkinsopp, *Creation, Un-Creation, Re-Creation*, p. 25.
6   이곳에 인용된 역본은 ESV이며, 영어 이외의 역본(예. ZUR, LTU)에서도 동일한 구조가 나타난다.
7   J. Calvin, *Commentary on Genesis*, 1:27.
8   J. Calvin, *Commentary on Genesis*, 2:18. 70. 그럼에도 불구하고 칼뱅은 여성을 "필요악"(a necessary evil)이라고 서술한다. 참조. 박유미, "칼빈의 해석은 영원한 진리?: 여성 본문에 대한 칼빈구약주석 연구", 「구약논단」 제24권 1호(2018), pp. 104-136, 특별히 p. 109. 이 논문에서 저자는 당시의 전반적 이해를 몇몇 예를 제시하며 설명한다. 아퀴나스(T. Aquinas)는 여성이 하나님의 형상으로 피조되었다는 것을 인정하면서도 '하나님의 형상은 여성에게는 발견되지 않는 방법으로 남성들에게 발견된다'고 이해했다. 츠빙글리(U. Zwingli)와 에라스뮈스(D. Erasmus)는 여성이 하나님의 형상이 아니라고 주장했다. 무스쿨루스(W. Musculus)는 여성이 '오직' 남성과 결혼하는 것을 통해서만 하나님의 형상을 가질 수 있다고 생각했다.
9   대한성서공회 "한글성경 번역사", www.bskorea.or.kr/bbs/content.php?co_id=subpage2_3_3_2.
10 참조. 민경구, 『다시 읽는 창세기』, pp. 135-136.
11 출 20:17에는 '하마드'(חמד)가 2회 등장하지만, 신 5:21에는 '하마드'(חמד)가 1회 나오고 두 번째는 '아봐'(אוה)가 사용되었다.
12 A. Alt, "Das Verbot des Diebstahls im Dekalog", pp. 333-340.
13 참조. T. Veijola, *Das fünfte Buch Mose*, p. 172.
14 참조. 마르틴 노트, 『출애굽기』, p. 199; 존 더럼, 『출애굽기』, pp. 492-493; 박요한 영식, 『십계명』, p. 208.
15 참조. 필립 킹(P. J. King)·로렌스 스태거(L. E. Stager), 『고대 이스라엘 문화』, 임미영 옮김(서울: CLC, 2014), p. 99.

16 참조. J. Schreiner, *Die Zehn Gebote im Leben des Gottesvolkes* (München: Kösel Verlag, 1988), p. 100; 박요한 영식,『십계명』, p. 215. 하지만 그것은 출애굽기 십계명이 농경사회와 무관하다는 것을 의미하지는 않는다.

17 참조. E. Otto, *Deuteronomium 4,44-11,32*, p. 752.

18 마르틴 노트,『민수기』, 국제성서주석, 이경숙 옮김(서울: 한국신학연구소, 1986), p. 226.

19 필립 버드(P. J. Budd),『민수기』, WBC, 박신배 옮김(서울: 솔로몬, 2004), p. 492. 마르틴 노트,『민수기』, pp. 222-226; L. Schmidt, *Das 4. Buch Mose Numeri 10,11-36,13*, ATD 7/2 (Göttingen: Vandenhoeck & Ruprecht, 2004), p. 160.

20 이들의 이름은 주전 8세기 사마리아 토판에 등장하여 지역 명칭을 가리킨다. 마르틴 노트,『민수기』, pp. 222-223.

21 참조. R. Achenbach, *Die Vollendung der Tora: Studien zur Redaktions- geschichte des Numeribuches im Kontext von Hexateuch und Pentateuch*, BZAR 3 (Wiesbaden: Harrassowitz Verlag, 2003), p. 569; H. Seebass, *Numeri 22,2-36,13*, BKAT IV/3 (Neukirchen-Vluyn: Neukirchener Verlag, 2007), p. 200.

14. 평생에 그를 버리지 못하리라

1 참조. 마르틴 노트,『출애굽기』, p. 219. 이와 유사한 의견으로 L. Schwienhorst-Schönberger, *Das Bundesbuch* (*Ex 20,22-23,33*), p. 212.

2 참조. E. Otto, *Das Deuteronomium*, p. 151; 도멘(C. Dohmen)도 마찬가지로 이것을 신체 상해죄의 일부로 간주한다. C. Dohmen, *Exodus 19-40*, HThKAT (Freiburg: Herder, 2012), p. 168.

3 참조. C. Houtman, *Exodus 20-40*, p. 208.

4 참조. C. Dohmen, *Exodus 19-40*, p. 168.

5 참조. 패트릭 밀러,『신명기』, p. 258.

6 참조. E. Otto, *Deuteronomium 12,1-23,15*, p. 1679.

7 참조. J. H. Tigay, *Deuteronomy*, p. 208; 그와 달리 50세겔에 대해서는 다양한 의견이 존재한다. 브라울릭은 이것을 '벌금'일 뿐 '납폐금'은 아니라고 이해한다. G. Braulik, *Deuteronomium II 16:18-34:12*, NEB (Würzburg: Echter Verlag, 1992), p. 168. 반대로 로제(M. Rose)는 이것을 '납폐금'으로만 해석할 뿐, 벌금과는 무관하다고 간주한다. M. Rose, *5. Mose 12-25*, p. 170.

8 참조. E. Otto, *Das Deuteronomium*, p. 275, 주 346. 이와 달리 출 22:16[15]에는 '유혹하다'(פתה, 파타흐)라는 동사가 사용되었다.

9 참조. E. Nielsen, *Deuteronomium*, p. 216; 이와 유사하게 하우트만(C. Houtman)은 출애굽기 주석에서, 정상적인 결혼에서 남성이 여성의 아버지에게 지불해

야 하는 납폐금의 세 배에 해당하는 금액을 이 동침한 남성이 지불해야 한다고 설명한다. C. Houtman, *Exodus 20-40*, p. 208.

10 참조. M. Rose, *5. Mose 12-25*, p. 170.
11 G. Braulik, *Deuteronomium II 16:18-34:12*, p. 168.
12 참조. P. C. Craigie, *The Book of Deuteronomy*, p. 295.
13 참조. P. C. Craigie, *Deuteronomy*, p. 305.
14 참조. 두에인 크리스텐센,『신명기 21:10-34:12』, p. 221.
15 M. Rose, *5. Mose 12-25*, p. 174.
16 참조. H-J. Hermisson, *Deuterojesaja. Jesaja 49,14-55,13*, BKAT XI/3 (Neukirchen-Vluyn: Neukirchener Verlag, 2016), p. 76.
17 참조. H-J. Hermisson, *Deuterojesaja*, p. 76.
18 참조. 라이너 케슬러,『고대 이스라엘 사회사』, p. 107.
19 참조. 라이너 케슬러,『고대 이스라엘 사회사』, p. 214.
20 "2023년 혼인 이혼통계", 대한민국 정책브리핑, 2024년 3월 19일.

15. 정의를 굽게 하지 말라

1 참조. R. Albertz, "Die Theologisierung des Rechts im Alten Israel", p. 120. 그는 언약법전을 출 20:23-23:19로 간주한다. 그밖에도 언약법전의 범위를 출 20:22-23:33까지 보는 견해도 있다. 참조. E. Zenger, u.a., *Einleitung in das Alte Testament*, p. 74; W. Beyerlin, *Herkunft und Geschichte der ältesten Sinaitraditionen*, pp. 8-9; J. Van Seters, "Cultic Laws in the Covenant Code (Exodus 20,22-23,33) and their Relationship to Deuteronomy and the Holiness Code", p. 319; L. Schwienhorst-Schönberger, *Das Bundesbuch (Ex 20,22-23,33)*.

2 이보다 앞서서 출애굽기 십계명에서도 '거짓 증거'를 금지함으로써 재판에 관한 규정을 이야기하지만, 이것은 재판관에 대한 것이라기보다는 '증언하는 자'에 관한 금령이므로 이 장에서는 언약법전을 중심으로 논지를 전개할 것이다.

3 참조. E. Otto, "Die nachpriesterschriftliche Pentateuchredaktion im Buch Exodus", in M. Vervenne (ed.), *Studies in the Book of Exodus: Redaction-Reception-Interpretation*, BEThL 126 (Leuven: University Press, 1996), pp. 61-111, 특별히 p. 74; L. Schwienhorst-Schönberger, *Das Bundesbuch (Ex 20,22-23,33)*, p. 386. 슈빈호르스트-쇤베르거는 출 23:9을 신명기 사가적 확장으로 귀속시켰다; C. Dohmen, *Exodus 19-40*, p. 181. 9절과 유사한 것이 언약법전인 출 22:21[20]에서도 관찰되는데, 이것을 재판의 상황으로 보기는 어렵다. 따라서 9절은 10절 이하와 연결되는 것이 보다 적절할 것이다. 그와 다른 이해로는 민영진,『출애굽기』(서울: 대한기독교서회, 2014), p. 446. 그는 9절을 1-8절에 포함시킨다. 그

밖에도 하우트만은 1-12절을 하나의 단락으로 해석한다. 13절 이하에는 야웨 제의 규정을 서술한다. C. Houtman, *Exodus 20-40*, p. 236. 하지만 그가 설명한 것처럼 10-12절에는 절대법 형태가 나타나지 않는다.

4 참조. L. Schwienhorst-Schönberger, *Das Bundesbuch (Ex 20,22-23,33)*, p. 379.
5 민경구, "고대 법에 나타난 재판, 출 23:1-8을 중심으로", p. 12.
6 참조. W. H. C. Propp, *Exodus 19-40*, AB (New York: Doubleday, 2006), p. 273; 그와 유사하게 C. Dohmen, *Exodus 19-40*, p. 181; B. Jacob, *Das Buch Exodus*, pp. 718-723.
7 참조. 마르틴 노트, 『출애굽기』, p. 226.
8 참조. 마르틴 노트, 『출애굽기』, p. 226.
9 E. Otto, "Die nachpriesterschriftliche Pentateuchredaktion im Buch Exodus", p. 75.
10 마찬가지로 L. Schwienhorst-Schönberger, *Das Bundesbuch (Ex 20,22-23,33)*, p. 379.
11 참조. 채홍식, "언약법전과 8세기 예언자의 사회비판", pp. 111-112.
12 F. Crüsemann, *Die Tora*, p. 120.
13 참조. W. Gesenius und F. Buhl, *Gesenius Hebräisches und Aramäisches Handwörterbuch über das Alte Testament*, p. 1239.
14 L. Schwienhorst-Schönberger, *Das Bundesbuch (Ex 20,22-23,33)*, p. 380.
15 참조. 민영진, 『출애굽기』, p. 398. 그는 여러 역본을 근거로 '샤붸'(שָׁוְא)라는 용어가 다양하게 번역될 수 있음을 제시하며, '망령'이라는 개념과는 구별됨을 보여 주었다.
16 참조. W. Gesenius und F. Buhl, *Gesenius Hebräisches und Aramäisches Handwörterbuch über das Alte Testament*, p. 1327.
17 참조. C. Houtman, *Exodus 20-40*, p. 237. 그는 일차적으로 '거짓말을 생산하는 행위를 금지'하는 것으로 해석한다.
18 참조. W. Gesenius and E. Kautzsch, *Gesenius' Hebrew Grammar*, p. 317, § 107 o; 더 나아가 하우트만은 1b절을 1a절의 설명으로 이해할 것을 제안한다. 참조. C. Houtman, *Exodus 20-40*, p. 238.
19 참조. W. H. C. Propp, *Exodus 19-40*, p. 274.
20 이것은 각각 'Qal'(לִנְטֹת, 린토트)과 'Hiphil' 부정사(לְהַטֹּת, 레하토트)로 등장한다.
21 참조. W. H. C. Propp, *Exodus 19-40*, p. 274; 존 더럼, 『출애굽기』, p. 519.
22 참조. W. Gesenius und F. Buhl, *Gesenius Hebräisches und Aramäisches Handwörterbuch über das Alte Testament*, p. 1210; W. H. C. Propp, *Exodus 19-40*, p. 274.

23 참조. 민영진,『출애굽기』, p. 453.
24 참조. W. H. C. Propp, *Exodus 19-40*, p. 275.
25 참조. B. Jacob, *Das Buch Exodus*, p. 720; 마르틴 노트,『출애굽기』, p. 226.
26 그런 이유로 반 세터스(J. Van Seters)는 언약법전이 신명기 법전을 수용했다고 주장한다. J. Van Seters, "Cultic Laws in the Covenant Code (Exodus 20,22-23,33) and Their Relationship to Deuteronomy and the Holiness Code", p. 344.
27 '대적'에 대한 다양한 해석에 대해서는 참조. C. Houtman, *Exodus 20-40*, p. 243.
28 참조. 마르틴 노트,『출애굽기』, p. 227.
29 참조. C. Houtman, *Exodus 20-40*, p. 243; C. Dohmen, *Exodus 19-40*, p. 183.
30 이와 같이 번역하는 다른 한국어 성서 역본으로는 공동개정이 있다.
31 참조. 테렌스 프레타임,『출애굽기』, p. 385.
32 이러한 번역의 차이는 신 27:19도 동일하다.
33 참조. 민영진,『출애굽기』, p. 456.
34 비교. C. Houtman, *Exodus 20-40*, pp. 247-248.
35 참조. C. Houtman, *Exodus 20-40*, p. 248.
36 참조. C. Houtman, *Exodus 20-40*, p. 248.
37 참조. W. H. C. Propp, *Exodus 19-40*, p. 278.
38 참조. C. Dohmen, *Exodus 19-40*, p. 186.
39 W. H. C. Propp, *Exodus 19-40*, p. 279.
40 참조. P. C. Craigie, *The Book of Deuteronomy*, p. 270.
41 참조. 존 하틀리(J. E. Hartley),『레위기』, WBC, 김경열 옮김(서울: 솔로몬, 2005), p. 632.
42 참조. 게르하르트 폰 라트,『신명기』, p. 13. 그는 언약법전과 원신명기의 관련성을 도표로 정리했다. E. Otto, *Das Deuteronomium im Pentateuch und Hexateuch*, p. 7.

16. 성읍으로 도피하게 하라

1 참조. F. L. Hossfeld, "רצח", *ThWAT* 7 (Stuttgart: Kohlhammer, 1993), pp. 652-663; C. Dohmen, *Exodus 19-40*, p. 122. 그는 이 용어가 총 47회 사용되었다고 언급한다.
2 참조. C. Dohmen, *Exodus 19-40*, p. 122.
3 참조. 마르틴 노트,『출애굽기』, p. 215.
4 참조. L. Schwienhorst-Schönberger, *Das Bundesbuch (Ex 20,22-23,33)*, p. 39.
5 참조. L. Schwienhorst-Schönberger, *Das Bundesbuch (Ex 20,22-23,33)*, p. 39.
6 M. Greenberg, "The biblical conception of Asylum", *JBL* 78 (1959), p. 126.

7   참조. 게르하르트 폰 라트, 『신명기』, p. 128. 이에 대하여 폰 라트는 "고의적인 살인과 과실 살해의 구별을 '흥분한' 피의 복수자에게 기대할 수 없다는 것을 전제한다"고 설명한다.
8   참조. 김재민, "도피성 제도를 통해서 본 기본권 보장의 법리", 「신앙과 학문」 제22권 2호(2017), pp. 63-82, 특별히 p. 64.
9   참조. E. Otto, *Deuteronomium 12,1-23,15*, p. 1521.

신 12:29   네 하나님 여호와께서 네가 들어가서 쫓아낼 그 민족들을 네 앞에서 멸절하시고 네가 그 땅을 차지하여 거기에 거주하게 하실 때에.
신 26:1   하나님 여호와께서 네 기업으로 주어 차지하게 하실 땅에 네가 들어가서 거기에 거주할 때에.

10 참조. U. Rütersworden, *Das Buch Deuteronomium*, p. 125.
11 참조. L. Perlitt, *Das Deuteronomium 1-6**, BKAT (Neukirchen-Vluyn: Neukirchener Verlag, 2013), p. 378.
12 참조. 마르틴 노트, 『출애굽기』, p. 128; 두에인 크리스텐센, 『신명기 1:1-21:9』, pp. 765-766; 그와 달리 뤼터스뵈르덴(U. Rütersworden)은 7-10절을 하나의 단락으로 본다. 참조. U. Rütersworden, *Das Buch Deuteronomium*, p. 126.
13 참조. 공동번역과 유사한 다른 성서 번역본으로는 취리히 성서(Zürcher Bibel)가 있다. P. C. Craigie, *The Book of Deuteronomy*, p. 265; 개역개정과 유사한 다른 성서 번역본으로는 엘버펠트 성서(Elberfelder Bibel)가 있다. 두에인 크리스텐센, 『신명기 1:1-21:9』, p. 769; HALAT 사전은 '거리를 두는 것'으로 번역하며(L. Köhler and W. Baumgartner, *Hebräisches und Aramäisches Lexikon zum Alten Testament*, Bd. 1 א-ע, p. 443), 게제니우스 사전은 '길을 정비하다'로 번역한다(W. Gesenius und F. Buhl, *Gesenius Hebräisches und Aramäisches Handwörterbuch über das Alte Testament*, p. 533). 그밖에도 폰 라트는 슈토이어나겔(Steuernagel)의 번역을 수용하여 '전역의 길을 측량하여'로 이해한다. 게르하르트 폰 라트, 『신명기』, p. 126.
14 두에인 크리스텐센, 『신명기 1:1-21:9』, p. 770.
15 참조. L. Schwienhorst-Schönberger, *Das Bundesbuch* (*Ex 20,22-23,33*), p. 39.
16 참조. 장일선, 『신명기』(서울: 대한기독교서회; 1993).
17 무죄한 자는 언약법전에서 '의로운' 자와 평행하게 기록되었다.

출 23:7   거짓 일을 멀리하며 **무죄한**(נָקִי, 나키) 자와 **의로운**(צַדִּיק, 짜디크) 자를 죽이지 말라. 나는 악인을 의롭다 하지 아니하겠노라.

18 이는 대한민국 헌법 제27조에서도 보장하는 국민의 기본권이다. "① 모든 국민은 헌

법과 법률이 정한 법관에 의하여 법률에 의한 재판을 받을 권리를 가진다.…④ 형사 피고인은 유죄의 판결이 확정될 때까지는 무죄로 추정된다." 참조. 패트릭 밀러, 『신명기』, p. 232; 김재민, "도피성 제도를 통해서 본 기본권 보장의 법리", p. 64.

19 참조. I. Fischer, *Rut*, HThKAT (Freiburg im Breisgau: Herder, 2001), p. 235.
20 참조. J. Milgrom, *Numbers*, The JPS Commentary (New York: The Jewish Publication Society, 1990), p. 504; 스태커트(J. Stackert)는 바인펠트(M. Weinfeld)를 인용하여 도피성이 고대 근동에 널리 있었음을 설명한다. J. Stackert, "Why does Deuteronomy Legislate Cities of Refuge? Asylum in the Covenant Collection(Exodus 21:12-14) and Deuteronomy(19:1-13)", *JBL* 125 (2006), pp. 23-49, 특별히 p. 27.
21 M. Rose, *5. Mose 12-25*, p. 140; M. Weinfeld, *Deuteronomy and the Deuteronomic School* (Oxford: Clarendon Press, 1972), pp. 236-237.
22 참조. M. Rose, *5. Mose 12-25*, p. 139.
23 참조. E. Otto, *Deuteronomium 12,1-23,15*, p. 1529.
24 참조. U. Rüterswörden, *Das Buch Deuteronomium*, p. 126; L. Schwienhorst-Schönberger, *Das Bundesbuch* (*Ex 20,22-23,33*), p. 42; T. Veijola, *Das fünfte Buch Mose*, p. 119; E. Otto, *Das Deuteronomium*, p. 254; 동저자, *Deuteronomium 12,1-23,15*, p. 1529. 동시에 우리는 폰 라트가 제기한 의문에도 귀를 기울여야 한다. 그에 따르면 "도피성들의 설치가 신명기에 의해 처음으로 요구된 개혁 제도였는지의 여부는 확실하지 않기" 때문이다(게르하르트 폰 라트, 『신명기』, p. 129).

17. 도둑질하지 말라

1 국립국어원 표준국어대사전, "도둑질" 뜻풀이.
2 W. Gesenius und F. Buhl, *Gesenius Hebräisches und Aramäisches Handwörterbuch über das Alte Testament*, p. 224.
3 참조. L. Schwienhorst-Schönberger, *Das Bundesbuch* (*Ex 20,22-23,33*), p. 168.
4 비교. 앞의 책, p. 162.
5 참조. 마르틴 노트, 『출애굽기』, p. 219.
6 참조. 제임스 브루크너(J. K. Bruckner), 『출애굽기』, 김귀탁 옮김(서울: 성서유니온, 2015), p. 332.
7 한국어 성서는 '재판장'으로 번역했지만, 히브리 성서는 '엘로힘' 용어를 사용하기에 이곳에서는 '하나님'으로 번역하였다.
8 참조. L. Schwienhorst-Schönberger, *Das Bundesbuch* (*Ex 20,22-23,33*), pp. 169-171.
9 제임스 프리처드, 『고대 근동 문학 선집』, pp. 364-365.

10 참조. 차준희,『교회에 다니면서 십계명도 몰라?』(서울: 국제제자훈련원, 2012), p. 150.
11 참조. E. Otto, *Theologische Ethik des Alten Testaments*, ThW 3,2 (Stuttgart: Kohlhammer, 1994), p. 38; A. Alt, "Das Verbot des Diebstahls im Dekalog", pp. 333-340.
12 참조. B. Jacob, *Das Buch Exodus*, pp. 650-651.
13 참조. W. C. Propp, *Exodus 19-40*, p. 212.
14 제임스 프리처드,『고대 근동 문학 선집』, p. 365.
15 참조. C. Meyers, *Exodus*, NCBC (Cambridge: Cambridge University Press, 2005), p. 192.
16 참조. W. Gesenius und F. Buhl, *Gesenius Hebräisches und Aramäisches Handwörterbuch über das Alte Testament*, p. 985.
17 참조. A. Alt, "Das Verbot des Diebstahls im Dekalog", p. 337.
18 참조. N. Sarna, *Exodus*, p. 123.
19 참조. C. Houtman, *Exodus 20-40*, p. 150.
20 참조. C. Houtman, *Exodus 20-40*, p. 150.
21 국립국어원 표준국어대사전, "유인" 뜻풀이.
22 참조. 라이너 케슬러,『고대 이스라엘 사회사』, p. 207.
23 참조. 정용택, "도둑질하지 말라", 김진호 외 9인,『가장 많이 알고 있음에도 가장 숙고되지 못한 '십계'에 대한 인문학적 고찰』(파주: 글항아리, 2018), pp. 141-166, 특히 p. 158.
24 참조. 라이너 케슬러,『고대 이스라엘 사회사』, p. 213.
25 참조. 라이너 케슬러,『고대 이스라엘 사회사』, p. 214.
26 참조. A. Alt, "Das Verbot des Diebstahls im Dekalog", p. 339. 그러나 알트(A. Alt)는 물건 도둑질을 부차적인 것으로 주장하지는 않는다(참조. p. 337). '이스라엘 백성'의 범위를 어디까지로 볼 것인가에 대해서도 논란은 적지 않다. 성인 남성으로만 이해하려는 해석도 있고 그와 달리 여성과 아이를 포함시키는 해석도 있다. 여성이 배제되는 근거는 제10계명에서 거론되기 때문으로 보기도 한다. 여성과 아이를 포함시키는 해석에 대해서는 참조. A. Phillips, *Ancient Israel's Criminal Law: A New Approach to the Decalogue* (Oxford: Basil Blackwell, 1970), p. 130; '인신매매'의 범위에 대한 논의에 대해서는 참조. 박요한 영식,『십계명』, pp. 154-156; C. Houtman, *Exodus 20-40*, p. 150. 하우트만은 출 21:16을 이스라엘 백성에 관한 것으로 이해한다. 그밖에도 C. Dohmen, *Exodus 19-40*, p. 124.
27 참조. A. Phillips, *Ancient Israel's Criminal Law*, p. 131.
28 참조. A. Alt, "Das Verbot des Diebstahls im Dekalog", pp. 338-339; W. H.

Schmidt, *Die Zehn Gebote im Rahmen Alttestamentlicher Ethik*, p. 122.

29   참조. 박요한 영식, 『십계명』, p. 154.
30   참조. E. Otto, *Theologische Ethik des Alten Testaments*, p. 38; 박요한 영식, 『십계명』, p. 155; W. H. Schmidt, *Die Zehn Gebote im Rahmen Alttestamentlicher Ethik*, p. 122.
31   참조. N. Sarna, *Exodus*, p. 114.
32   함무라비 법전 이외의 것에 대해 참조. J. Schreiner, *Die Zehn Gebote im Leben des Gottesvolkes*, p. 92.
33   브라울릭은 이미 신명기와 세계인권선언문을 비교하였고, 노예제도 금지를 신 24:7 등과 연결시켰다. G. Braulik, "Das Deuteronomium und die Menschenrechte", pp. 301-302.
34   장민영, "『장애인 학대 현황 발표 및 노동력 착취 정책대안 마련 토론회』 지정토론문", 『장애인 학대 현황 보고 및 노동력 착취 정책 대안 마련』(국회의원 설훈·국회의원 김성희·중앙장애인권익옹호기관, 2018), pp. 79-86, 특별히 pp. 82-83.

18. 눈에는 눈, 이에는 이?

1   참조. L. Schwienhorst-Schönberger, *Das Bundesbuch* (*Ex 20,22-23,33*), p. 75.
2   참조. L. Schwienhorst-Schönberger, *Das Bundesbuch* (*Ex 20,22-23,33*), p. 75.
3   참조. 존 더럼, 『출애굽기』, p. 533.
4   함무라비 법전은 구타로 인해 담보로 잡혀 온 자가 '사망'한 경우를 다룬다. 제임스 프리처드, 『고대 근동 문학 선집』, p. 377.

> §§ 115-116   만약 한 자유인이 다른 자유인에게 곡식이나 돈을 빌려주었고, 어떤 사람을 그의 담보로 압류하였는데 그 담보로 잡힌 사람이 잡혀간 집에서 자연사하였다면, 이 경우는 소송이 성립되지 않는다. 만약 그 담보로 잡힌 사람이 잡혀간 집에서 구타나 학대로 사망했다면, 그 압류된 사람의 원래 주인은 그 상인의 과실을 입증할 것이다. 만약 사망한 사람이 그 주인의 아들이었다면, 그들은 상인의 아들을 사형에 처할 것이고, 만약 사망한 사람이 그 주인의 노예였다면, 상인은 은 3분의 1마나를 지불하고, 그가 빌려주었던 모든 것을 몰수당할 것이다.

5   참조. L. Schwienhorst-Schönberger, *Das Bundesbuch* (*Ex 20,22-23,33*), p. 76.
6   참조. L. Schwienhorst-Schönberger, *Das Bundesbuch* (*Ex 20,22-23,33*), p. 76.
7   이에 덧붙여서 민영진은 '부러진 것'을 첨가한다. 민영진, 『출애굽기』, p. 424.
8   참조. L. Schwienhorst-Schönberger, *Das Bundesbuch* (*Ex 20,22-23,33*), pp. 76-77.
9   참조. C. Houtman, *Exodus 20-40*, p. 170.

10 참조. L. Schwienhorst-Schönberger, *Das Bundesbuch (Ex 20,22-23,33)*, p. 77.
11 참조. M. Rose, *5. Mose 12-25*, p. 117; E. Otto, *Deuteronomium 23,16-34,12*, p. 1830.
12 제임스 프리처드, 『고대 근동 문학 선집』, p. 392; 참조. U. Rüterswörden, *Das Buch Deuteronomium*, p. 162. 그에 따르면 함무라비 법전에는 태형이 20-60대 사이에서 정해진다. 그 밖의 다른 경우에 대해서는 참조. 두에인 크리스텐센, 『신명기 21:10-34:12』, p. 273.
13 참조. U. Rüterswörden, *Das Buch Deuteronomium*, p. 162; J. H. Tigay, *Deuteronomy*, p. 230.
14 참조. P. C. Craigie, *The Book of Deuteronomy*, p. 312.
15 참조. U. Rüterswörden, *Das Buch Deuteronomium*, p. 162; M. Rose, *5. Mose 12-25*, p. 116. 그는 신 25장의 '인간의 존엄'이 '생명권'에 관한 것임을 피력한다.
16 참조. J. H. Tigay, *Deuteronomy*, p. 230. 티게이(J. H. Tigay)에 따르면 『학가다』는 40대 태형을 39대로 제한한다.

결론: 인간의 얼굴을 한 율법

1 참조. A. Alt, "Die Ursprünge des israelitischen Rechts", pp. 278-332.
2 참조. 롤랑 드보, 『구약시대의 생활풍속』, pp. 287-290.
3 참조. 민경구, 『다시 읽는 창세기』, p. 292.
4 참조. 롤랑 드보, 『구약시대의 생활풍속』, p. 273.
5 참조. 민경구, 『다시 읽는 창세기』, p. 292.
6 참조. 한스-크리스토프 슈미트(H.-C. Schmitt), 『구약, 어떻게 공부할 것인가?』, 차준희·김정훈 옮김(서울: 대한기독교서회, 2014), p. 293. 슈미트는 하나님의 형상으로 '인류'를 창조했다는 것을 '민주화'로 표현한다; E. Otto, *Gottes Recht als Menschenrechte*, p. 180; 민경구, 『다시 읽는 창세기』, p. 38.
7 참조. 민경구, "고대 법에 나타난 재판. 출 23:1-8을 중심으로", pp. 20-21.
8 참조. 라이너 케슬러, 『고대 이스라엘 사회사』, p. 221.
9 R. Achenbach, "Die Tora und die Propheten im 5. und 4. Jh.", in R. Achenbach, M. Arneth und E. Otto, *Tora in der Hebräischen Bibel*, p. 44.

성서 찾아보기

창세기

1:26 36, 37, 40, 43, 241
1:26-27 31, 39, 49
1:26-28 41, 42, 43
1:27 31, 37, 39, 40, 240, 241, 242, 244, 252
1:28 39, 43
2:2 85, 86, 359
2:2-3 65
2:5 31
2:7 31, 69
2:15 30
2:19 30
3:20 30
4:8 295
4:10 97
4:25 30
5:1 41
5:3 40, 41
6:11 278
8:4 66
9:6 40, 43, 295

11:7 37
11:7-8 37
12:10 104, 204, 213
15장 19
15:7 89
15:13 165
16:3 246
18:11 306
19:22 308
20:1 204
24:57-58 258
26:1 213
26:11 297
26:3 213
28:22 220
30:3 244
30:4 244, 245
30:9 244, 245
30:16 258
32:10 48
32:10-12 336
34:11-12 260

37:25-28 321
37:28 48
38:26 138
39:17 48
41:6 140
41:23 140
47:4 204, 213
49:10 53

출애굽기
1:12 166
2:19 186
2:22 214
3:8 186
3:9 165
10:14 148
12:2 19
12:40-41 165
14:21 140
16:23 82
16:25 83
16:26 83, 359
17:2 273
18:13 337
18:21 131
19:12 297
20:2 90, 321
20:4 176
20:5 176
20:7 277
20:8 64, 82
20:8-11 85
20:9 64, 85, 86
20:10 64, 86, 231
20:11 64, 86, 89, 92

20:13 131, 296
20:13-16 186
20:14 266
20:15 313
20:16 276, 285
20:17 247, 248, 259
20:24 224
21:1-11 167
21:2 50, 51, 58, 167, 183, 184, 186, 187, 321, 346
21:2-4 68
21:2-11 50
21:3 305
21:3-4 167
21:4 184
21:12 54, 171, 296, 297, 299
21:12-17 169, 170, 296
21:13 170, 298, 299, 304, 305
21:13-14 298, 299, 308, 309
21:14 286, 298
21:15-17 297
21:16 133, 139, 155, 297, 313, 314, 315, 318, 319, 324
21:17 155, 297
21:18 346
21:20 53, 54, 55, 59, 192, 193, 297, 334, 341
21:20-21 187
21:23-27 192
21:23-25 332, 333
21:26 332, 334
21:26-27 265, 331, 333, 334
21:28 346
21:33 346
22:1 314, 315, 316, 346

22:3 318
22:4 314, 315, 316, 319
22:5 161
22:6 340
22:7 314, 316
22:8 314, 316
22:8-9 170, 171
22:9 316
22:16 259
22:16-17 258, 259, 262, 267
22:20 189, 203
22:21 69, 164, 165, 166, 273
22:21-22 164, 165
22:21-24 175
22:22 164, 165
22:22-23 165
22:23 166
22:24 286
22:25 322
22:26 113, 114, 118, 173, 323
22:27 100, 173
23:1 272, 273, 277, 278, 285, 286
23:1-8 272, 273, 274, 276, 287, 288
23:2 278, 279, 287
23:3 280, 289, 336
23:4 191, 192, 281, 282, 283
23:4-5 276, 281, 282, 346
23:5 88, 281, 289
23:6 175, 280, 281, 284, 289, 330
23:7 285, 286
23:8 286, 287
23:9 174, 272
23:10 273
23:10-11 70, 71, 73
23:12 67, 68, 69, 70, 73, 82, 89

24:7 49
31:14 82
31:14-15 83
31:15 75, 83
31:17 69
31:18 17
32:15 17
34:1 17, 91
34:18 65
34:21 65, 66
34:24 325

레위기

11:2-23 229
19:3 98
19:9-10 73
19:11 313
19:12 98, 99
19:13 98, 99, 100, 114
19:14 100
19:15 99, 288
19:16-17 99
19:18 99
20:10 266
24:10-23 249
24:11 250
24:12 250
24:13-14 250
25:10 72
25:23 73, 205
25:43 41
25:44-45 192
26:25 54
27:5-6 262

민수기

9:6-14 249
18:24 221
20:23 148
21:15 148
26:9-11 251
26:33 250
26:55-56 250
27:4 249, 250
27:5-6 249
27:7-8 249
32:22 41
35:11 299
35:15 299
35:26 148

신명기

1:9-18 290
1:13 290
1:16 139, 290
1:17 290
3:26 116, 121
5:6 90
5:9 121
5:12 82, 87
5:12-15 81, 84, 87
5:14 75, 87, 88, 94
5:14-15 174
5:15 89, 90, 94, 290
5:17-21 150
5:18 266
5:19 313
5:20 155
5:21 88, 155, 247, 248
5:22 17

5:33 91
6:4 130
10:15 172
10:16 172
10:17 273
10:18 171, 172, 173, 179
10:19 174, 290
11:9 91
12:2-3 226, 227
12:5-6 223, 227, 228
12:6 222, 223
12:11 222, 223
12:15 188, 309
12:17 222, 223
12:17-18 223, 227, 234
12:18-19 228
12:29 301
13:7 155
14:2 188, 229
14:3-19 207, 229
14:21 207, 208
14:22 229, 230, 231
14:22-27 230, 231
14:22-29 21
14:23 222, 230
14:23-25 188
14:24 309
14:24-25 228, 308
14:25 230
14:27 109
14:28 222, 223, 230, 231, 234
14:28-29 203, 230, 234
14:29 98, 104, 151, 171, 208, 231
15:1 208
15:1-2 71

15:1-3 208	**19:8-9** 303
15:1-11 21	**19:10** 302, 306
15:2 233	**19:11** 302, 303
15:6 73	**19:11-12** 301, 305, 306
15:7 232	**19:12** 300, 302, 305, 307
15:9 106	**19:14** 150, 154, 155, 157, 301
15:11 280	**19:16-17** 277
15:12 167	**19:17** 276
15:18 120	**19:18-19** 288
15:20 188	**22:1-4** 192, 282
16:11 104, 151, 171	**22:3** 190
16:12 174	**22:4** 88
16:14 151, 171	**22:10** 88
16:18 276, 289, 337	**22:13-21** 265
16:18-20 289, 301	**22:16-17** 263
16:19 274	**22:18** 337
17:6 285	**22:19** 261, 264
17:8 337	**22:22** 266
17:8-13 301	**22:28** 261, 263
17:9 276, 289	**22:28-29** 258, 261, 262
17:11 276	**22:29** 257, 261, 267
17:12 276, 277	**23:3** 212
17:15 207	**23:9-14** 185
17:18-19 345	**23:15** 185
19:1 301, 302, 303	**23:15-16** 183, 185, 186, 187, 191, 194, 197
19:2 301, 302, 304	**23:16** 185, 188, 189
19:1-13 301, 309	**23:20** 208
19:2 304	**23:24-25** 178
19:3 301, 304	**24:1** 257, 264, 265
19:4 302, 303	**24:1-4** 264
19:4-5 305, 310	**24:2** 266
19:5 305, 306	**24:3** 265
19:6 300, 308, 309	**24:4** 257
19:7 302	**24:6** 101, 323
19:7-9 303	**24:7** 104, 133, 142, 320, 324

24:10 120, 121, 323
24:10-11 118
24:10-13 113, 118
24:10-17 113, 115, 116, 120, 124
24:12 101
24:12-13 114, 118, 123
24:13 105, 115
24:14 99, 100, 102, 107, 119, 120
24:14-15 98, 100, 101, 102, 103, 107, 113, 115, 119, 123
24:15 97, 100, 101, 102, 106, 114, 115, 119, 120
24:16 101, 113, 114, 116, 120, 122, 123, 124, 172
24:17 104, 120, 171, 172, 174, 175
24:17-18 176
24:18 175
24:18-22 175
24:19 176, 177
24:19-21 176
24:20 176, 177
24:21 176, 177
24:22 176
25:1 138
25:1-3 331, 337, 340
25:3 338
25:7-9 337
26:1 301
26:12 222, 230
26:12-13 171, 232, 234
26:12-15 232
27:17 148, 154, 156, 157
27:19 171
28:25 282
28:29 103
28:31 315
28:33 103
28:50 307
30:6 172
30:17-18 91
32:7 307

여호수아
2:12 131
16:5 148

사사기
8:19-21 300
9:24 278

룻기
1:1 204
2:16-17 73
4:1-11 276

사무엘상
10:2 148
12:24 131
18:25 260
20:8 131
20:14 131
22:2 191
24:12 299
25:10 191

사무엘하
2:5 131
9:7 131
11:26 248
14:11 300

열왕기상
5:4 41
8:41 206
10:6 131
11:1 209
15:19 286
20:31 131
21:1-14 286
21:10 279, 287

열왕기하
14:6 120
17:6 203
11:17-21 224
18:4 224

역대하
30:25-26 203

에스라
10:10-11 209

느헤미야
5:2-5 59
5:8 193
13:19 74
13:26-27 209, 210

시편
23:4 53
35:10 104
37:14 104
72:4 104
72:8 41
109:31 106

119:62 289
119:164 289

잠언
15:25 120
17:23 274
21:14 274
22:28 148, 150, 155
23:10 150
29:19 53

이사야
1:23 275
2:3 211
3:5 338
5:5 133, 142
5:7 139
5:8 152, 323
6:8 36
10:1-2 323, 336
10:2 152, 323
16:4 204
50:1 265, 266
58:2 289

예레미야
3:1 264
3:8 265, 266
4:4 172
7:4 227
17:21-22 74
22:16 104
26:8 227
31:29-30 120, 121
34:14 51

34:16 51
34:16-17 58
34:17 51, 52
35:7 204

에스겔
18:20 120, 121
44:9 172
47:22 205
48:2 148

호세아
1:1 133
2:19-20 131, 140
4:1 130, 131, 136
4:1-2 130, 131, 142
4:6 132
5:1 136
5:2 323
5:6 136
5:8 137
5:10 147, 151, 324
5:13-15 134
5:15 134
6:1 135
6:1-3 134, 135
6:1-6 134
6:4 134, 135, 136
6:4-5 140
6:6 134, 136

9:3 131
10:9 137
10:9-11 138
10:11 138
10:12 137, 138
12:1 139, 140
12:6 139, 140
12:7 140
13:3 135
13:15 140

아모스
1:6 184
1:9 48
2:6 152, 168, 323
2:6-7 24, 133
2:6-8 169, 184
3:8 153
5:24 292
8:5 74

미가
2:2 325
3:1-3 169
3:9 295
3:11 274, 289
4:2 210, 211

스가랴
3:8 154

태초에 인권이 있었다

초판 발행_ 2024년 6월 10일
초판 2쇄_ 2024년 7월 15일

지은이_ 민경구
펴낸이_ 정모세

펴낸곳_ 한국기독학생회출판부
등록번호_ 제2001-000198호(1978.6.1)
주소_ 04031 서울시 마포구 동교로 156-10
대표 전화_ (02)337-2257 팩스_ (02)337-2258
영업 전화_ (02)338-2282 팩스_ 080-915-1515
홈페이지_ http://www.ivp.co.kr 이메일_ ivp@ivp.co.kr
ISBN 978-89-328-2258-7

ⓒ 민경구 2024

책값은 뒤표지에 있습니다.
무단 전재와 복제를 금합니다.